エネルギー、食料、材料、グローバル化、
リスク、環境、そして未来

世界の本当の仕組み

How the World Really Works
A Scientist's Guide to Our Past, Present, and Future
Vaclav Smil

バーツラフ・シュミル
柴田裕之 訳

草思社

How the World Really Works

A Scientist's Guide to Our Past, Present, and Future

by

Vaclav Smil

First published as HOW THE WORLD REALLY WORKS in 2022 by Viking, an imprint of Penguin General. Penguin General is part of the Penguin Random House group of companies.
Japanese translation rights arranged with Penguin Books Limited, London
through Tuttle-Mori Agency, Inc., Tokyo

世界の本当の仕組み　目次

序　なぜ本書が必要なのか？　008

＊＊＊

第1章　エネルギーを理解する——燃料と電気　025

根本的な変化／近代以降のエネルギー利用／エネルギーとは何か？／原油の伸びと相対的な後退／電気の数多くの利点／スイッチを入れる前に／脱炭素化——ペースと規模

第2章　食料生産を理解する——化石燃料を食べる　075

3つの河川流域、2世紀の隔たり／投入されるもの／パンと鶏肉とトマトのエネルギーコスト／シーフードを支えるディーゼル油／燃料と食料／元に戻ることは可能か？／少ない量でより多くを——そして、なしで済ませる

第3章 素材の世界を理解する 127
——現代文明の四本柱
アンモニア——世界を養う気体／プラスティック——多様で、有用で、厄介な素材／鋼鉄——遍在し、リサイクル可能／セメント——コンクリートでできている世界／素材の前途——新旧のインプット

第4章 グローバル化を理解する 171
——エンジン、マイクロチップ、そしてその先にあるもの
グローバル化のはるかな起源／風力によるグローバル化／蒸気機関と電信／最初のディーゼル機関と飛行と無線通信／大型のディーゼル機関、タービン、コンテナ、マイクロチップ／中国とロシアとインドの参入／グローバル化の諸要素／今なお有効なムーアの法則／必然性と挫折と行き過ぎ

第5章 リスクを理解する 221
——ウイルスから食生活、さらには太陽フレアまで
京都の人のように、あるいはバルセロナの人のように食べる／リスクの認識と許容度／日

常生活のリスクを数量化する／自発的リスクと非自発的リスク／自然災害――テレビで見るよりもリスクが低い／私たちの文明の終焉／持続する態度

第6章 環境を理解する 277
――かけがえのない生物圏
酸素は危機にはない／私たちは今後も十分な水と食料が手に入るか？／なぜ地球は永遠に凍りつかないのか／誰が地球温暖化を発見したのか？／温暖化する世界での酸素と水と食料／不確実性と見通しと現実／希望的観測／モデルと疑念と現実

第7章 未来を理解する 335
――この世の終わり《アポカリプス》と特異点《シンギュラリティ》のはざまで
予想の失敗／慣性と規模と質量／無知と固執と謙虚さ／前例のない取り組み、なかなか得られない見返り

付録

数字を理解する——10^n　376

＊

謝辞　383

訳者あとがき　384

原注　444

凡例　本文中の行間の数字は著者による原注で、巻末に収録。
〔　〕は訳者による注。

世界の本当の仕組み

序　なぜ本書が必要なのか？

どの時代も唯一無二のものと言える。だが過去70～80年、すなわち第二次世界大戦終結後の年月は、第一次世界大戦勃発前の70～80年ほど根本的な変革は経なかったかもしれないにせよ、前代未聞の出来事や進歩には事欠かない。何よりも感心させられるのは、今や歴史上のどの時期と比べても、より多くの人がより高い生活水準を享受し、しかも、より多くの年数にわたり、より良い健康状態でそうしている点だ。ただし、このような恩恵を被っている人は依然として少数派であり、80億に迫ろうとしている世界人口の約5分の1でしかない〔本書の数値はすべて原書執筆時までのもの。国連の推計では、世界人口は２０２２年に80億を超えた〕。

続いて称賛すべき偉業は、物質界とあらゆる生命形態の両方についての理解が未曾有の拡大を遂げたことだ。私たちの知識は、銀河や恒星といった宇宙の複雑な系や、大気圏、水圏、生物圏といった地球規模の複雑な系の数々に関する壮大な一般法則から、原子や遺伝子レベルでのプロセスにまで及ぶ。最も性能の高いマイクロプロセッサの表面に刻まれた回路の線幅は、ヒトのＤＮＡの直径の約2倍しかない。私たちはこうした知識を活かして、多様な機械やデバイス、手法、手順、処置を生み出してきた。それらは今なお増え続けながら、現代文明を支えている。そして、この厖大《ぼうだい》な知識の総体や、その総体を実用に供してきた無数の方法は、いかなる人の理解力をもはるかに凌《しの》ぐ。

西暦1500年には、フィレンツェのシニョリーア広場であらゆる分野に精通した真の万能の教養人《ルネッサンス・マン》に出会うことができたが、そんな時代は長続きしなかった。それでもなお、18世紀半ばにはドゥニ・ディドロとジャン・ル・ロン・ダランベールというフランスの2人の碩学《せきがく》が、博識の執筆者たちを動員して、本巻・図版集の計28巻から成る『百科全書』のかなり網羅的な項目に、当時の知識をまとめ上げることができた。その数世代後には、私たちの知識の拡張と専門化が桁違いの水準まで進み、磁気誘導（マイケル・ファラデー、1831年、発電の基礎）から、植物の代謝（ユストゥス・フォン・リービッヒ、1840年、作物施肥の基礎）や、電磁気の理論化（ジェイムズ・クラーク・マクスウェル、1861年、あらゆる無線通信の基礎）まで、基本的な発見が相次いだ。

『百科全書』の最終巻の刊行から1世紀後の1872年には、どんな形で知識を集成しようとしても、急速に増え続ける項目を皮相的に扱わざるをえなくなった。それから1世紀半が過ぎた今、ごく狭い範囲に絞り込んだ専門分野の枠内でさえ、知識を要約するのは不可能だ。「物理学」や「生物学」といった言葉は、分類としてあまり意味がなく、素粒子物理学の専門家は、ウイルス免疫学の新しい研究論文の1ページ目さえ理解するのがはなはだ難しく思うだろう。このような知識の細分化のせいで、公の意思決定がいっそう厄介なものになったことは言うまでもない。極度に専門化した現代科学の各部門はあまりに難解なので、科学に従事する多くの人は、この新たな「聖職者階級」に加わるためには、30代の初めか半ばまで研鑽《けんさん》を積むことを余儀なくされる。

彼らはみな、長い修業時代を送るにもかかわらず、何が最善のやり方かについては合意できないことがじつに多い。新型コロナウイルス感染症のパンデミックで明らかになったとおり、専門家どうしの意見の相違は、マスクを着用するかどうかといった一見単純な決定を巡ってさえ起こりうる。パンデミックが始まってから3か月後の2020年3月末になっても、世界保健機関（WHO）は相変わらず、感染していないかぎり着用は不要としており、ようやく立場を翻したのは同年の6月上旬だった。専門知識がまったくない人は、こうした議論で一方の側についたり、議論そのものを理解したりすることなど、どうしてできるだろう？　昨今では、そのような議論は、以前は支配的だった主張が撤回されたり崩れ去ったりする形で終わりを迎えることが多いのだから。

だとしても、そうした不確かさや議論がなくならないからといって、大半の人が現代世界の根本的な仕組みをはなはだしく誤解している言い訳にはならない。なぜなら、小麦の栽培の仕方（第2章）や鋼鉄の製造の仕方（第3章）をしっかりと理解したり、グローバル化が新しくも必然でもないこと（第4章）に気づいたりするのは、それほど難しくはないからだ。フェムト秒化学（10^{-15}秒の時間スケールでの化学反応の研究、アハメッド・ズウェイル、1999年にノーベル賞受賞）や、ポリメラーゼ連鎖反応（DNAの高速増幅、キャリー・マリス、1993年にノーベル賞受賞）を理解しろというのとは、わけが違う。

それでは、現代社会の人々の大多数は、世の中の実状について、なぜこれほど皮相的な知識しか持っていないのか？　現代の世界が複雑であるというのが、わかり切った理由の1つだ。人々は絶えずブラックボックスとやりとりし、比較的単純な出力《アウトプット》を受け取っている。そのアウトプットを得るためには、ブラックボックスの内部で起こっていることは、ほとんど、あるいはまったく理解する必要がない。これは、携帯電話やノートパソコンなどの広く普及しているデバイスにも、ワクチン接種のような一般大衆を対象とする大掛かりな処置にも等しく当てはまる。前者の場合、簡単な検索語句を入力するだけで答えが出るし、後者は文句なしに2021年随一の世界的な実例であり、接種を受けるために袖をまくり上げることが唯一の理解可能な部分だった。だがこの理解不足は、それだけでは説明できない。その原因は、知識の範囲が拡がったために専門化が促される反面、さまざまな物事の基本に関する理解が浅くなり、欠如さえするようになったという事実よりも、根が深いのだ。

都市化と機械化が、ともにこの理解不足の重大な原因として挙げられる。2007年以降、人類の過半数が都市で暮らしており、富裕国はどこでも、その割合が80パーセントを超える。19世紀と20世紀前半に工業化していった都市とは違い、現代の都市圏での仕事は主にサービス業だ。したがって、現代の都市住民のほとんどは、食料の生産方法だけではなく、機械やデバイスの製造方法とも縁がない。そして、あらゆる生産活動の機械化が進んでいるために、文明社会が消費するエネルギーの供給や現代世界を形作っている素材の供給に携わる人は、今では世界人口のごく一部にとどまる。

アメリカでは現在、食料の生産に直接取り組んでいる農場経営者と賃金労働者は、約300万人しかいない。実際に農地を耕し、種を蒔《ま》き、肥料を施し、除草し、作物を収穫し（果物や野菜の摘み取りは、作業全体のなかで最も人手が要る）、家畜の世話をしているのは彼らだけだ。これは国民の1パーセントに満たない。だから、自分が口にするパンや肉がどのようにして生産されたか、たいていのアメリカ人は想像もつかなかったり、漠然としか知らなかったりするのも不思議ではない。小麦はコンバインで収穫するが、大豆やレンズマメもそうなのか？　子豚がポークチョップになるまでに、どれだけ時間がかかるのか？　数週間か、それとも数年か？　アメリカ人の大多数は、まったく知らない。そして、これはアメリカに限ったことではない。中国は世界一の鉄鋼生産国で、毎年10億トン近い鉄を製錬し、鋳造したり圧延したりしている。だが、こうした作業はすべて、14億を数える中国国民の0・25パーセント未満が行っている。中国の人口のごくわずかな割合しか、溶鉱炉の間近に立ったり、連続鋳造装置から灼熱《しゃくねつ》の鋼鉄のリボンが吐き出されるところを目にしたりすることはない。そして、このような断絶は全世界で起こっている。

食料として、あるいは燃料としてエネルギーを供給したり、金属や非金属鉱物やコンクリートといった耐久性のある素材を供給したりする、こうした基本的なプロセスの理解が乏しく、しかも低下している理由は、まだある。それらのプロセスが、情報とデータと画像の世界と比べると、時代後れとまでは言わないまでも古めかしくて、断然退屈なものと見なされるようになったことも、大きな理由だ。いわゆる切れ者たちは、土壌学の分野には進まず、セメントの改良に挑戦したりはしない。代わりに、今や無数のマイクロデバイスを通過するただの電子の流れと化した、実体のない情報の処理に心を引かれる。法律家やエコノミストから、プログラマーやファンドマネジャーまで、彼らが得る法外な報酬は、この世の物質的な現実から完全に切り離された仕事に対するものだ。

そのうえ、これらのデータ崇拝者の多くは、次のように信じるに至った。こうした電子の流れが、昔ながらの物質的必需品を不要にする。農地は都市の高層ビルを使った「垂直農業」に取って代わられ、最終的には合成製品によって、食品用の栽培や飼育がすべて不要になる。ＡＩ（人工知能）が推進する脱物質化のおかげで、成形した金属や加工された鉱物への依存に終止符が打たれ、ついには地球の環境なしで済ませることさえできるようになるかもしれない。いずれ火星を地球化するのであれば、地球環境など無用ではないか、というわけだ。もちろん、これらはみな、はなはだ時期尚早の予想だが、問題はそれだけにとどまらない。フェイクニュース（虚偽情報）があふれ、現実と作り事がない交ぜになった社会によって助長された幻想でもあるのだ。かつての慧眼《けいがん》の士たちであれば、妄想すれすれのもの、あるいは明白な妄想と容赦なく看破しただろうことも、そういう社会では、カルトのような夢想に染まりがちな、騙《だま》されやすい人々が鵜《う》呑《の》みにする。

本書の読者の誰一人として、火星に移り住むことはない。いわゆる「都市農業」の提唱者が想像しているような高層ビルの中ではなく、広大な農地の土壌で栽培される主要な穀物を、これからも私たち全員が食べ続ける。水を蒸発させたり、植物に授粉したりといった、かけがえのない自然の働きを必要としない、脱物質化した世界に暮らすことになる人など、私たちのなかには1人もいない。とはいえ、生活必需品を供給するのは、しだいに難しくなるだろう。なぜなら、人類の大多数が、裕福な少数派が何世代も前に脱したような状況で暮らしており、今後需要は増える一方になるからだ。そしてまた、エネルギーと素材に対する需要の高まりのせいで、生物圏への負荷が急激に増大しているからでもある。生物圏は、自らの流れと蓄えを維持して長期的に機能し続けることが危うくなってしまったのだ。

それを如実に物語る数値の比較を1つだけ示そう。2020年には、世界人口の約40パーセント（31億人で、サハラ以南のアフリカに住む人のほぼ全員が含まれる）に対する1人当たりの年平均エネルギー供給量は、せいぜい1860年にドイツとフランスの両国で供給されていた量程度でしかない！　つまり、まともな生活水準に近づくには、これら31億の人々は、1人当たりのエネルギー使用量を少なくとも2倍、できれば3倍にし、それによって電気の供給量を増やし、食料生産を増大させ、都市・産業・交通の重要なインフラを構築する必要がある。そうした需要は、生物圏をさらに劣化させることが避けられない。

　では、気候変動の進行にはどう対処すればいいのか？　望ましくないことこの上ない多くの帰結を防ぐためには、何か手を打つ必要があるということで、今や広く意見の一致を見ている。だが、どんな措置を取り、どのように行動を変えれば、最も効果があるのか？　私たちの世界のエネルギーと物質の必要性を無視する人にとって、処方箋は単純であり、どうして現時点に至ったかを理解するよりも、環境に優しい《グリーンな》解決方法なるものを呪文のように唱えたがる人にとっても、答えは同じだ。たんに脱炭素化すればいい。化石炭素の燃焼から無尽蔵の再生可能エネルギーの利用へと、切り替えればいいのだ。だが、実際にはそれほどうまくいくはずがない。私たちの社会は化石燃料文明であり、そこでは技術や科学の進歩も、生活の質も、繁栄も、厖大な量の化石炭素の燃焼にかかっている。私たちの運命を握る化石炭素というこの決定的に重要なものを、数十年のうちに捨て去ることなど、とうていありえない。まして、数年のうちにそうすることなど不可能だ。

　２０５０年までに世界経済を完全に脱炭素化することは、現時点では考えられない——想像を絶するほどの世界経済の後退を覚悟するか、あるいは、奇跡に近い技術進歩による驚異的なまでに急速な変化が起こるかしないかぎりは。だが、そのような経済の後退を、誰が進んで計画・実行するだろうか？　一方、急速な変化の実現を目指そうとしても、誰もが納得する実用的で手頃なグローバル戦略と技術的手段は、依然として存在しない。それでは、実際には何が起こるのか？　希望的観測と現実との間には、途方もない隔たりがある。だが民主的な社会では、考えや提案の優劣を決める議論は、当事者全員が現実の世界にまつわる有意義な情報を多少なりとも共有していないかぎり、道理に適《かな》った形では進まない。誰もが自分の偏った見方を持ち出し、物理的可能性からかけ離れた主張を繰り広げるだけでは駄目なのだ。

本書は、このような理解不足の改善を図るとともに、私たちの生存と繁栄を支配するごく基本的で主要な現実をいくつか説明することを試みる。私の目的は、予想を行うことでも、今後の成り行きについて、目の覚めるような筋書きや気の滅入るような筋書きを概説することでもない。そうした予想や概説は、人気はあるものの一貫して失敗を重ねるジャンルであり、わざわざそれに新たな本を1冊加えるまでもない。長い目で見れば、意外な展開や複雑な相互作用が多過ぎて、個人や集団がどれだけ努力してもすべてを予想し切れないからだ。また私は、バイアスのかかった特定の現実解釈を提唱して、絶望をもたらしたり果てしない期待を抱かせたりするつもりもない。私は悲観主義者でも楽観主義者でもなく、世の中の実状を説明しようとしている科学者であり、その知識を使って、人類の未来の限界と機会についての理解を私たちが深めることを目指している。

この種の探究を行うには、どうしても取捨選択をせざるをえないが、詳しく検討するべく選んだ7つの主要な項目はどれもみな、人類の存続に欠かせないという基準を満たしている。これらの項目には、取るに足らないものなど含まれていない。本書の第1章では、大量のエネルギーを消費する私たちの社会が、化石燃料全般への依存に加えて、最も柔軟な形態のエネルギーである電気への依存の度合いも確実に増してきた経緯を示す。この現実をしっかり咀嚼《そしゃく》すれば、今やありふれている主張を矯正する、待望の手段が得られる。この現複雑な現実に対する乏しい理解に基づくその主張とはすなわち、私たちは世界のエネルギー供給を大急ぎで脱炭素化でき、わずか20～30年のうちに再生可能エネルギーだけに頼るようになる、というものだ。私たちは、発電のうち、しだいに大きな割合を、旧来の水力によるものではなく太陽光や風力による新しい再生可能なものに切り替え、前より多くの電気自動車を走らせているものの、それに比べると、トラックや飛行機や船による輸送の脱炭素化ははるかに難しい課題となるだろう。化石燃料に頼らずに主要な素材を生産することも同様だ。

第2章では、生存のための最も基本的な必需品である食料の生産を取り上げる。そこでは、小麦からトマトやエビに至るまで、私たちが生き延びるために頼る食品のじつに多くが、ある共通点を持っていることの説明に重点を置く。その共通点とは、かなりの量の化石燃料を、直接あるいは間接的に投入する必要があることだ。化石燃料に対するこの根本的な依存に気づけば、化石炭素を今後も必要とし続けることを、現実に即して理解できるようになる。石炭や天然ガスを燃やす代わりに、風力タービンや太陽電池を使って発電するのは比較的簡単だが、あらゆる農業機械を液体化石燃料なしで動かし、天然ガスと石油なしですべての肥料とその他の農業用化学物質を生産するのは、格段に難しいだろう。要するに、化石燃料をエネルギーの源泉や原材料として使わずに、地球上の人々を適切に養うことは、今後何十年にもわたって不可能なのだ。

第3章では、私が現代文明の四本柱と呼ぶもの、すなわちセメント、鋼鉄、プラスティック、アンモニアに的を絞り、人間の創意工夫によって生み出された素材で私たちの社会が維持されている理由や実態を説明する。この現実を理解すればわかるのだが、現代経済はサービス業と小型化された電子デバイスが主役で、脱物質化が進んでいくという、最近流行の主張は誤解を招きやすい。多くの最終製品で単位当たりの物質的ニーズが相対的に減少していくことが、これまで現代の産業の発達を特徴づける傾向の1つだった。だが、絶対的な観点に立つと、世界の最も豊かな社会においてさえ、素材の需要は増加している。そして、低所得国の需要が増えることも確実だ。なぜなら、それらの国々では、需要は考えうるいかなる飽和水準をもはるかに下回ったままであり、自動車は言うまでもなく、堅《けん》牢《ろう》な造りのアパートやキッチン用家電製品やエアコンの所有は、何十億もの人にとって相変わらず夢のままだからだ。

第4章はグローバル化の話になる。つまり、世界が輸送と通信によってこれほど相互接続されるようになった経緯を取り上げる。そして、この歴史的視点から、グローバル化のプロセスがどれほど古いか、いや、古いどころか古代まではるかに遡ることと、それが最大の範囲に達し、ようやく真にグローバルになったのが、どれほど最近のことかを示す。グローバル化は、おおいに褒め称えられ、おおいに疑問を投げ掛けられ、おおいに批判されており、捉え方が分かれるわけだが、よく眺めてみると、この現象が将来たどる道筋は、けっして必然のものではないことが明らかになる。近年、世界中でグローバル化の明白な後退がちらほら見られ、ポピュリズムとナショナリズムに向かう一般的な風潮があるが、それがどこまで継続するかや、こうした変化が経済・安全保障・政治上の配慮によってどれだけ緩和されるかは、はっきりしない。

第5章では、私たちが直面するリスクを判定するための現実的な枠組みを提供する。現代社会は、ポリオや出産など、以前なら人の命や身体の機能を奪いかねなかった多くのリスクを、首尾良く根絶したり減らしたりしてきた。だが、まだ多くの危機がこれからも私たちを脅かし続けるだろう。また、私たちはリスク評価を何度となくしくじり、目の前の危険を過小評価したり誇張したりする。読者はこの章を読み終えたら、自宅での転倒から、大陸間の空の旅まで、そして、ハリケーンに襲われやすい都市での居住から、パラシュート降下まで、さまざまな危険に対するありふれた非自発的曝露《ばくろ》と危険な自発的活動の相対的なリスクがよく把握できるようになる。さらにこの章では、食事にまつわる業界の戯言《たわごと》を切り捨て、長生きするために摂取できる、さまざまな食品の選択肢も見てみる。

第6章では、まず、目下進行中の環境変化が、私たちの生存に不可欠な3つのもの、すなわち酸素と水と食料に、どのような影響を与えかねないかに目を向ける。章の残りでは、地球温暖化に焦点を当てる。地球温暖化は昨今の環境に対する懸念の中心を占め、ほとんど終末論的な大惨事の発生説の登場を招く一方、この現象の完全な否定にもつながった。激論が交わされているこれらの主張を列挙したり、その是非の判定を下したりする本は、あまりに多く出回っているので、私はそうする代わりに、以下の点を強調する。広く行き渡っている認識に反して、地球温暖化は近年発見された現象ではない。このプロセスの原理は、150年以上前からわかっているのだ。

そのうえ、大気中の二酸化炭素量が倍増することに伴う温暖化の実際の程度は、1世紀以上にわたって知られており、全地球を巻き込んだこの実験が、空前の、そしてやり直しの利かないものであることについては、半世紀以上前に警告が発せられていた(二酸化炭素量の正確で継続的な測定は、1958年に始まった)。ところが私たちは、こうした説明や警告、記録された事実を無視することを選んできた。それどころか、化石燃料の燃焼への依存を強めた結果、その依存は容易に断ち切ることも、安上がりな形で脱することもできなくなってしまった。この状態をどれほど迅速に変えられるかは、不明のままだ。これに加えて、環境にまつわる他のあらゆる懸念を踏まえると、こう結論せざるをえない。人類の存続にかかわる決定的な疑問、すなわち人類はこの生物圏の安全な限界内で自らのさまざまな願望を実現することができるのかという疑問には、簡単に答えが出せない、と。だとしても、実状を理解することは不可欠だ。それを理解して初めて、この問題に効果的に取り組むことができる。

最終章では未来に目を転じ、特に最近の2つの相反する傾向を検討する。すなわち、大惨事が起こるという説とテクノロジー楽観主義を受け容れる傾向だ。前者はわずか数年のうちに、現代文明に最後の幕が下りるという見方であり、後者は発明の力が、地球の境界を越えて無限の地平を拓き、地球上のいっさいの問題を過去の瑣末《さまつ》な事柄に変えるだろうという予想だ。当然ながら、私にとってはどちらの立場も無用だし、本書の見方はどちらの説にも支持されないだろう。私は、歴史がこれまでの進路をただちに変えて、どちらか一方へ傾いていくとは見込んでいない。あらかじめ決まっている結果がすでにあるとも思っておらず、私たちの選択次第で変わっていく複雑な道筋を想定している。そして、選択の余地はまだたっぷり残っている。

本書は、2つの基盤に根差している。豊富な科学的知見、そして半世紀に及ぶ私自身の研究と書籍の執筆だ。前者は、19世紀になされたエネルギー変換や温室効果ガスの影響の先駆的な説明などの古典的な成果から、グローバルな課題とリスクの発生確率の最新の評価まで、多岐にわたる。そして、広範な話題に及ぶ本書は、他の多数の拙著に凝縮された、数十年来の私の学際的な研究なしにはけっして書けなかっただろう。私は、現代の科学者についてはキツネとハリネズミの古めかしい比較を使わない。キツネは多くのことを知っているが、ハリネズミは1つだけ大きなことを知っている、という比較だ。それよりもむしろ、ひたすら深く穴を掘り続ける人か広く地平を見渡す人か、というふうに考えることが多い。今や、前者は名声への王道をたどる人であり、後者はごく少なくなってしまった一団だ。

だが、可能なかぎり深い穴を掘り、穴の底から見えるほんのわずかな空の比類ない大家となることに、私は魅力を覚えたためしがない。むしろ、自分の限られた能力を精一杯使って、遠く広く見渡すのが、昔からずっと性に合っている。これまでの人生を通じて、私の関心の主な領域はエネルギー研究だった。なぜなら、この広大な分野を十分把握するには、物理学、化学、生物学、地質学、工学を理解するとともに、歴史にも社会・経済・政治の要因にも注意を向ける必要があるからだ。

拙著の数は今では40冊を超える。本書よりも学術的な書籍が主だ。その半数近くはエネルギーのさまざまな面に取り組んだものであり、一般的なエネルギー学とエネルギーの歴史を広範に眺める概論から、石油、天然ガス、バイオマスといった個々の燃料のカテゴリーや、電力密度、エネルギー転換などの具体的な特性とプロセスの詳しい検討までを扱ってきた。その他の著作からは、私の学際的な探究心があらわになる。これまで私は、成長（自然や人間が引き起こすように見えるもののいっさい）やリスクのような基本的現象、グローバルな環境（生物圏、生物地球化学的循環、地球生態学、光合成の生産性、収量）、食料と農業、素材や製品（特に、鋼鉄と肥料）、技術の進歩、製造業の発展と後退、さらには古代ローマと現代アメリカの歴史、日本の食品などについて書いてきた。

だから、私のライフワークの成果であり一般向けに書かれた本書が、生物圏、歴史、私たちが生み出した世界のそれぞれの基本的現実を理解するために長らく行ってきた探究の続きとなるのは必然だろう。そして本書も、私が何十年も弛《たゆ》みなく続けてきたことを、またしても行う。すなわち、極端な物の見方から遠ざかることを強く提唱する。最近、そのような極端な立場の擁護者は、やかましくなったり軽薄になったりする一方だが、彼らはがっかりするだろう。2030年に世界は終焉《しゅうえん》を迎える、なんと嘆かわしいことか、あるいは、AIは私たちが思っている以上に早く、驚くほど革新的な力を振るうようになる、なんと素晴らしいことか、といった感懐は、本書を読んでも見当たらないからだ。本書はそうしたものを提示する代わりに、抑制の効いた、当然ながら不可知論的な見方のための基盤を提供する。合理的でひたすら事実に即する私の取り組み方によって、読者が世の中の実状を理解しやすくなり、来るべき世代に世界がより良い見通しを提供する可能性がどれだけあるかが見えてくることを願っている。

だが、読者が具体的な項目に飛び込んでいく前に、一言お断りをするとともに、必要な方にはお願いもしておきたい。本書には、すべてメートル法に基づく数値が多く登場する。現代世界の現実は、言葉での説明だけでは理解のしようがないからだ。それらの数値の多くは、非常に大きいものにならざるをえない。そして、現代世界の現実は、10の何乗という形で表記したり、全世界で通用する「キロ」「メガ」「ギガ」といった単位を使って扱ったりするのが最もふさわしい。こうした表記や単位に馴染みのない方には、大きな数値を把握するための付録を用意してある。巻末にあるその付録を、先に読んだほうがわかりやすい読者もいらっしゃるかもしれない。それ以外の方は、第1章に進んでほしい。そこでは、量的な観点に立ち、数値を挙げながらエネルギーについて詳しく見ていく。このような見方は、けっして廃れることがあってはならない。

第1章

エネルギーを理解する

——燃料と電気

ただ粛々《しゅくしゅく》と話が進んでいく、こんなサイエンス・フィクションを考えてみてほしい。人類が生命体を探してはるか彼方の惑星に旅するのではなく、ある惑星のきわめて高度な文明が、近隣のさまざまな銀河に探査機を送り込み、地球とその生き物も遠隔監視の対象とする。なぜ、そんなことをするのか？　それは、たんに体系的な理解の達成のためか、ひょっとすると、ある渦巻銀河の平凡な恒星を周回する第三惑星が万一、何らかの脅威になるという予想外の危険な展開を避けるためか、はたまた、第二の故郷を必要とするような事態に備えてのことかもしれない。いずれにしろ、その惑星は定期的に地球を監視し続ける。

探査機が1機、100年に1度、地球に接近し、以前には観測されなかった種類のエネルギー変換（ある形態のエネルギーを別の形態のエネルギーに変えること）、あるいはその変換を拠り所とするような新たな物理的表れを検知したときには、再度地球のそばを通過し、より綿密な検査をするようにプログラムされているとしよう。基本的な物理学の観点に立つと、降雨、火山噴火、植物の生長、動物の捕食、人間の知恵の発達など、いかなるプロセスも、一連のエネルギー変換として定義することができる。探査機は地球の形成以来、数億年にわたって、火山噴火と地震と大気の嵐の、多彩ではあっても結局は単調な光景の繰り返しを捉えるだけだっただろう。

根本的な変化

最初の微生物は40億年近く前に現れるが、通過する探査機はそれを検知しない。このような生命体は稀《まれ》であり、海底のアルカリ熱水噴出孔の付近にじっと身を潜めているからだ。初めての精査の機会は、早ければ35億年前に生じる。このとき、浅い海の中にいる最初の単純な単細胞の光合成細菌を、通過する探査機が記録する。光合成細菌は、可視スペクトルをわずかに外れた電磁波である近赤外線を吸収するが、酸素は生成しない。[注1] その後、1つとして変化の兆しもないまま何億年も過ぎる。やがてシアノバクテリア（藍色細菌《らんしょくさいきん》）が、太陽から降り注ぐ可視光線のエネルギーを使って、二酸化炭素と水を新しい有機化合物に変え、酸素を放出し始める。[注2]

これは根本的な変化であり、それが酸素を含む地球の大気圏を生み出すことになる。だが、またしても長い時間が流れ、12億年前にようやく、より複雑な新しい水生生物が現れる。探査機はそれ以降、光合成色素のフィコエリトリンで鮮やかな赤色に染まった紅藻《こうそう》と、はるかに大きい褐藻《かっそう》の台頭と拡散を詳細に記録する。5億年近く後に緑藻《りょくそう》が現れる。こうして新たな海洋植物が急増したので、探査機はしだいに性能の高いセンサーを搭載して、海底を監視する。それが報われ、今から6億年以上前に再び画期的な発見をする。最初の多細胞生物の存在だ。海底に生息する扁平《へんぺい》で軟らかいこれらの生き物は、見つかったオーストラリアの地名にちなんで、今では「エディアカラ生物群」と呼ばれている。これらは、

代謝に酸素を必要とする最初の単純な動物であり、波や流れに揺られるだけの藻類とは違い、自ら動くことができた。[注3]

そして探査機は、以前と比べれば急速な変化を記録し始める。生命のない大陸の上を通過して何億年も待ち、ようやく次の画期的な変化を記録するのではなく、じつに多様な種の出現と拡散と絶滅の波が、高まり、頂点に達し、下火になることの繰り返しを記録するようになったのだ。この時期は、海底に生息する小さな生物の数や種類が一気に増えた「カンブリア爆発」（5億4100万年前、初期を代表するのが三葉虫）で始まり、最初の魚類、両生類、陸上植物、四本足の並外れて移動性の高い動物がそれに続く。時折、絶滅が起こって、このような多様性が下がったり、ときにはほぼ消し去られたりし、わずか600万年前にさえ、地球を支配するような生命体を探査機は発見できない。[注4]それからほどなく、エネルギーにかかわる途方もない意味合いを持つことになる変化が起こる。動きに関連したこの変化を、探査機はもう少しで見落とすところだった。多くの四足歩行動物が一時的に立ち上がったり、ぎこちなく二足歩行したりし始めたのだ。400万年以上前にはこの形態の移動が、小型の類人猿のような生き物にとって普通となり、彼らは樹上よりも地上で多くの時間を過ごし始める。[注5]

探査機が本拠地に何か特筆に値することを報告する間隔は、今や数億年からわずか数十万年に縮む。やがて、先ほど出てきた初期の二足歩行動物の子孫（私たちは彼らを、祖先の長い血統に連なる、ホモ属に属するヒト族に分類する）が、あることをして、地球支配へと続く早道を歩み始める。数十万年前、探査機は生物の体外で初めてエネルギーが使われるのを検知する。つまり、食物の消化以外にエネルギー変換が行われるのを検知する。二足歩行をする動物の一部が、火の使い方を身につけ、料理をしたり、暖を取ったり、安全を確保したりするために、意図的に利用し始めたのだ。[注6]この制御された燃焼によって、植物の化学エネルギーが熱エネルギーと光に変換され、ヒト族は、それまでは消化するのが難しかった食物を摂取し、寒い夜も暖かく過ごし、危険な動物たちを遠ざけておくことができるようになった。[注7]そしてこれを手始めに、やがて前代未聞の規模で環境を思いどおりに形作ったり制御したりすることになる。

この傾向は、作物栽培の導入という、次の注目すべき変化によって強まった。探査機は約1万年前、あちこちの小さな区画で初めて植物が計画的に栽培されているのを記録する。後になって恩恵を受けるために、作物を選び、植え、世話をし、収穫するという栽培化を行った人間によって、地球の光合成全体のごく一部が制御され、操作されるようになったのだ。[注8]最初の動物の家畜化が、すぐ後に続いた。それまでは、人間の筋肉が唯一の原動機、つまり、化学エネルギー（食物のエネルギー）を労働の運動エネルギー（力学的エネルギー）にする変換装置だった。およそ９０００年前に牛から始まった、使役目的での動物の家畜化によって、人力によるエネルギー以外の、初の体外エネルギーが供給されるようになった。

使役動物は、農作業や井戸水の汲《く》み上げ、荷物の牽引や運搬、人間の運搬に使われた。[注9] さらにその後、最初の無生物の原動機が登場する。帆が5000年以上前、水車が2000年以上前、風車が1000年以上前だ。[注10]

次にまた、相対的な低迷の時代が巡ってきて、探査機はあまり観測するものがなくなる。1世紀また1世紀と過ぎていくなか、繰り返しや停滞や、すでに確立されたエネルギー変換の緩やかな発展と拡散しか見られない。牽引用の動物もいなければ、単純な機械的原動機もまったくなかった南北アメリカ大陸とオーストラリア大陸では、ヨーロッパ人が到来するまで、あらゆる仕事は人力によってなされていた。産業革命以前、旧世界の一部の地域では、引き具をつけた動物や、風、流れる水、落下する水のエネルギーで、穀物の製粉や搾油、研削、鍛造のかなりの割合が行われ、相変わらず手仕事で進められていた収穫は別として、牽引用の動物が骨の折れる畑仕事、とりわけ耕耘《こううん》や、モノの輸送、戦争の遂行に不可欠になった。

だがこの時点では、家畜や機械的な原動機を持つ社会においてさえ、仕事の多くは依然として人によって行われていた。当然ながらおおよそになってしまうが、過去の役畜と労働者の数の合計を使い、現代の肉体労働の測定値に基づいて典型的な日々の仕事量を想定した私の概算では、西暦1000年であろうと、その500年後で近世初期にあたる西暦1500年であろうと、仕事に変換できる有効な力学的エネルギーの90パーセント超は生物に由来し、人間と動物がほぼ半分ずつ提供していた。一方、熱エネルギーはほとんどすべて植物燃料の燃焼から得ていた。植物燃料は主に薪と木炭だが、藁《わら》も含む。それに加えて、乾燥した動物の糞《ふん》も使われていた。

やがて、１６００年に飛来した異星人の探査機は突如盛んに活動を始め、前例のない現象を見つける。ある島の社会が、薪だけに頼る代わりに、しだいに石炭を燃やすようになっていたのだ。石炭は、何千万年あるいは何億年も前に光合成を行っていた植物が、地下に長年埋もれている間に熱と圧力で化石化した燃料だ。できるかぎり正確に歴史をたどると、イギリスでは１６２０年頃、あるいは、ことによるとさらに早く、熱源として、生物資源を原料とする植物燃料を石炭が超えたと思われる。１６５０年には、化石炭素の燃焼によってあらゆる熱の3分の2が供給され、その割合は１７００年には75パーセントに達した。[注11] イギリスでは段違いに早くエネルギー転換が始まり、同国を19世紀随一の経済大国に押し上げることになる炭田はすべて、１６４０年以前にすでに石炭を産出していた。[注12] そしてその後イギリスの一部の炭鉱は、18世紀に入ってすぐ、化石燃料の燃焼を動力源とする最初の無生物の原動機である蒸気機関に頼り始めた。

初期の蒸気機関はあまりに効率が悪かったので、炭鉱にしか設置できなかった。そこなら燃料が簡単に手に入るし、輸送も不要だったからだ。[注13] それでもイギリスは何世代にもわたって、異星人の探査機にとって最も興味深い国であり続けた。同国は、石炭を使った蒸気機関の採用が圧倒的に早かったためだ。1800年になってさえ、ヨーロッパの数か国とアメリカの採炭量を合計しても、イギリスの採炭量と比べればごくわずかだった。

1800年には、地球を通過する探査機は以下のような状況を記録することになる。すなわち、この惑星全体で、そこを支配する二足歩行動物が使うあらゆる熱と光の98パーセント超を、依然として植物燃料が供給しており、農業と建設と製造に必要とされる全力学的エネルギーの90パーセント超を、相変わらず人間と動物の筋肉が供給していた。ジェイムズ・ワットが1770年代に改良型の蒸気機関を開発したイギリスでは、ボールトン・アンド・ワット商会が、25頭の屈強な馬の力に相当する平均出力の蒸気機関を製造し始めたが、1800年までに500台足らずしか売れず、引き具をつけた馬と勤勉な労働者が提供するエネルギーの総量を、わずかに減らすにとどまった。[注14]

1850年になっても、ヨーロッパと北アメリカで増加する採炭によって供給される燃料エネルギーは全体の7パーセントにすぎなかった。有効な運動エネルギー全体の半分近くが牽引用の動物の力、約40パーセントが人力によるもので、水車と風車、ゆっくりと普及する蒸気機関という3つの無生物の原動機によってもたらされるエネルギーは、わずか15パーセントだった。1850年の世界は、2000年の世界よりも、1700年の世界に、あるいは1600年の世界にさえずっと近かったのだ。

ところが1900年までには、全世界の化石燃料と再生可能燃料の割合と原動機の内訳も大幅に変化し、石炭と多少の原油という近代のエネルギー源が一次エネルギーの半分を、薪、木炭、藁という従来の燃料が残りの半分を、それぞれ提供するようになる。水力発電所の水タービンが１８８０年代に、初めて一次電力を生成した。やがて地熱発電が、そして第二次世界大戦後には原子力発電と再生可能エネルギーの太陽光と風力による新しい発電がそれに続く。それにもかかわらず、２０２０年になっても世界の電気の半分以上が、まだ石炭と天然ガスを主体とする化石燃料の燃焼によって生成されている。

１９００年には、力学的エネルギー全体の約半分を無生物の原動機が提供していた。最大の貢献をしていたのが石炭火力の蒸気機関で、以下、設計を改良した水車と１８３０年代に初めて導入された新しい水力タービン、風車と80年代後半以降に現れた真新しい蒸気タービン、やはり80年代に初めて導入された、ガソリンを燃料とする内燃機関の順だ。[注15]

１９５０年には、相変わらず石炭が主力の化石燃料が一次エネルギーの4分の3近くを供給し、今やガソリンとディーゼル油を燃料とする内燃機関が優勢となった無生物の原動機が力学的エネルギーの総量の80パーセント超を提供していた。そして２０００年には、植物燃料に頼るのは低所得国の貧しい人だけで、薪と藁は世界の一次エネルギーのわずか12パーセントほどしか提供していなかった。生物という原動機が力学的エネルギーに占める割合はたった5パーセントであり、人間の苦役と牽引用動物の労働は、液体燃料を使う機械やモーターで動く機械に、ほぼ完全に取って代わられた。

異星人の探査機は過去2世紀間に、次のような展開を目撃したことになる。すなわち、一次エネルギー源が全世界で急速に交代し、それに伴って化石エネルギーの供給が拡大・多様化し、最初は石炭火力の蒸気機関、その後、ピストンやタービンを使った内燃機関という順で、これまた急速に新しい無生物の原動機が導入され、採用され、性能が向上したのだ。探査機は直近の飛来のときには、真にグローバルな社会を目にすることになっただろう。化石炭素の固定式と移動式の装置による大々的な変換が、この惑星の無人地帯以外のあらゆる場所に行き渡り、それによって築かれ、それを特徴とする社会を。

近代以降のエネルギー利用

このような体外エネルギーの利用によって、どのような変化が起こったのか？　グローバルな一次エネルギー供給量は、たいてい化石燃料総生産量を指すが、有効な形態に変換するために実際に利用できるエネルギーを見てみるほうが、実状がはっきりする。そのためには、石炭の選別や洗浄、原油の精製、天然ガスの処理などの過程で消費前に失われる分や、主に化学工業の原料用、そしてまた、ポンプから飛行機のタービンまで、さまざまな機械の潤滑油として使われるもの、さらには舗装材としての利用といった非エネルギー利用や、送電の間の損失などを差し引かなければならない。こうした分を調整し、実際以上に精度が高いかのような印象を与えるのを避けるために思い切った概数にすると、私の計算では、化石燃料の利用は19世紀に60倍に、20世紀にそのさらに16倍に増え、過去２２０年間では約１５００倍の増加を見せたことになる。[注16]

　化石燃料に対するこのような依存の高まりは、近代以降の文明の進歩を説明するうえで最も重要な要素だ。そしてまた、化石燃料の供給の脆弱《ぜいじゃく》性と、化石燃料の燃焼が環境に与える影響について、私たちが胸の奥に抱えている懸念を説明するうえでも最も重要だ。現実には、エネルギーの増大は私が先ほど述べた１５００倍をはるかに上回る。なぜなら、平均変換効率も供給量とともに上昇していることを考慮に入れなければならないからだ。[注17]１８００年には、熱やお湯を生み出すための炉やボイラーでの石炭の燃焼は、せいぜい25〜30パーセントの効率しかなく、蒸気機関によって消費される石炭の２パーセントだけしか有効な仕事に変換されなかったため、全体としての変換効率は、たかだか15パーセントだった。１世紀後、炉やボイラーや蒸気機関の性能が上がり、全体的な効率も20パーセント近くまで上昇し、２０００年には平均変換効率は約50パーセントに達した。その結果、20世紀には有効エネルギーが40倍近く増え、１８００年の約３５００倍となった。

　こうした変化の大きさをさらによく理解するには、それを１人当たりの数値として表すといい。世界の人口は、１８００年の10億人から、１９００年には16億人、２０００年には61億人へと増え、それに伴って、１人当たりの有効エネルギーの供給量も１８００年の０・05ギガジュールから１９００年の２・７ギガジュール、２０００年の約28ギガジュールまで増加した。２０００年以降、中国が世界を舞台に躍進したのが主な原因となって、世界全体の数字はさらに上がり、２０２０年には約34ギガジュールとなった。今日、地球の平均的な住民は、19世紀初めの祖先と比べて７００倍近くも多くの有効エネルギーを使うことができる。

そのうえ、第二次世界大戦の直後に生まれた人の一生のうちに、１人当たりの有効エネルギーの供給量は3倍以上になった。１９５０〜２０２０年に、約10ギガジュールから34ギガジュールへと増えたのだ。34ギガジュールをもう少し想像しやすいものに変えると、平均的な地球人は原油にして毎年８００キログラム（0・8トン、ドラム缶5本近く）、あるいは良質の石炭にして約1・5トンを使えるということだ。そして、これを肉体労働に換算すると、平均的な人間１人につき、成人60人が昼夜兼行で休むことなく働き続けるのに相当する。そして、富裕国の住民にとっては、国にもよるが、おおむね２００〜２４０人の成人がたゆみなく働いている計算になる。平均すると、人間は今や空前の量のエネルギーを使えるのだ。

肉体労働の苛酷さや時間数、余暇、全体的な生活水準の面で、この変化の結果は明白だ。食生活の改善、大規模な人間の移動、生産と輸送の機械化、個人間の即時の電子通信など、富裕国のすべてで例外ではなく標準になったあらゆる進歩の根底には、豊富に手に入る有効エネルギーがあり、そのエネルギーでこれらの進歩の説明がつく。国家規模での最近の変化には、大きなばらつきがある。当然見込まれるとおり、高所得の国々では変化が少ない。それらの国では、1人当たりのエネルギー使用量が1世紀前にすでに比較的多かったからだ。一方、1950年以降、経済が非常に急速に現代化した国々、とりわけ日本と韓国と中国で、エネルギー使用量の増加が大きかった。1950〜2020年には、アメリカでは化石燃料と一次電力が提供する1人当たりの有効エネルギーが約150ギガジュールへとおおよそ倍増したのに対して、日本では80ギガジュール近くへと5倍以上に増え、中国ではほぼ50ギガジュールへと120倍以上の驚異的な伸びを見せている。[注18]

有効エネルギーの導入の軌跡をたどると、物事の本質が明らかになる。なぜなら、エネルギーは生物圏や人間社会とその経済の複雑な構造におけるただの一構成要素ではないし、相互作用するこれらの系の進化を決める、込み入った方程式の中のたんなる一変数でもないからだ。エネルギー変換こそが、まさしく生命と進化の基盤なのだ。近代以降の歴史は、新しいエネルギー源への並外れて急速な転換の連続と見ることができる。そして、現代の世界はその新しいエネルギーの変換が積み重なった結果だ。

人間の活動にとってエネルギーが根本的な重要性を持つことに最初に気づいたのは、物理学者たちだった。熱力学の創始者の1人であるルートヴィッヒ・ボルツマンは1886年、変換して利用できるエネルギーである自由エネルギーのことを、生命にとっての「Kampfobjekt《カンプフオブイェクト》（闘争の対象）」として語った。[注19]突き詰めると、生命はそのエネルギーを降り注いでくる太陽放射に依存しているのだ。1933年にノーベル物理学賞を受賞したエルヴィン・シュレーディンガーは、生命の基盤を次のように要約している。「生命体は負のエントロピーを食べて生きている」[注20]（「負のエントロピー」あるいは「ネゲントロピー」＝自由エネルギー）。19世紀と20世紀初頭の物理学者がもたらしたこの基本的な見識と足並みを揃《そろ》えるように、1920年代にはアメリカの数学者で統計学者のアルフレッド・ロトカが、こう結論した。「有効エネルギーを最もうまく捉える生命体が、進化上の優位性を持っている」[注21]。

1970年代前半には、アメリカの生態学者ハワード・オダムが、「あらゆる進歩は、エネルギーの特別な補助のおかげで起こり、いつであれ、どこであれ、その補助がなくなれば、進歩は必ず消え去る」と説いた[注22]。そして、さらにその後、物理学者のロバート・エイヤーズが、あらゆる経済におけるエネルギーの中心性という概念を、著作の中で繰り返し強調した。「経済システムは本質的には、資源という形のエネルギーを採掘し、処理し、製品やサービスに具現化されたエネルギーへと変換するシステムである」[注23]。簡単に言えば、エネルギーは唯一の真に普遍的な通貨であり、その変換がなければ、銀河の回転から儚《はかな》い昆虫の生命の誕生まで、何一つ起こりえない[注24]。

これらの現実は、みな簡単に検証できるのだから、現代の経済学がエネルギーをおおむね無視してきたのは、なんとも理解し難い。さまざまな説明や教えの集成であるその経済学の実践者は、他のどんな専門家よりも大きな影響力を公共政策に行使するというのに。

エイヤーズが指摘したとおり、経済学は生産という物理的プロセスにとってのエネルギーの重要性を体系的に認識していないばかりか、以下のように決めてかかってもいる。「エネルギーは（たいして）重要ではない。なぜなら、経済におけるエネルギーのコストの割合はあまりに小さいので無視できるからだ……まるで、生産物《アウトプット》は労働と資本だけで生み出せるかのようだ——あるいは、エネルギーは労働と資本によって（採掘されるのではなく）生み出せる一種の人工の資本にすぎないかのようだ[注25]」。

現代の経済学者は、エネルギーに夢中になっても報酬や賞を与えられることはなく、現代社会がエネルギーについて憂慮するのは、主要な商業形態のエネルギーのどれか1つでも供給が脅かされるように見え、価格が急騰したときだけだ。1500～2019年に出版された書籍に現れた用語の使用頻度を確認するツールであるグーグルのNグラム・ビューアーで調べると、この点がはっきりする。「エネルギー価格」という言葉の使用頻度は、20世紀に入ってもまったく無視できるほど低いままだったが、OPEC（石油輸出国機構）が原油価格を5倍に引き上げた結果、1970年代前半から突然急上昇を始めて、80年代前半に頂点に達した（この値上げについては、本章で後ほど詳しく説明する）。価格が下落すると、「エネルギー価格」という用語が使われる頻度も同じように急落し、2019年には、1972年と変わらなくなっていた。

多少なりともエネルギーについてわかっていなければ、世の中の実状は理解できない。

エネルギーは簡単には定義できないかもしれないが、エネルギーをパワーと混同するという、よく見かける間違いを犯さないようにするのは簡単であることを、本章ではまず説明する。それから、それぞれ固有の長所と短所を持つ多様な形態のエネルギーと、さまざまなエネルギー量で、エネルギーの貯蔵と可搬性にとって決定的に重要なエネルギー密度（単位質量当たり、あるいは単位体積当たりの蓄えられたエネルギー量）が、経済発展の各段階にどのような影響を与えてきたかを振り返る。そして、化石炭素への依存をしだいに減らす社会への転換が進むなかで突きつけられる課題の、現実的な評価を示す。先を読めばわかるように、私たちの文明は化石燃料に頼り切っているため、次のエネルギー転換には大半の人が考えているよりもはるかに長い時間がかかるだろう。

エネルギーとは何か？

エネルギーというこの基本量は、どう定義されるのか？　ギリシア語の語源は明快だ。アリストテレスは著書『形而上学』で、「中／～している」を意味する「ἐν（エン）」と「仕事」を意味する「ἔργον（エルゴン）」を組み合わせ、どの物体も「ἐνέργεια（エネルゲイア）」によって維持されていると結論した。[注26]　そう理解することによって、あらゆる物体に、活動と運動と変化の可能性が与えられた。持ち上げる、投げる、燃やすといった行為によって他の形態へと変換される可能性の説明としては、悪くない。

その後ほとんど変化がなかったが、２０００年ほどしてようやく、アイザック・ニュートン（１６４３〜１７２７）が、質量と力と運動量にかかわる基本的な物理法則をまとめた。そして、彼の「運動の第二法則」のおかげで、基本的なエネルギーの単位を導くことが可能になった。近代的な科学の単位を使うと、１ジュールは１ニュートンの力（質量１キログラムの物体に１メートル毎秒毎秒の加速度を生じさせる力）で物体を１メートル移動させるときの仕事となる。[注27]だが、この定義は運動エネルギー（力学的エネルギー）のことしか述べていない。そして、あらゆる形態におけるエネルギーの直観的な理解は、断じて提供してくれない。

エネルギーの実際的な意味での理解は、19世紀に大幅に拡大した。この時代に、燃焼や熱、放射、運動についての実験が盛んに行われたおかげだ。[注28]それが、今なお最も一般的なエネルギーの定義につながった。「仕事を行う能力」というのがそれだが、これが有効なのは、以下の場合に限られる。すなわち、「仕事」という用語が、投入された労働だけではなく、当時を代表する物理学者の１人の言葉を借りれば、「ある系の在りように対する変化を、その変化に抵抗する力に逆らってもたらす」物理的「行為」全般をも意味する場合だ。[注29]ところが、これも相変わらずニュートンの力学から抜け切れておらず、直観的に理解できるものではない。

「エネルギーとは何か？」という問いに答えるには、20世紀有数の見識ある物理学者リチャード・ファインマンの変幻自在な頭脳を参照するのに優《まさ》る方法はない。ファインマンは有名な著書『ファインマン物理学』で、彼一流の率直なやり方でこの難題に取り組み、エネルギーの多様性を強調しながら、次のように述べている。「エネルギーは多くの異なる形態を取り、そのそれぞれに公式がある。それらのエネルギーとは、重力エネルギー、運動エネルギー、熱エネルギー、弾性エネルギー、電気エネルギー、化学エネルギー、放射エネルギー、核エネルギー、質量エネルギーだ」。

そして、以下のような拍子抜けのする、それでいて明白な結論に至る。

> これに気づくことが肝心なのだが、今日の物理学においては、エネルギーとは何かがまったくわかっていない。エネルギーが一定量の小さな塊として現れるというような見方はされていない。そういうものではないのだ。ところが、数量を計算するさまざまな公式はあり、その数量をすべて足し合わせると……いつも必ず同じ数になる。そうしたさまざまな公式の仕組みも根拠も示してくれないという点で、それは抽象的なものだ。[注30]

そして、今もそれに変わりはない。公式を使えば、飛んでいる矢や飛行しているジェット旅客機の運動エネルギーも、山から今にも転がり落ちようとしている巨岩の位置エネルギーも、化学反応で発生する熱エネルギーも、揺らめくロウソクや一点に向けられたレーザーの光エネルギー（放射エネルギー）も、非常に正確に計算できる。それなのに、これらのエネルギーを、私たちの頭の中で簡単に説明できるような単一のものに絞り込むことはできない。

だがこれまで、エネルギーの捉え所のなさも、大勢のにわか専門家には気にならなかったようだ。エネルギーが世論の大きな話題になった１９７０年代前半以来、彼らは自らの無知も顧みず、エネルギー問題について持論をまくし立ててきた。エネルギーは、はなはだ理解し難く、また誤解されがちな概念の１つであり、基本的な現実がきちんと押さえられていないため、思い違いや妄想を次から次へと招いている。すでに見たように、エネルギーはさまざまな形態で存在しており、私たちにとって役立つようにするためには、１つの形態から別の形態へと変換する必要がある。それにもかかわらず、エネルギーのさまざまな形態が苦もなく互いに代替できるかのように、この多面的な抽象概念を一枚岩として扱うのが標準的だ。

こうした代替には、比較的簡単で有益なものもある。ロウソクは、ロウの化学エネルギーを放射エネルギーに変換する。電灯は、蒸気タービンで作った電気を放射エネルギーに変えるが、その電気は、燃料の化学エネルギーを、まず熱エネルギーに、続いて電気エネルギーに変換したものだ。ロウソクに代えて電灯を使うことで、多くの明白な恩恵がもたらされた。より安全で、明るく、安価で、信頼性の高い種類のエネルギー利用が可能になったのだ。蒸気機関車やディーゼル機関車を電気機関車と電気駆動の車両に置き換えたおかげで、以前よりも安価で、速く、有害物質の排出量が少ない輸送が可能になった。流麗なデザインの高速列車は、みな電動だ。だが他の多くの場合、望ましい代替手段は依然として高価か、実現可能ではあっても現実的には当面、費用がかかり過ぎるか、必要な規模では実現不可能かのいずれかだ——提唱者たちが、利点をどれだけ声高に絶賛しようとも。

電気自動車は、第一のカテゴリーの一般的な例だ。今ではすぐに手に入るし、最上位のモデルは非常に信頼性が高いが、2020年には依然として、内燃機関を動力源とする同じぐらいの大きさの自動車よりも高かった。第二のカテゴリーに入るのが合成アンモニアだ。次章で詳しく取り上げるが、窒素肥料の製造に必要なアンモニアの合成は現在、原料の水素の供給源として、天然ガスへの依存度が高い。天然ガスを使う代わりに、水を電気分解すれば水素は生産できるが、この方法は相変わらず、豊富で安価なメタンから取り出すときの5倍近く高くつくし、大規模な水素産業をまだこれから築かなければならない。そして、最後のカテゴリーの顕著な例が、電気を原動力とする長距離の商業飛行であり、ケロシンを燃料とするボーイング787によるニューヨーク＝東京間の飛行に相当するものだ。後で見るように、このエネルギー変換は、遠い未来まで非現実的なままだろう。

熱力学の第一法則は、変換の間にエネルギーが失われることはけっしてない、としている。これは、食物を消化するときの化学エネルギーから化学エネルギーへの変換にも、筋肉を動かすときの化学エネルギーから力学的エネルギーへの変換にも、天然ガスを燃やすときの化学エネルギーから熱エネルギーへの変換にも、タービンを回すときの熱エネルギーから力学的エネルギーへの変換にも、発電機の中での力学的エネルギーから電気エネルギーへの変換にも、あなたが読んでいるページを光が照らすときの電気エネルギーから電磁エネルギーへの変換にも、すべて当てはまる。ところが、エネルギー変換はみな、結局、高温の熱から低温の熱への移行につながる。エネルギーはまったく失われてはいないが、その有用性、つまり有効な仕事を行う能力は、なくなる。これが、熱力学の第二法則だ。[注31]

　あらゆる形態のエネルギーを同一の単位で示すことができる。科学の単位はジュールで、栄養学ではカロリーがしばしば使われる。次章で、現代の食料産業に投入される莫大なエネルギー補助について詳しく述べるときに、異なるエネルギーの質の、真に生存にかかわる現実に出合うことになる。鶏肉を生産するのに必要なエネルギーを合計すると、でき上がる食用肉のエネルギー含有量の数倍にのぼる。エネルギーの観点から補助率を計算することはできる（投入されるジュール／産出されるジュール）が、投入《インプット》されるものと産出《アウトプット》されるものの間には明らかに根本的な違いがある。私たちはディーゼル油や電気は消化できないが、低脂肪の鶏肉はほぼ完全に消化できる食品であり、上質のタンパク質を含んでいる。そのタンパク質は、脂質や炭水化物に由来する同量のエネルギーで置き換えることのできない、不可欠の多量栄養素だ。

エネルギー変換には利用可能な選択肢が多くあり、傑出しているものもある。ケロシンとディーゼル燃料に含まれる高密度の化学エネルギーは、大陸間の飛行や航行には素晴らしいが、潜水艦で海面下にとどまったまま太平洋を横断したければ、小型原子炉で濃縮ウランを核分裂させて発電するのが最善の選択となる。[注32] そして陸上では、最も頼りになる発電装置は大型の原子炉であり、今では90〜95パーセントの時間、発電しているものもある。それに対して、最も優れた洋上風力タービンが約45パーセント、光電池では、最も日照の多い地域でさえ25パーセントだ。一方、ドイツのソーラーパネルは、12パーセントの時間しか発電しない。[注33]

これは物理学あるいは電気工学に即した単純な現実だが、それが頻繁に無視されるのだから驚く。これまたよく見られる誤りが、エネルギーとパワーの混同であり、このほうがなおさら頻繁に起こる。この混同は、物理学の初歩がわかっていないことの表れであり、残念ながら、素人だけに限られない。エネルギーは「スカラー量」だ。物理学では、スカラー量は大きさだけによって記述される量のことで、体積、質量、密度も至る所で見られるスカラー量だ。一方、パワーは単位時間当たりのエネルギーの尺度であり、したがって、レート（率）だ（物理学でレートは、通常は時間当たりの、変化の尺度）。発電を行う施設は一般に発電所《パワープラント》と呼ばれているが、パワーはエネルギー生産率、あるいはエネルギー使用率にすぎない。パワーは、「エネルギー÷時間」に等しい。科学の単位では、ワット（ジュール／秒）となる。エネルギーは「パワー×時間」に等しく、「ジュール＝ワット×秒」となる。ローマの教会で献灯用の小さなロウソクに火をつければ、15時間ぐらい燃えるかもしれない。それによって、ロウの化学エネルギーを、平均40ワット近いパワーで熱（熱エネルギー）と光（電磁エネルギー）に変換する。[注34]

遺憾ながら、工学の出版物さえもが「発電所が1000メガワットの電気を生み出す」などと書くことがよくあるが、そんなことは不可能だ。たとえば、ある発電所は1000メガワットの設備（定格）出力を持っているかもしれない。つまり、その率でエネルギーを生み出すことができる。だがそのときには、1000メガワット時、あるいは基本的な科学の単位を使うなら、1時間に3兆6000億ジュール（10億ワット×3600秒）を生み出す。別の例を挙げれば、成人男性の基礎代謝率（完全な安静時に体の必須機能を実行するのに必要とされるエネルギーの率）は約80ワット、あるいは80ジュール毎秒で、体重70キログラムの男性は、一日中じっと横たわっていても、体温を維持し、心臓を鼓動させ、無数の酵素反応を行うためには、依然として約7メガジュール（80×24×3600）、言い換えれば約1650キロカロリーの食物エネルギーを必要とする。[注35]

昨今、新しいグリーンな世界の提唱者たちは、エネルギーがろくに理解できていないため、ほぼ瞬時のエネルギー転換を無邪気にも求めている。忌まわしく、汚染を引き起こす有限の化石燃料から、それより優れた、グリーンでいつまでも再生可能な太陽光発電による電気へと、すぐに転換しようというのだ。だが、ガソリンや航空用ケロシン、ディーゼル燃料、残留重油といった、原油から精製された液体炭化水素は、広く入手可能な燃料のうちで最もエネルギー密度が高い。だから、あらゆる様式の輸送にエネルギーを与えるのにきわめて適している。エネルギー密度を比較すると、以下のようになる（単位はすべて、1トン当たりのギガジュール）。空気乾燥させた薪――16。瀝青炭《れきせいたん》（質による）――24〜30。ケロシンとディーゼル燃料――約46。体積当たり（単位はすべて、1立方メートル当たりのギガジュール）では、エネルギー密度は薪がわずか10ほど、良質の石炭が26、ケロシンが38だ。天然ガス（メタン）は1立方メートル当たりたった35メガジュールで、ケロシンのエネルギー密度の1000分の1に満たない。[注36]

輸送にとって、エネルギー密度と燃料の物理的特性の持つ意味合いは明白だ。蒸気機関を動力源とする大洋航路船は、薪を燃やさなかった。なぜなら、大西洋を横断するのに、他の条件がすべて同じなら、薪は良質の瀝青炭の体積の2・5倍、重さが少なくとも1・5倍になり、船が人やモノを輸送する能力を大幅に減じただろうからだ。メタンは航空用ケロシンよりもエネルギー密度が3桁小さいので、天然ガスで飛ぶ飛行機はありえない。石炭で飛ぶ飛行機もありえない。石炭はエネルギー密度の点で航空用ケロシンとそこまで大きな違いはないが、翼内の燃料タンクからエンジンへと流れないからだ。

しかも、液体燃料の利点は、エネルギー密度の高さだけにとどまらない。原油は石炭とは違って、地下に炭鉱労働者を送り込んだり、大規模な露天掘りで景観を損なったりする必要がないので、はるかに簡単に生産できる。原油はエネルギー密度がずっと高く、密閉空間さえあれば、通常は液体燃料のほうが石炭と比べて75パーセント多くのエネルギーを貯蔵できるので、はるかに簡単にタンクや地下に貯蔵できる。また、タンカーや、長距離大量輸送の最も安全な様式であるパイプラインで大陸間を輸送できるから、はるかに簡単に流通させることが可能で、したがって、需要に応じてすぐに入手できる。[注37] 原油は炭化水素の複雑な混合物であり、精製していちばん軽いガソリンからいちばん重い残留燃料油まで、別個の燃料に分離する必要があるが、この処理によって、価値の高い用途別の燃料が得られるし、潤滑油などの不可欠な非燃料製品も生産できる。

潤滑油はあらゆるもので摩擦を最小限に抑えるのに必要とされる。胴体の幅が広く、通路が2本あるワイドボディのジェット旅客機に搭載する巨大なターボファンエンジンからミニアチュア軸受《ベアリング》まで幅広く使われている。[注38] 今や14億台を超える自動車が走っているので、世界的に見て、自動車部門が潤滑油の最大の消費者であり、産業での利用（繊維、エネルギー、化学、食品加工が市場規模で上位を占める）と外航船による利用がそれに続く。潤滑油の年間使用量は、今や１２０メガトンを超える。比較のために言うと、オリーブ油から大豆油まで、食用油の全世界の生産量は、現在、年間約２００メガトンだ。そして、利用可能な代替品は、原油に直接由来するものではなく、より単純な、それでいて依然として石油ベースのことが多い化合物から製造された合成潤滑油であり、もっと高価なため、前述の産業が世界中で拡大するにつれて、原油から生産した潤滑油の需要はさらに増えるだろう。

　原油に由来する製品には、アスファルトもある。黒くてねばねばしたこの素材は、今や全世界で100メガトンのオーダーで生産されており、その85パーセントが加熱アスファルト混合物として舗装に使われ、残りのほとんどが屋根葺《ふ》き材料となる。[注39] 原油の主成分である炭化水素には、他にも不可欠な非燃料の用途がある。主に、天然ガス液由来のエタンとプロパンとブタンが多種多様な化学合成の原料として、さまざまな合成繊維や樹脂、接着剤、染料、塗料、コーティング剤、洗剤、殺虫剤などの生産に使われており、これらはみな、現代世界にとって無数の形できわめて重要なものだ。[注40] こうした利点や恩恵を考えると、アスファルトがより手頃な価格になり、グローバルな規模で確実に供給できるようになれば、原油への私たちの依存が強まるのは、わかり切ったこと、いや、それどころか避け難いことだった。

　石炭から原油への転換は、何世代もかけて成し遂げられた。商業的な原油採掘は、1850年代にロシアとカナダとアメリカで始まった。大型の切削ビットを引き上げては落下させて地面に打ち込むという昔ながらの方法を使って掘った油井《ゆせい》は浅く、1日当たりの生産性は低く、鯨油やロウソクに取って代わったランプ用のケロシンが、原油の単純な精製によって得られる主な産物だった。[注41] ようやく精製石油製品の新しい市場が生み出されたのは、内燃機関が広く採用されてからだった。内燃機関は、まず乗用車やバスやトラックのための、ガソリンを燃料とするオットーサイクルのエンジン〔断熱圧縮、定容加熱、断熱膨張、および定容放熱から成る、最も単純なタイプのガソリンエンジン〕が導入され、その後、ルドルフ・ディーゼルが発明した、より効率的なエンジンが続いた。後者は、もっと重くて安価な成分（ご明察のとおり、ディーゼル油）を燃料とし、とりわけ船やトラックや重機で使われた（さらに詳しくは、グローバル化についての第4章を参照のこと）。これらの新しい原動機の普及には時間がかかり、第二次世界大戦前には、自動車の所有率が高かったのはアメリカとカナダの2か国だけだった。

原油は、世界中で燃料として使われ始め、ついには世界で最も重要な一次エネルギー源となった。それは、中東とソ連（ソヴィエト連邦）で巨大な油田が発見されたおかげであり、そしてもちろん、輸送用の大型タンカーの導入のおかげでもある。中東の巨大油田のうちには、1920年代や30年代に初めて掘削されたものもある（イランのガッチサランとイラクのキルクークが27年、クウェートのブルガンが37年）が、大半は第二次世界大戦後に発見された。たとえば、世界最大のガワールが48年、サファニアが51年、マニファが57年で、すべてサウジアラビアにある。ソ連で最大級の発見は、48年（ヴォルガ＝ウラル盆地のロマシュキノ）と65年（西シベリアのサモトロール）だ。[注42]

原油の伸びと相対的な後退

ヨーロッパと日本で自動車の利用がようやく大衆化すると同時に、石炭から原油へ、後には天然ガスへという一連の経済の転換が始まったのは1950年代であり、外国貿易や外国旅行（最初のジェット旅客機によるものも含む）、アンモニアとプラスティックの合成用石油化学原料の使用も、同じ頃に増大した。世界の原油採掘量は50年代に倍増し、64年には世界の最も重要な化石燃料として、原油は石炭を抜いた。このように使用量は増える一方だったものの、供給が豊富であり続けたため、価格は下落していた。インフレ調整済みの実質ベースでは、世界の石油価格は、1950年には40年よりも低く、60年には50年よりも低く、70年には60年よりなお低かった。[注43]

驚くまでもないが、需要はあらゆる部門で発生していた。実質的に見て、原油はあまりに安価だったので、効率的に使う動機がなかった。気候が寒冷な地域のアメリカの住宅は、しだいに石油炉で暖められるようになっていたのだが、窓は1枚ガラスで、壁には適切な断熱材が入っていなかった。アメリカの自動車の平均効率は、じつは1933〜73年に下がっている。そして、エネルギー集約型の諸産業は、非効率的なプロセスを使って操業し続けた。[注44]これがとりわけ注目に値するかもしれないが、鋼鉄を製造するための旧式の平炉を、性能で優る酸素炉に替えるペースが、アメリカは日本や西ヨーロッパよりも大幅に遅かった。

すでに大きかったアメリカの石油需要は、1960年代後半には25パーセント近く増え、世界の需要はほぼ50パーセント増大した。ヨーロッパの需要は、65~73年にほとんど倍増し、日本の輸入量は約2・3倍になった。[注45] すでに述べたように、この需要の高まりには新しい油田の発見で対応できたので、石油は1950年と事実上同じ価格で売られていた。けれども、このようなうまい話が長続きするはずがない。50年には、アメリカは依然として世界の石油の約53パーセントを生産していた。だが70年には、アメリカは相変わらず世界最大の産油国だったものの、市場占有率は23パーセントを割っており、輸入を増やす必要が出てくることは明らかだったのに対して、OPECのシェアは48パーセントに達していた。

　さらなる価格の下落を防ぐためにわずか5か国によって1960年にバグダッドで設立されたOPECには、時代が味方をした。60年代には、OPECはまだ自らの主張を通すほど大きくはなかったが、70年代には生産量のシェアの増大と、70年にピークを迎えたアメリカでの採掘の後退が相まって、その要求を無視することは不可能になった。[注46] 72年4月、テキサス鉄道委員会は州の石油生産量に対する制限を解除し、それによって、30年代から保持していた価格の統制権を放棄した。71年に、アルジェリアとリビアが石油生産の国有化を始め、翌72年にはイラクもそれに倣い、同年にはクウェートとカタールとサウジアラビアも、それまでは外国企業の手中にあった自国の油田の国有化を徐々に進め始めた。続いて、73年4月、アメリカはロッキー山脈以東での原油の輸入規制を解除した。こうして突然、石油は売り手市場になり、73年10月1日にはOPECが公示価格を16パーセント上げて1バレル＝3ドル1セントとした。その後、アラブ湾岸諸国6か国がさらに価格を17パーセント上げ、同年同月にイスラエルがシナイ半島でエジプトに勝利すると、OPECはアメリカへの石油の輸出を全面的に禁止した。

1974年1月1日、湾岸諸国は公示価格を1バレル＝11ドル65セントに上げ、たった1年間に、この欠くことのできないエネルギー源のコストを4・5倍に増大させたのだった。そしてこれによって、安価な石油に後押しされてきた経済の急速な拡大に幕が下りた。50〜73年に、西ヨーロッパの経済の生産高はほぼ3倍に増え、アメリカのGDP（国内総生産）はそのわずか1世代の間に倍以上になっていたが、73〜75年に、世界の経済成長率は約90パーセント下落した。そして、石油価格の値上がりに影響を受けた各国経済が、何よりも、産業エネルギー効率の見事な改善によってこの新しい現実に適応し始めた矢先に、イランの君主制が崩壊し、原理主義の神権政治体制が国家の支配権を奪い、それが石油価格上昇の第二波につながった。78年には約13ドルだったのが、81年には34ドルまで上がって、79〜82年に世界の経済成長率がまたしても90パーセント減少した。[注47]

1バレル＝30ドル超というのは、需要を崩壊させる価格だったので、1986年には石油は再び1バレル当たりわずか13ドルで販売されるまでになり、さらなるグローバル化の舞台が整った。今回の主役は中国で、その急速な現代化は、鄧小平《とうしょうへい》の経済改革と、外国からの巨額の投資によって推進された。半世紀近くが過ぎた今、二度にわたる石油価格上昇の波がどれほどの痛手をもたらしたかを真に理解しているのは、価格と供給が大混乱に陥ったあの年月を生き抜いた人、あるいは、しだいに数は減っているが、あの衝撃を研究した人だけだ。価格上昇による経済の暗転の結果は、40年以上を経た今も、依然として感じられる。なぜなら、石油への需要が増し始めても、石油節約のための措置の多くは続行され、なかには強化され続けているものもあるからだ。特に、より効率的な産業利用への移行がそうだ。[注48]

1995年、原油採掘はついに79年の記録を破り、それから上昇を続け、経済改革を進める中国の需要や、アジアのその他の地域で高まる需要に応じた。それにもかかわらず、石油は75年以前の相対的な優位性を取り戻してはいない。[注49] 一次エネルギーのグローバルな商用供給における市場占有率は、70年の45パーセントから、2000年には38パーセントへ、19年には33パーセントへと落ち込んだ。そして今では、天然ガスの消費や風力発電と太陽光発電が増加し続けるなか、石油のさらなる相対的下落が続くことは確実だ。光電池と風力タービンを使ってより多くの発電を行う機会はいくらでもあるが、このような断続的な源泉から電気の20～40パーセントを引き出すシステム（経済大国のなかでは、ドイツとスペインが抜きん出た例だ）と、これらの再生可能エネルギーの流れに完全に依存する国家の電力供給との間には、根本的な違いがある。

広大で人口が多い国々が、太陽光や風力から得る再生可能エネルギーにもっぱら頼ろうとすれば、私たちが依然として欠いているものが必要とされる。すなわち、断続的な発電の弱点を補ってくれる、大規模で、数日~数週間分の長期的な電力貯蔵設備、あるいは、異なる標準時間帯にまたがり、日差しや風に恵まれた地域と主要な都市や産業の中心地とを結ぶ、広範な高圧線の送電網だ。これらの新しい再生可能エネルギーは、石炭と天然ガスを燃料とする今日の発電だけではなく、現在、液体燃料によって自動車や船や飛行機に供給されているすべてのエネルギーにも、輸送の完全な電化を通して、取って代わるのに足るだけの発電を行うことが、果たしてできるだろうか？　そして、一部の計画が現在約束しているように、わずか20~30年で、本当にそれを成し遂げられるのだろうか？

電気の数多くの利点

もしエネルギーが、ファインマンの言うように「抽象的なもの」なら、電気はそのうちでもとりわけ抽象的な形態の1つということになる。エネルギーのいくつかのタイプは、科学的に理解していなくても直接経験し、形態を区別し、その変換を活用することができる。木の幹、石炭の塊、容器に入ったガソリンといった固体燃料や液体燃料（化学エネルギー）は実体を持ち、森林火災のときであれ、旧石器時代の洞窟の中であれ、蒸気機関車の火室の中であれ、自動車のエンジンの内部であれ、燃えると熱（熱エネルギー）を放出する。落下する水や流れる水は、至る所で見られる重力エネルギーと運動エネルギーの表れであり、簡単な木製の水車を作れば、有効な運動エネルギー（力学的エネルギー）にかなり容易に変換できる。そして、風の運動エネルギーを、穀物を製粉したり、油糧種子を搾ったりするための力学的エネルギーに変換するには、運動を石臼に伝達する風車と木製の歯車さえあればいい。

それに対して電気は無形であり、燃料と同じようには、どういうものかを直観的に感じ取るわけにはいかない。だが、電気の作用は、静電気やスパークや稲妻として目で見ることができるし、微弱な電流も感じることができる。そして、１００ミリアンペア以上の電流は致命的になりかねない。電気の一般的な定義は直観的に理解し難いし、「電子」「流量」「電荷」「電流」といった他の専門用語の知識をあらかじめ持っていないと、わからない。ファインマンは、権威ある著書『ファインマン物理学』の第一巻では、「電気エネルギーというものがあり、電荷によって押したり引いたりすることと関係がある」と、はなはだ素っ気なかったが、第二巻で電気エネルギーの話に戻って詳しい説明に入り、力学的エネルギーと電気エネルギーや定常電流に取り組んだときには、微分積分法を使って説明している。[注50]

現代世界は、その住民の大半にとってブラックボックスだらけだ。内部の仕組みが、程度の差こそあれユーザーには謎のままであるデバイスで満ちている。電気は、あらゆる場所にある究極のブラックボックスのシステムと考えることができる。大型の火力発電所には化石燃料、水力発電所には落下する水、光電池には太陽光線、原子炉にはウランというように、何が中に入っていくかは、多くの人がかなりよく理解しているし、光、熱、運動など、出てくるものから誰もが恩恵を受けているとはいえ、発電所や変圧器、送電線、最終的に使用するデバイスの内部で何が起こっているのかを完全に理解している人は、わずかしかいない。

自然界で最もありふれた電気の実例である稲妻は、あまりに強力で、あまりに短命（ほんの一瞬）で、あまりに破壊的な現象なので、（今後もずっと？）取り込んで生産的な形で利用することができない。そして、誰もが適切な素材を擦り合わせて微量の静電気を発生させたり、再充電しなくても長持ちする小型の電池を使って、懐中電灯や携帯用の電子機器に何時間も軽い仕事をさせたりする程度のことはできるものの、大規模な商用利用のための発電は、コストがかかる複雑な事業だ。発電する場所から、都市や産業施設、電化された高速輸送機関など、利用量の多い地域や場所や対象に供給するのも込み入った仕事であり、それには変圧器や広範な高圧送電線網が欠かせないし、再び変圧した後に何十億もの消費者に届けるための、架空や地中の低圧配電線での供給も必要になる。

そして、奇跡のようなハイテクの電子機器があふれているこの時代にあってさえ、人口

50万の中規模都市のわずか1～2週間分の需要や、人口1000万超の巨大都市のたった半日分の需要を満たすだけの量の電気を手頃なコストで貯蔵することは、相変わらず不可能だ。[注51] だが私たちは、こうした問題や高コストや技術上の難題があるにもかかわらず、現代経済の電化に努めてきたし、この果てしない電化の追求はこれからも続くだろう。なぜなら、電気という形態のエネルギーは、無類の利点を数多く兼ね備えているからだ。最も明白な利点は、最終的な消費現場で、電気の使用はいつも楽でクリーンであり、ほとんどの場合、並外れて効率的であることだ。パチッとスイッチを入れたり、ボタンを押したり、サーモスタットを調節したりしさえすれば、電灯やモーター、電気ヒーター、エアコンをオンにできる（今やそうした操作は、手の合図や音声コマンドだけで済ませられることが多い）。大きい燃料貯蔵場所も、骨の折れる燃料の運搬や補給も不要だし、不完全燃焼で有害な一酸化炭素が放出される危険もないし、ランプやストーブや炉の掃除も必要ない。

電気は、照明に最適なエネルギーの形態であり、どんな規模の私的空間や公共空間の照明でも並ぶものがない。そして、昼光の限界を取り除いて夜を照らす能力ほど、近代以降の文明に大きな影響を与えたイノベーションはほとんどない。[注52] 大昔からあるロウソク、ランプ、そして産業化初期のガス灯やケロシン・ランタンまで、電灯以前の照明は、暗く、コストがかかり、ひどく効率が悪かった。光源を比べるときにいちばんわかりやすいのは、発光効率に着目することだ。発光効率とは、視覚信号を生み出す能力であり、全光束（光源から発せられるエネルギーの総量で、単位はルーメン）と光源のパワー（単位はワット）の比率で測定する。ロウソクの発光効率を1とすると、産業化初期の都市の石炭ガス灯は5〜10倍の光を生み出した。タングステン製フィラメントが入った第一次世界大戦前の電球は、最大60倍の光を放った。今日の最も高性能の蛍光灯は、約500倍もの光を出す。そして、屋外の照明に使われるナトリウム灯は、最大で1000倍の効果がある。[注53]

電灯とモーターのどちらの電力変換装置のほうが大きな影響を与えてきたかを判断するのは不可能だ。電気から力学的エネルギーへという、モーターによる変換は、まず工業生産のほぼすべての部門に大変革を起こし、後には家庭のありとあらゆる場所に浸透した。あまり複雑でない手仕事や、蒸気機関で持ち上げたり、プレスしたり、切断したり、織ったりする作業や、その他の生産工程は、ほぼ全面的に電化された。アメリカでは、交流モーターが初めて導入されてからわずか40年のうちに、この電化が達成された。[注54]アメリカの製造業の生産性は、電気駆動のおかげで1930年までには倍近くに上がり、60年代後半までにさらに2倍近く伸びた。[注55]それと同時に、モーターは市街電車を皮切りに、後には旅客列車も、という具合に鉄道輸送も征服し始めた。

今ではどの現代国家の経済でもサービス部門が優勢で、その業務は電気に完全に依存している。モーターがエレベーターやエスカレーターを動かし、建物の空調を行い、ドアを開閉し、ゴミを圧縮する。eコマース（電子商取引）にもモーターは欠かせない。巨大な倉庫の迷路のようなベルトコンベアの動力源だからだ。だが、最も普及しているモーターは、日々それに頼っている人の目にはけっして触れない。それは、スマートフォンのバイブレーターを作動させる極小のモーターだ。最小のものは4ミリメートル×3ミリメートル未満で、幅は平均的な大人の小指の爪の幅の半分に満たない。スマートフォンを分解するか、インターネットで分解作業の動画を再生するかしないと、見ることができない。[注56]

今や事実上すべての鉄道輸送が電化されている国もあり、最速のもので時速300キロメートルに達する高速列車はどれも電気機関車に牽引されているか、1964年に走行を開始した日本の先駆的な新幹線のように複数の車両に搭載したモーターで動く。[注57] そして、今では基本的な自動車のモデルでさえ、20～40の小型モーターを装備しており、高級車ではその数が一段と増える。そのせいで車の重量が増し、バッテリーをさらに消耗させる。[注58]

電気は家庭では、照明を点灯させ、今では一般的になった防犯システムも含むあらゆる電子機器を作動させるのに加えて、機械的な作業の大半を引き受け、キッチンでは加熱と冷蔵や冷凍を担い、湯沸かしのためのエネルギーや、多くの家では暖房のためのエネルギーも供給する。[注59]

電気がなければどの都市でも飲料水が供給できず、液体と気体の化石燃料も利用できなくなる。強力な電動ポンプが都市の上水道に水を送り込んでおり、商業密度と住宅密度の高い都市では、とりわけ厳しい要求に応じる必要が出てくる。水を非常に高い場所まで到達させなければならないからだ。[注60] ガソリンやケロシンやディーゼル油をタンクや飛行機の翼に移すのに必要な燃料ポンプも、モーターがすべて動かしている。そして、ガスの供給パイプラインを大量のガスが流れており、ガスを動かすためにしばしばガスタービンが使われるとはいえ、北アメリカでは強制空気加熱が主流なので、天然ガスで加熱した空気にダクトを通過させるファンは、小型の電気モーターが回している。[注61]

社会の電化に向けた長期的な傾向は紛れもなく、燃料のしだいに多くの割合が、直接消費される代わりに電気に変換されている。1882年まで起源がたどれる水力発電ではなく、太陽光発電や風力発電による新しい再生可能エネルギーは、この展開にすんなり加わるだろうが、発電の歴史を振り返ると、電化の過程には多くの複雑な問題や厄介な問題が伴うことがわかる。そして、電気はじつに重要で、その重要性は高まるばかりだとはいえ、全世界で最終的に消費されるエネルギーのうち、依然としてわずか18パーセントという比較的小さな割合しか提供していない。

スイッチを入れる前に

電力産業の基盤とインフラ、過去140年間の発展の成果を十分理解するためには、この産業の創成期まで遡る必要がある。商用発電は、3つの新機軸が相まって1882年に始まった。そのうちの2つは、トーマス・エディソンが設計した先駆的な石炭火力発電所

（ロンドンのホルボーン高架橋発電所がその年の1月に、ニューヨークのパール・ストリート発電所が同年9月に、それぞれ操業を開始）、残る１つは最初の水力発電所だ（ウィスコンシン州アップルトンのフォックス川沿いで、やはり同年９月に発電を始めた）。[注62] 交流送電が既存の直流送電網よりも優位に立ち、新しい設計の交流モーターが産業や家庭で採用されだした90年代に、発電は急速に広まり始めた。１９００年には世界で生産される化石燃料の２パーセント未満しか発電には使われていなかったし、50年にも発電用の割合は依然として10パーセントに満たなかったが、今では約25パーセントに達している。[注63]

アメリカとソ連で国費を投入した大規模な事業が実施されたおかげで、水力発電の設備容量の拡大も１９３０年代に加速し、第二次世界大戦後に次々と記録を伸ばし、ブラジルと中国での史上有数の建設事業（発電設備が２００７年完成のイタイプダム／14ギガワットと、12年完成の三峡ダム／22・5ギガワット）で頂点を極めた。[注64] 一方、核分裂による商用発電は、１９５６年にイギリスのコールダーホールで始まり、80年代に最も拡大し、２００６年にピークに達した後、わずかに縮小して、世界の発電量の約10パーセントとなっている。[注65] 20年には、水力発電は16パーセント近くを占め、それに加えて風力発電と太陽光発電が合わせてほぼ7パーセント、全体の約3分の2にあたる火力発電は、主に石炭と天然ガスを燃料とする大型の中央発電所が生み出している。

驚くまでもないが、電気の需要は、他のあらゆる商用エネルギーの需要よりもはるかに急激に増大している。1970～2020年の50年間に、世界の一次エネルギーの全需要は3倍にしかならなかったのに対して、発電量は5倍になった。[注66] そして、ベースロード発電量（毎日／毎月／毎年供給しなくてはならない最低限の電気の量）は、都市人口が全人口に占める割合が増えるにつれて、さらに増加した。何十年も前、アメリカの電力需要は夏の夜間がいちばん少なかった。店舗や工場が閉まり、公共交通機関は運行を停止し、人口のほとんどが窓を開けたまま眠りに就いていたからだ。それが今では、窓は閉じられ、蒸し暑い季節の間、睡眠を可能にするためにエアコンが一晩中唸《うな》りを上げている。大都市や巨大都市では、多くの工場が二交替制を敷き、多くの店舗や空港が昼夜を問わず開いている。24時間・年中無休のニューヨークの地下鉄が止まったのはCOVID-19（新型コロナウイルス感染症）のパンデミックのときだけだし、東京の地下鉄はわずか5時間しか眠らない（東京発新宿行きの丸ノ内線の列車は午前5時16分が始発で、終電は午前0時20分だ）[注67]。何年もの間隔を置いて撮影された夜間の衛星写真を比べていくとわかるのだが、街路や駐車場や建物の照明の輝きは増す一方で、その範囲も拡がり続け、多くの場合、近隣の都市と一体化してまばゆい巨大都市圏を形成している。[注68]

送電網の管理者たちは、電力供給が99・9999パーセントの信頼性に到達することが望ましいと語っており、それを達成すれば、供給が途切れる時間は1年にわずか32秒にとどまる！　このような抜群の信頼性は、病院内や、滑走路沿いや、非常口の照明から、人工心肺装置や各産業の無数の工程まで、あらゆるものが電気で機能している社会では、絶対に必要なのだ。[注69] 新型コロナのパンデミックは、混乱と苦悩と避けようのない死をもたらしたが、もし人口密度が高い地域のどこであろうと、ほんの数日でも電気の供給が激減したなら、その影響はパンデミックの影響を霞ませてしまうだろう。そして、国家全体で電気のはなはだしい供給不足が長引いて何週間にも及べば、前代未聞の深刻な結果をもたらす壊滅的な事態となる。[注70]

脱炭素化——ペースと規模

地球の地殻には、有り余るほどの化石燃料の資源量〔地下に存在する資源の総量〕があり、石炭や炭化水素がすぐに尽きる恐れはまったくない。2020年の生産水準が維持されれば、石炭の埋蔵量（技術的にも商業的にも採掘可能な量）は約120年、原油と天然ガスの埋蔵量は約50年もつし、探査が続けば、資源量のますます多くが埋蔵量のカテゴリーに入ってくる。現代社会は化石燃料に依存することで築き上げられたのだが、比較的速く進む地球温暖化への懸念が高まり、化石炭素の使用をできるかぎり迅速に停止するよう求める声が広まった。理想的には、世界のエネルギー供給の脱炭素化が速く進んで、地球の平均気温の上昇を1・5℃以内、最悪でも2℃以内に抑えるのが望ましい。ほとんどの気候モデルによれば、それは、2050年までに世界の二酸化炭素の排出量をネットゼロ（正味ゼロ）まで削減し、以後21世紀末までマイナスに保つことを意味するという。

ここで、カギとなる言葉に注目してほしい。目標は、完全な脱炭素化ではなく、「ネットゼロ」、言い換えればカーボン・ニュートラルだ。この定義では、大気から大量の二酸化炭素を取り除き、地下に恒久的に貯蔵する技術（まだ存在していない！）、あるいは、大規模な植樹のような暫定的な措置によって帳消しにできるだけの二酸化炭素排出の継続が許される。[注71] ２０２０年には、各国が我も我もと、ネットゼロ目標を、末尾が0か5の年に設定するようになっていた。ノルウェーが２０３０年、フィンランドが35年、欧州連合（EU）全体と、カナダ、日本、南アフリカが50年、世界最大の化石燃料消費国の中国が60年という具合に、１００か国以上がこの流れに加わった。[注72] 化石燃料の燃焼で1年間に排出される二酸化炭素が19年には３７０億トンを超えたことを踏まえれば、50年までにネットゼロを達成するためには、空前のペースと規模のエネルギー転換が必要となる。その主要項目を詳しく見てみると、この課題の手強さが明らかになる。

発電の脱炭素化は、最も迅速に進めることができる。なぜなら、太陽光発電や風力発電では、発電容量の単位当たりの設置コストが、今では化石燃料による発電の最も安価な選択肢とも競争することができるからであり、一部の国はすでに、自国の発電の転換をかなりの程度まで進めている。経済大国のうちで最も目覚ましいのがドイツの例だ。同国は２０００年以来、風力と太陽光の発電容量を10倍に増やし、再生可能エネルギー（風力、太陽光、水力）の割合を全発電量の11パーセントから40パーセントへと引き上げた。風力発電と太陽光発電の断続性は、これらの再生可能エネルギーの供給が全需要に対して占める割合が相対的に小さいかぎり、あるいは不足分を輸入で埋め合わせられるかぎり、問題にならない。

　その結果、今や多くの国が大規模な調整をせずに、すべての電気の最大15パーセントを断続的な発電で生産しているし、比較的小さくて外部との送電網の接続性が良い市場ならそれよりもはるかに多くの割合を生産できることを、デンマークが示している。[注73]２０１９年には同国の電気の45パーセントが風力発電で賄われ、この飛び抜けて高い割合は、国内の大量の供給予備力なしで維持することができている。なぜなら、少しでも不足があれば、水力発電と原子力発電を行っているスウェーデンと、多様な発電を行っているドイツからの輸入で、すぐに埋め合わせられるからだ。だが、ドイツはそういうわけにはいかない。デンマークの20倍を超える需要があるし、新しい再生可能エネルギーが得られないときに、すぐに発電できる十分な供給予備力を維持しなければならない。[注74]ドイツは２０１９年に５７７テラワット時の電力量を生み出した。これは、２０００年よりも5パーセント足らずしか多くないのだが、設備の発電容量のほうは、１２１ギガワットから約２０９ギガワットへと約73パーセント増えている。この食い違いの理由は明らかだ。

　ドイツは、エネルギー転換の意図的な加速を図る「エナギーヴェンデ」を開始してから

20年後の2020年にも、曇りや無風の日のために、化石燃料による発電容量の大半、じつに89パーセントを依然として維持せざるをえなかった。なにしろ、日照の少ないドイツでは、太陽光発電は平均すると1日のうち11~12パーセントしか稼働せず、2020年には電気の総量の半分近くの48パーセントを化石燃料の燃焼で生み出していたのだ。そのうえ、風力発電の割合が増すにつれ、風の強い北部から需要の多い南部へ送電する新しい高圧線の敷設が間に合わなくなってきた。そしてアメリカでは、グレートプレーンズ（大平原）から風力発電の電気を、南西部から太陽光発電の電気を、需要が大きい沿岸地域へと送るには、ドイツよりもはるかに大規模な送電事業が必要とされるだろう。だが、こうした送電線を敷設する長年の計画は、ほとんどどれ1つとして実現していない。[注75]

そのようなプロジェクトは困難ではあるものの、技術的に成熟して今なお進歩を続ける解決策を拠り所にしている。つまり、より効率的な光電池や、大型の陸上・洋上風力タービン、長距離の直流送電を含む高圧送電といった解決策だ。コストや、許認可の手続きや、近隣住民の反対などの障壁を乗り越えられれば、これらの技術はかなり迅速かつ経済的に導入できるだろう。そのうえ、太陽光発電と風力発電の断続性という問題は、原子力発電に再び頼ることで解決しうる。もし、大規模な蓄電のための、より優れた方法を早々に開発できないとすれば、いわゆる「原子力ルネッサンス」がとりわけ助けになるだろう。

大都市や巨大都市には、何ギガワット時という単位の非常に大きな蓄電施設が必要だが、これまでのところ、揚水式水力貯蔵（ＰＨＳ）しか実行可能な選択肢はない。ＰＨＳは、安価な夜間電力を使って低い場所の貯水池にある水を高い場所にある貯蔵施設にポンプで送り込む。それを放水すれば、たちまち発電を行って利用可能な電気を得ることができる。[注76]再生可能エネルギーで生み出された電気があれば、太陽光か風力の発電容量に余力が出たときにはいつでもポンプを動かせるが、ＰＨＳがうまくいくのは、当然ながら適切な高低差がある場所だけであり、ポンプで水を上に運ぶときに、発電された電気の約4分の1が消費されてしまう。電池や圧縮空気やスーパーキャパシタ〔急速充電・放電が可能な蓄電装置〕のような他のエネルギー貯蔵手段の容量は、大都市のたった1日分の必要量と比べてさえ何桁も小さい。[注77]

それとは対照的に、現代の原子炉は、適切に建設して慎重に運転すれば安全で耐久性があり、非常に信頼性の高い発電手段を提供できる。すでに指摘したように、原子炉は90パーセント以上の時間、稼働することができ、寿命は40年を超えうる。それでも、原子力発電の将来は相変わらず不確かだ。中国とインドと韓国しか、発電容量をさらに拡大することを公約していない。西洋諸国では、資本コストが高く、建設に大きな遅れが出ており、アメリカでは天然ガス、ヨーロッパでは風力と太陽光というように、もっと安価な選択肢が利用可能なので、原子炉の新設は魅力がなくなっている。さらに、１９８０年代に初めて提案された、本質的に安全なアメリカの小型モジュール炉はまだ商業化されていないし、２０２２年までに原子力発電をすべてやめることにしたドイツは、ヨーロッパで広く共有されている根深い反原発感情の最も明白な例にすぎない（原子力発電の真のリスク評価については、第5章を参照のこと）。

だが、この状況は長くは続かないかもしれない。今やEUでさえ、原子炉なしでは並外れて野心的な脱炭素化の目標達成には遠く及ばないことに気づいている。２０５０年に二酸化炭素の排出量をネットゼロにするというEUの筋書きは、原子力産業の何十年にも及ぶ停滞と軽視を顧みず、核分裂から全エネルギー消費の最大20パーセントを確保することを構想している。[注78] これは、電気だけではなく、一次エネルギーの全消費量のことを言っている点に注意してほしい。電気は、世界の最終的な総エネルギー消費量の18パーセントでしかなく、産業、家庭、商業、輸送による最終的なエネルギー使用量の80パーセント以上の脱炭素化は、発電の脱炭素化よりもいっそう困難になる。発電量の増加分は、今は化石燃料に頼っている暖房や多くの産業プロセスに使うことができるが、現代の長距離輸送を脱炭素化する道筋は、相変わらず不明だ。

電池を動力源とするワイドボディのジェット旅客機は、あとどれほどで大陸間を飛行するようになるのか？　ニュースの見出しは、飛行の未来は電気だ、と請け合う。ターボファンで燃焼させるケロシンと、仮想上の電気飛行機に搭載されるだろう、今日の最高性能のリチウムイオン電池のエネルギー密度の間の途方もない隔たりを、呆《あき》れるほど無視して。ジェット旅客機の動力源であるターボファンエンジンは、1キログラム当たりほぼ

1万2000ワット時に相当する46メガジュールのエネルギー密度を持つ燃料を燃焼させ、化学エネルギーを熱エネルギーと運動エネルギーに変換するのに対して、今日の最高のリチウムイオン電池でも1キログラム当たり300ワット時未満しか供給できない。つまり、40倍以上の違いがあるのだ。[注79] たしかに、モーターはガスタービンのおよそ2倍も効率的なエネルギー変換器であり、そのおかげで実質的なエネルギー密度のギャップはわずか20倍ほどだ。だが、過去30年間に電池の最大エネルギー密度はおよそ3倍にしかなっていない。だから、仮に再び3倍にできたとしても、2050年にエネルギー密度は依然として1キログラム当たり3000ワット時をはるかに下回り、ケロシンを燃料とするボーイングやエアバスの飛行機で何十年にもわたって毎日してきたように、ワイドボディの飛行機をニューヨークから東京へ、あるいはパリからシンガポールへ飛ばすには、とうてい足りない。[注80]

そのうえ、第3章で説明するように、現代文明を支える四本柱とも言える素材の生産に、電気だけでエネルギーを供給するような、すぐに導入可能な商業規模の代替手段はない。つまり、たとえ再生可能電気の豊富で信頼できる供給があったとしてさえ、セメント、鋼鉄、プラスティック、アンモニアを生産するための、新しい大規模なプロセスを開発しなくてはならないのだ。

少しも意外ではないが、発電以外の脱炭素化はゆっくりとしか進んでいない。ドイツはまもなく、電気の半分を再生可能エネルギーから生み出すようになるものの、20年間の「エナギーヴェンデ」で、同国の一次エネルギー供給に占める化石燃料の割合は、約84パーセントから78パーセントに下がったにすぎない。ドイツ人は、おおむね速度無制限のアウトバーン（高速道路）や頻繁な大陸間飛行を好むし、ドイツの諸産業は天然ガスと石油で稼働している。[注81] この国が過去20年間と同じ割合で進むと、2040年の化石燃料への依存率は依然として70パーセント近い数字のままだろう。

では、途方もないコストをかけて再生可能エネルギーへの転換を進めてこなかった国々はどうなのか？　日本がその最たる例だ。2000年には、日本の一次エネルギーの約83パーセントが化石燃料由来だった。福島第一原子力発電所の事故後、原子力発電が停止し、再稼働も一部にとどまっており、燃料輸入の必要性が高まった結果、19年には化石燃料への依存率は88パーセントを超え、90パーセントに迫っている！[注82] また、アメリカは石炭への依存度を大幅に下げ、発電では天然ガスに切り替えたものの、一次エネルギー供給に化石燃料が占める割合は、同年には依然として80パーセントだった。一方、中国での化石燃料の割合は2000年の93パーセントから19年には85パーセントへと減少したが、この相対的な下落の間に、同国の化石燃料需要は3倍近く増えている。21世紀の最初の20年間に世界の化石燃料の消費量が約45パーセント増えたのは、中国の経済的な台頭が原因であり、広範にわたって多額の費用をかけて再生可能エネルギーの利用を拡大したのにもかかわらず、世界の一次エネルギー供給に占める化石燃料の割合が、87パーセントから約84パーセントへと、ほんのわずかしか減少しなかったのも同じ理由による。[注83]

世界の年間の化石炭素需要は、今では100億トン強に達する。これは、全人類を養う主食穀物の最近の年間収量と比べて5倍近い質量であり、世界の約80億の人が毎年飲む水の総質量の2倍を超える。だから、それほどの量の化石炭素を別のものに置き換える事業は、末尾が0か5の年に定めた政府目標で対応するのが最善ではないことは明らかなはずだ。化石炭素への依存は相対的割合も規模も大きいため、何にであれ迅速に置き換えることとは不可能だ。これは、グローバルなエネルギーシステムをろくに理解できていないことに起因する、バイアスのかかった個人的な印象ではない。工学と経済の現実に基づく、実際的な結論なのだ。

近年の性急な政治公約とは違い、こうした現実は、慎重に考慮された長期的エネルギー供給のあらゆる筋書きが認めてきたものだ。国際エネルギー機関（IEA）が2020年に発表した「公表政策シナリオ」は、化石燃料が世界のエネルギーの総需要量に占める割合は、19年の80パーセントから、40年には72パーセントまでしか下がらないと見ている。一方、同機関のこれまでで最も積極的な脱炭素化の筋書きで、大幅に加速したグローバルな脱炭素化を見込んでいる「持続可能な開発シナリオ」でさえ、40年にも世界の一次エネルギー需要の56パーセントを化石燃料で賄うことを想定している。これほど大きな割合を、

その後のわずか10年でゼロ近くまで削減することなど、ほぼありえない。[注84]

富裕な世界は、その富や技術力、高水準の1人当たりの消費量と、それに伴う廃棄物の多さを踏まえると、たしかに、比較的迅速な目覚ましい脱炭素化の措置をいくつか講じることができる。あけすけに言えば、どんな種類のエネルギーであれ、もっと使用を控えてやっていくべきだ。だが、富裕な世界の水準と比べるとごくわずかしかエネルギーを消費しない、50億超の人々の場合には、そうはいかない。彼らは、増大する人口に食べさせるために農産物の収量を上げなくてはならず、それには今よりはるかに大量のアンモニアを必要とするし、重要なインフラを建設するために、ずっと多くの鋼鉄とセメントとプラスティックが要る。私たちに求められているのは、現代世界を作り上げたエネルギーへの依存を着実に減らすよう、努力し続けることだ。この来るべき転換の詳細の大半はまだわかっていないが、1つだけ変わらずに確実なことがある。すなわちこの転換は、化石炭素の突然の放棄によっても、使用量の急激な削減によってさえもなされることはないし、また、なされえない。むしろ、緩やかな減少という形をとるだろう。[注85]

第2章

食料生産を理解する

──化石燃料を食べる

多様な栄養を含む食物を十分確保することは、あらゆる種にとって、生きていくうえで絶対に欠かせない。私たちの属するヒト族の祖先は、長い進化の間に、類人猿の祖先から自らを隔てるような、直立の姿勢、二足歩行、相対的に大きい脳といった主要な身体的長所を発達させた。このような特性の組み合わせのおかげで、彼らは腐肉を漁ったり、植物を採集したり、小動物を狩ったりするのがうまくなった。

初期のヒト族は、動物を解体するのに役立つハンマーストーン（槌石《つちいし》）やチョッパー（片刃礫器《れっき》）といった、この上なく単純な石器を持っていただけで、狩猟や捕獲を助ける道具はなかった。彼らは、傷ついた動物や病気の動物、動きの遅い小型の哺乳動物は簡単に殺すことができたが、もっと大きい被食動物の肉の大半は、野生の捕食動物が仕留めた獲物の残りを漁って得ていた。[注1]やがて、長槍や柄のついた斧、弓矢、編んだ網、籠、釣竿《つりざお》が導入され、さまざまな動物を狩ったり捕まえたりできるようになった。一部の集団、とりわけ約1万2000年前に終わった後期旧石器時代のマンモス猟師たちは、大型動物の仕留め方に熟達した。一方、多くの沿岸住民は優れた漁師になり、回遊する小型のクジラを小舟を使って殺しさえした。

初期の農業や、数種の哺乳類と鳥類の家畜化・家禽《かきん》化に支えられて、狩猟採集から定住生活への移行が起こり、食料供給は依然として当てにならないことが多かったものの、おおむね以前より目処《めど》が立ちやすくなった。その供給のおかげで、以前の集団生活よりもはるかに高い人口密度の維持が可能になったが、必ずしも平均して栄養が良くなったわけではない。不毛の環境での狩猟採集生活では、たった1家族が生きていくのに100平方キロメートル以上の土地が必要なこともあった。今日のロンドン住民にとって、それはバッキンガム宮殿からアイル・オブ・ドッグズ〔バッキンガム宮殿からテムズ川沿いに一〇キロメートルほど東に下った場所〕まで、ニューヨーカーにとっては、マンハッタン島の先端からセントラルパークの中央までの距離を一辺とする正方形の面積ほどもある。ただ生き延びるために、ずいぶんと広い地域を必要としたものだ。

もっと肥沃な地域では、人口密度は100ヘクタール（標準的なサッカーのピッチ約140面分）当たり2、3人にまで増えることがありえた。[注2] 人口密度が高い狩猟採集民社会は、沿岸（際立っていたのが、アメリカ大陸北西部の太平洋岸）の集団だけであり、彼らは、毎年回遊してくる魚を捕まえることができ、水生哺乳類の漁をする機会にも恵まれていた。タンパク質と脂肪に富んだ食物が確実に手に入ったので、彼らのうちには、大きな木造の共同住宅での定住生活に切り替え、余暇には見事なトーテムポールを彫り上げることができる者たちが出てきた。それに対して、栽培化されたばかりの穀物を収穫する初期の農業では、耕地1ヘクタール当たり1人以上が食べていくことができた。

多種多様な野生の果実や野菜などを集めただろう採集民とは違い、初期の農業の実践者は、栽培する種類を絞り込まなければならなかった。典型的な食事は、植物由来の食物が圧倒的な割合を占め、小麦、大麦、米、トウモロコシ、マメ、ジャガイモといった少数の主食作物が主役を務めていた。だが、これらの作物は、狩猟採集社会よりも2〜3桁大きい人口密度を支えることができた。古代エジプトでは、王朝誕生以前（紀元前3150年以前）は耕作地1ヘクタール当たり約1・3人だったが、3500年後、ローマ帝国の一属州だったときには1ヘクタール当たり約2・5人に増えていた。[注3] これは、人間1人を養うためには4000平方メートル、つまりテニスコート（周囲の部分も含む）ほぼ6面分ぴったりの土地が必要だったことになる。だが、毎年確実にナイル川が氾濫したおかげで達成できたこの高い生産密度は、並外れた好成績だった。

やがて、ごくゆっくりと、産業革命以前の食料生産率はさらに高まった。だが、1ヘクタール当たり3人という割合が達成されたのは、ようやく16世紀になってからで、そのときでさえ、明朝《みんちょう》の中国の、集約的な栽培が行われている地域に限られた。ヨーロッパでは、18世紀まで1ヘクタール当たり2人未満のままだった。産業革命以前の歴史の長い期間、食料の供給能力が停滞していたか、あるいは、よくても非常に緩慢な増加しかしなかったため、今から数世代前までは、十分な食料を確保できるかどうか心配しなくてもよかったのは、ほんの一握りの肥えた上流階級の人間だけだった。たまに巡ってくる豊作の年にさえ、典型的な食事は単調なままで、栄養不良や栄養不足はありふれていた。いつ凶作になってもおかしくはなく、戦争によってしばしば作物が台無しになり、飢饉《ききん》が頻繁に起こった。そのため、個人の移動性の向上や私有財産の範囲の拡大などを含む近年のさまざまな変化のうち、来る年も来る年も、あり余るほどの食物を生み出す能力の獲得ほど生存にとって根本的な変化はなかった。今では、富裕国や中所得国のほとんどの人が気にかけるのは、生き延びられるだけの食料があるかどうかではなく、健康を維持・増進したり、寿命を延ばしたりするためには何をどれだけ食べるのが最善か、だ。

子供から大人まで、依然として相当な数の人が食料不足を経験している。特にサハラ以南のアフリカ各国では。だが、その総数は過去3世代の間に、世界の多数派から、10人に1人未満まで減少した。国連食糧農業機関（FAO）の推定では、世界の総人口に占める栄養不足の人の割合は、1950年には約65パーセントだったのが、70年には25パーセントに、2000年には約15パーセントにまで下がったという。その後も改善が続き、自然災害や武力紛争に起因する国家規模あるいは地域規模の一時的な後退による変動はあったものの、2019年には、その割合は8・9パーセントまで下落した。つまり、1950年には3人に2人の割合だった栄養不良率は、食料生産の増加のおかげで、2019年には11人に1人まで減少したということだ。[注4]

この間に、世界人口が1950年の約25億人から2019年の77億人へと大幅に増加した事実を考慮に入れて眺めれば、この偉業はなおさら目覚ましいものになる。世界的な栄養不足の急減は、次のように言い換えることができる。世界が十分な食料を供給できる人の数は、1950年には約8億9000万だったが、2019年には70億強まで増えていた。これは、絶対的な数字で8倍近い増加だ！

この偉業をもたらしたのは何か？　作物の収量増加のおかげに違いないというのは、わかり切った答えにすぎない。この増加は、前より優れた作物の品種が登場し、農業の機械化が進み、施肥や灌漑《かんがい》、作物保護が改善されたことの総合的な結果だというのは、主要な要因のインプットの変化の正しい説明になっている。だが、依然として、根本的な説明が抜け落ちている。現代の食料生産は、作物の畑作であれ、海での漁獲であれ、2種類の異なるエネルギーを頼りとする、独特のハイブリッドだ。1つは明白そのものだが、太陽だ。とはいえ、化石燃料と人間が生み出す電気は、今や必須のインプットとなっている。

化石燃料への依存のありふれた例を挙げるように言われると、ヨーロッパや北アメリカの寒冷な地域の住民は、住宅暖房用の天然ガスのことをただちに頭に浮かべるだろう。そして、輸送の大半の原動力となっている液体燃料の燃焼を、あらゆる場所の人が指摘するだろう。だが、現代世界にとって最も重要で、生存の根幹にかかわるのは、食料生産における、直接・間接の利用を通しての化石燃料への依存だ。直接利用の例には、トラクターとコンバインとその他の収穫機を中心とするあらゆる農業機械や、農地から貯蔵施設や加工施設への収穫物の輸送、灌漑用ポンプの動力源となる燃料がある。間接的な利用ははるかに幅が広く、農業機械や肥料の生産と、除草剤や殺虫剤や殺菌剤といった農業用化学物質の生産に使われる燃料や電気に加えて、温室用のガラスやビニールシートから、精密農業を可能にするＧＰＳ（全地球測位システム）デバイスまで、他のさまざまなインプットに及ぶ。

　食料を生み出している基本的なエネルギー変換は、変わっていない。私たちはこれまでどおり、植物性食品として直接、あるいは動物性食品として間接的に、光合成の産物を食べている。光合成は、太陽放射を活用して行われる、生物圏の最も重要なエネルギー変換だ。では、何が変わったかと言えば、それは作物と動物の生産集約度であり、依然として増え続ける化石燃料と電気のインプットなしには、これほど豊かな収穫を、これほど高度に予想可能な形で行うことはできないだろう。このような人為的なエネルギー補助がなければ、１人の人間を養うのに必要な時間と農耕地を着実に減らしつつ、人類の90パーセントに適切な栄養を供給することはできなかっただろうし、世界の栄養不良をこれほど減らすことも不可能だっただろう。

　人間のための食用作物と家畜用の餌の栽培である農業は、太陽放射、具体的には可視スペクトルの青と赤の部分から、エネルギーを得なければならない。[注5] 植物細胞中の光感受性分子である葉緑素とカロテノイドが、青と赤の波長の光を吸収し、それによって光合成を行う。光合成は、複数の段階を経る化学反応であり、大気中の二酸化炭素と水、そして微量の原子、特に、窒素とリンを化合させ、穀物やマメ、塊茎《かいけい》、油糧植物、糖料作物を形成する新しい植物性物質を生み出す。農業の収穫物の一部は、家畜に餌として与えられ、肉や乳や卵の生産に使われる。さらに、草を食《は》む哺乳動物に由来する食品や、突き詰めれば、水中光合成で生きている主要な植物である植物プランクトンを成長の拠り所としている水生動物に由来する食品もある。[注6]

このような状態は、1万年ほど前まで遡る定住農耕の最初期からずっと続いてきたが、2世紀前に太陽エネルギー以外の形態のエネルギーがそこに加わり、作物生産に、そして後には海での漁獲にも、影響を与え始めた。当初、その影響は微々たるもので、ようやく目立ってきたのは20世紀の最初の数十年間だった。

この画期的な変化の進展をたどるため、次に、過去2世紀間のアメリカの小麦生産に目を向けることにしよう。もっとも、イギリスかフランスの小麦の生産や、中国か日本の米の生産を選んでも、まったく差し支えなかったのだが。農業の進歩は、北アメリカと西ヨーロッパと東アジアの農業地帯でそれぞれ異なる時期に起こったものの、アメリカのデータから明らかになる以下のような流れは、けっしてアメリカ固有のものではない。

3つの河川流域、2世紀の隔たり

1801年のニューヨーク州西部のジェネシー・ヴァレーから始めよう。アメリカ合衆国は建国26年目を迎えていたが、この国の農民たちの小麦栽培法は、祖先が数世代前にイギリスからイギリス領北アメリカに移り住む前に採用していた方法とまったく同じであるばかりか、２０００年以上前に古代エジプトで使われていた方法とも、あまり違わなかった。

栽培は次のような手順で行われる。まず、２頭の牛を木製の犂《すき》につないで畑を耕す。犂の縁には鉄の板が取りつけられている。前年の作物から取っておいた種子を手で蒔き、ブラシハローという粗末な器具で土を被せる。ここまでに、１ヘクタール当たり約27時間の人間による労働を必要とする。[注7] だが、本当に骨の折れる作業は、この後だ。作物は、鎌で刈り取って収穫する。刈り取った茎は、手で束ねて結び、立てて積み重ね、乾燥させる。乾いた束は、納屋に運び、固い床の上で殻竿を使って脱穀し、麦藁は積み重ね、穀粒から籾殻《もみがら》を取り除き、計量して粗布の袋に入れる。こうして、作物の処理を終えるには、１ヘクタール当たり少なくとも１２０時間の人間による労働を必要とする。

この生産手順は全体で、１ヘクタール当たり約１５０時間の人間による労働と、約70時間の牛による労働を必要とする。穀物の収量は、１ヘクタール当たりわずか1トンで、その最低10パーセントは翌年の作物のために取っておかなければならない。すべてを考え合わせると、小麦1キログラムを生産するのに、約10分間の人間の労働が必要であり、それだけの小麦からは、全粒粉パン1・6キログラム（2本《ローフ》）ができる〔1ローフは食パン換算で2斤強〕。これは、骨が折れ、時間がかかり、収量が少ない農業だが、完全に太陽エネルギーに依存しており、太陽の放射以外には、エネルギーのインプットはいっさい必要としない。作物が人間の食料と動物の餌を生み出し、樹木が料理と暖房のための薪になり、樹木は、鉄鉱石を溶融して犂の刃や大小の鎌、ナイフ、馬車の木製車輪に被せる輪金《わがね》などの、小型の金属製品を製造するための、冶金用木炭の原料としても使われる。現代用語を使えば、この農業は、再生不可能（化石燃料）エネルギーのインプットは完全に不要で、鉄製の部品や製粉所の石といった再生不可能な素材の補助も最小限にとどまり、作物と素材の生産はともに、人力と畜力を通して得られる再生可能エネルギーだけに頼っている、と言うことができる。

1世紀後の1901年、アメリカの小麦の大半はグレートプレーンズで生産されていたので、ノースダコタ州東部のレッド川の流域に目を向けてみよう。グレートプレーンズは、それまでの2世代の間に植民され、工業化が大幅な進歩を遂げていた。小麦栽培は、相変わらず牽引用の動物に頼っていたが、ノースダコタ州の大規模農場は機械化がおおいに進んでいた。強力な馬が4頭1組で、刃先が複数ある鋼鉄製の複式犂と砕土機《ハロー》を引き、機械式の種蒔き機を使って種子を蒔き、機械式の刈り取り機で茎を刈り取って束ね、刈り束を積み上げるのだけは手作業で行う。乾燥した束を運んで積み重ね、蒸気機関で動く脱穀機にかけ、穀粒を穀倉にしまう。この手順全体には、22時間足らずしかかからない。これは1801年当時の約7分の1の時間だ。[注8] この粗放栽培では、収量の少なさを広大な耕地面積で埋め合わせる。収量は1ヘクタール当たり1トンと少ないままだが、人間の労働の投入量は、穀物1キログラム当たりわずか1・5分ほど（1801年には10分だった）となる。一方、牽引用の馬の労働時間は1ヘクタール当たり約37時間で、穀物1キログラム当たり2分強に相当する。

これは新しいハイブリッド型の農業であり、必須の太陽光のインプットを、大部分を石炭から引き出した再生不可能な人為的エネルギーで補っている。この新しい方式では、人間の労働よりも多くの動物の労働が求められ、働く馬（アメリカ南部ではラバ）は、牧草や干し草に加えて穀物飼料（主に燕麦《えんばく》）を必要とする。馬やラバの数が多いためにアメリカの穀物生産に対する相当の需要が生まれた結果、同国の農地の約4分の1が、もっぱら牽引用の動物の飼料を栽培するために使われた。[注9]

生産性の高い収穫が可能になったのは、化石エネルギーの投入量が増えたおかげだ。石炭を使って作った冶金用コークスが溶鉱炉に装入され、銑鉄《せんてつ》が平炉で鋼鉄に変えられた（第3章を参照のこと）。鋼鉄は、農業機械だけでなく、蒸気機関や線路、荷馬車、機関車、船を造るのにも必要だった。石炭は、蒸気機関の燃料にもなり、犂や種蒔き機や刈り取り機と初期のコンバイン、荷馬車、サイロの製造や、穀物を最終消費者に届ける鉄道や船の運行に必要な熱と電気も生み出した。チリから硝酸塩が輸入され、フロリダ州で採掘されたリン酸塩が利用され、無機肥料（化成肥料）が初めて農業に取り入れられるようになった。

2021年の小麦の栽培はカンザス州がアメリカ随一なので、今度はアーカンソー川の流域を訪れよう。アメリカの小麦地帯の中央にあるこの場所では、農場はたいてい1世紀前の3〜4倍の広さがあるが[注10]、畑仕事のほとんどは、わずか1人か2人が巨大な機械を運転して行う。アメリカ農務省は、1961年に牽引用の動物の数を数えるのをやめた。今や畑仕事は、400馬力以上で巨大なタイヤが8ついているモデルが多い、強力なトラクターが主力であり、そのトラクターで、12以上の刃がついている鋼鉄製の犂や、種蒔き機、施肥機を引いて行う[注11]。

種子は認定栽培業者から仕入れ、苗は適量の無機肥料を施される。特に、アンモニアあるいは尿素の形で大量の窒素を与えられる。そして、昆虫や菌類や競合する雑草に狙いをつけて作物を守る薬剤を与えられる。収穫、それに伴う脱穀は、大型のコンバインで行い、コンバインから穀物を直接トラックに移し、貯蔵用サイロに運び、全国で販売したり、アジアやアフリカへ送ったりする。今や小麦の生産は、1ヘクタール当たりの人間の労働は2時間未満しか必要としない（1801年には150時間だった）。1ヘクタール当たり3・5トンほどの収量があるので、穀物1キログラム当たり2秒足らずという計算になる[注12]。

今日多くの人がしきりに感心し、「これほど多くのデータ」とか「はるかに安い」とか言いながら、現代の演算能力の向上や電気通信性能の向上を引き合いに出すが、では、穀物の収穫はどうなのか？　2世紀のうちに、アメリカで1キログラムの小麦を生産するための人間の労働は、10分から2秒未満へと短縮された。これが、私たちの現代世界の実状なのだ。そして、すでに述べたように、中国やインドの米についても、労働力のインプットの減少や収量の増加や生産性の急上昇を、同じようにたどることができただろう。時間枠こそ違うが、相対的な進歩の度合いは似たり寄ったりだったはずだ。

疑問の余地のないまでに目覚ましい技術の進歩が、諸産業や輸送、通信、日常生活を一変させ、称賛されているが、そのほとんどは、農業の生産性向上があってこそなのだ。全国民の80パーセント以上が日々のパンを生み出すため、あるいは日々のご飯を生み出すために、田園地帯にとどまらざるをえなかったら、技術の進歩は実現不可能だっただろう。１８００年には、アメリカの人口の83パーセントを農民が占め、日本では90パーセント近い人が農村に暮らしていたのだから。現代世界への道は、安価な鋼鉄の犂と無機肥料で始まった。栄養豊富な文明を当たり前のものにした、これらの必須のインプットを説明するためには、より詳しく見てみる必要がある。

投入されるもの

人間と動物の労働と、簡単な木製と鉄製の道具で行われていた産業革命以前の農業は、太陽が唯一のエネルギー源だった。今日も相変わらず、太陽光を使った光合成なしでは何一つ収穫できないだろうが、最小限の労働のインプットと、それに伴って達成した前代未聞の低コストによる高収量は、化石エネルギーを直接的・間接的に投入しなければ不可能だろう。こうした人為的エネルギーのインプットの一部は電気に由来し、その電気は石炭や天然ガスや再生可能エネルギーで生み出せるが、大半は機械燃料や原料として供給される液体と気体の炭化水素だ。

井戸からの灌漑用水の汲み上げなどの農地での作業や、作物の処理や乾燥、トラックや列車やはしけによる収穫物の国内輸送、大型の貨物船による海外輸出のために、機械はディーゼル油やガソリンという形で化石エネルギーを直接消費する。それらの機械を製造するためのエネルギーの間接使用は、それよりはるかに複雑だ。化石燃料や電気は、鋼鉄やゴム、プラスティック、ガラス、電子機器の製造だけではなく、これらを組み立てて、トラクターや各種器具、コンバイン、トラック、穀物乾燥機などを生産したり、サイロを建てたりするのにも使われる。[注13]

だが、農業機械を作ったり動かしたりするのに必要なエネルギーは、農業用化学物質の製造に要するエネルギーの前では霞んでしまう。現代の農業には、作物の損失を最小限に抑えるための殺菌剤や殺虫剤と、植物が利用可能な養分や水分を巡って雑草と戦わなくても済むようにするための除草剤が欠かせない。これらはみな、高度にエネルギー集約型の製品だが、比較的少量しか使われず、1ヘクタール当たり1キログラムを大きく下回る。[注14]一方、窒素、リン、カリウムという、植物に必須の三大多量栄養素は、最終製品の単位当たりで必要なエネルギーは少ないが、高収量を確実にするためには、大量に使わなければ

ならない。[注15]

カリウムは３つの栄養素のうちで生産コストが最も低い。露天掘りの鉱山か地下の鉱山で採取したカリ（塩化カリウム）さえあればいいからだ。リン酸肥料の生産には、まずリン酸塩を掘り出す。それを処理して合成の過リン酸石灰を作る。あらゆる合成窒素肥料の製造の出発点となる化合物がアンモニアだ。高収量の小麦と米の作物すべてと、多くの野菜の作物が、１ヘクタール当たり１００キログラム以上、ときには２００キログラムもの窒素を必要とする。この大きなニーズのせいで、現代農業では窒素肥料の合成が最も重要なエネルギーの間接インプットとなっている。[注16]

窒素がこれほど大量に必要なのは、どの生細胞にも窒素が入っているからだ。光合成を推し進める葉緑素にも、すべての遺伝情報を貯蔵し処理するＤＮＡとＲＮＡの核酸にも、私たちの組織の成長と維持に欠かせないタンパク質のいっさいを構成するアミノ酸にも含まれている。窒素は豊富に存在する。大気の80パーセント近くを占め、生命体は窒素に囲まれて生きている。だが窒素は、人間の成長だけでなく作物の生産性にとっても主要な制限要因だ。これは、大きなパラドックスを孕《はら》んだ生物圏の現実の１つだが、簡単に説明できる。窒素は非反応性の分子（N_2）として大気中に存在しており、２つの窒素原子の結合を解き放って、反応性の化合物の形成に利用可能にすることができる自然のプロセスは、ほんの少ししかないのだ。[注17]

その1つが雷で、雷によって窒素酸化物が生じ、それが雨に溶け、硝酸塩を形成する。すると、森や畑や草地は天から肥料が得られるが、この自然のインプットは明らかに少な過ぎ、十分な作物を生み出して世界の約80億の人を養うことができない。雷が途方もない温度と圧力によって成し遂げることを、酵素（ニトロゲナーゼ）は通常の状態でやってのけられる。マメ科の植物（マメ類や、一部の樹木）の根についていたり、土壌や植物の中で自由に生きていたりする細菌が、窒素酸化物を生み出す。マメ科の植物の根についている細菌は、自然界の窒素固定の大半を担っている。つまり、植物によって合成される有機酸を提供してもらうのと引き換えに、非反応性の窒素分子（N_2）を分解し、水素と化合させてアンモニア（NH_3）、すなわち可溶性のある硝酸塩に簡単に変換可能で植物に窒素を供給できる、非常に反応性が高い化合物を合成するのだ。

そのため、大豆やインゲンマメ、エンドウマメ、レンズマメ、ピーナッツなどのマメ科の食用作物は、自分の窒素を自分で賄う（固定する）ことができるし、アルファルファやクローバーやカラスノエンドウといったマメ科の被覆作物も同様だ。だが、主食穀物も、大豆とピーナッツを除く油糧作物も、塊茎も、どれ1つとしてそれができない。それらがマメ科の植物の窒素固定能力の恩恵を受ける唯一の方法は、アルファルファやクローバーやカラスノエンドウとの輪作を行うことだ。これらの窒素固定植物を数か月育ててから、犂で地面の中に埋め、土壌に反応性窒素を補充し、次に栽培する小麦や米やジャガイモに吸収させるのだ。[注18] 伝統的な農業では、土壌窒素貯蔵量を増やす他の唯一の選択肢は、人間と動物の排泄物《はいせつぶつ》を集めて施すことだった。だが、これは窒素を供給する方法としては、本質的に骨が折れ、非効率的だ。こうした排泄物は、窒素の含有率が非常に低く、揮発損失（液体から気体への変換――排泄物の肥料が発するアンモニア臭は、耐え難いものになりうる）を免れない。

産業革命以前の栽培では、排泄物は村や町や都市で集め、積み上げたり穴に入れたりして発酵させ、畑に大量に施さなければならなかった。排泄物は、窒素の含有率が低いからだ。十分な窒素を供給するには、通常、1ヘクタール当たり10トン、ときには最大で30トンが必要だった（30トンと言えば、ヨーロッパの小型車25～30台分に相当する）。驚くまでもないが、これはたいてい、伝統的な農業では最も時間のかかる作業であり、栽培に費やす（人間と動物の）全労働の最低でも5分の1、多ければ3分の1を占めた。有機性廃棄物のリサイクルは、有名な小説家が取り上げる話題とはとうてい言えないが、常に完全な現実主義者だったエミール・ゾラは、その重要性を捉え、自らの小説の主人公でパリの若い画家クロードは「有機肥料が大好きだった」と記している。クロードは「市場で出る屑《くず》や、あの巨大なテーブルから落ちた食べかす」を、自ら進んで穴の中に放り込む。「それらは依然として命に満ちており、以前に野菜が芽を出した場所に戻された……豊かな作物として復活し、市の立つ広場に運ばれて今一度並べられた。パリは、何もかもを腐らせ、あらゆるものを土に還した。土は、死の破壊行為をけっして倦むことなく修復した」[注19]。

だが、それには人間の苦労がどれだけ必要だったことか！　作物の収量を増やすのを妨げるこの窒素の障壁がようやく少しずつ取り除かれたのは、19世紀に初の無機窒素肥料となるチリの硝酸塩が採掘され輸出されたときだった。やがてこの障壁は、１９０９年にフリッツ・ハーバーがアンモニアの合成法を発明し、それが急速に商業化されたときに、決定的に打ち破られた。合成アンモニアは13年に初めて出荷されたが、その後、製造量はゆっくりとしか増えず、やっと窒素肥料が広く施されるようになったのは、第二次世界大戦後のことだった[注20]。60年代に導入された小麦と米の新しい高収量品種は、合成窒素肥料なしには潜在収量を実現させることはできなかった。そして、「緑の革命」と呼ばれる生産性の飛躍も、作物の改良と窒素の投入量の増加の組み合わせがなければ、起こりえなかっただろう[注21]。

１９７０年代以降、窒素肥料の合成は、農業エネルギー補助のうちでも間違いなく際立っていたが、この依存の全容は、さまざまな一般的食品の生産に必要なエネルギーを詳しく眺めてみることで初めて明らかになる。私は、例として使うために、栄養別の摂取量の多さという基準で、３種類の食品を選んだ。１つはパンで、これは何千年にもわたってヨーロッパ文明の主食だった。２つ目は鶏肉だ。豚肉と牛肉は、食べるのを禁じている宗教があるので、世界中で好まれている唯一の肉が鶏肉だからだ。そして、３つ目がトマトであり、年間の生産量でトマトを凌ぐ野菜はない（ただし、植物学の分類では、トマトは果実だが）。今やトマトは畑だけではなく、しだいにビニールやガラスで覆われた温室でも栽培されるようになっている。

これら3種の食品は、それぞれ異なる栄養上の役割を担っている。パンは炭水化物を、鶏肉はその完璧なタンパク質を、トマトはビタミンCを摂取するために、食べられる。だが、大量の化石燃料の補助がなければ、これほど多くを、これほど確実に、これほど手頃な値段で生産することはできないだろう。いずれは、食料生産の仕方は変わるだろうが、今のところ、そして今後もしばらくは、化石燃料に頼らなければ世界の人々を養うことはできない。

パンと鶏肉とトマトのエネルギーコスト

一口にパンと言っても厖大な種類があるので、西洋の食事では一般的で、今やフランスのバゲットの海外領土《ウトラメール》である西アフリカから、どの主要デパートにもフランスパンかドイツパンを扱う店がある日本まで、多くの場所で手に入るほんの数種の、発酵させて膨らませたパンだけに絞ることにする。まず、小麦から始めなくてはならないが、幸い、さまざまな種類の穀物について、収穫した面積当たり、あるいは単位収量当たりの燃料と電気の全インプットを数量化して比較することを試みた研究には事欠かない。[注22] 穀物の栽培は、エネルギー補助の順位表では最下部に位置し、ここで選んだ残り2つの食品と比べて、相対的に少ない量しか必要としないが、これから見るように、それでも驚くほど大量のエネルギーが欠かせない。

グレートプレーンズの広大な畑で雨水を使うアメリカの効率的な小麦生産は、1キログラム当たりわずか4メガジュールほどしか必要としない。このエネルギーのじつに多くの割合が、原油から精製されたディーゼル燃料という形態を取っているので、標準的なエネルギー単位のジュールよりも、ディーゼル燃料の量を比較したほうがわかりやすいかもしれない。[注23] しかも、食用製品の単位当たり（1キログラムでも、パン1ローフでも、1食でもいい）の生産に使われるディーゼル燃料の体積で表せば、そのようなエネルギー補助がもっと想像しやすくなる。

ディーゼル燃料からは1リットル当たり36・9メガジュールのエネルギーが得られるので、グレートプレーンズ産の小麦の典型的なエネルギーコストは、1キログラム当たりディーゼル燃料ほぼ100ミリリットル（1デシリットル、0・1リットル）きっかりであり、アメリカで使われている計量カップ2分の1杯分よりわずかに少ない。[注24] ここからは、ディーゼル燃料の体積に換算して、個々の食品の生産に注ぎ込まれたエネルギーを表すことにする。

ごく普通のサワードウブレッドは、発酵させて膨らませたパンのうちでも最も単純な種類であり、ヨーロッパ文明の主食だ。材料は強力粉《きょうりきこ》と水と塩だけで、パン種《だね》はもちろん、強力粉と水だ。このパン1キログラムは、おおむね強力粉580グラム、水410グラム、食塩10グラムから成る。[注25] 種子の外側の層である殻を取り除く脱穀のとき、小麦の質量の約25パーセントが減るので、小麦粒の抽出率は72〜76パーセントだ。[注26] つまり、580グラムの強力粉を得るためには、全粒小麦が約800グラムなくてはならず、その生産には80ミリリットルのディーゼル燃料が必要となる。

　小麦を脱穀・製粉して白い強力粉にするには、1キログラム当たり50ミリリットルのディーゼル燃料が要る。そして、天然ガスと電気を消費する現代の効率的な企業による大規模なパン焼きについての公表データによると、この過程ではディーゼル燃料換算で1キログラム当たり100〜200ミリリットルが使われるという。[注27] このように、小麦を育て、脱穀・製粉し、サワードウブレッド1キログラムを焼くのに、ディーゼル燃料に換算して最低でも250ミリリットル分のエネルギーのインプットが必要になる。これは、アメリカの計量カップ1杯分をわずかに上回る量だ。標準的なバゲット（250グラム）には、ディーゼル燃料換算でテーブルスプーン約2杯分のエネルギーが使われる。ドイツの大きなバウエルンブロート（2キログラム）には、カップ約2杯分が必要だが、これは全粒粉のパン1ローフに費やされる量よりは少ない。

　実際の化石エネルギーのコストは、もっと多くなる。なぜなら今では、パンの製造場所と販売場所が違うからだ。フランスにおいてさえ、地元のブーランジェリー（パンの製造販売店）が消えつつあり、バゲットは大型のパン製造所から出荷される。工業規模の効率によって実現したエネルギーの節約分は、輸送コストの増加で帳消しになり、穀物の栽培や脱穀・製粉から、大型の製造所でのパン焼きと遠くの消費者への配送まで含めた総コストは、ディーゼル燃料換算で１キログラム当たり６００ミリリットルのエネルギー消費になる！

だが、もしパンの質量と投入されたエネルギーの質量の（およそ5対1という）典型的な割合、具体的にはパン１キログラム対ディーゼル燃料２１０グラムほどが、不快なまでに多く感じられるとしたら、思い出してほしい。すでに指摘したように、穀物は、処理が済み、私たちのお好みの食物に変換された後でさえ、食品に対するエネルギー補助の順位表では最下部に位置している。「パレオダイエット（旧石器時代の食事法）」という誤解を与える名称の下で一部の人が勧めるように、あらゆる穀類を避け、代わりに肉と魚、野菜、果実だけしか食べないという怪しげな食事を取り入れたら、いったいどうなってしまうだろう？

すでにはなはだ悪《あ》しざまに言われている牛肉のエネルギーコストを追う代わりに、最も効率的に生産されている肉のエネルギー負荷を数量化してみよう。「集中家畜飼養施設（ＣＡＦＯ）」と呼ばれるようになった大型の施設で育てられるブロイラーの肉だ（ニワトリは家畜ではなく家禽だが、原文では家畜に含められているので、それに倣う〕。ブロイラーのＣＡＦＯでは、細長い長方形の建物に何万羽ものニワトリを収容して飼育する。月夜ほどの明るさの薄暗い照明の空間にニワトリを詰め込み、約7週間餌を与えてから処理場へと送る。[注28]アメリカ農務省は、家畜の年間の給餌効率に関する統計を発表しており、生体重の単位当たりの、穀粒で表した飼料の単位という形で表されるその割合は、過去50年間、牛肉と豚肉の場合は下降傾向がまったく見られないが、鶏肉については目覚ましく改善している。[注29]

１９５０年にはブロイラーの生体重の単位当たりに必要とされる飼料は3単位だったが、今やたった１・82単位であり、豚の割合の約3分の1、牛の割合の7分の1だ。[注30]当然ながら、ニワトリは羽毛や骨を含めてまるごと食べることはできないので、生体重の約60パーセントにあたる食べられる部分の重さに合わせて調整すると、飼料と肉の割合は、最低3対1になる。平均すると、食べられる肉の重さが今ではほぼ1キログラムきっかりになるアメリカのニワトリ1羽を生産するには、トウモロコシが3キログラム必要とされる。[注31]雨水を使う効率的なトウモロコシ栽培は収量が多く、エネルギーコストが比較的少ない。トウモロコシ1キログラム当たり、ディーゼル燃料換算で約50ミリリットルだが、灌漑で育てるときのエネルギーコストは、雨水で育てるときの倍にもなりかねないし、給餌効率はアメリカよりも世界各国のほうがたいてい低い。そのため、飼料のコストだけでも、ディーゼル燃料換算で、食用肉1キログラム当たり最低１５０ミリリットル、多ければ

750ミリリットルにもなる。

飼料の大規模な大陸間貿易を行えば、エネルギーコストはさらに上がる。この貿易は、アメリカのトウモロコシと大豆、そしてブラジルの大豆が大半を占める。ブラジルの大豆栽培には、穀粒1キログラム当たり100ミリリットルのディーゼル燃料を使うが、生産地から港へトラック輸送し、船でヨーロッパに運ぶと、エネルギーコストは倍増する。[注32] 処理する体重までブロイラーを育てるには、冷暖房、鶏舎のメンテナンス、水とおが屑の供給、排泄物の除去と堆肥化のためにもエネルギーが要る。その量は、場所によって大きく異なり、特に夏の冷房と冬の暖房に左右される。さらに、飼料の配送のエネルギーコストも加わるので、食用肉1キログラム当たりに必要なディーゼル燃料換算量には、50ミリリットルから300ミリリットルまで、大きなばらつきが出る。[注33]

したがって、ブロイラーの飼育に必要なエネルギーは、最も控え目に見積もると、肉1キログラム当たりディーゼル燃料換算で約200ミリリットルだが、最大で1リットルにもなりうる。今日、鶏肉はブロイラーまるごと1羽ではなく、部位ごとに販売されていることが圧倒的に多いので、食用肉にするための処理や、小売り、貯蔵や家庭での冷蔵、最終的な調理に必要なエネルギーをそれに足し合わせると、ディナープレートでローストチキン1キログラムを振る舞うのに使われるエネルギーの総量は、少なくともディーゼル燃料300〜350ミリリットル、つまりワインボトル半分近くまで増える。そして、効率が最低の生産者の場合には1リットルを超える。

最低で1キログラム当たり300〜350ミリリットルというのは、パンの場合の1キログラム当たり210〜250ミリリットルという割合と比べても、著しく効率的であり、これは、鶏肉がパンとほぼ同じぐらい手頃な値段であることに反映されている。アメリカの都市では、食パン1キログラムの平均価格は、1キログラムのブロイラー1羽の平均価格よりも、約5パーセントしか低くない。そして、全粒粉のパンは、鶏肉よりも35パーセント高い！　フランスでは1キログラムの標準的なブロイラーまるごと1羽は、平均的なパンよりも値段が約25パーセント高いだけだ。[注34] 欧米ではどの国でも鶏肉が急速に最も人気のある肉となった理由が、これで説明がつきやすくなる。世界的には、依然として豚肉が首位の座を占めているが、それは中国で莫大な需要があるからだ。

ビーガン（完全菜食主義者）は、植物性の食品を食べることを褒め称えるし、メディアは食肉の大きな環境コストを大々的に報じてきたから、鶏肉のエネルギーコストの低下を、野菜の栽培とマーケティングのエネルギーコストの低下が凌いでいると考えている人がいるかもしれない。だが、それは間違いだし、じつは、これまでのところその逆だ。植物性食品の意外なほど大きなエネルギー負荷を示すのに、トマトに優る例はないので、詳しく調べてみよう。トマトはすべてを兼ね備えている。魅力的な色、多種多様な形、滑らかな皮、水分をたっぷり含んだ内部。トマトは植物学上は、中央アメリカと南アメリカが原産の、「リコペルシコン・エスカレンタム」という学名の小さな植物の果実で、ヨーロッパ人が大西洋横断の航海を始めた時代に世界中に広まったが、全世界で人気を博するまでには何世代もかかった。[注35]生でも食べるし、スープに入れたり、詰め物をしたり、オーブンで焼いたり、刻んだり、茹《ゆ》でたり、ピューレにしてソースとして使ったり、無数のサラダや料理に加えたりもするので、今や原産地のメキシコやペルーはもとより、スペイン、イタリア、インド、そして現時点では世界最大の生産国の中国など、世界各国でお気に入りの食材として愛されている。

栄養学の本は、ビタミンC含有量の多さを称える。事実、200グラムの大きなトマト1個で、成人が1日に摂取を推奨される量の3分の2を提供できる。[注36]だが、新鮮で水分を多く含む果物がすべてそうであるように、トマトもエネルギー含有量を目当てで食べるものではない。トマトは、何と言おうと、魅力的な形をした水容器にすぎず、質量の95パーセントが水だ。残りは主に炭水化物とわずかのタンパク質、微量の脂質だ。

トマトは、暖かい日が年間に最低90日ある場所ならどこでも栽培できる。ストックホルムに近い海辺の別荘のテラスでも、カナダの大草原の菜園でも育てることができる。ただし、どちらの場所でも屋内で発芽させた苗からだが。とはいえ、商業栽培となると話は別だ。現代社会で消費される果物と野菜の大多数と同じで、トマト栽培も高度に専門化された仕事であり、北アメリカとヨーロッパのスーパーマーケットで手に入る種類の大半は、ほんの一握りの場所で作られている。アメリカではカリフォルニア州、ヨーロッパではイタリアとスペインだ。収量を増やし、質を上げ、エネルギーインプットの量を減らすために、トマトはしだいに、ビニールで覆われたシングル・トンネルかマルチ・トンネルや温室で栽培されるようになっている。カナダやオランダだけではなく、メキシコや中国、スペイン、イタリアでもそうだ。

ここで話は化石燃料と電気に戻ってくる。ガラス製のマルチ・トンネル温室を建てるよりも、ビニール製のトンネルを作るほうが安上がりだし、トマト栽培にはプラスティック製のクリップや楔《くさび》や排水溝も必要になる。露地で育てているときにも、ビニールシートで土壌を覆って水の蒸発を抑え、雑草の生育を防ぐ。プラスティック化合物の合成は、原料と、製造に必要なエネルギーの両方のために、原油や天然ガスの炭化水素に頼っている。原料には、液体のエタンその他の天然ガスや、原油精製の過程で生み出されるナフサなどがある。天然ガスは、プラスティック製造の燃料としても使われ、すでに指摘したように、水素の源泉として、アンモニアの合成にとって最も重要な原料だ。殺虫剤や殺菌剤といった保護化合物の生産用原料として使われる炭化水素もある。ガラスやビニールで覆われた温室の中の植物でさえ、害虫や感染を免れられるわけではないからだ。

トマト栽培の年間操業コストは、苗や肥料、農業用化学物質、水、加熱、労働のための出費を合計し、金属製の支柱、ビニールの覆い、ガラス、パイプ、排水溝、ヒーターなど、複数年にわたって使う構造物や器具や装置のコストを按分《あんぶん》すれば、簡単に金額で表せる。とはいえ、すべてを網羅するエネルギーの請求書をまとめるのは、そこまで簡単ではない。エネルギーの直接のインプットを、電気料金の請求書やガソリン代あるいはディーゼル燃料代に基づいて数量化するのは易しいが、素材の製造に間接的に注ぎ込まれるエネルギーの量を求めるには、専門的な計算と、たいていは多少の推定が必要になる。

さまざまな詳しい調査によって、これらのインプットが数量化され、それに典型的なエネルギーコストを掛けた結果が出ている。たとえば、窒素肥料1キログラムを合成し、配合し、袋詰めするには、ディーゼル燃料換算で1・5キログラム近いエネルギーが要る。合計した数値には調査ごとに大きなばらつきがあるのは当たり前だが、スペインのアルメリア県で、加熱しているマルチ・トンネル温室と加熱していないマルチ・トンネル温室でのトマト栽培を対象として行われた、抜群に綿密と言えそうな調査がある。この調査は、正味の生産量1キログラム当たり、加熱温室の場合には500ミリリットル超（2カップ分超）、加熱していない温室の場合にはそれを大幅に下回る150ミリリットルの累積エネルギー需要があると結論している。[注37]

これほど大きなエネルギーコストがかかるのは、世界を見渡しても、温室栽培トマトが際立って多くの肥料を使う作物の部類に入っているのが大きな原因だ。アメリカで第一の畑作物であるトウモロコシの生産に使う窒素とリンのどちらと比べても、トマトは単位栽培面積当たり最大で10倍もの量を与えられる。[注38]硫黄やマグネシウムやその他の微量栄養素も使われるし、昆虫や真菌からトマトを守るための化学物質も使われる。温室栽培でのエネルギーの直接利用で最も重要なのが加熱であり、そのおかげで栽培シーズンが長くなり、トマトの質も上がるが、寒冷な土地で行えば必然的に、エネルギー消費の最大の要因になる。

アルメリア県の最南端部にあるビニールハウスは、青果物の商業栽培では世界最大の温室面積を誇る。20キロメートル四方に相当する約4万ヘクタールあり、衛星画像でも簡単に確認できる。グーグルアースで見てみるといい。グーグル・ストリートビューで眺めて回ることさえ可能だ。そうすれば、ビニールで覆われた低い構造物の異世界を経験できる。このビニールの大海原の下で、スペインの栽培者と地元やアフリカ移民の労働者が、トマト、ピーマン、サヤインゲン、ズッキーニ、ナス、メロンといった野菜や果物を毎年300万トン近く、通常の季節より早く、あるいは季節外に生産し、その約80パーセントをEU諸国に輸出している。[注39]13トンのトマトを積んでアルメリアからストックホルムまで運ぶトラックは、3745キロメートルを走り、約1120リットルのディーゼル燃料を消費する。[注40]これは、トマト1キログラム当たり90ミリリットル近くになり、地域の流通センターでの輸送や貯蔵、包装に加えて店舗への配送も含めると、1キログラム当たりほぼ130ミリリットルに達する。

つまり、アルメリアの加熱されたビニールハウスから出荷されたトマトがスカンディナヴィアのスーパーマーケットで買われるときには、生産と輸送の驚くほど高いエネルギーコストがかかっているということだ。このコストの合計は、ディーゼル燃料換算で1キログラム当たり約650ミリリットル、中ぐらいの大きさの125グラムのトマト1個当たりでは、1杯14・8ミリリットルのテーブルスプーン5杯分以上にもなる！　その大きさのトマトをスライスして皿に並べ、色の濃い油（ゴマ油はディーゼル燃料によく似ている）をテーブルスプーンで5、6杯注ぎかければ、この化石燃料の補助を、テーブル上で何も無駄にすることなく簡単に実演できる。この素朴な食物にどれほどの化石燃料の負荷がかかっているかを思い知らされたら、そのトマトと油をボウルに空け、トマトをさらに2、3個と、醬油《しょうゆ》、塩、胡椒《こしょう》、ゴマを適量加え、美味しいトマトサラダを楽しむといい。そのサラダを味わっているビーガンの何人が、それにどれほど多くの化石燃料が注ぎ込まれているかを知っているだろうか？

シーフードを支えるディーゼル油

現代社会は農業の生産性が高いため、豊かな社会ではみな、狩猟シーズンに野生の哺乳類や鳥類を銃で撃つ陸上での狩猟の獲物は、栄養源としてごく瑣末なものとなった。サハラ以南のアフリカ全体では、大半が密猟で手に入れた野生動物の肉は、他の場所より依然として一般的だが、そこですら急激な人口増加のせいで、もう動物性タンパク質の主要な供給源ではなくなった。それとは対照的に、今日ほど漁業が広く集中的に行われたことはかつてない。浮かぶ工場さながらの大型の現代的な工船から小さな老朽船まで、厖大な数の船が魚や甲殻類を求めて世界の海洋を漁っている。[注41]

イタリア人がなんとも詩的に「フルッティ・ディ・マーレ（海の果実）」と呼ぶものを獲るのは、じつは食料供給のプロセスのうちでも、最もエネルギー集約的だ。もちろん、あらゆるシーフードが捕まえるのが難しいわけではないし、依然として豊富な多くの種は、遠い南太平洋まではるばる漁に出なくても獲れる。カタクチイワシやイワシ、あるいはサバのような、たっぷり存在している浮魚《うきうお》（海面近くに生息する魚）の漁獲は、船を造ったり、大きな網を作ったりするための間接的な投資と、船のエンジンに使われるディーゼル燃料という形の直接の投資を合わせても、比較的小さなエネルギー投資で達成できる。最も信頼できる調査によれば、漁獲量１キログラム当たりのエネルギー消費量は、ディーゼル燃料にしてわずか１００ミリリットル、つまり半カップ未満だそうだ。[注42]

可能なかぎり少ないカーボン・フットプリント〔排出される温室効果ガスの総量を二酸化炭素に換算したもの〕で天然魚を食べたければ、イワシ一本槍でいくといい。あらゆるシーフードの平均は驚くほど高く、１キログラム当たりディーゼル燃料にして７００ミリリットル、つまりワインボトルほぼ１本分に達し、一部の天然の小エビやロブスターでは、１キログラム当たり最大で10リットルを超える。[注43] しかも、その1キログラムには、食べられない殻が大きな割合を占める！ つまり、中ぐらいの天然の小エビたった2串分、合計100グラムだけでも、獲るのに0・5〜1リットルのディーゼル燃料が必要になりうる。これは、カップで計れば2〜4杯分の燃料に相当する。

だが、今では小エビはたいてい養殖されており、そのような大規模な工業型の事業は、ブロイラーの生産で首尾良く活用したのと同じ利点を享受してきたのではないか、と反論する人がいるかもしれない。残念ながら、それは違う。代謝に根本的な違いがあるからだ。ブロイラーは草食動物で、ケージに閉じ込められていると、活動でのエネルギー消費は限られている。したがって、今日では主にトウモロコシと大豆の配合飼料の組み合わせから成る適切な植物性食品を与えれば、ぐんぐん成長する。あいにく、サケ、スズキ、マグロといった、人々が好んで食べる海洋生物は肉食であり、適切に育てるためには、カタクチイワシやマイワシ、シシャモ、ニシン、サバのような天然魚を獲って作った、タンパク質が豊富な魚粉と魚油を餌として与える必要がある。

今や、全世界の淡水養殖と海水養殖の生産量合計は、世界中での天然魚の漁獲量に迫っており、2018年には8200万トンに達し、それに対して天然魚の漁獲量は9600万トンだった。このように養殖を拡大したおかげで、人々に好まれて乱獲されてきた天然の肉食魚への圧力が部分的に軽減されたが、盛んになる養殖で必要とされる餌にするために、それよりは小さい草食魚の漁獲が増えている。[注44] その結果、ケージの中で地中海のスズキ（シーバス）を育てる（ギリシアとトルコが最大の生産国）エネルギーコストは、たいてい1キログラム当たり、ディーゼル燃料換算で2～2・5リットル、ワインボトルにして3本分とほぼ同量になる。つまり、同じような大きさの天然魚を獲るのと等しい桁のエネルギーコストだ。

エネルギーコストが低いのは、案の定、植物ベースの餌を食べてよく育つ養殖の草食魚だけ、なかでもとりわけ、中国のコイのさまざまな種（最も一般的なのが、コクレン、ハクレン、青魚《アオウオ》、草魚《ソウギョ》）であり、通常1キログラム当たり300ミリリットルに満たない。だが、オーストリア、チェコ共和国、ドイツ、ポーランドの伝統的なクリスマスイブのディナーを除けば、コイはヨーロッパではひどく不人気で、北アメリカではほとんど食べられない。一方、一部の種が今や海洋肉食魚のうちでも特に絶滅が危惧されているマグロの需要は、世界中で鮨《すし》が急速に普及しているせいで、猛烈な上昇を見せている。

というわけで、次の事実は避けようがない。主食穀物、コッコッと鳴く鳥、人気の野菜、栄養価を称賛されるシーフードのどれであれ、私たちの食料供給は、しだいに化石燃料に頼るようになってきたのだ。この基本的な現実は、世の中の実状を理解しようとしない人々や、現時点で迅速な脱炭素化を予想している人々に、たいてい無視される。だが彼らは、現状は簡単にも急速にも変えられないことを知ったら、衝撃を受けるだろう。前章で見たように、化石燃料への依存はあまりにも浸透しており、あまりにも規模が大きいため、そのような変化は不可能なのだ。

燃料と食料

圧倒的に化石燃料が多い現代のエネルギーインプットに対する食料生産の依存度の高まりを、そのような依存がなかった19世紀初めから最近まで、つまり穀物農業での1ヘクタール当たり原油0・25トン未満から、加熱した温室栽培での、その10倍の割合までを追った研究がいくつかある。[注45] この世界的な依存の高まりと程度に気づく最善の方法は、耕地の拡張に対する外部エネルギー補助の増加と、増え続ける世界人口に対する外部エネルギー補助の増加とを比較することかもしれない。1900〜2000年の100年間に、世界人口が4倍弱、正確には3・7倍の伸びを見せる一方、農地は約40パーセントしか増えなかったが、私の計算では、農業への人為的エネルギーの補助は90倍になった。農業用化学物質と、機械類が直接消費する燃料に含まれるエネルギーがその主な原因だ。[注46]

私は、この依存が世界にかける相対的な負荷も計算した。現代的な畑作農業や漁業や養殖への人為的エネルギーのインプットは、輸送もすべて含めて合計しても、最近の全世界のエネルギー使用量の約4パーセントにしかならない。これは驚くほど少ない割合かもしれないが、ぜひ思い出してほしい。食料となる動植物を成長させる仕事の大半は、常に太陽が行っており、外部エネルギー補助は、食料生産システムのうちで、自然の制約を減らしたり取り除いたりすれば最大の見返りが得られそうな構成要素を対象としている。肥料を施したり、灌漑をしたり、害虫や真菌や競合する植物から守ったり、成熟した作物を即座に収穫したりなど、その方法はさまざまだ。この少ない割合は、小さなインプットが不釣り合いなまでに大きな結果をもたらすという、説得力ある例の1つと見なすこともできる。これは、複雑な系の振る舞いでは珍しくない発見だ。ビタミンやミネラルのことを考えるといい。何十キログラムもある体を良好な状態に保つために、毎日ビタミンB6や銅はミリグラム単位で、ビタミンDやB12はマイクログラム単位でしか必要としない〔1ミリグラムは1000分の1グラム、1マイクログラムは100万分の1グラム〕。

だが、畑作農業や畜産、シーフードの漁獲や養殖といった食料生産に必要とされるエネルギーは、食料に関連した燃料と電気のニーズ全体のほんの一端でしかなく、食料システム全般での使用量を推定すると、全体の供給量のはるかに大きな割合を占める結果になる。最も信頼できるデータが手に入るのはアメリカで、そこでは、現代的手法の普及や広範に及ぶ規模の経済〔生産規模や生産量の増大に伴う収益率の向上。スケールメリット〕のおかげで、食料生産における直接のエネルギー利用量は、今では全国の総供給量の10パーセント未満だ。[注47] だが、食品の加工やマーケティング、包装、輸送、卸売りサービスと小売りサービス、家庭での貯蔵と調理、家庭外での食品サービスとマーケティングサービスをすべて足し合わせると、アメリカでの合計は、

2007年には国内でのエネルギー供給量の16パーセント近くに達し、今では20パーセントに迫っている。[注48] このようなエネルギーニーズの高まりを引き起こしている要因は、生産のいっそうの統合とそれが原因の輸送のニーズや、食品輸入への依存の高まりから、外食回数と、家庭で消費される調理済みのインスタント食品の増加まで、さまざまだ。[注49]

今日の食料生産慣行の多くを続けるべきではない理由は多々ある。農業が温室効果ガスの大きな発生源であることが、別の道を進むのを正当化する理由として、今では最も頻繁に挙げられる。だが、現代の作物栽培と畜産と養殖は、他にも望ましくない影響を環境に多く与えており、それには生物多様性の喪失から、沿岸のいわゆる「デッドゾーン（死の海域）」の発生（これについては、詳しくは第6章を参照のこと）まであり、廃棄を伴う過剰な食料生産を続ける真っ当な理由はない。だから、多くを変えることが望ましいのは明らかだが、さらに次のように問わねばならない。すなわち、現実には、どれだけ速くそれができるのか、そして、どれだけ徹底して現在のやり方を改めることができるのか？

元に戻ることは可能か？

こうした傾向の、せめて一部でも逆転させることはできるだろうか？　まもなく人口が80億に到達する世界は、合成肥料やその他の農業用化学物質抜きで、農産物と畜産物の多様性と現在普及している食生活の質を維持しつつ、十分な食料を確保できるだろうか？

私たちは、リサイクルした有機性廃棄物と自然な害虫駆除に頼る、純粋な有機栽培に戻ったり、エンジンを動力源とする灌漑をなくしたり、牽引用の動物を復活させて農業機械を引退させたりすることができるだろうか？　できないわけではないが、純粋な有機農業をするためには、ほとんどの人が都市を捨て、再び農村に腰を落ち着け、集中家畜飼養施設は廃止し、動物たちをすべて農場に戻して、役畜として、また、有機質肥料の源泉として利用する必要がある。

毎日動物たちに餌と水をやり、排泄物を定期的に取り除き、発酵させて畑に撒《ま》き、牧草地で番をしなければならない。季節の移ろいとともに、労働の必要量も増えたり減ったりする。男性は馬たちにつないだ犂を導き、女性と子供は野菜畑で苗を植えたり除草をしたりする。収穫や食肉処理のときには、誰もが懸命に働き、小麦の刈り束を山積みにしたり、ジャガイモを掘り出したり、殺したばかりの豚やガチョウを食品に加工するのを手伝ったりする。有機農業や環境保護を訴えるオンライン解説者が、このような生活を喜び勇んで選び取るとは思えない。そして、たとえ彼らが進んで都市を空にし、有機肥料を施した土の香りを快く受け容れたとしても、今日の世界人口の半分を養うだけの食料さえ生み出せない。

以上の事柄をすべて確証する数値を並べるのは、わけもない。本章ではすでに、アメリカで小麦を生産するのに必要な人間の労働量の減少を概説したが、この減少は、アメリカの農業労働力人口に機械化と農業用化学物質が与えた全体的な影響を示すうえで、素晴らしい代役になる。1キログラムの小麦を生産するのに必要な労働力は、1800〜2020年に98パーセント以上減少し、農業に従事する国内人口の割合も同じぐらい小さくなった。[注50] これは、農業の機械化を少しでも後退させ、合成した農業用化学物質の使用を減らすときに起こらざるをえない、甚大な経済的変化を考えるときに、有用な手引きとなる。

化石燃料から受ける恩恵を削減すればするほど、都市を離れて昔ながらの方法で食料を生産する労働力人口への必要性も高まる。アメリカの馬とラバの数が1920年以前に頂点に達したとき、国内の農地の4分の1が、この国で働く2500万頭超の馬とラバの餌の栽培に充てられていた。しかも、当時のアメリカの農場は、わずか1億500万人ほどを養うだけでよかった。今日3億3000万を超える人口を養うことは、「たった」2500万頭の馬とラバでは不可能なのは明らかだ。そして、合成肥料なしでは、有機物のリサイクルに頼っている食用作物と飼料作物の収量は、今日の収量と比べればほんのわずかとなるだろう。アメリカで最も生産量の多い作物であるトウモロコシは、1920年には1ヘクタール当たり2トン足らずしか採れなかったが、2020年には11トン採れた。[注51] 国内の利用可能な農地を事実上すべて耕すためには、さらに何百万頭もの牽引用の動物が必要となるし、リサイクルできる有機物と、それをせっせと穴に放り込む、有機質肥料が大好きなクロードのような人々が見つかるとは思えないし、今日、合成肥料を施して供給している養分に匹敵する緑肥を生み出すのに十分な広さで栽培をすること、たとえば穀物とアルファルファかクローバーの輪作を行うことも無理だろう。

なぜ不可能かは、いくつか単純な比較をすれば、これ以上なく明確になる。有機物のリサイクルは常におおいに望ましい。土壌の構造が改善するし、土壌の有機物含有率が上がるし、土壌中の無数の微生物や無脊椎動物にエネルギーを与えられるからだ。だが、有機物に含まれる窒素は非常に少ないので、植物に必須のこの養分を十分供給して高い作物収量を確保するためには、大量の藁や有機肥料を施さなければならない。作物の残滓《ざんし》として最も量が多い穀物の藁の窒素含有率はいつも低く、通常は０・３〜０・６パーセント、動物の排泄物を家畜小屋の敷料《しきりょう》（たいていは藁）と混ぜたものも、わずか０・４〜０・６パーセント、発酵させた人間の排泄物、いわゆる「下肥《しもごえ》」がたった１〜３パーセント、畑に施された家畜の排泄物も、めったに４パーセントを超えることはない。

それに対して、今や世界で最も普及している固形窒素肥料の尿素の窒素含有率は46パーセント、硝酸アンモニウムは33パーセント、広く使われている溶液は28〜32パーセントであり、リサイクル可能な排泄物と比べて、少なくとも１桁多い[注52]。つまり、作物栽培に同量の養分を供給するためには、質量にして10〜40倍の有機肥料を施さなければならなくなる。そして現実には、さらに多くが必要だろう。窒素化合物のかなりの割合が、蒸発したり、水に溶けて、根よりも深い所まで運ばれたりして失われるので、有機物からの窒素の損失の合計は、合成の液体肥料や固形肥料からの損失をほぼ必ず上回るからだ。

そのうえ、必要な労働力も、より大きな割合で増える。撒布《さんぷ》機で、あるいはアジアの小さな稲田でなされるようにたんに手でばら蒔いて、簡単に施せる、流動性の高い小さな粒状の肥料を扱うよりも、有機肥料を扱ったり、輸送したり、撒布したりするのは、はるかに難しい。そして、有機的なリサイクルに力を入れたとしても、リサイクル可能な物質の総量は、今日の収量に求められる窒素を提供するには、とうてい少な過ぎる。

地球の活性窒素を調べると、世界の農耕地へと窒素をもたらす主要な流れは６つあることがわかる。大気降下、灌漑用水、作物の残滓の鋤《す》き込み、動物の排泄物の撒布、マメ科作物が土壌中に残す窒素、合成肥料の使用だ。[注53]

主に溶けた硝酸塩を含む雨と雪という形を取る大気降下物と、畑から取り除いて動物に餌として与えたり、その場で燃やしたりしなかった藁や茎の畑への鋤き込みで、それぞれ１年当たり約20メガトンの窒素がもたらされる。畑に撒布される、主に牛と豚とニワトリといった動物の排泄物には、30メガトン近い窒素が含まれている。緑肥被覆作物や、大豆、インゲンマメ、エンドウマメ、ヒヨコマメなどのマメ科作物も、合計すると同じような量を、そして灌漑用水が約５メガトンの窒素をもたらす。これをすべて合わせると、１年当たり約１０５メガトンの窒素になる。合成肥料は、１年当たり１１０メガトンの窒素を供給する。これは、合計で２１０～２２０メガトンという窒素使用量の半分をわずかに上回る量だ。つまり、最近の世界の作物収量は、少なくとも半分が、合成の窒素化合物の使用のおかげで生み出されているわけであり、それらの化合物がなければ、今日の約80億の人口の半数にさえ、現在のありふれた食事を提供することが不可能になるだろう。肉を食べる量と無駄にする食料を減らせば、合成アンモニアへの依存を軽減できるだろうが、全世界で約１１０メガトンにのぼる合成化合物のインプットを、有機肥料に置き換えることは、机上の空論にすぎない。

　飼養施設に収容されている動物の排泄物をリサイクルすることには、多くの制約がある。[注54]伝統的な混合農業では、比較的少数の牛と豚と家禽の排泄物は、近くの畑で直接リサイクルされた。集中家畜飼養施設での肉と卵の生産では、この選択肢が狭まった。この手の施設では大量の排泄物が出るので、撒布のコストに見合う範囲内の畑に施すと、土壌に養分を過剰に与えることになってしまう。排泄物には、飼料添加物に由来する重金属と残留薬剤が含まれているという問題もある。[注55]現代的な屎尿《しにょう》処理場で出る下水汚泥（バイオソリッド）の使用拡大にも、同じような制約がある。発酵や高温殺菌によって屎尿の中の病原体を死滅させなくてはならないが、こうした処理では抗生物質耐性菌を完全に死滅させることも、重金属をすべて除去することもできない。

　放牧されている動物は、飼養施設に収容されている哺乳類や鳥類の3倍の排泄物を出す。

国連食糧農業機関（FAO）の推定では、それらの動物は毎年、排泄物中に約90メガトンの窒素を残すというが、この窒素の巨大な源泉を利用するのは非現実的だ。[注56] 草を食む牛やヒツジやヤギが排泄をする何億ヘクタールもの牧草地のごく一部でしか、それらの動物の糞尿を回収できないだろう。回収しようとしても法外なコストがかかるだろうし、処理場へ、さらには農地への輸送も同様だ。そのうえ、途中で窒素が失われるので、養分が畑に届く前に、そのような排泄物の、ただでさえ低い窒素含有率が、さらに下がってしまう。[注57]

別の選択肢としては、マメ科作物の栽培を増やし、1年当たり約30メガトンという現在の窒素の生産量を、50〜60メガトンに増やすことが考えられるが、それには莫大な機会費用を伴うことが避けられない。アルファルファやクローバーといったマメ科の被覆作物の栽培を増やせば、窒素の供給も増えるが、二毛作ができなくなり、今なお人口が増え続けている低所得国にとって不可欠な選択肢が失われる。[注58] インゲン豆やレンズマメやエンドウマメといったマメ科の穀物をもっと多く栽培すれば、全体的な食物エネルギー収量が減るだろう。なぜなら、イネ科の穀物よりも収量が格段に低いからであり、当然ながら、耕地の単位面積当たりで支えられる人口が減ってしまう。[注59] さらに、大豆を栽培して残される窒素は通常、1ヘクタール当たり40〜50キログラムであり、アメリカで一般的に施される窒素肥料よりも少なくなるだろう。現在、小麦には1ヘクタール当たり約75キログラム、トウモロコシには1ヘクタール当たり150キログラムの肥料が使われている。

マメ科作物との輪作を拡大することの明白な欠点は、他にもある。毎年１回しか作物を栽培できない寒冷な地域では、アルファルファやクローバーを栽培したら、食用作物を毎年栽培することができなくなるし、二毛作や二期作をしている温暖な地域でも、食用作物の収穫頻度が落ちることになる。[注60]人口が少なく、農地がたっぷりある国では可能かもしれないが、二毛作や二期作が一般的な場所ではみな、食料の生産能力の低下は避けられない。そうした場所には、ヨーロッパと、中国の穀物の約半分を生産する華北平原の、それぞれ多くの部分が含まれる。

現在、中国の耕地の３分の１以上で二期作が行われており、米の３分の１以上が華南での二期作によって生産されている。[注61]したがって、中国はこの集約栽培なしでは、今や14億を超える国民を養うことは不可能だろう。そして、この集約栽培には、記録的な量の窒素も必要とされている。高率の有機リサイクルと複雑な輪作で名高い中国の伝統的な農業においてさえ、最も集約的に耕作が行われていた地方でも、農民は１ヘクタール当たりせいぜい１２０～１５０キログラムの窒素しか供給できなかったし、そうするには途方もない労働力を投入しなければならず、なかでも、すでに負荷が大きかった有機質肥料の収集と撒布に最も時間がかかった。

そこまでしても、そのような農地では１ヘクタール当たり10～11人分の、あくまで穀物と野菜中心の食事しか提供できなかった。それに対して、中国で最も生産性の高い二期作や二毛作は、1ヘクタール当たり平均で400キログラム以上の窒素に相当する合成窒素肥料の使用に頼っており、約40パーセントを動物性タンパク質、60パーセントを植物性タンパク質で賄う食事を、20〜22人に提供できるだけの収穫を生み出せる。[注62] 有機性廃棄物の骨の折れるリサイクルと、よく行われる輪作だけで、全世界の作物栽培を支えたら、おおむね植物ベースの食事を摂る人を30億人養えるが、肉も加えた食事を約80億人に提供するのは無理だ。作物の残滓のリサイクルと有機肥料の利用をすべて合わせても供給できる窒素は、現在、合成肥料が提供している量の半分に満たないことを思い出してほしい。しかも、有機肥料は窒素の損失が多いことを考えると、実際には3分の1に近い！

少ない量でより多くを——そして、なしで済ませる

だが、これまであれこれ述べてきたとはいえ、食料生産での化石燃料の補助に対する依存を大きく転換することが不可能だということではない。これは明白そのものだが、無駄にする食品を減らせたならば、作物生産と畜産を、それに伴うエネルギーの補助もろとも減らすことができる。多くの低所得国では、農産物の貯蔵がお粗末で、穀物や塊茎が齧歯《げっし》類や昆虫や真菌の害を受けやすく、冷蔵・冷凍設備もないため、乳製品や魚や肉の腐敗が早まり、食物のあまりに多くが、市場に着きもしないうちに無駄になる。そして、富裕国では、生産から消費までのいわゆる「フードチェーン」が長いので、その各段階で不慮の

食品ロスが起こりうる。

それにしても、世界の食品ロスのうち、しっかり確認されている分だけでもはなはだ多い。それは主に、生産量と実際のニーズとの間の、弁解の余地のない差のせいだ。おおむね座って過ごす富裕国の人々の場合、成人が1人当たりで毎日必要とする熱量は2000〜2100キロカロリーであり、実際に供給される3200〜4000キロカロリーよりはるかに少ない。[注63] 国連食糧農業機関（FAO）によれば、世界では根菜と果物と野菜全体の半分近く、魚全体の約3分の1、穀物の30パーセント、脂肪種子と肉と乳製品全体の5分の1が失われているという。これは、食料供給全体の少なくとも3分の1に当たる。[注64] そして、イギリスの「廃棄と資源に関する行動プログラム」が確認したところでは、果物や野菜の剝いた皮、骨など、家庭から出る食べられない食品廃棄物は、全体の30パーセントにすぎないそうで、これは、廃棄された食品の70パーセントは十分に食べることができたのに、腐らせてしまったか、食卓に多く出し過ぎてしまったかしたために消費されなかったということだ。[注65] 食品廃棄物の削減は、複雑な生産プロセスを改革するよりもはるかに易しいように思えるかもしれないが、一見するとすぐ手が届きそうなこの目標は、これまで達成するのが難しかった。

畑や家畜小屋から食卓まで続く、生産・加工・流通・卸売り・小売り・消費という長く複雑なチェーンのすべての段階で発生する廃棄物をなくすのは、途方もない難題だ。改善を求める声が絶えず上がっていたにもかかわらず、アメリカの食料需給を調べてみると、全国で廃棄される食品の割合は過去40年間変わっていないことがわかる。[注66]中国は、1980年代初頭まで食料供給が危うかったが、国全体の栄養状況が向上し、1人当たりの平均では今や日本を上回るまでになり、それに伴って食品廃棄物も増えている。[注67]

食品価格が上がれば廃棄物が減るはずだが、これは望ましい問題解決策ではない。低所得国では、不利な境遇にある多くの家庭が安定して食料を入手することが覚束《おぼつか》なく、依然として食費が家計支出全体に大きな割合を占めているし、富裕国では食料は相対的に安価なため、そうとうな値上げが必要になるだろうが、そのような政策を熱心に提唱する人などいない。[注68]

豊かな社会において、化石燃料の補助への農業の依存度を減らすには、もっと良い方法がある。今日の、高カロリーで肉類の多い食事に代えて、健康的で満足のいく食事を採用するよう訴えるのだ。いちばん簡単なのは、肉類の摂取をほどほどに抑え、環境への影響が少ない形で生産できる肉を優先することだろう。完全菜食主義を大規模に実現させせようとしても、必ず失敗する。肉食は、大きな脳（それが進化したのは、肉食が一因）や二足歩行や記号言語と並んで、人間にとって進化の遺産の重要な構成要素であり続けてきた。[注69]ヒト族の祖先たちはみな雑食であり、ヒト族のなかで遺伝子構造が私たちに最も近いチンパンジーの種の両方（パン・トログロダイトとパン・パニスクス）も同様で、彼らは小型のサルやイ

ノシシやカメを捕らえて分かち合い、植物ベースの食事を補っている。[注70]

人口全体が潜在的な成長能力を完全に発揮するためには、子供時代と青年時代の食事に、まず畜乳、後には他の乳製品や卵や肉という具合に、十分な量の動物性タンパク質が含まれている必要がある。１９５０年以降、畜産物の摂取が増えた結果、日本と韓国と中国で人々の身長が伸びたのは、その紛れもない証拠だ。[注71] 逆に、ベジタリアンやビーガンになった人の大半は、一生そのままでいるわけではない。富裕な西洋の都市住民だけでなく世界中で何十億もの人が畜産物を意図的に食べなくなるとか、政府がそれを強制することを支持する人が十分な数だけ現れるとかいった考え方は、馬鹿げている。

だからといって、過去2世代にわたって富裕国の人が平均的に摂取してきたよりもはるかに少ない量の肉を食べるようにすることが不可能だというわけではない。[注72] 枝肉（骨付き肉）の重量で表すと、多くの高所得国では毎年の肉の平均供給量は１人当たり１００キログラムに近いか、それを超えさえしてきたが、質の高いタンパク質を適量摂取するには、1年当たり成人の体重以上の肉を食べなくてもいいというのが、栄養面での最高の助言だ。[注73]

牛やヒツジやヤギといった反芻《はんすう》動物だけが藁や茎のようなセルロースの植物組織を消化できるから、完全菜食主義は貴重なバイオマスを無駄にすることになる。だが、肉食の割合を高めれば栄養面の恩恵が得られるという証拠はないし、そのような食事は環境へのストレスを高める原因になる。世界の最長寿国である日本の肉の消費量は、近年は１年当たり30キログラムを下回っている。そして、これはそれほど知られていないが、伝統的に肉類の摂取が多かったフランスでも、同じように低い肉消費率がかなり一般的になっている。2013年にはフランスの成人の40パーセント近くが少量消費者《プティ・コンソマトゥール》で、1年当たりの合計でも39キログラム未満しか肉を食べなかった。一方、1年当たり平均で約80キログラム食べる大量の肉の消費者は、フランスの成人の30パーセントに満たなかった[注74]。

もし高所得国がすべてこうした例に倣ったなら、作物の収量を減らせることは明らかだ。なぜなら、これらの国では穀物の収穫の大半が、そのまま食料になるわけではなく、動物の飼料にされるからだ[注75]。だが、肉食を減らすことは、普遍的な選択肢ではない。多くの富裕国で肉の摂取が減っており、さらに削減することさえ可能だろうが、近代化が進む国では急上昇している。たとえば、ブラジルやインドネシアでは1980年以降2倍以上に増え、中国では同年以降4倍になった[注76]。そのうえ、アジアとアフリカの何十億もの人は、肉の消費が最小限にとどまっており、彼らはもっと肉類の多い食事を摂れば健康が増進するだろう。

合成の窒素肥料への依存を減らす方法は他にもあり、それは生産者側に見られる。たとえば、植物による窒素の取り込みの効率を改善することだ。だが、この方法にも厳しい制約がある。1961～80年に、実際に作物に取り込まれる窒素の割合が、68パーセントから45パーセントへと大幅に減り、それ以降は47パーセントほどで横ばいになった[注77]。世界最大の窒素肥料消費国である中国では、実際は施される窒素のわずか3分の1しか米には利用されず、残りは大気中や地中や河川水の中へと失われてしまう。[注78] ２０５０年までには少なくとも20億人の人口増加が見込まれ、アジアとアフリカの低所得国では今の2倍以上の人が食料供給の質・量の両面でさらなる向上を経験するのが必至であることを考えると、合成窒素肥料への世界的な依存が大幅に軽減されることは、当面見込めない。

化石燃料を使わずに農業機械を動かす可能性はたしかにある。燃焼機関の代わりに太陽光発電や風力発電の電気を動力源とするポンプを使えば、脱炭素化した灌漑が一般的になりうる。電池のエネルギー密度が改善してコストも下がれば、より多くのトラクターやトラックを電動に切り替えられる。[注79] 次章では、現在主流になっている天然ガスベースのアンモニア合成の代替手段を説明する。だが、こうした選択肢のどれ1つとして、急速に導入されることも、新たな、そして多くの場合に巨額の投資なしに導入されることも、ありえない。

これらの進歩が実現するのは、現時点ではまだずっと先の話だ。適切な大規模貯蔵施設と、それに支えられた安価な再生可能発電が拠り所となるが、両者の組み合わせはまだ商業化されていない。また、大規模な揚水式水力貯蔵に代わりうるものも、依然として発明されていない（詳しくは、第3章を参照のこと）。マメ科の植物には一般的に備わっている能力、すなわち不活性の空中窒素を硝酸塩に変える細菌を根に宿らせる能力を持った穀物あるいはは油糧作物を開発できれば、それがほぼ完璧な解決策となるだろう。植物学者は、何十年にもわたってそれを夢見てきたが、商業的な窒素固定ができる小麦や米の品種の発売は、すぐに実現しそうな気配はまったくない。[注80] そして、富裕な国々と経済に余裕が出て現代化を進める国々が、自国の典型的な食事の質と種類の大幅な自発的低減策を採用したり、そうした低減で節約した燃料や肥料や機械類などの資源をアフリカに回してこの大陸の依然として悲惨な栄養状況を改善したりすることも、ありそうにない。

アメリカの社会学者ハワード・オダムは半世紀前、エネルギーと環境を体系的に調査し、こう指摘した。近代社会は「関連しているエネルギー論を理解していなかったし、複雑な系に入ってくるエネルギーが、ネットワークのあらゆる部分に補助として間接的に戻されるさまざまな方法も理解していなかった……工業時代の人間は、太陽エネルギーで作られるジャガイモをもはや食べない。今では部分的に石油でできているジャガイモを食べている[注81]」。

50年後の今、この人類の存続にかかわる依存は、相変わらず十分に理解されていないが、本書の読者はもうわかっているだろう。私たちの食物は、部分的に石油でできているだけではない。農作業や輸送や食品加工の機械に必要な鉄の製錬用のコークスを生産するのに使われる石炭や、窒素肥料の原料と燃料の両方の役を果たす天然ガスや、化石燃料の燃焼で生み出され、作物の加工や家畜の世話、食物や飼料の貯蔵や調理に不可欠な電気からもできているのだ。

現代農業で、ほんの一昔前と比べてごくわずかな労力でより多くの収量を得られるのは、光合成の効率を改善できたからではなく、品種改良をし、適切な養分と水を与えて成長条件を改善し、競争相手の雑草を減らし、害虫から守ってきたからだ。同時に、天然の水産物の収量が大幅に増えたのは、漁業の範囲が拡がり、盛んに集約的に行われるようになったからであり、養殖の拡大は、それに付き物の囲いと高品質の飼料の供給なしでは起こりえない。

こうした重要な人為的介入はみな、大量の、そして、今なお増え続ける化石燃料の投入を必要としてきた。そして、たとえグローバルな食料システムを現実的に考えうるかぎり迅速に変えようとしても、私たちはパンであれ魚であれ、化石燃料を変換したものを、今後何十年にもわたって食べ続けることになるだろう。

第3章

素材の世界を理解する

――現代文明の四本柱

不可欠のものに序列をつけることは不可能だ。いや、少なくとも、勧められない。心臓のほうが脳よりも重要ということはないし、ビタミンCは健康にとってビタミンDほど必須ではないわけでもない。これまでの章で取り上げた、生存に欠かせない2つの要因である食料とエネルギーの供給は、金属や合金、非金属化合物、合成化合物といった、多くの人工の素材を活用しなければできないだろうし、あらゆる建物やインフラにしても、どんな様式の輸送や通信にしても同じだ。だが、こうした素材の重要性を、それらが集めている関心（あるいは、関心の不在）から判断するとしたら、もちろん知る由もない。なにしろ、注目すべき事態の展開を報じるマスメディアの「ニュース」ばかりか、それよりもはるかに高尚なはずの経済の分析や予測にも、これらの素材はほとんど顧みられないからだ。

そうしたニュースや分析や予測が取り上げるのは、非物質的で実体のない現象ばかりであり、たとえば、GDPの年間成長率（かつて欧米のエコノミストたちは、中国の2桁成長にどれほど熱狂したことか！）や、国家の債務比率の増大（現代貨幣理論ではマネーサプライには限りがないと見られているので、重要ではない）、新たな新規株式公開に流れ込む記録的な金額（ゲームアプリのような、「死活的」に重要な発明にかかわる株式）、前代未聞のモバイル接続性の恩恵（まるでキリストの再臨に匹敵することであるかのように、5Gネットワークの到来を待望している）、まもなくAIが私たちの生活を変える見込み（そうした主張が根も葉もないものであることを、新型コロナのパンデミックが見事に立証してくれた）などだ。

まずは大切なことから始めよう。私たちは、食物も、物質的豊かさも、教育と医療へのアクセスも十二分に提供してくれる、それなりに裕福な完成された文明を、半導体もマイクロチップもパソコンもなしに実現させることは可能だろう。１９５０年代半ば（トランジスターの最初の商業的利用）と、70年代初頭（インテルの最初のマイクロプロセッサ）と、80年代初頭（パソコンの最初の広範な所有）よりも前に、そのような文明が現に存在していた。[注1]そして、90年代までは、スマートフォンもＳＮＳも幼稚なアプリもなしに、各国の経済を統合し、必要な投資を集め、必須のインフラを構築し、ワイドボディのジェット旅客機で世界をつなぐことに何の問題もなかった。だが、電子工学と電気通信の分野でのこうした進歩は、微小なマイクロプロセッサから巨大なデータセンターまで、電気を消費する無数の部品やデバイス、組立品、システムへと、これらの発明を具現化するのに必要なエネルギーと素材の確実な供給がなければ、どれ１つとして起こりえなかった。

マイクロチップの基本的な基板である薄いウェハーにスライスしたシリコン（ケイ素）は、電子の時代を代表する素材だが、それがなくても、何十億もの人が豊かな生活を送ることはできる。それは、現代文明の存続がかかった制約にはならないのだ。99・9999999パーセントという高純度のシリコンの大きな結晶を製造してウェハーにスライスするのは、複雑で多くの段階を必要とする、非常にエネルギー集約型の工程であり、それに必要な一次エネルギーは、ボーキサイトからアルミニウムを製造するときよりも2桁、鉄を溶融して鋼鉄を製造するときよりも3桁多い。[注2] だが、ケイ素は地球の地殻の中で2番目に多い元素であり、酸素が全体の49パーセントを占めるのに対して、28パーセント近くあるので、原料は有り余るほど存在している。また、電子グレードのシリコンの年間生産量は他の不可欠の素材と比べて非常に少なく、最近でもウェハーで10万トンに満たない。[注3]

もちろん、年間の消費量はその素材の必要性を示すうえで最善の指標ではないが、この場合には明確に判断できる。１９５０年以降の電子工学の進歩は非常に有用で核心的ではあったものの、それらは素材に関して現代文明に不可欠の基盤を形成してはいない。そして、重要性に関する主張に基づいて、物質的ニーズの議論の余地のない序列を決めることはできないが、不可欠性と遍在性と需要の規模に鑑みて、擁護可能なランキングなら提案できる。この3条件を組み合わせた尺度を使うと、4つの素材が上位を占める。私が「現代文明の四本柱」と呼ぶもの、すなわち、セメント、鋼鉄、プラスティック、アンモニアだ。[注4]

これら4つの素材は、物理的にも化学的にも、特性と機能の面で途方もなく異なっている。だが、特性と具体的な用途の違いにもかかわらず、これらは現代社会の機能に不可欠である以外にも共通性を持っている。他の重要なインプットよりも大量に必要とされ、その量は依然として増えているのだ。２０１９年には、世界でセメントが約45億トン、鋼鉄が18億トン、プラスティックが3億7000万トン、アンモニアが1億5000万トン消費された。そして、これらは他の素材で簡単に置き換えられることはない。近い将来にグローバルな規模でそうなることは、断じてない。[注5]

第2章で指摘したように、放牧されている動物の排泄物をすべて、ありえないほど完璧にリサイクルし、それに加えて、有機窒素の他のあらゆる源泉をほぼ完璧にリサイクルしないかぎり、毎年アンモニアベースの肥料で作物に施されるだけの窒素は供給できないだろう。また、多くの種類のプラスティックが提供してくれる、可塑性と耐久性と軽量という特性の組み合わせに太刀打ちできる素材は他にない。さらに、たとえ十分な量の建築用木材を生産したり石材を切り出したりできたとしても、それらは鉄筋コンクリートの強度と多用途性と耐久性に肩を並べることはできないだろう。ピラミッドや大聖堂は造れても、長スパンの優美なアーチ橋や巨大な水力発電ダム、多車線道路、空港の長大な滑走路は建設できない。そして、鋼鉄は至る所に浸透し、その存在はかけがえがない。エネルギーを採掘したり、食料を生産したり、人々に住まいを提供したり、重要なインフラの質と量を確保したりする私たちの能力も、鋼鉄次第だ。他のどんな金属にも、ほんの部分的にすらその代役は務まらない。

化石炭素抜きでの未来を考えるにあたって、これら4つの素材には、特筆に値するさらに別の共通点もある。いずれの大量生産も、化石燃料の燃焼に大きく依存しており、その燃料の一部は、アンモニアの合成とプラスティックの生産の原料にもなっている。[注6] 高炉で鉄鉱石を溶かすには、石炭から作ったコークスや天然ガスが必要だ。セメント生産のためのエネルギーは、主に炭塵と石油コークスと重油から得る。プラスティックを製造するために長い鎖状あるいは枝状につなげられた単純な分子の大多数は、原油や天然ガスに由来する。そして、現代のアンモニア合成では天然ガスが、原料の水素の源泉であると同時に、処理のためのエネルギーの源でもある。

その結果、これら4つの不可欠の素材を世界中で生産するために、世界の一次エネルギー供給量の約17パーセントが費やされ、化石燃料の燃焼で発生する二酸化炭素の総量の25パーセントを排出している。現在、これらの確立された生産工程に取って代われるような、商業的に利用可能で、簡単に大規模な展開ができるプロセスはない。[注7] アンモニア合成のための新しい触媒作用から水素ベースの製鋼まで、化石炭素に頼らずにこの4つの素材を生産するための提案や試験的技法には事欠かないものの、どれ1つとしてまだ商業化されておらず、非炭素の選択肢を積極的に追求しても、手頃な価格で毎年数億トンから数十億トンの割合で産み出している既存の生産能力に取って代わるには、何十年もかかることは明らかだ。[注8]

これらの素材の重要性がよくわかるように、それぞれの基本的な特性と機能を説明し、手頃な価格で豊富に利用できるようになった背景にある技術の進歩と画期的な発明の歴史を概説し、現代社会での途方もなく多様な用途を挙げることにする。世界で増え続ける人口を養うのに不可欠であるアンモニアから始め、年間の世界生産量が少ないほうから、プラスティック、鋼鉄、セメントの順で見ていこう。

アンモニア――世界を養う気体

これら4つの物質のうち、私たちにとって非常に重要な素材の最上位を占めるに値するのはアンモニアだ（私はランキングが嫌いなのだが！）。前章で説明したように、窒素肥料の主役としてアンモニアを直接使うか、あるいは他の窒素化合物の合成用原料として使うかしなければ、今日の約80億の人口の少なくとも40パーセント、多ければ50パーセントを養うことが不可能になる。端的に言い換えれば、２０２０年の時点で、合成アンモニアなしでは40億近くの人が生きていなかったのだ。これに匹敵する死活的な制約は、プラスティックにも、鋼鉄にも、コンクリートの材料として必要なセメントにも、そしてまた、すでに指摘したように、シリコンにも当てはまらない。

アンモニアは窒素原子1個と水素原子3個から成る単純な無機化合物（NH_3）であり、その質量の82パーセントを窒素が占める。[注9] 大気圧では、目に見えない気体で、流していないトイレや動物の排泄物が腐ったような、鼻を突く臭いが特徴だ。低濃度の気体のアンモニアを吸い込むと、頭痛や吐き気や嘔吐《おうと》が起こる。濃度が高まると、目や鼻、口、喉、肺がヒリヒリする。非常に高い濃度の気体のアンモニアを吸い込むと、即死しかねない。それにひきかえ、アンモニアを水に溶かすとできるアンモニウム（NH_4^+、アンモニウムイオン）は、無毒で、細胞膜を簡単には通り抜けられない。

この単純な分子を合成するのは、驚くほどの難題だった。発明の歴史は、偶然の発見の有名な事例であふれ返っている。素材についての本章では、フッ素樹脂のテフロンが最適の例かもしれない。1938年、デュポン社の化学者であるロイ・プランケットと助手のジャック・レボックは、新しい冷媒化合物としてテトラフルオロエチレンを考案した。2人はそれをボンベに入れて冷凍保存した後、その化合物が予想外の重合（2つ以上の分子が化学的に結合して、元のものよりも分子量の多い化合物を生成すること）を起こし、ポリテトラフルオロエチレンという、白い、光沢のあるすべすべした粉に変わっていることを発見した。第二次世界大戦後、テフロンは抜群に有名な合成素材の仲間入りをした[注10]（「テフロン」はポリテトラフルオロエチレンの商標名）。だが、政治用語にまでなったのは、テフロンだけかもしれない。「テフロン大統領」はいるが、「ベークライト大統領」はいないようだ。鉄の女《アイアンレディ》はいたが（「テフロン大統領」とは、テフロン加工のフライパンが焦げつきにくいように、スキャンダルや批判が出ても、それにつきまとわれない大統領を揶揄（やゆ）する表現。「ベークライト」は耐熱性、難燃性、耐油性、耐薬品性の熱硬化性樹脂。「アイアンレディ」は、イギリスのマーガレット・サッチャー元首相の異名）。

窒素と水素からのアンモニア合成は、正反対の発見カテゴリーに属している。明確に設定された目標を適任な科学者たちが追求し、粘り強い研究者がついに達成するというカテゴリーだ。この難問解決の必要性は明らかだった。1850〜1900年に、ヨーロッパと北アメリカで工業化を進める国々の総人口は、3億から5億へと増え、急速な都市化の後押しを受けて、穀物中心のかろうじて足りる程度の食物摂取から、畜産物と糖分を以前より多く含む全般的により多くの食物エネルギーの摂取へと、食生活が変化した。[注11] 収量は停滞したままだったが、この食生活の変化は、農耕地の未曾有の拡張によって支えられた。その半世紀の間に、南北アメリカとロシアとオーストラリアの約2億ヘクタールの草原が穀物畑に姿を変えた。[注12]

成熟しつつあった農学から明らかになったように、数を増した20世紀の人口のために十分な食料を確保する唯一の方法は、植物の主要多量栄養素のうちの2つ、窒素とリンの供給を増やして収量を上げることだった。最初はカリフォルニア州北部、その後はフロリダ州で始まったリンの採鉱と、酸による処理で、リン肥料の安定供給への道が拓けた。[注13] ところが、窒素にはそれに匹敵するだけの確実な供給源がなかった。乾燥した熱帯の島で、「グアノ」と呼ばれる、ある程度の窒素を含んでいる鳥の糞の堆積物を採取していたが、豊富な産地でもたちまち枯渇してしまった。硝酸ナトリウムの広大な層があるチリの乾き切った北部からの硝酸塩の輸入を増やしても、将来の世界需要を賄うには不十分だった。[注14]

増大する人口を維持するだけの窒素の入手を確実にすることが、大きな課題となった。この必要性は、1898年、化学者で物理学者のウィリアム・クルックスが王立協会に対して、いわゆる「小麦問題」に捧げた会長演説で、これ以上ないほど明確に説明した。彼は、「すべての文明国が十分な食料を得られないという致命的な危険にさらされている」と警告したが、彼には解決策が見えていた。それは、科学が救いの手を差し伸べ、非反応性の分子N_2として大気中に存在している事実上無尽蔵の窒素を利用し、それを植物が同化できる化合物に変える、という筋書きだ。彼は、いみじくも次のように結論した。この課題は、「いわば宙に漂っていながら未完の、他の化学的発見とは実質的に異なる。窒素の固定は、文明化された人類の進歩にとって不可欠である。他の発見は、知的な快適さ、贅沢《ぜいたく》、利便性に資する。それらは、生活を楽にしたり、富の獲得を速めたりするのを助け、時間の節約や健康の増進や心配の解消に役立つ。だが、窒素の固定は、遠からぬ将来にかかわる問題なのだ[注15]」。

クルックスの展望は、この演説のわずか10年後に実現した。構成要素である窒素と水素の原子からアンモニアを合成しようと、１９０９年にノーベル賞を受賞することになるヴィルヘルム・オストヴァルトなどの非常に有能な科学者たちが大勢取り組んだが、08年に、当時カールスルーエ工科大学の物理化学と電気化学の教授だったフリッツ・ハーバーが、イギリス人助手のロバート・ル・ロシニョールとともに、ドイツばかりか世界でも一流化学企業だったＢＡＳＦの支援を受け、真っ先に成功した[注16]。彼の解決法は、鉄触媒（触媒とは、自らの組成を変えることなく化学反応の速度を増す化合物）と、前例のない反応圧力をかけることを拠り所とするものだった。

ハーバーの実験での成功を事業の規模にまで拡大するのも、たやすいことではなかった。だが、１８９９年にＢＡＳＦに入社した化学工学と冶金工学の専門家カール・ボッシュの指揮の下、わずか4年後にこの課題が達成された。１９１３年9月、世界初のアンモニア合成工場がドイツのオッパウで操業を開始し、それ以来ずっと、２人の名を冠した「ハーバー・ボッシュ法」という呼称が使われ続けている。[注17]

1年もしないうちに、オッパウの工場で生産されるアンモニアは、ドイツ軍の爆薬を製造するのに必要な硝酸塩を作るために転用されるようになった。１９１７年には、新しい、はるかに大型のアンモニア工場がロイナに完成したが、ドイツの敗北を防ぐうえでは、ほとんど役に立たなかった。第一次世界大戦後のアンモニア合成の拡大は、30年代の経済危機をものともせずに進み、第二次世界大戦中も続いたが、50年になっても、合成アンモニアは動物の排泄物よりも普及率が依然として格段に低かった。[注18]

続く20年間、アンモニアの生産量は8倍に増えて年間３０００万トンを若干上回り、合成肥料は１９６０年代に始まった「緑の革命」を可能にした。この革命では、小麦と米の新しい優れた品種を導入し、適切な量の窒素を施すと、未曾有の収穫が得られた。このような収量の増加の背後にあった主要なイノベーションは、水素の源泉として天然ガスを利用したことと、効率的な遠心圧縮機とより良い触媒を取り入れたことだ。[注19]

その後は、現代の産業開発における他の多くの例と同様、ポスト毛沢東の中国が先導した。毛沢東は史上最多の死者を出した1958〜61年の飢饉を引き起こした。そして、76年に彼が死んだときには、中国の1人当たりの食料供給は、49年に彼が中華人民共和国の建国を宣言したときから、ほとんど改善していなかった。[注20] 72年にアメリカのニクソン大統領が北京を訪れた後、中国が最初に行った主要な商取引は、テキサス州のM・W・ケロッグ社に世界で最も進んだ13のアンモニア・尿素プラントを注文することだった。[注21] 84年には、中国は都市での食糧配給制度を廃止し、2000年には1人当たりの1日の平均食料供給量で日本を上回っていた。[注22] これを成し遂げる唯一の方法は、自国の窒素不足という障壁を打ち壊し、穀物の年間収量を6億5000万トン以上に増やすことだった。

中国の農業における最近の窒素の流れの最も信頼できる報告を見ると、同国の作物に与えられる養分の約60パーセントが合成アンモニア由来であることがわかる。したがって、中国人の5人に3人が、この化合物の合成に頼っていることになる。[注23] 一方、世界平均は約50パーセントだ。これほど依存しているのだから、ハーバー・ボッシュ法によるアンモニアの合成は、史上最も重要な技術進歩と呼んで、まったく差し支えないかもしれない。ウィリアム・クルックスが的確に判断したように、他の発明には、快適さや便利さ、贅沢、富、生産性に資するものや、早死にや慢性疾患から命を守ってくれるものがあるが、アンモニアの合成がなければ、今日の人口や未来の人口の大きな割合の生存そのものを確保できないだろう。[注24]

ここで急いでつけ加えておくが、人類の50パーセントがアンモニアに頼っているというのは、不変の概算ではない。現在主流の食生活や農業慣行に基づけば、合成アンモニアは人類の半数を養っている。言い換えると、他の条件がすべて変わらないかぎり、世界人口の半分が合成アンモニア肥料なしでは生存できないということだ。だが、もし富裕国がおおむね肉食をしないインドのような食事に切り替えれば、その割合は下がるし、逆に全世界が今日の中国人と同じような食事をしたら、割合は上がるだろう。アメリカ人の食生活が普遍的になった場合には、さらに上がることは言うまでもない。[注25]すでに見たように、食品廃棄物を減らしたり、肥料をより効率的に利用したりすることでも、窒素肥料への依存を軽減することができるだろう。

全世界で生産されるアンモニアの約80パーセントは、作物の肥料のために使われ、残りは硝酸や爆薬、ロケットの推進剤、染料、繊維、窓や床の洗浄剤に使われる。[注26]適切な安全上の注意を払い、専用の器具を使えば、アンモニアは直接畑に施すこともできるが、[注27]主に固形と液体の窒素肥料を生産するのに欠かせない原料として利用されている。圧倒的に多いのが、窒素含有率が46パーセントと最も高い固形肥料である尿素だ。[注28]最近では、世界の畑に施されるすべての窒素のうちの約55パーセントを尿素が占め、アジアでは、人口が世界で第1位と第2位の中国とインドの米と小麦の収穫を支えており、人口が1億を超える他の5つのアジア諸国〔2023年時点で、人口1億以上のアジアの国は8か国ある〕でも高い収量を保証している。[注29]

重要性ではそれより劣る窒素肥料には、硝酸アンモニウムと硫酸アンモニウムと硝酸アンモニウムカルシウムや、さまざまな溶液がある。窒素肥料は、いったん畑に施してしまえば、アンモニア化合物からの揮発や、溶出（硝酸はすぐに水に溶ける）や、脱窒（細菌が、硝酸塩を大気中の窒素分子に還元する）のせいで、自然に失われるのを制御することはほぼ不可能だ。[注30]

畑で窒素が失われるという問題の、有効な直接の解決策は、今は2つしかない。高価な徐放性〔製剤からの有効成分の放出を遅くすることにより、効果を長時間持続させているもの〕の化合物を撒布するか、こちらのほうがより実際的なのだが、精密農業に取り組み、土壌の分析に基づいて必要以上に肥料を施さないようにするか、だ。[注31] すでに指摘したように、食品価格を上げたり肉の消費量を減らしたりするといった間接的な措置は、効果はあるだろうが、まったく人気がない。その結果、これらの解決策を現実的に考えられる形でどう組み合わせたとしても、世界の窒素肥料消費量を根本的に変えることはできそうにない。今では毎年約150メガトンのアンモニアが合成され、その約80パーセントが肥料として使われている。その肥料の60パーセント近くがアジアで、約4分の1がヨーロッパと北アメリカで、5パーセント未満がアフリカで施されている。[注32] ほとんどの富裕国が、高い施肥率を間違いなく減らせるはずだし、減らすべきでもある。これらの国の1人当たりの平均食料供給量は、すでに多過ぎるからだ。そして、大量使用者である中国とインドの2か国には、過剰な施肥を削減する機会が多くある。

だが、世界で最も人口増加率が高い大陸であるアフリカは、相変わらず栄養が乏しく、大量の食料を輸入している。少しでも食料自給率を上げようと願うなら、窒素の使用量を増やすしかない。なにしろ、アフリカでの最近のアンモニア使用量は、ヨーロッパの平均使用量の3分の1に満たないのだから。[注33] 窒素の供給を増やすための最善の、長らく探し求められてきた解決策は、マメ科以外の植物に、窒素を固定する能力を持たせることだろうが、遺伝子工学はまだそれを成し遂げていない。一方、そこまで根本的ではない解決策、つまり窒素を固定する細菌を種子に接種するという最近のイノベーションは、最終的にどこまで商業化されるかは、依然として明らかではない。

プラスティック——多様で、有用で、厄介な素材

プラスティックは、合成あるいは半合成の有機物質の大きな一群で、成形に適しているのが共通の特性だ。プラスティックの合成は、モノマー（単量体）から始まる。モノマーというのは単純な分子で、つなげて長い鎖や枝にして、ポリマー（重合体、高分子化合物）を形成できる。エチレンとプロピレンという2つの主要なモノマーは、原料の炭化水素を「スチームクラッキング」という方法で750〜950℃に加熱して生産する。炭化水素は、その後の合成のエネルギー源にもなる。[注34] プラスティックには可塑性があるので、型に流し込んだり、圧縮したり、型から押し出したりして成形でき、薄いフィルムから頑丈な

パイプまで、あるいは羽根のように軽いボトルから大きくて丈夫な廃棄物容器まで、さまざまな形状に加工できる。

全世界の生産量の多くが熱可塑性プラスティックであり、これは、加熱すると簡単に軟らかくなり、冷やすとまた硬くなるポリマーだ。現在、全世界のプラスティックのポリマーのうち、低密度と高密度のポリエチレン(PE)が20パーセント以上、ポリプロピレン(PP)が約15パーセント、ポリ塩化ビニル(PVC)が10パーセント以上を占める。[注35]それに対して、ポリウレタン、ポリイミド、メラミン、尿素ホルムアルデヒドなどの熱硬化性プラスティックは、加熱しても軟らかくならない。

熱可塑性プラスティックの一部は、低比重(軽量)とかなりの高硬度(耐久性)を兼ね備えている。耐久性のあるアルミニウムは、炭素鋼の3分の1の重さしかないが、鋼鉄と比べると、PVCの密度(一定体積当たりの物質の質量)は20パーセント未満、PPは12パーセント未満であり、構造用鋼の引張強度が400メガパスカルなのに対して、ポリスチレン(PS)の引張強度は100メガパスカルあり、木材やガラスの強度の2倍で、アルミニウムの強度と比べても、10パーセントしか小さくない。[注36]

熱可塑性プラスティックは、この軽量と高強度の組み合わせのおかげで、頑丈なパイプやフランジ、滑り止めの役割を果たす表面、薬品タンクなどに好んで使われる。熱可塑性プラスティックのポリマーは、PPのバンパー、PVCのダッシュボードや自動車部品、ポリカーボネートのヘッドライトレンズという具合に、自動車の内装と外装に、さまざまな用途で使われている。ポリカーボネートやＰＶＣ／アクリル・ブレンドなどの、軽量で、耐熱性や難燃性のある熱可塑性プラスティックは、現代の飛行機の内装では主流だ。そして、複合素材の炭素繊維強化プラスティックは、今では飛行機の機体の製造に使われている。[注37]

最初期のプラスティック、特に硝酸セルロースと樟脳《しょうのう》から作られるセルロイド（後に、セルロイドフィルムとして、引火性は高いものの映画産業の大黒柱となり、1950年代にようやくお役御免になった）は、19世紀の最後の30年間に少量が生産されていたが、150～160℃で成形される最初の熱硬化性素材を1907年に作ったのは、ニューヨークで研究していたベルギーの化学者レオ・ヘンドリック・ベークランドだった。[注38]彼が10年に創立したジェネラル・ベークライト社は、プラスティックの工業生産者の第1号で、でき上がったプラスティックは、電気の絶縁体から黒いダイヤル式の電話まで、さまざまな製品に成形され、第二次世界大戦中は軽量の兵器の部品に使われた。一方、セロハンは、08年にジャック・ブランデンバーガーによって発明された。

第一次と第二次の世界大戦の間には、ＰＶＣの最初の大規模な合成が行われた。ＰＶＣは1838年に発見されたが、研究室の外では使われたことがなかった。アメリカのデュポン社とイギリスのインペリアル・ケミカル・インダストリーズ社（ＩＣＩ）とドイツの

ＩＧファルベン社は、新しいプラスティック素材の発見に専心する研究に資金を出し、大きな成功を収めた。[注39] その結果、第二次世界大戦が始まる前に、酢酸セルロース（現在は、吸収性の布や拭き取り用のワイパーとして使われている）、ネオプレン（合成ゴム）、ポリエステル（布地や室内装飾品用）、ポリメチルメタクリレート（「プレキシガラス」とも呼ばれ、新型コロナのせいで仕切りやシールドが復活したために、今ではなおさら広く使われている）の商業生産が始まった。ナイロンは1938年から生産されており（歯ブラシの毛とストッキングが最初の市販用製品で、今では漁網からパラシュートまで、多くの製品に使われている）、すでに指摘したようにテフロンも同様で、焦げつきや付着防止用のコーティングとして、至る所で見られる。手頃な価格でのスチレンの生産も30年代に始まり、今では主に包装材や使い捨てのカップや皿に、ポリスチレンの形で使われている。

　ＩＧファルベン社は、1937年にポリウレタンを導入した（家具のクッション材と断熱材）。ＩＣＩは非常な高圧を使ってポリエチレンを合成し（梱包《こんぽう》材と断熱材）、33年にメタクリル酸メチルの生産を始めた（接着剤やコーティングやペンキ用）。ポリエチレンテレフタレート（ＰＥＴ）は、41年に特許権を与えられ、50年代初めから大量生産されてきた（ＰＥＴを材料とするペットボトルの特許が認められたのは73年で、70年代以降、そのペットボトルが投棄されて地球にとって悩みの種になっている）。[注40] 第二次世界大戦後に新たに加わったもののうちでもよく知られているのが、ポリカーボネート（光学レンズ、窓、硬質のカバー用）や、ポリイミド（医療用チューブ用）、液晶ポリマー（何よりも、電子機器用）、そして、タイベック®（55年）やライクラ®（59年）やケブラー®（71年）といった、デュポン社の有名な商標登録製品だ。[注41] 20世紀の末には、50種類以上のプラスティックが世界市場に出回っており、この新たな多様性が、最も広く使われている化合物（PE、PP、PVC、PET）への需要の高まりと相まって、需要の急増につながった。

全世界の生産量は、1925年にはわずか2万トンほどだったのが、50年には200万トン、2000年には1億5000万トン、19年には約3億7000万トンまで増えた。[注42] 日常生活にプラスティック素材がどれほど普及しているかを理解するには、私たちが毎日何回、手で触れ、目で見、体を預け、足で踏むか、数えてみるのが一番だ。それがどれほど多いか、肝を潰しかねない！　私は今、この文章を入力しているのだが、使っているデル社製のノートパソコンのキーと右手で握っているワイヤレスマウスは、アクリロニトリル・ブタジエン・スチレンでできており、腰掛けている回転椅子はポリエステルの生地で覆われていて、ナイロン製のキャスターは、ポリエステルのカーペットの上に敷いた、カーペット保護用のポリカーボネートのマットの上に載っていて……。

小さな工業用部品（1916年型ロールスロイスのギアレバーのノブに使われたのが最初だった）やさまざまな家庭用品を提供することで始まったプラスティック産業は、これら2つのもともとの商業ニッチを大幅に拡げ、自動車のボディや飛行機の全内装から大口径のパイプまで、多数の用途を加えてきた。最も顕著なのが家庭用電気製品で、毎年何十億もの新しいプラスティック依存のアイテムを追加している。

だがプラスティックは、医療全般、特に病院での感染症の治療で、最も重大な役割を果たすようになっている。現代社会では、人の一生はプラスティックのアイテムに囲まれて産科病棟で始まり、集中治療室で終わる。注43 現代の医療におけるプラスティックの役割を理解していなかった人々は、新型コロナのおかげで実状を思い知らされた。私たちは、しばしば強烈な形でそのことを今回のパンデミックに教えられた。北アメリカとヨーロッパの医師や看護師は、使い捨ての手袋やマスク、フェイスシールド、キャップ、ガウン、シューズカバーといった個人用防護具（ＰＰＥ）を使い果たし、各国政府は数が限られた、そして法外な値のついたこれらの品を中国から空輸しようと競い合った。コスト削減で頭がいっぱいの欧米のＰＰＥ製造業者が、生産ラインの大半を中国に移していたので、危険な、それでいて完全に回避可能だったはずの供給不足を招いてしまったのだ。注44

病院で使われるプラスティック製品は、さまざまな種類のＰＶＣでできているものが特に多い。患者への栄養補給器、酸素吸入器、血圧計などに使われるフレキシブルチューブ、カテーテル、点滴容器、血液バッグ、無菌包装、各種のトレイやボウル、病人用便器、ベッドの柵、保温性の高い毛布、無数の検査用品などだ。今やＰＶＣは、医療製品全体の４分の１以上の主要材料であり、現代の住宅では壁や屋根の防水層、窓枠、ブラインド、ホース、ケーブルの絶縁体、電子部品、依然として増え続ける各種事務用品、玩具、そして、それらすべての購入に使うクレジットカードがPVCでできている。[注45]

近年、陸上で、そして海洋や沿岸水域や浜辺ではなおさら、プラスティック汚染に対する懸念が高まっている。これについては、環境についての章で立ち戻ることにするが、このようなプラスティックの無責任な投棄も、これほど多様で、真に不可欠なことの多い合成素材の適切な使用に反対する根拠にはならない。さらに、マイクロファイバー（超極細繊維）に関するかぎりでは、じつに多くの人が、海水中のマイクロファイバーは合成繊維の摩耗に由来すると決めてかかっているが、それは間違っている。今やマイクロファイバーは、全世界の繊維生産の3分の2を占めるが、海中のサンプル調査から、海洋に漂う繊維は90パーセント超が天然由来であることがわかっている。[注46]

鋼鉄——遍在し、リサイクル可能

鋼鉄（3500種類以上あるので、単一の素材ではない）は、鉄（Fe）を主原料とする合金だ。[注47]高炉から作り出される高温の金属である銑鉄は、通常、95〜97パーセントが鉄、1・8〜4パーセントが炭素、0・5〜3パーセントがケイ素で、他にいくつかの元素をわずかに含んでいる。[注48]炭素の含有量が多いために脆《もろ》く、延性（引っ張られたときに弾性限界を超えても破断せずに変形する性質）が低く、引張強度（引っ張られたときに破断しない強さ）で青銅や真鍮《しんちゅう》に劣る。産業革命以前には、鉄鋼はアジアやヨーロッパでさまざまな職人技を使って作られていたため、製造にはいつも手間がかかり、高価だった。したがって、広く使われるほどの量は確保できなかった。[注49]

現代の鋼鉄は、銑鉄の高い炭素含有量を、重さにして0・08〜2・1パーセントまで減らして作る。鋼鉄の物理特性は、最も硬い石材や、アルミニウムと銅という非常に一般的な他の2つの金属の特性を楽々凌ぐ。花崗岩《かこうがん》は鋼鉄に匹敵する圧縮強度（素材を圧縮する荷重に耐える能力）を持っているが、引張強度は1桁小さい。だから、花崗岩の柱は鋼鉄に負けないほどの荷重を支えられるものの、鋼鉄製の梁《はり》は花崗岩の梁の15〜30倍の荷重に耐えられる。[注50] 引張強度では、典型的な鋼鉄はアルミニウムの約7倍、銅のほぼ4倍で、硬度はアルミニウムの4倍、銅の8倍あり、耐熱性も高い。アルミニウムは660℃、銅は1085℃で融けるが、鋼鉄は1425℃にならないと融けない。

鋼鉄には主なカテゴリーが4つある。[注51] 炭素鋼（市場に出回っているあらゆる鋼鉄の90パーセントは、炭素の含有量が0・3〜0・95パーセント）は、橋梁《きょうりょう》から冷蔵庫まで、そして、歯車から鋏《はさみ》まで、至る所で使われている。合金鋼は、1つ以上の元素（一般的なのは、マンガン、ニッケル、ケイ素、クロムだが、アルミニウムやモリブデン、チタン、バナジウムの場合もある）を、さまざまな割合で含んでおり、それは硬度、強度、延性といった物理特性を高めるためだ。クロムを10〜20パーセント含むステンレス鋼は、ようやく1912年に初めてキッチン用品用として作られ、今では手術器具やエンジン、機械部品、建設用資材に広く使われている。[注52] 工具鋼は、最高品質の建設用鋼材の２〜４倍の引張強度があり、ダイス型（他の金属やプラスティックの打ち抜き加工や押出成形のための型）用に鋼鉄その他の金属を切断するときや、手仕事で切断したり叩いたりするときに使われる。そして、ステンレス鋼の一部を除けば、すべての鋼鉄は磁性を持っており、したがって、電気機器の製造に適している。

鋼鉄は、現代文明の外観を決定づけており、文明の最も基本的な機能を可能にしている。鋼鉄は、最も広く使われている金属であり、今日の世界にとって決定的に重要な、目に見える構成要素と目に見えない構成要素の両方を無数に形作っている。そのうえ、私たちが使う他の金属製品と非金属製品のほぼすべてが、鋼鉄製の道具や機械によって採掘・採集され、加工され、成形され、仕上げられ、流通しているし、今日のどんな様式の大量輸送機関も、鋼鉄なしでは機能できないだろう。剝き出しの鋼鉄は、ナイフやフォークやスプーンの類い、料理用の深鍋や平鍋、キッチン用品、園芸用品といった小さな製品や、家電製品、芝刈り機、自転車、自動車といった大きな製品の形で、家庭の内外の至る所にある。

都会で大型の建物が建つ前には、基礎のために大きな杭打機が鋼鉄や鉄筋コンクリートを打ち込むところが見られ、それから何か月にもわたって、現場には鉄骨造ビル建設用の、背の高いクレーンが君臨する。１９５４年に建設が始まったニューヨークのソコニー・モービル・ビルディングは、完全にステンレス鋼に覆われた最初の超高層ビルであり、最近ではドバイの高さ828メートルのブルジュ・ハリファが、肌理《きめ》のあるステンレス製のスパンドレルパネルと垂直の管状フィンを使っている。[注53] 鋼鉄は、多くの優美な片持ち梁《カンチレバー》橋や吊り橋の肝心な構造要素であり、また、デザインの特徴でもある。[注54] サンフランシスコの金門橋《ゴールデンゲートブリッジ》は絶えずオレンジ色に塗り直されており、[注55] 日本の明石海峡大橋は2キロメートル近い世界最長の中央支間を誇り、鋼鉄製の主塔が直径1・12メートルの鋼鉄製ケーブルを束ねたものを支えている。[注56]

都市の街路には、錆《さ》びないように溶融亜鉛メッキして粉体塗装を施した鋼鉄製の照明ポールが等間隔に並んでいる。道路の脇の交通標識や上方の案内標識は、圧延鋼材でできている。そして、ガードレールには波形鋼が使われている。何百万ものスキー客をリフトで運び上げたり、高い山の頂上まで観光客をケーブルカーで運んだりするための太い鋼鉄製のワイヤーを、やはり鋼鉄製の塔が支えている。テレビやラジオのための電波塔（支線塔）は、人工建造物の高さ記録をいくつも破ったし、現代の景観には、高圧線を支える塔が見たところ無数にある。最近これらに、目立つものが2つ加わった。携帯電話の信号を伝える、目も眩《くら》むほど高い基地局の支線塔と、陸上と海上の両方にある大型の風力タービンタワー群だ。そして、海洋で最も大きな鋼鉄の構造体は、石油と天然ガスの巨大な生産プラットフォームだ。[注57]

重さでは、輸送機器の材料のうちで鋼鉄がほぼ必ずいちばん多くを占める。大きな例外は、アルミニウム合金と複合繊維が主であるジェット旅客機で、鋼鉄はエンジンと着陸装置に使われ、機体の重さの約10パーセントにすぎない。[注58] 平均的な自動車には、約９００キログラムの鋼鉄が使われている。[注59] 毎年1億台近い自動車が生産されるので、これは鋼鉄約９０００万トンに相当する。そのうちの約60パーセントが高張力鋼であり、そのおかげで、通常の鋼鉄を使うよりも自動車を26〜40パーセント軽くできる。[注60] 車体がアルミニウムで内装はプラスティックの現代の高速鉄道には、約15パーセントしか鋼鉄が使われていない（車輪、車軸、ベアリング、モーター）が、運行には通常のものよりも重い鋼鉄製のレールを使った専用の線路が必要になる。[注61]

石油と液化天然ガスのタンカーや、鉱石、穀物、セメントなどを輸送するばら積み貨物船《バルクキャリア》の船体は、高張力鋼の大きな板を何枚も設計どおりの形に曲げて、溶接して造る。だが、第二次世界大戦後の海運業で最大の革命は、コンテナ船の導入だった（詳しくは、第4章を参照のこと）。コンテナ船は、大きさが標準化された鋼鉄製の箱に貨物を入れて輸送する。[注62] これらの鋼鉄製の箱は、高さと幅が約２・５メートル（奥行きはさまざま）であり、船の中や甲板に積み上げられる。あなたが着るものはどれも、それを購入した店舗まで、アジアの工場から鋼鉄のコンテナではるばる運ばれてきた可能性が高い。

では、これらの道具や機械はみな、どうやって作られたのか？　大半は他の機械や組立品によって作られたのであり、それらは主に鋼鉄でできており、鋳造や鍛造、圧延、切除加工（旋盤加工、フライス加工、くり抜き加工、穴あけ加工）、折り曲げ、溶接、研磨、切断などを行う。切断作業は、驚異的な工具鋼によって可能になった。工具鋼は、ナイフで軟らかいバターを切るように、いとも簡単に炭素鋼を切断することができる。そして、機械を作る機械は、ほとんどが電動なのだが、発電は鋼鉄なしには不可能だ（したがって、電子機器の利用やコンピューターによる演算や電気通信もできない）。なにしろ、背の高いボイラーは鋼鉄製の管でいっぱいで、加圧水に満ちているし、原子炉は分厚い圧力容器に収められており、膨張する蒸気で回転する大型タービンの長いシャフトは、未加工の大きな鍛鋼品から機械で仕上げるのだから。

人目につかない地下にある鋼鉄には、鉱山の深部の固定支柱や可動支柱、油井やガス井の何百万キロメートルにも及ぶ探査パイプやケーシングパイプや生産パイプがある。石油・ガス産業は、生産施設と処理施設を結ぶギャザリング・パイプラインや、輸送用のパイプラインや、流通用のパイプラインとして地表近くの1～2メートルの深さに埋設されている鋼鉄にも依存している。パイプラインの幹線には直径1メートルを超えるパイプが使われ、流通用には直径がたった5センチメートルほどのものもある。[注63] 原油精製所は、高い蒸留塔、接触分解装置、広範にわたる配管、貯蔵容器などがあり、実質的に鋼鉄の森と言える。最後にどうしても指摘しなければならないが、鋼鉄は、病院で遠心分離機や診断機器から、ステンレス鋼のメスや外科用フックや開創器まで、さまざまな形で使われて命を救う一方、人を殺しもする。厖大な数の武器を所有する陸海軍は、破壊に捧げられた鋼鉄の巨大な貯蔵庫以外の何物でもない。[注64]

私たちは、必要とされる鋼鉄の大量の供給を確保できるだろうか？　そもそも、世界の鋼鉄生産は、どれほど重要なのか？　今後も何世代にもわたって、鋼鉄を作り続けるだけの鉄鉱石を供給できるのだろうか？　１人当たりの鋼鉄の消費量が１世紀前の富裕国の消費量さえ下回る低所得国に現代的なインフラを構築して、その生活水準を上げるために、十分な鋼鉄を生産できるだろうか？　製鋼は環境に優しいのか、それとも、並外れて有害なのか？　化石燃料をまったく使わずに鋼鉄を生産することは可能なのか？

３番目の供給についての疑問に対する答えは、断じてイエスだ。質量に関しては、鉄は地球で最も多い元素であり、それは鉄が水の8倍近くも重くて、地球の核を形作っているからだ。[注65]だが、鉄は地殻にも豊富に含まれている。それを上回る元素は酸素とケイ素とアルミニウムの3つしかなく、鉄は6パーセント近くを占め、第4位に入る。[注66]オーストラリアとブラジルと中国が上位3位を占める毎年の鉄鉱石生産量は、今や総計約25億トンにのぼる。世界の鉄鉱石の資源量は８０００億トンを上回り、それには２５００億トンに近い鉄が含まれている。これは、可採年数としては３００年以上であり、考えられる計画期間をはるかに超えている。[注67]ちなみに、原油の可採年数は50年にすぎない。

そのうえ、鋼鉄は電気炉で溶融して簡単にリサイクルできる。電気炉は、極厚鋼板でできた耐熱性の大きな円筒形の容器で、内部にはマグネシウム煉瓦《れんが》が張られ、取り外しができるドームのような水冷式の蓋がついており、それを通して大きな炭素電極が3つ挿入される。鋼鉄のスクラップを入れた後、電極がその中へ下がり、電極を通る電流がアーク放電を起こし、その1800℃の高熱で炉内の鋼鉄を簡単に融かすことができる。[注68]とはいえ、電気の需要は莫大で、きわめて効率の良い現代の電気炉でさえ、アメリカの人口15万ほどの都市と同じぐらいの電気を毎日必要とする。[注69]

自動車をリサイクルする前には、液体をすべて抜き、シートなどを引き剥がし、バッテリーやサーボモーター、タイヤ、ラジオ、エンジンに加えて、プラスティックやゴム、ガラス、アルミニウムの部品も取り除かなければならない。それから、剝き出しになったボディをクラッシャーで押し潰し、最後に切り刻む。リサイクル作業で最も難しいのが、大型の外航船の解体であり、主にパキスタン（カラチ北西のガダニ）やインド（グジャラート州のアラン）やバングラデシュ（チッタゴンの近く）の浜辺で行われる。極厚鋼板でできた船体は、余計なものを引き剝がした後、ガストーチやプラズマトーチで切断しなければならない。これは、危険で汚染を伴う仕事であるにもかかわらず、適切な保護具なしで働く人々によってなされることがあまりにも多い。[注70]

富裕国は、今では自国の自動車のスクラップをほぼすべてリサイクルするし、建築構造用の鋼梁や鋼板の再利用率も90パーセント超とやはり高く、家庭用品のリサイクル率もそれよりわずかに低いだけだ。アメリカは近年、鉄筋コンクリートの鉄筋の65パーセント以上をリサイクルしていて、これは飲料や食品のスチール缶の回収率と同じようなものだ。[注71] 鋼鉄のスクラップは、世界でも有数の価値ある輸出商品となっている。鋼鉄生産の長い歴史があって、大量のスクラップが累積している国々が、生産を拡大している国に売っているからだ。最も輸出が多いのがＥＵで、日本とロシアとカナダがそれに続く。そして、中国とインドとトルコが上位の買い手だ。[注72] リサイクルされた鋼鉄は、鋼鉄の年間生産量のほぼ30パーセントを占め、その割合は、いくつかの小規模な生産国では１００パーセント、アメリカではほぼ70パーセント、ＥＵでは約40パーセント、中国では12パーセントを切る。[注73]

つまり、依然として一次鋼鉄生産のほうが多く、その合計は毎年リサイクルされる量の2倍以上になるということであり、２０１９年にはほぼ13億トンに達した。生産は高炉で始まる。耐熱性の素材で内側を覆った、鉄と鋼鉄から成る背の高い構造物である高炉は、鉄鉱石とコークスと石灰石を溶融させて、液状の鉄（銑鉄）を作る。[注74] 銑鉄の高い炭素含有率を減らして鋼鉄を生産する第二段階は、塩基性精錬炉で行われる（塩基性というのは、この段階で出る鉱滓《こうさい》の化学的性質を指している）。このプロセスは、１９４０年代に発明され、50年代半ば以降に急速に商業化された。[注75] 今日の塩基性精錬炉は、大きな洋ナシ形の容器で、上部は開いていて、熱した鉄を最大で３００トン投入できる。鉄は、上下両方から吹き込まれる酸素を浴びせられる。このときの反応により、約30分で銑鉄の炭素含有量がわずか

０・04パーセントまで減る。高炉と塩基性精錬炉の組み合わせが、現代の一貫製鋼の基本だ。最後の段階では、熱い鋼鉄を連続鋳造機に移して、扁平鋼片《スラブ》や、正方形あるいは長方形の小形鋼片《ビレット》や、鋼帯《ストリップ》にする。やがてそれが、鋼鉄の最終製品になる。

製鋼は高度にエネルギー集約的で、全体のエネルギー需要の約75パーセントが高炉によるものだ。今日の最も優秀な製鋼所では、最終製品1トン当たり、合計でわずか17～20ギガジュールしか使わない。それより効率が劣る場合には、1トン当たり25～30ギガジュールを必要とする。[注76] 言うまでもないが、電気炉で生産する二次鋼鉄のエネルギーコストは、一貫製鋼のコストよりもはるかに低い。今日、最も効率が良い場合には、1トン当たり2ギガジュールをわずかに超える程度だ。ただし、これに、鋼鉄を圧延するエネルギーコストを加えなければならない。それがたいてい、1トン当たり1・5～2ギガジュールなので、全エネルギーコストの世界の相場は、一貫製鋼の場合に1トン当たり約25ギガジュール、リサイクル鋼鉄の場合には1トン当たり5ギガジュールとなる。[注77] ２０１９年に全世界で鋼鉄の生産に使われたエネルギーの総計は約34エクサジュールであり、これは世界の一次エネルギー供給量の約6パーセントに当たる。

製鋼業界はコークスにする石炭や天然ガスに依存しているため、製鋼も人間が原因の温室効果ガス生成の大きな要因となってきた。世界鉄鋼協会は、世界平均を鋼鉄1トン当たり炭素５００キログラムとし、最近の一次製鋼は毎年９００メガトンの炭素を排出していると見積もっている。これは、全世界で化石燃料の燃焼から直接排出される量の７～９パーセントに相当する。[注78]だが、二酸化炭素排出の大きな割合を占める主要な素材は鋼鉄だけではない。セメントはエネルギー集約度がはるかに低いが、全世界での生産量が鋼鉄の生産量の３倍近いので、排出される炭素に占める割合は、鋼鉄とほぼ同じで、約８パーセントだ。

セメント――コンクリートでできている世界

セメントはコンクリートに不可欠の成分で、カルシウムの供給源である石灰石を、ケイ素とアルミニウムと鉄の供給源である粘土か頁岩《けつがん》か廃棄物とともに粉砕して、大きな窯《キルン》で最低でも１４５０℃まで加熱して作る。キルンは、１００～２２０メートルもの長さがある傾いた金属製の円筒だ。[注79]この高温での焼成でクリンカー（石灰石とアルミノケイ酸塩が融合したもの）ができ、それを粉砕すると、細かい粉末状のセメントになる。

コンクリートは主に、65～85パーセントを占める骨材から成り、水も15～20パーセント含んでいる。[注80]砂のような細かい骨材を混ぜるとコンクリートの強度が増すが、異なる大きさの砂利を使うもっと粗い骨材の場合よりも、多くの水を混ぜることが必要になる。その混合物をセメントが一体化する。セメントはたいてい、コンクリートの最終的な質量の10～15パーセントになる。セメントは水と反応し、まず骨材をつなぎ合わせ、それから固まる。

こうしてでき上がるコンクリートは今や、現代文明で最も大量に使われている素材であり、硬く、重く、何十年にも及ぶ苛酷な使用に耐えられる。鉄筋によって補強されたときにはなおさらだ。鉄筋の入っていないコンクリートは、圧縮にはかなり強いし、現代の最高品質のコンクリートは２世代前のものの５倍の強度があるが、引っ張りに弱い。[注81] 建築構造用の鋼鉄は最高で１００倍の引張強度があり、この大きな差を縮めるために、鋼鉄製のメッシュや棒、ガラス製あるいは鋼鉄製の繊維、ＰＰなど、さまざまな種類の補強材が使われてきた。

２００７年以降、人類の過半数が、コンクリートによって建設可能になった都市に暮らしている。当然ながら、都会の建物には他にも多くの素材が使われている。高層ビルは骨組みが鋼鉄で、ガラスあるいは金属で覆われている。北アメリカの郊外にある一戸建ての住宅は、ツーバイフォーや合板やパーティクルボードといった木材と、石膏《せっこう》ボードの乾式壁でできており、しばしば煉瓦や石材で覆われている。今では階数の多いアパートを建てるのに、集成材が使われている。[注82] だが、高層ビルや高層のアパートはコンクリート杭の上に建っているし、コンクリートは基礎や地下室だけではなく、多くの壁や天井にも使われ、大型のパイプ、ケーブル用の溝、下水、地下鉄の基礎、トンネルなどの土木ネットワークから、歩道、道路、橋梁、桟橋、空港の滑走路などの地上の交通インフラまで、あらゆる都市インフラに行き渡っている。高層アパートのあるサンパウロや香港から高速道路の広範なネットワークのあるロサンジェルスや北京まで、現代の都市はコンクリートの化身だ。

古代ローマ時代のセメントは、石膏と生石灰と火山砂の混合物で、広大なアーチ形建造物などの大型構造用の、耐久性のある卓越した素材であることがわかっている。西暦１２６年に完成し、２０００年近くも無傷で残っているパンテオンは依然として、鉄筋などで補強されていないコンクリートで造られた他のどの構造物よりも広い支柱間距離《スパン》を誇っている。[注83] イギリスの煉瓦職人のジョゼフ・アスプディンが近代的なセメントの用法の特許を取得したのは、ようやく１８２４年になってからだった。彼の水硬性モルタルは、石灰石と粘土を高温で焼いて作られた。これらの素材に含まれる石灰と二酸化ケイ素と酸化アルミニウムがガラス化したり、ガラスに似た物質に変化したりし、それを粉末状にしてでき上がったのが、ポルトランドセメントだ。[注84] アスプディンが、今日でも依然として広く使われているポルトランドという名称を選んだのは、いったん硬くなり、水と反応した後にできる、このガラスのようなクリンカーが、イギリス海峡のポートランド島産の石灰石の色に似ていたからだ。

すでに指摘したように、この新しい素材は圧縮に素晴らしく強く、今日の最高品質のコンクリートは１００メガパスカル以上の圧力に耐えられる。これは、オスのアフリカゾウが１枚の硬貨の上に乗っているときの圧力に匹敵する。[注85] だが、引っ張りとなると話は別だ。

人間の皮膚を引き裂くのに必要な力よりも小さい、わずか2〜5メガパスカルの力で引っ張られただけで、コンクリートはちぎれてしまう。鋼鉄による補強が徐々に進歩したおかげで、強い張力にさらされる構造部分での使用が適切になった後でようやくコンクリートの大規模な商業的導入が始まった背景には、そのような理由がある。

1860年代と70年代に、フランソワ・コワニェとジョゼフ・モニエが初めてフランスで補強の特許を申請した（庭師のモニエは、プランターに鉄製のメッシュを使い始めた）が、真の飛躍は、84年にアーネスト・ランサムが補強用の鉄筋を考案したことで起こった。[注86] 最高1500℃で鉱物をガラス化する、近代的なセメントの回転式窯《ロータリーキルン》の最初期の様式が90年代に登場し、手頃な価格のコンクリートを大型プロジェクトで使えるようになった。オハイオ州シンシナティのインガルズ・ビルディングが、1903年に世界初の鉄筋コンクリート造の高層建築となった。[注87] わずか3年後、トーマス・エディソンは、アメリカの一戸建ての住宅の建設で、木材の代わりにコンクリートを使うべきだと確信し、コンクリート造の住宅を設計してニュージャージー州で建設を始めた。このプロジェクトは失敗に終わったが、11年には、寝室用の家具一式を含む安価なコンクリートの家具も提供したり、自分のお気に入りの発明品の1つである蓄音機さえコンクリートで作ったりして巻き返しを図った。[注88]

同じ頃、エディソンの失敗とは対照的に、スイスの構造設計家ロベール・マイヤールは、今でも依然として盛んに造られている鉄筋コンクリート橋梁の先駆者となった。彼は手始めに、1901年にはツオン、06年にはタヴァナザの、比較的短い橋を設計した。彼の作品で最も有名なのが、アルプスの渓谷をまたぐ大胆なザルギナトーベルのアーチ橋であり、30年に完成し、米国土木学会の歴史的土木ランドマークに指定されている。[注89]初期のコンクリートのデザインは、フランスでは優美なアパートやシャンゼリゼ劇場を手掛けたオーギュスト・ペレ、アメリカではフランク・ロイド・ライトといった建築家たちにも好まれた。第一次と第二次の世界大戦の合間にライトが設計したコンクリート造の建物のうちでも名高いのが、東京の帝国ホテルとペンシルヴェニア州の落水荘で、前者は、東京の街並みを破壊してこのホテルにも被害を与えた1923年の関東大震災の直前に竣工し、後者は39年に完成した。彼のコンクリート設計のうち、最後の有名な作品であるニューヨーク市のグッゲンハイム美術館は、59年にでき上がった。[注90]

補強用の鋼材の引張強度は、型枠内部のワイヤーや鉄筋をコンクリートの注入直前に引っ張る（「プレストレッシング」といい、エンドアンカーを使って鋼材に引張力を加え、コンクリートと鋼材が付着したら、アンカーを取り外す）か、あるいは注入後に引っ張る（「ポストストレッシング」といい、シースの中に鋼材を入れておき、コンクリートが固まってから鋼材に引張力を加えて固定する）ことによって、さらに改善した。プレストレストの最初の主要な建造物である、ウジェーヌ・フレシネーが設計したプルガステル橋は、1930年にフランスの港湾都市ブレスト近郊に完成した。[注91] ヨーン・ウッソンによる、白い帆のような大胆なデザインのシドニー・オペラハウス（59〜73年に建設）は、世界一有名なプレストレスト・コンクリート建造物かもしれない。[注92] 今やプレストレッシングは一般的だ。そして、とりわけ長い鉄筋コンクリートの橋はみな、川や峡谷をまたぐものではなく、高速列車用の鉄道高架橋だ。最長記録を持っているのは、中国の北京と上海を結ぶ高速鉄道にある丹陽《たんよう》・崑山《こんざん》特大橋で、全長は164・8キロメートルに達する。[注93]

鉄筋コンクリートは、今やあらゆる大型現代建築の内部に使われ、港の桟橋から、現代のトンネル掘削機によってイギリス海峡やアルプスの下などに設置されたセグメントリングまで、どの交通インフラの内部にも見られる。アメリカのインターステート・ハイウェイ・システム（州間高速幹線道路網）の標準的な構造は、鉄筋の入っていない厚さ約28センチメートルのコンクリートの層が、石、砂利、砂の天然骨材から成る、その2倍の厚みの層の上に載っている、というものだ。そして、このハイウェイ・システム全体には、約5000万トンのセメントと、15億トンの骨材が使われており、鋼鉄の使用量は支持構造物や暗渠《あんきょ》パイプ用のわずか600万トンほどでしかない。[注94] 3500メートル前後ある主要空港の滑走路には鉄筋コンクリートの基礎があり、エアバス380のように最大で380トンほどある航空機から毎年何十万回も衝撃を受ける接地帯がいちばん厚く、最大1・5メートルに達する。たとえば、カルガリー空港の4270メートルというカナダ最長の滑

走路には、８万５０００立方メートルのコンクリートと、１万６０００トンの補強用鋼材が必要だった。[注95]

だが、鉄筋コンクリートで造られた構造物で圧倒的に大きいのは、世界最大級のダムだ。こうした巨大構造物の時代は、コロラド川のフーヴァー・ダムとコロンビア川のグランドクーリー・ダムで幕を開けた。ラスヴェガスの東南の峡谷にあり、下を見下ろすとめまいがしそうなフーヴァー・ダムの建設には、３４０万立方メートルのコンクリートと2万トンの補強用鋼材、その2倍の鋼板と鋼管、８０００トンの構造用鋼が必要とされた。[注96]このような巨大な構造物が20世紀後半に何百も造られた。世界最大のダムは、２０１１年に発電を始めた中国の長江にある三峡ダムで、２８００万立方メートルのコンクリートが、25万６５００トンの鋼材で補強されている。[注97]

アメリカのセメントの年間消費量は、１９００〜28年に10倍に増えて３０００万トンとなり、インターステート・ハイウェイ・システムの建設と国内の各空港の拡張など、第二次世界大戦後の建設ブームで、世紀末までにさらに3倍になった。２００５年には1億２８００万トンでピークに達し、最近では毎年1億トンほどで推移している。[注98]それでも今やこれは、世界最大のセメント消費国である中国の年間需要に比べれば、ほんのわずかでしかない。１９８０年に現代化を始めたとき、中国は毎年８０００万トン足らずしかセメントを生産していなかった。だが、85年にはアメリカを抜いて世界最大のセメント生

産国になり、２０１９年には約22億トンを生み出し、全世界の合計の半分を若干上回った。[注99]

これは驚異的な増加であり、次の事実がそれを何よりもよく物語っているかもしれない。すなわち、２０１８年と19年のわずか2年間で中国が生産した約44億トンというセメントの量は、アメリカが20世紀全体で生産した45億６０００万トンという量に近いのだ。当然ながら、中国は今や世界で最も広範なハイウェイと高速鉄道と空港のシステムに加えて、世界最多の巨大な水力発電所や人口数百万の新しい都市を擁している。驚異的な統計値はまだある。今や世界は、20世紀前半に消費したセメントの量を上回る量を1年で消費している。そして、これは幸運でも不運でもあるのだが、この厖大な現代のコンクリートは、パンテオンの格間《ごうま》ドームほどは長持ちしない。

通常の建築構造用のコンクリートは、あまり耐久性の高い素材ではなく、しかも環境から多くの攻撃にさらされる。[注100] 露出した表面は、湿気や凍結、細菌や藻類の繁殖（特に熱帯ではそれが激しい）、酸性雨、振動に見舞われる。埋設されたコンクリート構造物は、亀裂を生じさせるような圧力や、地面から染み込んでくる反応性化合物が引き起こす害によって傷む。型枠に注入されたばかりのときにはpH（水素イオン濃度）が約12・5に達するほどコンクリートは強いアルカリ性なので、補強用鋼材が錆びるのを効果的に防ぐが、亀裂や剥離が起こると、鋼材が腐食性の物質にさらされて傷む。海水中に沈められたコンクリートや、除氷のために塩化ナトリウムが使われる冬の路面のコンクリートは、塩化物の害を受ける。

大規模なコンクリート化が進む現代世界は、１９９０〜２０２０年に、硬いけれど徐々に崩れていくこの素材を７０００億トン近く使った。コンクリート構造物の寿命には大きな幅があり、平均的な寿命を示すことは不可能だが、60〜１００年にわたって良好な状態を保つものもある一方、多くがわずか20〜30年ではなはだしく劣化する。つまり、私たちは21世紀中に、構造物の建て替えや取り壊しのために解体するか、あるいはそのまま放置するかの選択を迫られ、コンクリートの劣化と打ち直しと撤去の、前例のない規模の責務に直面することになる。中国ではそれがとりわけ深刻な問題を引き起こすことは明らかだ。コンクリート構造物は、時間をかけて取り壊し、補強用鋼材を分離し、コンクリートと鋼鉄の両方をリサイクルすることができる。安価な作業ではないが、完全に可能だ。骨材は、粉砕して篩《ふる》い分ければ、新しいコンクリートに取り込めるし、補強用鋼材はリサイクルできる。[注101] 現時点でさえ、代替用のコンクリートや新しいコンクリートは至る所で必要とされている。

人口増加率が低い富裕国では、老朽化が進むインフラの修繕が主要な必須課題だ。アメリカの最新の成績表は、コンクリートが多用されている部門のすべてに、低い評価や最低の評価を下しており、ダムと道路と航空関係がD、全体の平均がD+にすぎない。[注102] この評価から、２０５０年に中国が規模と金額の両方で直面しかねない状況の手掛かりが得られる。

それにひきかえ、最貧国は生活の基幹となるインフラが必要で、アフリカとアジアの多くの家庭で最も基本的なニーズは、土の床をコンクリートの床にして全般的な衛生状態を改善し、寄生生物が媒介する疾病の発生を80パーセント近く下げることだ。[注103]

高齢化や都市への移住、経済のグローバル化、各国での地域の衰退が進むにつれ、世界中でますます多くのコンクリート構造物が放置されるだろう。デトロイトで廃墟と化したコンクリート造の自動車工場、ヨーロッパの古い工業地域で放棄された企業の建物、旧ソ連政府の中央計画でロシアの平原地帯やシベリアに建てられ、今では見捨てられた無数のプラントや記念碑は、この傾向の第一波にすぎない。[注104]ありふれたコンクリートの遺物や目立つコンクリートの遺物のなかには、ノルマンディーとマジノ線に見られるような分厚い壁の防御用掩蔽壕《えんぺいごう》や、アメリカのグレートプレーンズでかつて核ミサイルを格納していた、今は空《から》の巨大なコンクリート・サイロなどもある。

素材の前途――新旧のインプット

世界人口の増加ペースが緩やかになり、多くの富裕国では人口が停滞したり、減少さえしたりする21世紀前半には、各国経済は鋼鉄、セメント、アンモニア、プラスティックの需要を難なく満たせてしかるべきであり、リサイクルが盛んになることを考えればなおさらだ。だが、それらの業界が2050年までに化石燃料への依存をやめ、世界の二酸化炭素排出の大きな割合を占めなくなる可能性は低い。現代化を進める今日の低所得国では、その可能性は特に低い。こうした国は、インフラと消費者の厖大なニーズを抱えており、すべての基本的素材の供給を大幅に増やす必要があるからだ。

1990年以降の中国の経験を、これらの国々がなぞるとすれば、鋼鉄の生産量は15倍に、セメントの生産量は10倍以上に、アンモニアの合成量は2倍以上に、プラスティックの合成は30倍以上に増えるだろう。[注105] 現代化を進める他の国々が中国の最近の物質的進歩のたった半分、あるいはわずか4分の1だけでも達成したなら、それでも現在の使用量を数倍上回ることは明らかだ。化石炭素を必要とする状況は、これまでずっと免れられなかったし、今後何十年も変わりそうにない。それは、鋼鉄、セメント、アンモニア、プラスティックに依存することで得られる多数の恩恵の代償なのだ。そして、再生可能エネルギー変換を拡大し続けるにつれ、旧来の素材をこれまでよりも多く、また、かつてはわずかな量しか必要とされていなかった素材を前例のないほど多く、必要とするだろう。[注106]

このように進んでいく素材への依存の突出した例が2つある。「グリーン」な電力生成の象徴として、大型の風力タービンより明白な構造物はないが、それらは鋼鉄とセメントとプラスティックの巨大な蓄積物であり、化石燃料の権化《ごんげ》でもある。[注107] 基礎は鉄筋コンクリートだ。支柱《タワー》とナセル〔発電機などが収まっている部分〕とローターは鋼鉄でできており、すべて合わせると、設備発電容量1メガワット当たり200トン近い。巨大な羽根《ブレード》は、エネルギー集約的でリサイクルが難しいプラスティックの樹脂製であり、中型のタービンで約15トンになる。これらの巨大な構成要素はみな、設置現場まで特大のトラックで運び、鋼鉄製の大型クレーンで組み立て、タービンのギアボックスは繰り返し油を差さなければならない。化石燃料での発電をなくすのに必要な何百万ものタービンのそれぞれに、これだけの素材が求められることを考えれば、来るべきグリーン経済の脱物質化について言われていることがみな、どれほど誤解を招くものかがわかるだろう。

新しい途方もない素材依存の最善の例は、電気自動車かもしれない。約450キログラムの重さがある自動車用の典型的なリチウム電池には、約181キログラムの鋼鉄とアルミニウムとプラスティックに加えて、約11キログラムのリチウム、14キログラム近いコバルト、27キログラムのニッケル、40キログラム以上の銅、50キログラムの黒鉛が使われている。たった1台の自動車のためにこれらの素材を供給するには、約40トンの鉱石を処理しなければならず、多くの元素は鉱石中の含有率が低いことを考えると、約225トンの原料を採掘して処理しなければならない。[注108] この場合もまた、総量はその1億倍近くにならざるをえないだろう。電気自動車が取って代わらなければならない内燃機関搭載の自動車は、毎年世界中でそれだけ生産されているからだ。

将来に電気自動車が導入される割合ははなはだ不確かだだが、2050年までに世界中の自動車に占める電気自動車の割合を25パーセントとするものと、50パーセントとするものという2つの筋書きに基づく、素材のニーズの詳しい評価が、以下のように予想している。２０２０～50年に、需要は20年と比べてリチウムが18～20倍、コバルトが17～19倍、ニッケルが28～31倍、その他のほとんどの素材が15～20倍になる。[注109] 当然ながら、これは、リチウム、コバルト（今、その多くの割合は、コンゴの危険な手掘りの深い立て坑で採掘され、そこでは児童労働が広く行われている）、ニッケルの採掘と加工の急激な拡大に加えて、新しい資源の広範な探索も必要とする。そして、それを実現するには、化石燃料と電気の変換を、さらに大幅に増やさなければならない。将来、電気自動車が円滑に普及するという予想を立てるのは簡単だが、これらの新しい素材の供給を世界的に大規模に生み出すとなると、話はまったく違ってくる。

現代の各国経済は今後も、莫大な素材の流れと常に直結し続けるだろう。それは、依然として増加している世界人口を養うためのアンモニアベースの肥料であろうと、新しい道具や機械、構造物、インフラに必要なプラスティックと鋼鉄とセメントであろうと、太陽電池や風力タービン、電気自動車、蓄電池を製造するのに必要な新たなインプットであろうと、あらゆる素材について言える。そして、これらの素材を採掘したり加工したりするのに使うエネルギーがすべて再生可能エネルギー変換に由来するようになるまでは、現代文明はこれらの不可欠な素材の生産で、根本的に化石燃料依存のままであり続けるだろう。どんなＡＩやアプリや電子メッセージをもってしても、その事実を変えることはできない。

グローバル化を理解する

――エンジン、マイクロチップ、そしてその先にあるもの

第4章

グローバル化は、無数の日常的な形を取る。何千もの連結した鋼鉄製コンテナを積み込んだ船が、電子機器やキッチン用機器、ソックスやパンツ、園芸用具やスポーツ用具を、アジアからヨーロッパや北アメリカのショッピングセンターへ、そしてアフリカやラテンアメリカの安価な衣料品やキッチン用品の行商人のもとへと運ぶ。巨大なタンカーが、原油をサウジアラビアからインドや日本の製油所へ、液化天然ガスをテキサス州からフランスや韓国の貯蔵タンクへと運ぶ。大型のバルクキャリアが鉄鉱石を満載してブラジルを出発し、中国に向かい、石油タンカーと同様に空になって母港に帰ってくる。アメリカで設計されたiPhoneが、中国の広東省の深圳《しんせん》にある、台湾人が所有する工場（「フォックスコン」という名称で取引している鴻海精密工業《ホンハイ》）で、10か国以上から輸入された部品で組み立てられ、全世界に流通する。それは、統合されたエンジニアリングとマーケティングの、周到に調整された偉業だ。[注1]

国際的な移民も行われている。インドのパンジャブ州やレバノンの家族が、ジェット旅客機の定期便でカナダのトロントやオーストラリアのシドニーに到着する。命の危険を冒してゴムボートでイタリアのランペドゥーザ島やマルタ共和国のマルタ島にたどり着こうとする。青年たちが国外で高等教育を受けようとして、ロンドンやパリに行ったり、アメリカのアイオワ州やカンザス州の小さな大学に留学したりする。[注2] 観光旅行が盛んになり、コロナ禍前の「オーバーツーリズム」というレッテルは多くの場合、控え目な説明でしかなかった。たとえば、ローマのサンピエトロ大聖堂は、駆け足でヨーロッパを巡るパッケージツアーでやって来て、自撮り棒を振り回す観光客でごった返し、アジアの浜辺はあまりに汚れて、観光客に閉ざさざるをえなくなる所も出た。[注3] 新型コロナのパンデミックの発生は、新しい深刻なオーバーツーリズムの問題点を露呈した。２０２０年の早春に、何百人もの高齢者が日本やマダガスカルの沿岸でクルーズ船に閉じ込められたからだ。それなのに、年末までには、世界各地で新たな感染の波が急速に起こっていたにもかかわらず、業界の大手は、翌21年の新しい巨大クルーズ船の旅を宣伝していた。現代人とは、これほど落ち着きがないものなのだ！

お金の動きについての統計は、大量の違法な流れも含む真の流れを大幅に過小評価している。グローバルな商品取引は、今や毎年20兆ドルに迫り、商業サービスの世界貿易の年間価値は６兆ドルに近い。[注4] グローバルな外国直接投資は２０００〜19年に倍増し、今や毎年１兆５０００億ドルに迫っており、20年にはグローバルな通貨取引は合計すると１日当たりほぼ７兆ドルに達した。[注5] そして、グローバルな情報の流れを示す数字は、このような資金移動とは桁違いに多く、テラバイトやペタバイトだけではなく、エクサバイト（10^{18}バイト）やヨタバイト（10^{24}バイト）の単位にまで及ぶ。[注6]

現代世界の実状を理解するためには、グローバル化の多面的なプロセスの進化と広さと結果をしっかりと認識することが欠かせない。このプロセスには、私には最も優れた簡潔な定義と思われるものによると、「国境を越えたモノとサービスの貿易や、テクノロジーや、投資と人と情報の流れがもたらした、世界の経済と文化と人々の、深まる相互依存」が伴うことになる。[注7]世間の通念には反するが、このプロセスは新しいものではない。人件費が安い国々に仕事を移す、労働力のアービトラージ（裁定取引）は、いくつかある必須要因の1つでしかない。そして、グローバル化が将来拡大したり盛んになったりすることは、けっして必然ではない。グローバル化に関する最も大きな誤解は、それが経済と社会の進化によってあらかじめ運命づけられていた歴史の必然であるという考え方かもしれない。だが、それは違う。アメリカのある元大統領は、グローバル化は「風や水のような自然の力の経済版」と主張したが、そうではない。この現象もまた人間の所産でしかなく、ある意味で、すでに行き過ぎており、再調整してやる必要があると考えるのが、しだいに一般的になりつつある。[注8]

本章では、グローバル化がかなりの歴史を持つプロセスであり（ただし過去には、モノと投資と人の流れの増加は、グローバル化というレッテルを貼られていなかった）、近年この現象への関心が高まったのは、それが目新しいからではなく、規模のせいであることを示す。グーグルのNグラム・ビューアーのグラフを見ると、何であれ目立った展開への関心の長期的傾向が手に取るようにわかる。グローバル化についてのグラフは、1980年代半ばまではゼロに近い横ばい状態だが、続く20年間に関心が急激に高まり、1987〜2006年に使用頻度が40倍になって、そこでピークを迎えた後、2018年までに33パーセント下がっている。

どうやら多くの人が誤って信じているように、人件費の低さが工場を国外に新設する唯一の理由なら、サハラ以南のアフリカがわかり切った選択肢であるはずだし、インドはほぼ必ず中国よりも好まれるだろう。だが、2010年代には、中国が平均で毎年約2300億ドルの外国直接投資を受けたのに対して、インドへの投資額は500億ドル未満、南アフリカを除くサハラ以南のアフリカは合計しても400億ドルほどにしかならなかった。[注9]それは中国が、他にも以下のような魅力的な要因を兼ね備えていたからだ。何をおいても、政治の安定と許容できる投資条件を保証できる、一党独裁の中央集権的政府。非常に均質性が高く、識字能力のある、大きな人口。巨大な国内市場。中国はこれらの要因のおかげで、ナイジェリアやバングラデシュよりも、そしてインドと比べてさえも好ましい選択肢となり、それが、世界最大の共産主義国家と、世界の一流資本主義企業のほぼ漏れのないラインナップとの、驚くべき協力関係につながった。[注10]

グローバル化は、それが各国全体にもたらした利益や恩恵、創造的破壊、現代性、進歩と、好意的に結びつけられてきた。圧倒的に大きな恩恵を受けたのが中国で、グローバル経済に復帰でき、1980～2015年には、極貧の生活を送る国民の数を94パーセントも減らすことができた。[注11]だが、こうした進歩や称賛に付随して、このプロセスに対するさまざまな程度の非難や、きっぱりした拒絶さえ出てきている。2000年以降、アメリカ経済のいくつかの部門で特に顕著なのだが、業務の国外移転によって高賃金の職が失われたり、労働力の裁定取引のせいで報酬がさらに下がるという、いわゆる「底辺への競争」が起こったり、不平等が増大して新しい種類の貧困化が進んだりした結果、不満と怒りが沸き起こっているのだ。[注12]

こうした反応や分析には、賛成すべき点も反対すべき点も多々あるが、本章では、過去2世代にわたって経済関連の出版物を賑わし、何度も語られてきた説を繰り返すことはしないし、グローバル化という現象の好ましさを議論することもしない。私の目的は、技術的要因、とりわけエンジン、タービン、モーターといった新しい原動機と、通信や情報の保存、伝達、検索における新しい手段によって、何波にも及ぶグローバル化が可能になった経緯を説明し、続いて、これらの技術の進歩が、そのときどきの支配的な政治と社会の状況次第だった点を指摘することだ。それを踏まえれば、グローバル化のプロセスの継続やいっそうの増進がけっして必然ではないことがわかるし、1913年以降の数十年間にグローバル化の重大な後退が起こった事実や、近年の逆行と、既存のサプライチェーン（供給網）の安全性への懸念は、グローバル化が必然ではないことを思い知らせてくれる。

グローバル化のはるかな起源

グローバル化は、物理的に突き詰めて言えば、たんに質量の移動（原材料、食品、最終製品、人の移動）や、情報の伝達（警告、案内、ニュース、データ、アイデアの伝達）や、大陸内と大陸間の投資であり、これからもそうであり続けるだろう。それを可能にしているのは、手頃な費用で大規模かつ確実にそれらを送る手法だ。そうした移動には必ずエネルギー変換が伴うし、人力や畜力で質量を移動させたり情報を伝達したりすること、つまり荷を運んだり、メッセンジャーを馬に乗せて派遣したりすることは可能ではあるものの、それらの「生きた原動機」の力や耐久性や移動範囲は著しく限られており、もちろん大洋を越えることはできない。

船の帆は、５０００年以上前の古代エジプトまで遡る発明で、無生物のエネルギー変換器の第一号であり、大洋を越えることも可能にしたが、蒸気機関を使い、より優れた航海術の助けを借りることによって初めて、大規模かつ低コストで確かなやりとりができるようになった。そして、１９００年以降に陸上と海上と空中で内燃機関が普及し、55年以降にはソリッドステート式（半導体使用の）電子機器が導入されてようやく、このプロセスは未曾有の規模にまで拡大できた。だが、これらのイノベーションはグローバル化を盛んにしただけであり、引き起こしたわけではない。グローバル化のプロセスは85年以降に脚光を浴びたものの、新しい現象ではない。本章では過去に繰り返されたグローバル化の波の時期と程度、そしてその最終的な到達範囲と勢いの限界を振り返ることにする。

グローバル化のプロセスが始まったのははるか昔だが、初期には本質的に限られたものだった。6000年以上前、旧世界の各地で先史時代の経路に沿って行われた黒曜石の交易は、近年言われているようなグローバル化の例ではないが、[注13]ヨーロッパ人によるアメリカ大陸「発見」以前の多くのつながりは比較的盛んで、真に大陸間のものと言える。ローマ帝国の支配下にあったエジプトの、紅海に面した港ベレニケからは、バスラからと同様、インドへと定期的に帆船が出ていた。古代ローマの歴史家カッシウス・ディオが西暦116年に記したところによると、皇帝トラヤヌスは一時的にメソポタミアを占領していたとき、ペルシア湾の岸に立って、インドに向けて出ていく船を眺めながら、あの遠くの国へ軍を引き連れていったアレクサンドロスほど自分が若ければ、と残念がったという。[注14]中国の絹は、パルティア帝国を経て、はるばるローマまで届いた。エジプトから定期的に送られた穀物や、途方もなく重い古代のオベリスク、マウレタニア・ティンギタナ（現在のモロッコ北部）からの野生動物も同様だった。[注15]

だが、ヨーロッパとアジアとアフリカの一部のまばらなつながりは、真にグローバルな規模にはほど遠かった。1492年以降、新世界がそこに組み込まれ、1522年に最初の世界一周が成し遂げられてようやく、本格的なグローバル化の条件が満たされ始め、それからわずか1世紀後には、商取引によってヨーロッパ各国とアジアやインドや極東の内陸部、さらにはアフリカの沿岸地域や南北アメリカとが結ばれ、依然として取り残されていたのはオーストラリアだけになった。これらの初期のつながりの一部は、長続きしただけでなく、大きな変化ももたらした。ロンドンに本拠を置き、１６００年から１８５８年まで活動した東インド会社は、主にインド亜大陸との間で、繊維製品や金属から香辛料やアヘンまで、さまざまな品物を売買した。オランダ東インド会社は、主として東南アジアから香辛料や繊維製品、宝石、コーヒーを輸入し、１６４１年から１７９８年まで1世紀半にわたって、途切れることなく日本との貿易を独占した。オランダによる東インド諸島の支配がようやく終わったのは、１９４９年になってからだった。[注16]

その一方で、こうした初期のやりとりには、技術的な能力によって明白な限界が定められていた。ここでは、各輸送様式の最大運搬能力と最大速度、しだいに迅速かつ確実になっていった長距離の通信能力という主要な指標を使い、グローバル化の４つの異なる時代を振り返ることにする。

初期のグローバル化は最終的に、帆船によって可能になった、広範に及ぶもののあまり盛んではない交易で世界をつないだ。蒸気機関が登場すると、これらのつながりはより一般的で、盛んで、はるかに確実なものになり、電信が発明されると、最初の真にグローバルな、ほぼ瞬時の通信手段が得られた。最初のディーゼル機関と飛行機と無線が組み合わさることで、相乗効果が生まれ、グローバル化を可能にする輸送と通信の手段が改善し、加速した。そして、大型のディーゼル機関（海上輸送）とタービン（航空輸送）、コンテナ

（複合一貫輸送の実現）、マイクロチップ（情報処理の量と速度の向上のおかげで、前代未聞の管理が可能になった）によって、グローバル化は最高の段階まで進んだ。

風力によるグローバル化

最初の段階から始めよう。生物の力のみに頼るグローバル化の限界は、簡単に示すことができる。かつて、陸上では人間と動物の筋肉が唯一の原動機であり、荷物運搬人が運べるモノの重さ（40～50キログラム）や動物の隊列が運べる荷の重さ（馬やラクダでは、1頭当たり100～150キログラム）、日々の移動距離は限られていた。[注17] 黒海北岸のタナイスから南ロシアのサライを経て北京までシルクロードをたどるキャラバンは、1年かかった。1日当たりの平均速度は25キロメートルというところだ。長距離の航海をする木造帆船は、けっして多くはなく、積載量も少ないし速度も遅く、正確な航海を行う手段も持たないため、目的地にたどり着けないこともよくあった。

オランダによるアジアへの輸送の詳細な記録に、こうした限界が記されている。[注18] 17世紀には、バタヴィア（今日のジャカルタ）までの船旅には平均で238日かかり、そこから日本の長崎港にあるオランダの小さな居留地の出島までは、さらに1か月を要した。そして、18世紀の平均速度は、それよりわずかに遅く、同じ船旅には245日かかった。アムステルダムからバタヴィアまでは1万5000海里（2万7780キロメートル）あるから、平均時速にして4・7キロメートルほどで、これはかなりゆっくりしたウォーキングと変わらない！　なぜこれほど遅いかと言えば、追い風（船の真後ろから風が吹いているとき）は、まずまずの速度が出るものの、赤道の無風帯で進めない日もあれば、強い卓越風（特定地方で特定期間に吹く頻度が最も高い風）が長期間吹き、タッキングという骨の折れる操船法が必要となることや、航行を諦めて風向きが変わるのを待たなければならないこともあるからだ。

オランダが17世紀と18世紀に、アジア貿易のために新たに建造した船はわずか1450隻、1年当たり平均7隻で、積載量は700〜1000トンにすぎなかった。香辛料や茶や磁器といった高価な積み荷を運んで利益をあげるのには十分だったが、ばら積みの商品の貿易には、まったくもって不経済だった（ただし、貴重な日本の銅は代表的な例外）。そして、帆船によるバタヴィアへの航海は、利用できる船の数が少なく航行に伴う危険のせいで限られており、日本への航海は江戸幕府によって年に2〜7隻までに制限され、1790年代には毎年1隻しか寄港が許されなかった。また、オランダ東インド会社は詳細な記録をつけていたので、オランダから東インド諸島に向かった4700隻以上の船に乗った人の数もわかっている。1595〜1795年に、100万人近くがこの航海を行ったが、これは1年当たりにするとたった5000人であり、セイロン（今日のスリランカ）やバタヴィアに着く前に約15パーセントが亡くなっている。[注19]

それでもなお、近世（1500〜1800年）の2番目の世紀には、依然としてささやかではあるものの高まりつつあるこのグローバル化の波の最前線にあった各地の社会は、こうした長距離のやりとりの影響を受けた。[注20] 驚くまでもないが、新たに獲得した富と他の諸大陸との接触を考えると、オランダ共和国が黄金時代を迎えた1608〜72年の都市エリート層の生活は、これらの恩恵の最高の例を提供してくれるかもしれない。拡大を続ける彼らの所有物と経験は、貿易や物質的やりとりと文化的交流から得られる利益の明白な指標であり、多くの有名な画家が、この初期の豊かさの魅力的な記録を提供してくれる。

ディルク・ハルス、ヘラルト・テル・ボルフ、フランス・ファン・ミーリス、ヤン・フェルメール・ファン・デルフトや、そこまで有名ではないその他大勢の画家たちが、このグローバル化がもたらした利益で得られたタイル張りの床やガラス窓、上質の家具、厚いテーブルクロス、楽器を描いている。[注21] この絵画のジャンルは、現実にはけっして存在しない空想の世界を描いたものだから、すべて退けることができると主張する人もいる。[注22] たしかに誇張や様式化はあるが、歴史家のヤン・ド・フリースが明らかにしているように、彼が「新しい贅沢」と呼ぶもの（都市社会の所産）は本物だった。それは、壮大さや過剰を求めるためのものではなく、職人芸の産物に表れており、家具からタペストリーまで、そしてデルフト・タイルから銀製の食器まで、優れた職人芸の産物に表れており、1660年代のオランダの家庭が所有していた約300万枚の絵も、その一部だった。[注23]

さらに、広い範囲に進出して交流が行われていたことを示す、より直接的な証拠もある。

アムステルダムにはアフリカ人が居住し、地図が人気を博し、地図帳の編集・刊行事業が利益をあげ、砂糖が使われ、異国の果物が食べられ、香辛料が輸入され（オランダによる東インド諸島の植民地化は、丁子《ちょうじ》の最大の生産地であるテルナテを1607年に、ナツメグを栽培しているバンダ諸島をその後まもなく、それぞれ占領して始まった）、紅茶やコーヒーが飲まれていた。[注24]

だが、こうした初期の交易が与えた経済的な影響は限られていて、新たに始まった冒険的な事業から恩恵を受けた、ごく一部の人以外には及ばなかった。農村部では、伝統的な暮らしが続いていた。これは、選択的で限られた初期のグローバル化であり、全国的に大きな影響を与えることはなく、真にグローバルな結果につながらなかったことは言うまでもない。たとえば、経済学者のアンガス・マディソンの推定では、1698～1700年の東インド諸島からの商品輸出は、オランダの正味の国内生産のわずか1・8パーセントを占めるにすぎず、インドネシアの輸出超過は、オランダのGDPのたった1・1パーセントであり、1世紀近く後（1778～80年）になっても、これら2つの割合は、依然として1・7パーセントにとどまっていたという。[注25]

蒸気機関と電信

グローバル化のプロセスにおける最初の量的飛躍がようやく起こったのは、より信頼性の高い航海術と、船の積載量と速度の増大につながった蒸気動力と、初のほぼ瞬時の長距離通信手段である電信との取り合わせが揃ってからだった。先陣を切ったのが航海術で、1761年にジョン・ハリソンの非常に正確な船舶用時計「ハリソン第4号」のおかげで、経度を正確に測ることができるようになった。だが、速度と積載量の飛躍的上昇は、大陸間の輸送で蒸気エンジンが帆に取って代わり、スクリューが外輪を時代後れにし、鋼鉄製の船体の船が主流になるまで、待たなければならなかった。[注26]

蒸気船が初めて西に向かって大西洋を横断したのは1838年だったが、その後さらに40年にわたって、帆船は競争性を維持した。帆船は風を原動力としているので、貨物1単位を単位当たりの距離だけ運ぶコストは、航海の長さとはおおむね無関係だが、蒸気船は航海が長くなるほど、比較的非効率なエンジンの燃料とする石炭を積むために載荷重量の多くの割合が費やされ、貨物を積み込む余地が減る。燃料補給所に寄ればこの短所を軽減できるが、消滅させることはできなかった。[注27]

帆船と蒸気船がこのように長く共存していたことは、ドイツの蒸気船への移行の歴史によって、しっかりと裏づけられている。帆船は、1873年にはヨーロッパ内の航路での競争性を失っていたものの、大陸間航路では80年まで優位を保った。それでもより効率的な蒸気エンジンが導入されたため、以後急速にその優位性を失った。[注28]

大西洋を横断する先駆的な蒸気船はすべて外輪で進んでいたが、1840年代にスクリュー推進が商業的に導入され、新しい生産方法で鋼鉄が手頃な価格で大量に手に入るようになった（第3章を参照のこと）のとちょうど時を同じくして、77年にはロイド船級協会が鋼鉄を保険に適した造船材料として認めた。50年代の最速の帆船が平均時速20キロメートルだったのに対して、蒸気船は鋼鉄の船体とスクリューと大型の蒸気機関のおかげで1時間当たり確実に30キロメートル、その後40キロメートル進めるようになった。また、家畜や、70年代以降は冷蔵肉（ほぼすべてが旅客船で運ばれた）とバターが、アメリカやオーストラリアやニュージーランドから輸出されるようになって、長距離輸送は新たな市場も獲得した。[注29]

実用的な電信は1830年代後半から40年代前半にかけて開発された。最初の大西洋横断ケーブルが敷設されたのが58年で、これは短命に終わったが、19世紀末までには海底ケーブルですべての大陸が結ばれていた。[注30] 歴史上初めて、貿易は世界各地の需要と価格の情報を考慮に入れることが可能になった。そして、蒸気機関という新しい強力な原動力が普及したおかげで、需要と価格の情報を活かして国際貿易で利益をあげることができた。たとえば、アメリカのアイオワ州の牛肉は質の劣るイギリスの牛肉よりも安いうえに、新しい冷凍技術が利用できるようになったため、アメリカの冷凍肉の輸出が急増し、1870年代後半から1900年代後半にかけて4倍以上になった。

蒸気機関を原動力とするこのグローバル化の波が起こっている間、個人間の直接の通信手段として電信よりもはるかに優れた装置である電話の役割は、相変わらず限られていた。[注31]

電話は1876年に特許が取得され、公開デモンストレーションが行われ、手動交換によるサービスがゆっくりと広まった。アメリカの電話所有者数は、1880年の5万人から1900年には135万人（国民56人に1台）に増えた。通話できる範囲が徐々に拡がって、1892年にようやくニューヨークからシカゴに電話できるようになり、1915年には複数の交換機経由で大陸を横断してサンフランシスコまで電話をかけることが初めて可能になった。料金は3分間で約20ドルで、これは2020年の価値に換算すると500ドル以上になる。アメリカからイギリスへの最初の大陸間通話がようやく実現したのが1927年で、国内サービスでさえ市場が独占されていたせいで、その後2世代にわたって比較的高価であり続けた。[注32]

だが大陸間輸送が進歩し、1840年以降、ヨーロッパと北アメリカ全土に加えて、インドその他のアジアの各地域やラテンアメリカで鉄道建設が急速に進んだことと相まって、真に大規模なグローバル化の最初の波が起こった。世界貿易の総量は、1870〜1913年に4倍に増え、全世界の経済生産に占める貿易（輸出と輸入）の割合は、1850年には約5パーセントだったのが、70年には9パーセント、1913年には14パーセントに増え、最善の推定では、オーストラリア、カナダ、フランス、日本、メキシコ、イギリスを含む13か国の割合を合計すると、1870年には30パーセントだったのが、第一次世界大戦直前には50パーセントに達していた。[注33]

大型の蒸気船は、乗客も空前の規模で運ぶことができた。帆船時代には、郵便船は三等船室で250～700人の旅客を乗せられたが、20世紀の最初の10年には、蒸気船は2000人以上を乗せることもあった。[注34] かつては特権階級だけのものだった短期的移住の一種であるレジャー旅行は、蒸気機関車や蒸気船の登場とともに、多くの形で盛んになった。トーマス・クックが1841年に先鞭《せんべん》をつけると、続々と旅行代理店がパッケージツアーを提供し、スパ（温泉）や海辺でのバカンスが流行して、人々がドイツのバーデン＝バーデンやアメリカのカールズバッドやフランスのヴィシーを訪れ、フランスの大西洋岸にあるトルヴィルやイタリアのカプリに旅した。

これらの旅行には大陸を横断するものもあり、裕福なロシアの家族はモスクワやサンクトペテルブルクから列車ではるばるフレンチ・リヴィエラ（コートダジュール）まで出掛けた。旅行者のなかには、身体的に困難な目標に挑む者もいれば（アルプス登山が新たな流行になっていた）、費用がより手頃な宗教的巡礼に出る者もいた。[注35] この新しい移動の波には、明らかな政治的側面もあった。亡命者は列車や船に乗り、外国に逃れた。なかでもよく知られているように、レーニン、レオン・トロツキー、ニコライ・ブハーリン、グリゴリー・ジノヴィエフら、後に名を成すボリシェヴィキの指導者たちのほぼ全員が祖国を離れ、ヨーロッパやアメリカで何年も過ごしている。[注36]

蒸気によるグローバル化が、新しい種類の文学的感性を生み出すのも後押しした、という見方は、じつに理に適っていると思う。その大家がジョゼフ・コンラッド（ユゼフ・テオドル・コンラト・コジェニョフスキ）だ。彼の3つの代表作では、ノストローモは南アメリカ、ジムはアジア、マーロウはアフリカというように、主人公がこの時代の大規模な貿易と旅行のおかげで、故郷から遠く離れた場所に行き着くし、彼らの人生と不運は蒸気船とかかわっている。ノストローモは、この主人公の名を冠した長篇小説の中で、港湾労働者の頭として知られている。『ロード・ジム』のジムの人生は、イスラム教徒の巡礼者をアジアからメッカに蒸気船で運ぶのを手伝っているときに暗転する。『闇の奥』の語り手であるマーロウの変化は、西洋の品物がコンゴ盆地の奥深くまで運ばれていなければ起こりえなかった。

最初のディーゼル機関と飛行と無線通信

長距離輸送の能力を上げた原動機の次の根本的な進歩は、蒸気機関から、効率が良くて性能が信頼できるディーゼル機関への切り替えだった。[注37] そして、往復運動をするガソリン機関で飛ぶ飛行機と無線通信の発明という、さらに2つの展開が相まって、グローバル化がいっそう進んだ。ライト兄弟による束の間の初飛行が行われたのは1903年末だった。第一次世界大戦中には何百機もの飛行機が戦闘に参加した。航空会社の第一号であるオランダのKLMは、21年に設立された。[注38] 最初の大西洋横断無線信号は、01年12月に届いた。

フランス軍は、空対地通信用の初のポータブル送信機を16年に配備した。最初の商業ラジオ局は、20年代前半に放送を開始した。[注39]

ルドルフ・ディーゼルは、手間暇かけて、より効率的な新しい原動機の考案に着手し、1897年には彼の最初の重い固定式のエンジンが、当時、最高の蒸気機関の2倍に相当する30パーセントの効率を達成していた。[注40] だが、船舶用機関としてデンマークの貨物船クリスチャンX号に搭載されたのは、1912年になってからだった。ディーゼル機関で動く船は、石炭を燃やす蒸気船に比べると積み込む燃料がはるかに少なくて済み、しかも補給をせずに遠くまで航行できる。なぜならこの新しい機関は、従来のものよりも2倍近く効率が良く、ディーゼル油は単位質量当たりで石炭の倍近くのエネルギーを持っているからだ。あるアメリカの技術者は、ディーゼル機関で動く最初の船によるニューヨークへの初航海を目にした後、こう結論した。「海事史の新たなページがディーゼル機関の登場によって書き記されている」。[注41]

ディーゼル機関が海運市場を制覇した1930年代には、急速に成熟しつつあった航空業界が、長距離を飛んで利益をあげられる飛行機を初めて提供し始めた。36年にはダグラスDC―3が就航した。これは最大32人の乗客を運ぶことができる双発機で、現代のジェット旅客機の着陸速度をわずかに上回る速度を出せた。[注42] 2年後にはボーイング314クリッパーが現れた。長距離用のこの飛行艇は、5633キロメートルという素晴らしい航続距離を誇っていた。太平洋を渡るには依然として足りなかったが、サンフランシスコからホノルルまで飛び、そこからミッドウェイ島やウェーク島、グアム島、マニラを経由してアジアに行き着くことができた。

クリッパーは、74人の乗客が快適に過ごすための設備に事欠かず、広間やダイニングルーム、更衣室、倒せば寝台にできる座席を備えていた。だが、往復運動をする機関の音と振動は取り除きようがなく、最大巡航高度は依然として低過ぎて、乱気流の最も多い大気層よりも上を飛べなかった。ニューヨークからロサンジェルスまでは、3か所の中継地経由で15時間半かかった。そして、1934年のロンドンからシンガポールへの初飛行は、アテネ、カイロ、バグダッド、バスラ、シャルジャ、ジョードプル、カルカッタ（現在のコルカタ）、ラングーン（現在のヤンゴン）など22か所の中継地を経て8日かかった。[注43] だがそれは、長い旅だとはいえ、サウサンプトンからスエズ運河を経由する約30日の船旅に比べれば、著しい進歩だった。

無線は、航海術や航空術の改善に決定的に重要だったし、電信と比べて、情報を瞬時に広く伝達するための優れた道具でもあった。無線通信は、まず大西洋を横断する大洋航路船に装備された。1912年4月15日午前0時15分にタイタニック号が発した「CQD　タイタニック　北緯41度44分　西経50度24分」という遭難信号のおかげで、救命艇に乗っていた700人の命がカルパチア号によって救われた。[注44] 30年代には、標識局の導入で無線航法が大きく進歩した。空港へ向かう航路上にいる飛行機には、絶えず音が聞こえてきた。針路の左に外れているときには「Ｎ」を表すモールス信号（—・）が、右に外れているときには「Ａ」を表すモールス信号（・—）が聞こえた。[注45]

無線放送は高価な海底ケーブルが不要だったし、広い範囲に届き、誰もがアクセスできた。簡単な受信機があれば、誰でも聴くことができた。驚くまでもないが、ラジオ受信機の採用は急速に進んだ。ラジオ受信機は、登場してから10年のうちにアメリカの家庭の60パーセントに取り入れられた。これは、やはり１９２０年代に登場した白黒テレビが第二次世界大戦後に普及した速さに近く、その後、60年代前半にアメリカで急増したカラーテレビが普及したときの速さを凌いでいた。[注46]

第一次と第二次の世界大戦の間の20年間、船舶用のディーゼル機関と航空機用の往復機関はグローバル化の技術面での推進役であり続け、大量に導入されたおかげで第二次世界大戦の行方を決めることになった。この戦争が終わるまでに、アメリカは29万８０００機近くの飛行機を製造した。一方、ドイツは約11万２０００機、日本は6万８０００機だった。[注47]１９４５年、アメリカは世界の支配的な地位に就き、西ヨーロッパは迅速な経済復興を果たした。西ヨーロッパの各国は、アメリカが48年から実施したマーシャル・プランの投資に助けられ、49年には戦前（34〜38年）の工業生産の水準を超え、日本の復興は朝鮮戦争に諸産業が貢献することで加速した。[注48]

こうして、前代未聞の成長と統合、さらには広範な社会・文化的交流の舞台が整った。注目に値する例外が、ソ連と中国の主導する共産主義諸国の経済だった。これらの国は目覚ましい経済成長率を報告したものの、あくまで自給自足であり、共産主義ブロックの外との貿易は皆無に近く、国民が国外に出ることを許さずに国家を運営していた。

大型のディーゼル機関、タービン、コンテナ、マイクロチップ

明確で一気に進みはしたが、依然として普遍的にはほど遠い1950年以降のこのグローバル化（OPECの2度にわたる石油の大幅な値上げで73～74年に終わり、その後15年間、世界経済は深刻な不況に陥った）は、4つの根本的な技術の進歩が組み合わさって実現した。すなわち、はるかに強力で効率的なディーゼル機関が急速に取り入れられたこと、ジェット旅客機の推進用の新しい原動機であるガスタービンが導入されてなおさら速く普及したこと、液体や固形物のための巨大なバルクキャリアの登場と、他の貨物のコンテナ化によって大陸間の海上輸送の様式が改善されたこと、演算処理と情報処理が飛躍的に進歩したことだ。

これらの進歩は、信頼性が低くてかさばる真空管を使い、第二次世界大戦中とその直後に作られた最初期のコンピューターによって弾みがついた。コンピューターの発展は、1947～49年に最初のトランジスターの特許が取得され、54年以降に商品化されて一気に進んだ。そして、トランジスターは現代の固体電子工学の土台であり続けている。50年

代後半～60年代前半に迎えた次の段階は、しだいに多くのトランジスターをマイクロチップに搭載して集積回路を作ることであり、71年にはインテル社が世界初のマイクロプロセッサである４００４を発売した。このマイクロプロセッサには２３００個のトランジスターが集積されており、それが、多くのプログラム可能なアプリケーションに適した、完全な汎用中央処理装置を形成していた。

そして、21世紀の幕開け以来導入された新技術、とりわけＡＩと合成生物学における進歩は、世の中を大きく変えるものだと近年は思われているものの、私たちの世界は依然として、前述の１９７３年以前の決定的に重要な偉業の恩恵に浴している。そのうえ、以前と同じ課題のために、同じように大規模な形でただちに導入できるような代替手段がないので、私たちは巨大な船舶用ディーゼル機関やコンテナ船、ワイドボディの旅客機、マイクロプロセッサなどの従来の技術に、今後何十年も頼り続けるだろう。だからこそ、これらの技術はより詳しく調べる価値がある。

１９５０～73年のグローバル経済の拡大は、現代文明を支える素材の四本柱の生産量増大（四本柱の考察については、第3章を参照のこと）と、世界のエネルギー需要の高まり（第１章を参照のこと）を見れば、いちばんよくわかる。[注49] 鋼鉄の生産量は１年当たり１９０メガトンから６９８メガトンへとほぼ４倍になり、セメントの生産量は１３３メガトンから７７０メガトンへと６倍近くに増え、アンモニアの合成量は窒素換算で５メガトン足らずから37

メガトンへと8倍に迫り、プラスティックの生産量は2メガトン未満から45メガトンへと26倍以上に伸びた。一次エネルギーの生産量はほぼ3倍になり、世界が中東の石油への依存を強めるなかで、原油の消費量は6倍近くまで増えた。それを踏まえれば、世界経済で大規模な輸送を可能にするうえで、どの技術が最も大きな貢献をしたかについては、議論の余地がない。ディーゼル機関がなければ、穀物から原油まで、ばら積み貨物の大陸間での貿易は、最近の規模と比べてほんのわずかでしかなかっただろう。

第二次世界大戦後、真っ先に積載量が増えたのが石油タンカーだった。西ヨーロッパと日本の経済が急速に成長すると同時に、中東で発見された巨大油田からの供給が可能になり（サウジアラビアの世界最大のガワール油田は1948年に発見され、51年から生産を始めた）、この安価な燃料（71年までは、1バレル当たり2ドル足らずで売られていた）の輸出に、しだいに大きな積載量の船が必要とされたからだ。50年以前の典型的な石油タンカーの載貨重量トン数（主に積み荷だが、燃料やバラスト、水や食料、乗務員の重さも含む）は、わずか1万6000トンだった。載貨重量トン数が5万トンを超える最初のタンカーが就役したのが56年で、60年代半ばには、日本の造船所は18万～32万載貨重量トンの大型原油タンカー（VLCC）を送り出し始めた。さらに大きいのが超大型原油タンカー（ULCC）で、70年代には50万載貨重量トンを超える船が7隻就役した。これらはあまりに巨大なため、水深が非常に深い港でしか対応できないので、航路を柔軟に選ぶことができない。[注50]だが、数を増すこの種のタンカーのおかげで、50年には50メガトン未満だった中東からの石油の輸送量を、72年には約850メガトンまで増やすことができた。[注51]

1950年代後半～60年代前半に原油の輸出量は急増したが、天然ガスの輸送はまったく不可能だった。天然ガスのほうが石炭や精製石油燃料よりも汚染が少なく、工業用にも家庭用にも適しており、非常に効率的な発電にもふさわしかった。天然ガスの大陸間輸送は、断熱容器でマイナス162℃の液化天然ガス（LNG）を運ぶLNGタンカーの導入で実現し、64年にはアルジェリアからイギリスへ、69年にはアラスカ州から日本への輸出が始まった。[注52]だが、その後数十年にわたって、タンカーの積載量は小さいままで、市場は少数の買い手との長期契約に限られていた。

大陸間の貿易が盛んになるにつれ、新しい専用の輸送様式の必要性が高まった。石炭や穀物、鉱石、セメント、肥料などを運ぶために、広い貨物室と大きな水密ハッチを備えたバルクキャリアが設計され、素早く積み降ろしを行うことができるようになった。だが、輸送における最大のイノベーションは1957年に起こった。ノースカロライナ州のトラック運転手マルコム・マクリーンが、第二次世界大戦前から温めていたアイデアを、ついに製品化したのだ。そのアイデアとは、大きさが均一の鋼鉄の箱で貨物を運ぶというもので、その箱は大型の港湾クレーンで簡単に積み込むことができるし、船から降ろして、待っているトラックや列車に直接積んだり、後で配送するために一時的に積み上げておいたりすることもできる。

１９５７年10月、コンテナ２２６個を積み上げることのできる貨物室に船倉が区切られている貨物船ゲートウェイ・シティ号が、世界初の正真正銘のコンテナ船となり、マクリーンが創立したシーランド社は、66年4月にはヨーロッパへ（ニュージャージー州ニューアークからアムステルダム）、68年には日本へのコンテナ船の定期サービスを開始した。[注53] 大陸間の自動車輸出が拡大していたので、そのための新しい船も必要だった。アメリカの市場は、まずフォルクスワーゲン社のビートルに（最初のビートルは49年にすでに輸入されていた）、続いて日本の小型車（トヨタのトヨペットは58年以降、ホンダのＮ６００は69年以降、ホンダ・シビックは73年以降）に門戸を開き、車両が自走して乗り降りできる新型の、いわゆる「ＲＯＲＯ船」（ほとんどが、格納式の積み込み用ランプを装備している）が、こうした需要に応じるために設計された。受け容れられるまでに長い年月がかかったフォルクスワーゲンのアメリカでの販売台数は、70年に57万台で頂点に達し、日本車はその後数十年間、アメリカで市場占有率を上げ続けた。[注54]

幸い、これらの新しい大型船の推進力のニーズに応じるのはたやすかった。最大のディーゼル機関は１９５０年代後半には、第二次世界大戦前と比べて大きさが2倍以上になって10メガワットを超えており、効率は50パーセントに迫っていた。[注55] その後、この種の巨大な多気筒エンジンの最大出力は、60年代後半には35メガワットに、73年には40メガワット以上に上がった。30メガワット以上のディーゼル機関ならどれでも、最大級のＵＬＣＣを動かすことができ、そのおかげでこれまでＵＬＣＣは適切な原動機の入手可能性の制約を受けずに済んでいる。

膨張して高速でエンジンから出ていく高温の気体を生み出すために、圧縮空気の流れに燃料を噴射する、根本的に新しい原動機であるガスタービンの開発努力が、１９３８年に最初の発電用固定型タービンとして結実した。ちょうどその頃、第二次世界大戦前のイギリスとドイツで、それぞれ独自に、そしてほぼ同時に、最初の実用的なジェットエンジンが完成した。[注56] 技術者のフランク・ホイットルとハンス・フォン・オハインが、軍用機の動力源となるに足るだけの、効率的で信頼性の高いタービンを真っ先に試した。そのタービンを搭載した少数のジェット機が44年後半に戦闘で使用されたが、すでに決まっていた戦局に影響を与えるのには遅過ぎた。とはいえ、戦後イギリスの産業界はその利点を追求し、デ・ハヴィランドゴースト・ターボジェットエンジンを４基搭載したコメットが49年に世界初の商業用ジェット旅客機となった。[注57]

不幸にも、コメットは１９５４年に連続して死亡事故を起こした。エンジンとは無関係だったものの運行停止となり、設計し直して58年に再就航したが、今もなお拡張を続けるジェット旅客機のシリーズ第一号であるボーイング社の７０７の登場で、たちまち影が薄くなってしまった。[注58] ７０７の後継機が三発ジェットのボーイング７２７で、67年にはシリーズ最小のボーイング737が就役した。66年には同社の会長ウィリアム・アレンが、会社の価値の2倍以上の金額を投資し、ワイドボディのジェット旅客機を開発するという大胆な決定を下し、事実上このプロジェクトに社運を賭けた。

超音速ジェット旅客機が大陸間路線を引き継ぐことが見込まれていたので、イギリスとフランスが1964年にコンコルドの共同開発を始めたが、超音速での飛行は高価で騒音の大きいコンコルドだけにとどまり、歴史上最も革命的な設計の飛行機となったのは、ボーイング747だった。[注59] じつは、この飛行機は貨物輸送機として構想され、幅の広い胴体には標準的な船舶用コンテナを2つ並べて置くことができ、操縦席は2階部分に配置したので、機首部分を上に開いて、前から貨物を積み込むことが可能になった。パンアメリカン航空が25機を注文してから3年足らずで747のプロトタイプが離陸し、70年1月21日に商業飛行の第一便がニューヨークからロンドンに向かった。

最大離陸重量333トンというこの飛行機の大きさは、プラット・アンド・ホイットニー社のターボファンエンジンを4基搭載することで実現した。[注60] ターボジェットエンジンでは圧縮空気がすべて燃焼器を通るが、ターボファンエンジンでは、より圧力が低く、したがって動きの遅い、より多くの空気が燃焼器を迂回し、その助けを借りて離陸時により大きな推力を生み出す。しかも、騒音は小さい。707のエンジンでは、迂回する空気とタービンを通る空気の比率であるバイパス比は1対1だったが、747では4・8対1で、

５倍近い空気がタービンを迂回した。

半世紀にわたる製造で、引き渡された７４７の数は合計１５４８機にのぼり、ボーイング社の推定では、その半世紀間にそれらの飛行機は59億人を運んだという。これは世界人口の約75パーセントに相当する。[注61] ７４７の画期的な設計によって大陸間の移動の仕方が変わった。ワイドボディのジェット旅客機が、着実にコストを下げ、安全性を高めながら、何億という人を、しだいに多くの目的地に運んでいったからだ。

世界経済の統合は、ボーイング７４７や後にその競争相手となるエアバス（Ａ３４０とＡ３８０）などの、ワイドボディのジェット旅客機の導入と緊密に結びついている。それらの運行は、アジアの輸出業者にとってとりわけ重要だった。彼らはそれを利用して、急な注文を受けて、最新の携帯電話のブランドやクリスマスのギフトなど、引く手あまたの多くの時期限定商品を北アメリカやヨーロッパの市場に届けた。また、ワイドボディの飛行機のおかげで、以前はめったに訪れる人のいなかった場所（７４７が離着陸できる長さを持つ滑走路が、バリ島やテネリフェ島、ナイロビ、タヒチ島にある）への大規模な観光旅行や、大陸間の移民、教育目的の人的交流が可能になった。

当然ながら、グローバル化の進展は、強力な原動機の出力や性能の向上だけではなく、演算や情報処理や通信に必要な部品の絶え間ない小型化とも密接に結びついている。ラジオや、その後のテレビと最初期のコンピューターの開発は、20世紀の最初の10年間に二極管と三極管で始まった、多種多様な真空管の導入を拠り所としていた。40年後、こうした真空管の大型の組立部品への依存は、コンピューターによる演算の発展にとって制限要因となった。

最初の汎用デジタルコンピューターであるＥＮＩＡＣは、真空管を1万７６４８本使い、体積は約80立方メートル、バドミントンのコートにしておよそ2面分の設置面積に達し、電力供給と冷却のための装置と合わせて重さは30トンあり、ほぼ休みなくメンテナンスと交換を必要とする真空管の度重なる不具合のせいで、頻繁に稼働停止に陥った。[注62] 真空管と同じ機能を持つ半導体素子である、実用的なトランジスターの第一号は、１９５０年代前半に市販化され、50年代のうちに、アメリカの発明家ロバート・ノイス、ジャック・キルビー、ジャン・ヘルニ、クルト・レホヴェック、モハメド・アタラのアイデアが、最初の集積回路の生産に結実した。半導体物質であるシリコンの薄い基板の上に、能動素子（トランジスター）と受動素子（コンデンサーと抵抗器）を作ってつなげた回路だ。これらの回路は、特定されたどんな演算も行うことができ、最初はロケットや宇宙探査の関連で実用に供された。[注63]

次の重要な段階に進んだのがインテル社だ。同社は１９６９年に、世界初のマイクロプロセッサの設計を始めて、たった1枚のシリコンウェハーに２０００個以上のトランジスターを置き、定められた一連の機能をそっくり実行できるようにした。インテルの先駆的なマイクロプロセッサ4044の場合には、日本製の小型電卓を動かすようにできていた。[注64] この4044が土台となり、インテル社は数十年にわたってマイクロチップの設計で卓越した地位を築き、それが最初のパーソナルコンピューター（70年代後半と80年代前半の、比較的高価で、遅く、重たいデスクトップ）や、携帯電話（80年代後半の、高価なもの）からノートパソコンやタブレットやスマートフォンまで、さまざまなポータブル電子機器へとつながっていった。

1950～73年の年月は、事実上、世界のどの場所でも急速な経済成長が見られた。1850～1913年の、その前のグローバル化の波と比べると、全世界の平均年間成長率も、1人当たりの平均成長率も、2・5倍近くに達し、世界経済の生産高に占める輸出品の割合は、1945年にはわずか4パーセント強だったのが、50年には9・6パーセント、74年には約14パーセントまで増え、13年の割合と肩を並べたが、貿易取引高はほぼ10倍になっていた。[注65] 経済成長はほとんど普遍的だった（58～61年の中国の大飢饉は、最も重大な例外だ）が、戦後の復興が起こり、高い成長率が経済的不平等の緩和を助けたこの経済拡大の黄金時代は、不釣り合いなまでに西側世界に集中していた。73年には、北アメリカと西ヨーロッパ諸国が世界の輸出の60パーセント以上を占めていた。[注66] ドイツ、イギリス、フランスという西ヨーロッパの経済大国と日本が、この時代の最もダイナミックな貿易国となるにつれて、世界貿易に占めるアメリカの割合は否応なく徐々に下がっていった。

貿易が拡大し、西側諸国の消費者がより多様な輸入品をより手軽に入手できるようになる一方、ビジネス目的であれ、レジャー目的であれ、国外旅行は比較的限られたままであり、国外移住や、国外で一時的に学んだり働いたりする人の数も、あまり増えなかった。ドイツ人はタイやハワイに飛行機で行ったりはせず、イタリアの浜辺に自動車で出掛けた。アメリカの人口に占める移民の割合は、第一次世界大戦直前にほぼ15パーセントでピークに達した後、1970年には5パーセントを割るまでに落ち込んだ。[注67] この当時、毛沢東が引き起こした数々の激動で世界から切り離されていた中国が、いずれ大勢の学生をアメリカの大学に送り込むことになるなどと誰かが言ったなら、まったくの絵空事としか思えなかっただろう。

そしてその後、（現代文明の原油依存を振り返った第1章で説明した理由から）戦後の限定的ではあったものの激しいグローバル化の時代は、終わりを迎えたようだった。OPEC主導の石油価格急騰のせいでグローバル化はつまずき、弱まり、後退したが、この逆行はあらゆる経済部門に影響を与えたわけではなかった。そして、ほんの数年後には、効果的な調整措置が組み合わさって、グローバル化の新たな段階を迎える土台が築かれ、新しい政治的協力関係のおかげで、今度はそれ以前のどのグローバル化の波よりも大きな進展を見せることになった。

中国とロシアとインドの参入

毎度のことながら技術的要因で実現した、この新たな拡張がこれほど進んだのは、近現代史上初めてそのような拡張が可能になったからだ。１９６０年代後半には、前代未聞のグローバルな統合ができるほど技術力が整っていた。エネルギーの供給は豊富で、投資に回す資金はあり余るほどあり、あとは、戦後最初のグローバル化に加わらなかった国々にまでグローバル化のプロセスを拡げさえすればよかった。そしてそのプロセスは、中国とロシアとインドがグローバルな貿易や金融、旅行、人材の流動の主要な参加者となって政治が根本から逆転し、技術的・財政的手段が決定的に増大し、強化されたとき、ついに始まった。

中国は、アメリカのリチャード・ニクソン大統領が北京を訪問したのをきっかけに、１９７２年から徐々に対外開放を始めた。毛沢東の死から2年後の78年末に鄧小平が最高指導者となり、後れ馳《ば》せながら農業の事実上の民有化や産業の現代化、市場経済への部分的回帰といった経済改革に着手して、決定的な転機を迎えた。２００１年には世界貿易機関（ＷＴＯ）に加盟した後、開放が加速した。中国は、１９７２年にはアメリカと貿易は行っていなかった。モノの取引では、84年が中国に対するアメリカの輸出超過の最後の年だった。２００９年には、中国はモノに関して世界最大の輸出国となった。そして18年には、中国の輸出はグローバルな売上高の総計の12パーセントを上回り、アメリカに対する貿易黒字はほぼ４２００億ドルに達したが、これら２つの経済超大国間で緊張が高まったせいで、19年には約18パーセント減少した。[注68] とはいえ、貿易が長期的に減少し続けるのか、あるいは経済統合の方向に戻ってしだいに緊密さを増すのかを予測するのは、時期尚早だ。

数十年にわたる冷戦の後、ソ連は１９８０年後半に崩壊し始めた。まず、ソ連の衛星国家が離れていき、89年11月9日にベルリンの壁が崩れ、ソ連自体も91年12月26日に公式に消滅した。[注69] 史上初めて、すべての経済大国が外国投資に門戸を開くことが可能になった。程度には依然としてばらつきはあったが、ほぼ例外なく、かつてないほどの規模だった。そのおかげで国際貿易が勢いづき、それまで国外を自由に旅することを禁じられていた国々の人が、大々的な観光旅行の波に加わったり、新たな機会を捉えて外国に移住したり、国外で一時的に働いたり学んだりした。ＷＴＯが提供して世界的な合意を見た枠組みで、貿易博覧会が催された。[注70]

中国は１９９０年以降、対抗者が存在しない一党独裁で台頭したが、煩雑な選挙政治や多民族統治が特徴のインドは、それに倣うことができずにきた。それでも、21世紀の最初の20年間に１人当たりのＧＤＰがどれだけ成長したかを見ると、それまでの数十年間の不振をはっきりと脱したことが窺《うかが》える。じつは１９７０〜90年に、インドの１人当たりのＧＤＰは実質ベースで減少した年が6回あり、そのうちの4年間は4パーセントを下回った。一方、２０００〜19年には成長率が4パーセントを上回る年が18回あった。[注71] しかも、

２００８年以降、インドの製品輸出の年間成長率は、中国の５・７パーセントよりわずかに少ない５・３パーセントであり、シリコンヴァレーで働くインド人ソフトウェア・エンジニア（彼らはそこでは、技能を持つこの業界の移民のうちで、最も重要な集団だ）の影響は、中国人による貢献をはるかに凌いでいる。[注72]

インドの台頭は、１９４７年に独立を勝ち取って以来、何十年もこの国を支配してきた国民会議派の凋落《ちょうらく》と時を同じくしているのに対して、ロシアと中国はともに、中央による経済と社会の統制の特性を多く維持してきた。国家主義の新しいロシアでとは違い、共産党は中国で確固たる支配権を握り続けているが、両国とも注目に値する抑圧的な例外はあるものの、旅行の自由を許してきたので、それが新しい旅行者の波につながった。お気に入りの行き先は、ロシア人は地中海の沿岸諸国、中国人はタイ、日本、ヨーロッパだ。そして、かつてないほど大勢の中国人とインド人と韓国人の学生が、西洋諸国、とりわけアメリカに流れ込んでいる。

国際貿易が世界経済の生産高に占める割合は、１９７３年には約30パーセントだったが、２００８年には61パーセント近くまで増えた。一方、貿易額の合計は、実質ベースでほぼきっかり6倍に増え、その増加の大半は１９９９年以降に起こった。[注73]２００８年から翌年にかけての金融危機のせいで、09年には貿易の総額は10パーセントほど、経済生産に占める割合は約15パーセント減ったが、18年には、貿易の総額は08年のピークを35パーセント上回り、世界経済の生産高に占める貿易の割合は、59パーセント超まで戻った。そして、これらの数字は19年にもほとんど変わらなかった。外国直接投資（1年当たりの正味の流出額で測定する）もまた、グローバル化の明確な指標だ。1973年には投資の世界総額は300億ドルに届かず、世界経済の生産高の約0・7パーセントだった。20年後には、2560億ドルまで増えたが、2007年には3兆1200億ドル、世界の生産高の5・5パーセント近くまで急上昇した。これは、わずか14年間で12倍の増加であり、アジア、特に中国が主な投資先だった。[注74]

あるロシアの研究チームが、主要な指標をすべて組み合わせることで、2000年以降のグローバル化の進み具合を測定した。つまり、モノの貿易やサービスの貿易、2国間の外国直接投資の累積額（これは中国にとって特に重要）、移民（中国には存在しないが、アメリカ経済にとっては重要）における変化を分析したのだ。[注75]すると果たして、変化が大きいことがわかったのは、以前は孤立していたロシアやヨーロッパの他の旧共産主義諸国や中国、そして、インド、アフリカの一部の国々、ブラジルだった。さらに、この変化の結果として、17年にはグローバルなつながりの程度は、中国は日本に劣らぬほど高く、ロシアはスウェーデンと肩を並べ、インドはシンガポールと比較できるほどになった。もし、このような取り合わせに不信を抱く人がいたら、消費財の世界最大の製造者としての中国の地位や、ロシアによるエネルギーと鉱物の莫大な輸出量、すでに指摘した、シリコンヴァレーにいるインド人ソフトウェア・エンジニアたちのことを考えるといい。

グローバル化の諸要素

この真に未曾有のグローバル化を可能にした技術の進歩をしっかりと理解する最善の方法は、その成果を出力や容量、評価、効率、性能といった要素の総体として表すことかもしれない。すでに説明したように、目もくらむような近年のグローバル化の技術的基盤は、１９７３年以前に構築されたが、その後のグローバル化は広範に及ぶ盛んなものだったので、原動機（輸送における内燃機関とモーター）や必須のインフラ（港、空港、コンテナ輸送）への巨額の投資を必要としてきた。その結果、それらの数が増しただけではなく、平均的な能力（パワー、容量、処理量など）が増し、典型的な効率と信頼性が向上した。そこで、70年代前半以降の、船舶輸送や航空輸送、航行、演算処理、通信における進歩を見てみよう。

１９７３年以降のグローバル化で海上貿易の量が3倍以上に増え、その構成に大きな変化がもたらされた。[注76] 73年には、タンカーによる主に原油とその精製品の輸送が総輸送量の半分以上を占めたが、２００８年にはモノが約70パーセントとなった。これはアジア、とりわけ中国が世界の消費財の最大の産地として台頭したことだけではなく、統合と相互依存が全体的に進展したことも反映している。ドイツの自動車メーカーがアメリカのアラバマ州で自動車を組み立て、テキサス州で天然ガスの採掘ブームを活かして製造された化学薬品がEUの産業界で原料として使われ、チリの果物が4つの大陸に輸出され、ソマリアのラクダがサウジアラビアへ運ばれる、という具合だ。

1973〜2019年に、このように輸送量を3倍に伸ばすためには、載貨重量トンで量ったときに全世界の商船の積載量を4倍近く増やす必要があった。載貨重量トンは石油タンカーが3倍強、コンテナ船が約4・5倍になり、世界のコンテナ船の数は45年間でおよそ10倍に増え、2019年には5152隻を数えた。この桁違いの増加には、コンテナ船の活動の中国への大規模なシフトが伴っていた。1975年には、中国はコンテナ輸送をまったく行っておらず、アメリカと日本の港が、全世界の動きの半分近くを占めた。それが2018年には、香港を含め、中国が32パーセントを占める一方、アメリカと日本を合わせても、占有率は10パーセントを割った。

船の大きさで言うと、マルコム・マクリーンは1972年と73年に、標準的な鋼鉄製コンテナをそれぞれ1968個積める、自社で最大のコンテナ船を就役させた。この2隻は、彼が57年に初めて採用した改造コンテナ船の5倍近い大きさだった。96年に就役したレジナ・マースク号は、標準的なコンテナを6000個積むことができた。2008年には、最大積載数は1万3800個に達し、19年には地中海海運会社が、それぞれ2万3756個の標準的なコンテナを運べる巨大な船を6隻就役させた。こうして、1973〜2019年に、船の最大積載量は12倍になった。[注77] 当然ながら、このコンテナ海上輸送への大規模な転換に合わせて、貨物列車やトラックによる輸送も変わらざるをえなかった。こうして完成した複合一貫輸送網のおかげで、今や中国内陸部の都市から、アメリカのミズーリ州にあるスーパーマーケットの荷物搬入口まで、製品を運ぶことができる。

そして、カナダの大西洋岸で捕まえたばかりのマグロを東京へ、ケニアのサヤインゲンをロンドンへ、エクアドルのバラをニューヨークへといった高価な食品や花の輸送や、高級な電子機器の輸送がスピードを求められるときには、飛行機で運ばれる。どの旅客機も胴体下部の貨物室でモノを運んでいるし、貨物機も数を増している。その結果、全世界の航空貨物は１９７３～２０１８年に、トンキロ単位で約12倍になり、定期旅客輸送量は、約５０００億旅客キロから８兆３０００億旅客キロへと、17倍近い伸びを見せた。[注78] 最新の輸送量合計のほぼ3分の２にあたる５兆３０００億旅客キロが国際線であり、これは毎年５億人近くが飛行機でニューヨークとロンドンを往復するのに相当する。

こうした空の便に国際観光客が占める割合は、しだいに増加している。１９７０年代前半には、全世界の観光旅行者の年間総数は２億人未満で、主にアメリカ人と西ヨーロッパ人だったが、２０１８年には14億人という新記録を打ち立てた。[注79] 主な観光目的地は相変わらずヨーロッパで、全到着数の半分を占め、観光客が訪れるヨーロッパ大陸の上位3国は、フランスとスペインとイタリアだ。何世代にもわたって、観光支出の合計はアメリカが最も多かったが、12年に中国に追い抜かれ、５年後には、中国人観光客はアメリカ人の２倍のお金を使っていた。到着数が急増し、パリ、ヴェネチア、バルセロナといった、いくつかの主要都市にばかり集中したため、地元住民から苦情が出て、日々あるいは年間の訪問者数を制限する動きが起こり始めている。注80

今なお有効なムーアの法則

素材や製品や人の動きの増加も、大量の在庫を抱えずに事業を行う新しい産業に向けたジャストインタイムでの素材や部品の配達も、ナビゲーションやトラッキング（追跡）、演算処理、通信の進歩によって可能になり、信頼性も増し、国際的なデータの流れが引き起こした新たな洪水も、対応に必要な能力を大幅に拡張して乗り切った。これらの進歩はすべて、1つの技術上の根本的な基盤を持っている。それは、集積回路により多くの素子を実装する能力だ。おおむね2年ごとに倍になるという、その能力の向上のペースは、これまでのところ、ゴードン・ムーアが1965年にフェアチャイルドセミコンダクター社の研究開発部門の責任者だったときに立てた予想に従っている。注81

1968年、ムーアは共同でインテル社を創業し、すでに指摘したように71年に同社は2300の素子から成る最初のマイクロプロセッサ（マイクロチップ）を発売した。やがて、マイクロプロセッサの製造は、大規模な集積（最大10万素子）から非常に大規模な集積（VLSI、最大1000万素子）へ、さらには超大規模な集積（ULSI、最大10億素子）へと発展していった。[注82] 10^5個に達したのが82年であり、96年には、ＥＮＩＡＣの開発50周年を記念して、ペンシルヴェニア大学の学生グループが、7・4ミリメートル×5・3ミリメートルのシリコンマイクロチップに17万４５６９個のトランジスターを集積し、汎用デジタルコンピューターの第一号を再現した。もともとのＥＮＩＡＣは、その５００万倍以上の重さで、約4万倍の電気を必要としたが、再現されたマイクロチップのほうが５００倍も速かった。[注83]

進歩はさらに続いた。集積できる素子の数は、２００３年には10^8個、10年には10^9個を超え、19年にはＡＭＤ（アドバンスト・マイクロ・デバイセズ）社が３９５億個のトランジスターを集積したＥｐｙｃＣＰＵという製品を発売した。[注84] つまり１９７１～２０１９年に、マイクロプロセッサの性能は7桁分、より正確には１７１万倍に上がったということだ。これだけ進歩すれば、厖大なデータ転送（地球観測衛星やスパイ衛星や通信衛星からの転送、金融の中心地やデータストレージの間の転送）や、即時の電子メールと音声通話、高精度のナビゲーションなどの新たな需要を満たして余りあった。

高精度のナビゲーション能力は、レーダー探知の進歩や、衛星測位システムの導入とその後の拡張・改良の恩恵を受けてきた。最初のシステムであるアメリカのＧＰＳは１９９３年に完全な運用が始まり、ロシアのＧＬＯＮＡＳＳとＥＵのガリレオと中国の北斗衛星導航系統という他の３つのシステムがそれに続いた。[注85] その結果、今ではコンピューターか携帯電話を持っている人なら誰もが、世界中の船舶と航空機の活動をリアルタイムで見ることができる。「マリントラフィック」というウェブサイトを開くだけで、貨物船（緑のアイコン）が上海と香港に集まってくるところや、バリ島とロンボク島の間を抜けようとして並んでいるところや、イギリス海峡を進んでいるところが眺められる。タンカー（赤）がペルシア湾から出てくるところや、タグボートや専用の船舶（青緑色）が北海の石油や天然ガスの掘削リグのための作業をしているところ、漁船（薄茶色）が太平洋の中央部を巡っているところも見られる（そこにも、他の場所にも、画面には映らない船が多くいる。密漁をしているときには、応答装置を切るからだ[注86]）。

同じように、クリックするだけで民間機の飛行状況が見られ、目を奪われる。[注87] 早朝のヨーロッパ付近には、夜の間に南北アメリカから大西洋を横断してヨーロッパ大陸に近づいてくる飛行機が点々と長い弧を描いているところが映る。夕方の北アメリカ付近には、ヨーロッパへの最適な飛行経路をたどるジェット旅客機の長い流れが映る。太平洋を横断して日本に向かう飛行機は、日本時間で午後遅くと夜の初めの時間帯に成田と羽田に集中する。そのうえ、飛行トラッキングのおかげで、頻繁に位置を変えるジェット気流を考慮に入れて変更される飛行経路をたどることもできる。[注88] それほど多くはないが、大きなサイクロンの進み具合や、火山噴火で吐き出された灰の雲によって、飛行経路が調整されることもある。[注89]

必然性と挫折と行き過ぎ

グローバル化の歴史を振り返ると、いっそうの国際的な経済統合へと向かう、否定のしようのない傾向が見て取れる。それは、エネルギーや素材、人、アイデア、情報の流れの増大として表れ、技術力の向上によって可能になっている。このプロセスは新しいものではないが、１８５０年以降の多くのイノベーションがあったからこそ、最近のように盛んで広範なものになりえたのだった。だが過去の挫折のいくつかが示しているように、これらの技術の進歩によって、継続的な発展が必然のものとなるわけではない。特に注目に値するのが、20世紀前半に見られた、経済のグローバル化の重大な後退であり、また、それに伴う、人々の国際的な動きの減少だ。この後退の原因は明らかで、その数十年間には大規模な悲劇と国運の逆転劇が前例のないほど連続したからだ。

主なものだけ挙げよう。中国最後の王朝である清《しん》の終焉《しゅうえん》（１９１２年）、第一次世界大戦（14～18年）、帝政ロシアの滅亡とボリシェヴィキによる権力掌握、それに続く長年の内戦とソ連の樹立（17～22年）、オスマン帝国の崩壊（23年までに最終的な解体）、第一次世界大戦後の20年代のヨーロッパにおける政情不安、29年10月末の株式市場の大暴落、その後、30年代の大半を通して続いた世界的な経済危機、２度目の世界大戦の真の発端である日本による満州侵略（31年）、ナチスによるドイツの掌握（33年）、スペイン内戦（36～39年）、第二次世界大戦（39～45年）、中国の内戦の再発（45～49年）、冷戦の始まり（47年）、毛沢東による中華人民共和国建国宣言（49年）。こうした事態に伴う経済のグローバル化の逆行は深刻だった。世界のGDPに貿易が占める割合は13年の約14パーセントから、39年には約6パーセント、そして45年にはわずか4パーセントまで下がった。[注90]

また、1990年以降のグローバル化の加速は、以前よりも優れた技術的手段が手に入ったことだけを拠り所にしていたわけではない。主要な政治的変革や社会的変革が同時に起こっていなければ、グローバル化が加速することはありえなかっただろう。変革のうちでも特筆に値するのが、80年以降に中国が国際的な通商に復帰し、その後、89～91年にソヴィエト帝国が瓦解《がかい》したことだ。つまり、21世紀の最初の20年間に達成された高度なグローバル化は、必然的なものではなかったのであり、今後の展開次第ではそれが弱まりうるということだ。それがどの程度になるか、そして、どれほどの速さで起こるかは、予見のしようがない。軽微なものになる可能性もあれば、重大なものになる可能性もある。大きな力の衝突によって急速に起こるかもしれないし、世代間の問題として緩やかに生じるかもしれない。

多くのものがしっかりと定着しているように見える。盛んになったグローバル化に伴うものの多く、特に過去2世代の間に起こった多くの変化は、すっかり根づいている。あまりに多くの国が今や食料の輸入に依存しているし、あらゆる原料を自給することは、最大級の国々にもできない。経済が必要としているすべての鉱物の十分な埋蔵量がある国などないからだ。イギリスと日本は自国で生産しているよりも多くの食料を輸入しているし、中国は国内の高炉に必要な鉄鋼を自国では賄い切れない。アメリカはランタンからイットリウムまで多くの希土類金属を買っているし、インドでは原油が慢性的に不足している。[注91]大量生産には固有の利点があるので、企業は携帯電話を、それが購入されるすべての都市で組み立てるわけにはいかない。それに、依然として何百万もの人が、はるか彼方の名所を死ぬ前に1度は見ておきたがっている。[注92]そのうえ、瞬時に流れを逆転させるのは非現実的だし、急激に流れを止めようとすれば、大きな代償を払わされることになる。たとえば、もし深圳がポータブルデバイスの世界一重要な製造ハブとしての機能を突然停止したら、家庭用電気製品のグローバルな供給は大打撃を受けるだろう。

　だが歴史を見れば、最近の状態は何世代にもわたって続きそうにないことがわかる。イギリスとアメリカの諸産業は、つい1970年代前半までは世界のリーダーだった。それなのに、バーミンガムの金属加工工場やボルティモアの製鋼炉は、今どこに行ってしまったのか？　マンチェスターやサウスカロライナ州の大規模な紡績工場はどうなったのか？　65年には、デトロイトの三大自動車メーカーは依然としてアメリカ市場の90パーセントを押さえていたが、今ではその占有率は45パーセントさえ下回っている。深圳は、中国初の経済特別区になった80年までは小さな漁村だったが、今や1200万人以上が暮らす巨大都市だ。2050年にはどのような役割を果たすだろう？　現状からの大規模で急速な後退はありえないが、グローバル化推進の機運は、ここしばらく弱まってきている。
北アメリカとヨーロッパと日本で脱工業化が加速し、アジア全域へ、特に中国へと製造業が移っていることが、これまでこの方向転換の最大の原因だった。[注93]こうした製造業の移転がもたらした変化は、滑稽なものから悲劇的なものまでさまざまだ。滑稽なほうの例としては、1人当たりの森林資源が他のどの富裕国よりも多いカナダが、中国から爪楊枝《つまようじ》やトイレットペーパーを輸入するという、馬鹿げた取引がある。中国の木材資源は、カナダの広大な北方林の足元にも及ばないというのに。[注94]だが製造業の移転は、悲劇の一因でもある。たとえば、大学を出ていないアメリカの白人男性は、中年での死亡率が上がっている。アメリカでは2000年以降、以前は高賃金だった製造業の働き口がおよそ700万も失われた。そのほとんどがグローバル化に伴うもので、大半は中国に移った。自殺や薬物の過剰摂取、飲酒による肝疾患を主な要因とする絶望死を白人中年男性が迎える最大の原因が、そこにある。[注95]
そして今では、グローバル化が2000年代半ばに現に転機を迎えたことを示す、確固たる量的裏付けがある。まもなくこの展開は、08年のいわゆる「グレート・リセッション（大不況）」によって霞んでしまったのだが、コンサルティング会社のマッキンゼーが、43か国で1995～2017年の23の産業のバリューチェーン（最終製品を最終消費者に届ける、設計から小売りまでの、相互に関連したさまざまな活動）を分析すると、モノを生産するバリューチェーンは、絶対量では依然として徐々に成長していたものの、貿易への依存度が大幅に下がり、総生産量のうちで輸出に回される割合は２００７年の28・1パーセントから17年には22・5パーセントまで減少したことがわかった。[注96] 私の見るところでは、この調査で明らかになった2番目に重要な点は、以下のとおりだ。世間の認識とは裏腹に、今やグローバルなモノの貿易のうち、労働力のアービトラージ、つまり低い人件費が原因のものは約18パーセントしかなく、多くのバリューチェーンではその割合が２０１０年代を通して減っており、グローバルなバリューチェーンはより知識集約型になりつつあり、高度な技能労働への依存を強めている。経済協力開発機構（ＯＥＣＤ）の調査でも同様で、グローバルなバリューチェーンは11年に成長が止まり、それ以降、わずかに縮小しており、中間財と中間サービスの貿易が減少していることが示されている。[注97]

理に適ったものや誇張されたもの、思慮深いものや扇動的なものなど、さまざまな恐れがそこに加わる。国家の主権や文化や言語に対するグローバル化の影響についての恐れ。商業的な普遍性に浸っているうちに、自らの大切な特性が薄まってしまう恐れ（これには、アメリカのファストフードチェーンの浸透から、事実上野放しになっているＳＮＳの力まで、さまざまなものについての懸念が含まれる）。グローバル化は恩恵をもたらすと謳《うた》われていたにもかかわらず、経済的・社会的な不平等の一因になっていることについての恐れなどだ。こうした現実にある欠点や、欠点と認識されているものは、控えめに見積もってもグローバル化には否定的な面が強いことの裏付けとなるので、将来、このプロセスを推し進めることを疑問視するのは当然であり、2020年には新型コロナが、そのような思いを募らせた。

レジリエンスを強め、想定外の混乱を減らすために、多くの種類の製造業を自国内に戻すべきだという主張は、新しいものではない。グローバル化の進展と多国籍企業の活動は、1990年代から疑問視され、批判されてきたし、そうした意見が有権者の不満の一部になっている国も、最近ではイギリスとアメリカをはじめ、いくつかある。[注98] だが、新型コロナが世界中に拡がるなかで、グローバルなサプライチェーンの再編を求める分析や訴えを、有力な機関が次々に発表し始めた。OECDは、遠方からの輸入にあまり依存せず、グローバルな貿易の中断にもっとよく耐えられるような、よりレジリエンスのある生産ネットワークを構築するための政策の選択肢を検討した。国連貿易開発会議は、製造業をアジアから北アメリカとヨーロッパに戻し、付加価値の集中度を高めるような、より短く、あまり断片化されていないバリューチェーンへと転換することを考えた。つまり、単一の国あるいは経済圏の内部で、設計や製造から流通まで行うということだ。再保険会社のスイス・リーは、レジリエンスを高めるために、グローバルなサプライチェーンを再調整してリスク軽減を図ることについての報告書をまとめた。そしてブルッキングズ研究所は、高度な製造業を自国内に戻すことが良い雇用を創出する最善の方法である、と考えた。[注99]

グローバル化に対する疑問や批判は、狭いイデオロギー上の議論の範囲にとどまらなかった。そして、新型コロナのパンデミックが起こると、反論の余地のない懸念に基づく、強力な主張がそこに加わった。その懸念は、国民の生命を守るうえでの国家の基本的な役割に関するものだ。そのような役割を果たすのは簡単なことではない。なぜなら、世界のゴム手袋の70パーセントがたった1つの工場で生産され、他の個人用防護具だけでなく、薬剤の主要成分をはじめ、抗生物質や降圧薬などの一般的な医薬品も、それと同じような割合か、それを超える割合さえもが、中国とインドのほんの一握りの供給業者に由来しているからだ。[注100] こうした依存は、可能なかぎり低い単価で大量生産するという、エコノミストの夢を満たしてくれるかもしれないが、それによって実現する政治は、犯罪に等しいとは言わないまでも、すこぶる無責任だ。なにしろ、アジアの工場が減産したり閉鎖されたりしたら、医師や看護師が、適切な個人用防護具なしでパンデミックに直面しなければならなかったり、外国製品に依存する国々が、限られた供給を巡って見苦しい争いを演じたり、世界中の患者が処方薬を補充できなかったりするからだ。

そして、グローバル化の行き過ぎが招いた安全上の懸念は、医療の部門にとどまらない。アメリカは、中国製の大型変圧器の輸入量が増えているので、部品の手に入りやすさや、将来の送電網の不安定化が心配される。また、欧米諸国の一部では5Gネットワークへのファーウェイの参入が禁じられておおいに話題になったが、それについての議論は、ここで繰り返すまでもないだろう。[注101] 意外ではないが、製造業を自国に戻すことが、北アメリカとヨーロッパの両方で今後の流れになりうる。2020年のある調査では、アメリカの製造業者の64パーセントが、パンデミックの後、生産拠点を国内に戻す可能性が高いと回答している。注102

この風潮は、持続するだろうか？　私は、必ず強調することにしているとおり、予想はしない。したがって、コロナ以前のグローバル化の水準からの後退、あるいはその水準の継続全般や、製造業の外国からの引き揚げの詳細にかかわる具体的な数値を示すことはない。最もありそうな結果の範囲を見定めるよう試みるだけだ。近年、グローバル化のほとんどの面が新たな高みに登ることが、しだいになさそうに見えてきていた。そして、2020年にはこの見方はまったく例外ではなくなった。グローバル化にすでにピークを越えたのかもしれず、今後数年どころか数十年にわたって退潮が続くことがありうるのだ。

第5章

リスクを理解する

――ウイルスから食生活、さらには太陽フレアまで

現代文明の進歩は、次のように大まかで単純な形で説明することができる。私たちは複雑で脆弱な生命体であり、危険に満ちた世界で多くの困難を乗り越えて生き延びようとしているために、さまざまなリスクに直面するが、そのリスクを軽減する方法の一連の探求行為の成果が現代文明の進歩である、と考えるのだ。これまでの各章では、その探求で私たちがどれほどうまくやってきたかを詳細に述べた。作物の収量が増えたおかげで、食料供給が改善し、コストが減り、栄養不良や発育阻害のリスクと、栄養不足に起因する小児病のリスクが下がった。最も目覚ましかったのは、食料生産の拡大と広範な食料貿易と緊急食料支援が組み合わさって、長年避けられなかった飢餓の繰り返しに終止符を打ったことだ。[注1]

より良い住まい（より広く、上水道と温水が使え、セントラルヒーティングを備えている）や、より良い衛生状態（より多く石鹸を使い、より頻繁に手洗いをすること以上に重要な改善はない）、より良い公衆衛生対策（大規模なワクチン接種から食品の安全の監督まで多岐にわたる）のおかげで、家庭の快適さが向上し、汚染された水を通して拡がる感染症のリスクが下がり、食品が媒介する病原体も減り、薪ストーブによる一酸化炭素中毒の危険もおおむねなくなった。[注2]さまざまな工学上の進歩や公衆安全対策のおかげで、労働災害や交通・輸送事故が減った。現在、毎年の死者数が１２０万人を超える自動車事故は、側面衝突に備えたドアビーム、シートベルト、エアバッグ、マウントストップランプ（運転者の目の高さのブレーキランプ）、しだいに普及している自動ブレーキと車線逸脱補正といった、自動車の設計と保護機能の改善がなかったら、はるかに多くの死者が出ているだろう。こうした改善によって、衝突や死傷のリスクが小さくなっている。[注3]

国際条約で透明性のある規則を定めることにより、汚染されたモノの輸入のリスクを下げるなど、信頼性と安全性が促進されたり、子供を誘拐して他国に連れ出した親を追跡するなど、遺憾な事態に対して法的措置が取られたりしている。[注4]そして、メディアによる報道が生み出す印象とは裏腹に、全世界の暴力的な紛争の頻度とその死傷者の総数は、何十年にもわたって減り続けている。[注5]だが、私たちの身体はきわめて複雑であり、自然界のさまざまなプロセスは影響力が途方もなく大きく予想不能であり、複雑な機械を設計したり動かしたりするときに人間のエラーを完全に排除するのは不可能であることを考えると、現代世界にリスクがあふれ続けていることには何の不思議もない。

情報通になるために特別努力していない人でさえ、人為的な危険や自然の危険、食生活や疾患や日常的な活動のリスクについてのメディアの報道には、日頃からさらされている。人為的な危険のカテゴリーには、恐ろしいテロ攻撃、化学物質恐怖症の多くの対象（食品中の残留農薬から玩具やカーペットに含まれる発癌《はつがん》物質まで）、壁の中やベビーパウダーの中に隠れているアスベスト、さらには人間が原因の地球温暖化によって荒廃していく地球も入る。[注6]メディアの報道は、ハリケーンや竜巻、洪水、旱魃《かんばつ》、イナゴの大発生などの自然災害の二ユースをけっして見落とさない。その背景には不治の癌や予想不能のウイルスに対するいつまでも消えない不安があり、重症急性呼吸器症候群（ＳＡＲＳ）やエボラ出血熱を巡る近年の懸念も、新型コロナのパンデミックがもたらした苦悩の、ごく穏やかな予告編でしかなかった。注7

このリストは、以下についての不安を加えれば、簡単に拡張できる。狂牛病（牛海綿状脳症）、サルモネラ菌あるいは大腸菌、病院での病原菌への曝露（院内感染）、携帯電話からの非電離放射線、サイバーセキュリティーとデータ窃盗、ＡＩや遺伝子組み換え生物が制御できなくなること、核ミサイルの誤発射、当てもなく漂う小惑星が気づかないうちに地球に落下すること。このように挙げていくと、今やかつてないほど多くのリスクにさらされていると、簡単に結論してしまうかもしれない。あるいは、それとは対照的な結論に至るかもしれない。すなわち、そうした出来事、あるいはそれが起こる確率について、誇張された報道がひっきりなしになされているせいで、たんに私たちはそれらの存在を前より意識するようになっただけであり、リスクを適切に認識すれば、もっと心が静まるような見方ができるだろうという結論に。そして、それこそまさに、この章でやろうとしていることだ。たしかにこの世界は、絶え間ないリスク、あるいは折々のリスクであふれているが、誤った認識や不合理なリスク評価だらけでもある。そのような誤解や誤算が発生するのには多くの理由があり、リスク評価の専門家たちが、誤解や誤算の起源と蔓延《まんえん》、持続期

間に関する啓発的な調査結果を発表している。注8

だが、人為的なリスクと自然のリスクの分析・数量化・比較に取り掛かる前に、基本的な事柄を押さえておこう。長生きするには、何を食べるべきか？　現代の食生活に関する主張や反論がやたらに飛び交うなかでは、これは答えるのが不可能な質問、あるいは少なくとも、答えるのが非常に難しい質問に思えるかもしれない。無制限の肉食から純粋な完全菜食主義まで、さまざまな食事法の1つひとつの長所と短所をどのように検討すればいいのか？　「旧石器時代《パレオ》ダイエット」という謳い文句で推奨されている無制限の肉食は、食物エネルギーの3分の1以上を肉のタンパク質から供給する。反対に純粋なビーガンは、動物性のものは1マイクログラムさえ口にしないだけでなく、革靴を履いたり、羊毛を編んだセーターやシルクのブラウスを着たりすることもない。無制限の肉食は、私たちの遠い祖先が抱いていた肉食に対する憧れの権化のような人の心に訴える。完全な菜食は、長年痛めつけられてきた生物圏を維持するための最も確実な道を提供しようとする。有害な家畜と違って慎ましい植物は、これ以上ないほど軽い負荷しか環境にかけないというのがその理由だ。注9

80歳を超える長寿と結びついている、最もリスクが少ない食生活を見つけるための私の取り組みは、優れたものとしてメディアが売り込む怪しげな食生活をすべて無視するだけではなく、ひょっとするとこれはもっと意外かもしれないが、学術誌に掲載された何十もの論文も顧みない。過去に摂取したあらゆる食物についての本人の記憶をもっぱら拠り所として、食生活と疾患と長寿の間の関連を調べた、対象人数も期間もまちまちの論文は、特にそうだ。そうした調査の統合的な研究にも目を向けない。冠状動脈性心疾患や飽和脂肪やコレステロールの調査から、肉を食べたり畜乳を飲んだりすることのリスクを取り上げたものまで、1950年以降のその種の論文をたんに並べるだけでも、小さな本なら1冊が埋まるだろう。そして、それらの研究のかなりの部分が、人間の記憶がどれほど当てにならないか（あなたは先週何を食べたか？　きっと思い出せないだろう。あるいは少なくとも、正確には思い出せないだろう）を暴くことと、手順や解析の「欠点」を詳述することに捧げられている。つまりこの分野は、説得力のない結論への批判が蔓延しているわけだ。[注10]

だから、何を食べるべきかという問題に、ほとんどの人が頭を悩ませるのも無理はない。これらの研究や、それを統合する研究は、一貫した明確な結果を出すことに繰り返し失敗してきたし、新しい研究がそれまでの結果を根本から覆すことがしばしばある。[注11]食生活にまつわるはるか昔からのこの難問は、いまだに解決を見ていない。これにけりをつける、もっと良い方法はあるのか？　じつは、それはごく単純なことだ。どこの人がいちばん長生きし、彼らがどのような食生活をしているかを見ればいい。

京都の人のように、あるいはバルセロナの人のように食べる

世界の２００を超える国や地域のうち、日本は１９８０年代前半に男女総合の出生時の平均余命（平均寿命）が77年を超えて以降、平均寿命が最も長い。[注12]その後も寿命は延び続け、２０２０年には男女総合の平均寿命は約84・６年に達した。どの社会でも女性のほうが長命であり、同年には日本の女性の平均寿命は約87・７年で、２位のスペインの86・２年を上回っている。平均的な長寿は、遺伝と生活様式と栄養の要因が複雑に絡み合い、相互作用した結果だ。食生活だけによって長寿がどの程度決まるのかを突き止めるのは不可能だが、ある国の食生活に固有の特徴があるのなら、それは詳しく調べてみる価値がある。

日本の食物摂取には、この国の記録的な長寿に対する食生活の貢献を即座に説明できるような、何か本当に特別なところがあるのだろうか？　日本で多く摂取されている伝統的な食材はすべて、近隣のアジア諸国でたっぷり飲食されているものとわずかな違いしかない。中国人と日本人は、米の同じ亜種（オリザ・サティバ・ジャポニカ）の、栄養面では等価の種類を食べている。中国人は伝統的に、硫酸カルシウム（石膏）で豆腐を凝固させる。一方、日本人は主に塩化マグネシウム（にがり）を使って豆腐を固める。だが、原料のマメ科の穀物を磨り潰したものが、タンパク質を豊富に含んでいることに変わりはない。また、日本の緑茶（お茶）は発酵させていないが、中国の緑茶（ルーチャ）はある程度発酵させてあるものの、栄養価に違いはなく、見た目と色と味が違うだけだ。

日本人の食生活は、過去１５０年間に激変した。１９００年以前に国民の大多数が摂取していた伝統的な食事は、成長潜在力を発揮させるほどではなかったので、男女とも身長が低かった。第二次世界大戦前は緩やかだった改善の度合いは、1945年の敗戦後の食料不足を日本が克服した後、加速した。[注13] 栄養不足を防ぐためにまず学校給食に導入された牛乳の消費量が増え始め、白米が豊富に出回った。日本が世界最大の漁船団と捕鯨船団を築き上げるのに伴って、シーフードの供給が急増した。肉が日本の一般的な食事に組み込まれ、パンや焼き菓子などの多くが従来はオーブン料理の習慣がなかった日本文化のお気に入りになった。所得が上がり、和洋両方の料理が普及すると、コレステロール値や血圧や体重の平均が上がった。それにもかかわらず、心疾患が急激に増えることはなく、寿命は延び続けた。[注14]

最新の調査を見ると、日本とアメリカでは、1日当たりに摂取する食物エネルギーの総量が驚くほど近いことがわかる。1日当たりの食物エネルギーの摂取量を2017年の日本人男女と比べると、15～16年には、アメリカ人男性はわずか11パーセント、アメリカ人女性に至っては4パーセント未満しか上回っていない。炭水化物の総摂取量は日本人が10パーセント弱、タンパク質はアメリカ人が14パーセント弱、それぞれ多く、若干の違いがあるものの、両国とも、タンパク質の摂取量は必要最低限を大きく超えている。だが、脂肪の平均摂取量には大きな隔たりがあり、日本人と比較すると、アメリカの男性は約45パーセント、女性は30パーセント多い。そして、最大の違いが見られるのが糖類の摂取量で、アメリカの成人のほうが約70パーセント多い。これを年間の差に換算すると、アメリカ人は最近、日本の平均的な成人よりも毎年、脂肪を８キログラム、糖類を16キログラム多く摂取していることになる。[注15]

たいていの食材は多くの場所で入手可能だし、調理の手順やレシピはインターネットで簡単に調べられるので、あなたも早死にのリスクを最小化し、日本風の食事を食べ始めることができる。日本の伝統的な料理である和食であれ、外国の料理をアレンジしたもの（たとえば、ウィーン風カツレツをあらかじめスライスしておいて振る舞うトンカツや、どろっとしたカレーをご飯にかけたカレーライス）であれ、お好みで。[注16]だが、朝食に味噌汁、昼食にただの冷たいおにぎり、夕食にすき焼きを食べ始める前に、セカンドオピニオンに耳を傾けてみるのもいいだろう。ヨーロッパで最高の食生活と長寿のモデルはどのようなものなのか？

世界の長寿ランキングで第二位に入るのがスペインの女性で、この国は伝統的に、いわゆる「地中海式ダイエット」に従って、野菜と果物と全粒穀物をたっぷり摂取し、マメ類やナッツ、種子、オリーブオイルで補足していた。だが、スペインの平均所得が上がると、人々はこのような習慣を意外なほど変えた。[注17]１９５０年代後半まで、フランコ体制下の貧しいスペインは、はなはだ質素な食事を続けていた。典型的な食事はデンプン（穀物とジャガイモの年間消費量は、１人当たり合計約２５０キログラムにもなった）と野菜がほとんどで、肉の供給量は１人当たり枝肉重量で20キログラム未満、実際の消費量は12キログラム足らず

(3分の1はヒツジとヤギの肉)、オリーブオイルが主要な植物油(毎年約10リットル)であり、糖類の消費(1960年には16キログラム)だけが、他の食品と比べて相対的に多かった。

食生活の変化は、1986年にスペインがEUに加盟した後に加速し、2000年には1人当たりの肉の年間供給量が4倍以上の110キログラム強まで増え、スペインはヨーロッパ第一の肉食国になっていた。その後、わずかに下り坂になり、2020年には枝肉の供給量は1人当たり約100キログラムまで落ちたが、それでもまだ、日本の平均値の2倍だ! そして、生鮮肉や厖大な量と種類のハモン(塩漬けにし、長期間乾燥させたハム)に乳製品も加わるのだから、スペインの動物性脂肪の供給量が日本の値の4倍に達するのは、少しも意外ではない。[注18] 現在、スペイン人は日本人のほぼ2倍の植物油を消費しているが、1960年に比べると、この消費量は約25パーセント減っている。

所得の上昇は、甘い食品に対する従来の好みを募らせる一方であり、そこに炭酸飲料も入ってきたため、1960年以降、1人当たりの糖類の消費量は倍増し、今では日本の約40パーセント上の水準にある。一方、スペイン人のワイン消費量は確実に減っており、60年には1人当たり約45リットルだったのが、2020年にはわずか11リットルまで下がり、ビールがスペインで圧倒的に消費量の多いアルコール飲料となった。現在、スペイン人の飲食は、日本人の飲食とは大違いであり、大陸一の肉食国であるスペインの食生活は、質素で、菜食主義に近く、寿命を延ばすという伝説の地中海式ダイエットとは、似ても似つかない。

だが、以前より肉も脂肪も糖類も多い食生活に加えて、心臓を守ってくれるはずのワインの消費の急減もありながら、スペインの心血管系疾患死亡率は下がる一方であり、寿命は延び続けている。１９６０年以降、スペインの心血管系疾患死亡率は、富裕国の平均よりも速いペースで下がっており、２０１１年には平均と比べて約3分の１少なかった。そして、１９６０年にはスペインの男女総合の平均寿命は70年だったが、それ以降、13年以上も延び、２０２０年には83年超となっている。[注19] これは、日本の平均寿命よりもわずか１年短いだけだ。その1年のために、肉を半分に減らして、豆腐に替えるだけの価値が、果たしてあるだろうか？　しかも、その1年は、心身の一方か両方が衰弱した状態で過ごす可能性が高いというのに。

食べそこなうかもしれないものについて考えてほしい。紙のように薄くスライスした生ハムのハモン・イベリコ、見事にローストされた豚（マヨール広場から南に歩いてすぐのレストラン、ソブリノ・デ・ボティンで、３００年近く前から作っている有名な料理ではないにしても）、茹でたタコにジャガイモやパプリカやオリーブオイルを合わせた美味しいプルポ・ガジェゴ。これらは、真に生き方にまつわる判断だ。だが、結論はかなり明白だ。食生活は非常に重要ではあるものの、親から受け継いだ遺伝子や周囲の環境などを含む全体像の中の１要素にすぎない。だが仮に、健康で活動的な生活を伴う長寿を一般的な食生活にだけ帰するなら、日本の食事のほうがわずかに有利だが、バルセロナの人がしているような食生活を送っていても、結果はわずかしか劣らない。

これは、重大ではあるけれど比較的わかりやすいリスク評価だ。説得力のあるデータに基づいた1つの選択が、今後何十年も通用するのだから。一方、常にもっと厄介なリスク評価もある。尺度が寿命のように単純ではない場合だ。特定の活動のリスクは、時間とともに変化する。たとえば、今ではアメリカでの自動車運転は一般的に、半世紀前よりもはるかに安全だが、50年間運転している人は技能が衰え、運転席に座ったときに自分や他人にもたらすリスクが増えているかもしれない。そして、大陸間の空の旅（それほど頻繁に行わないかもしれない）が、スキーの滑降（何年もやっているかもしれない）よりもリスクが大きいかどうかを知りたければ、そうとう正確な比較の基準が必要になる。また、違う国で経験するリスクについては、どうだろう？　たとえば、アメリカで自動車を運転するのと、アルプスを登っていて雷に打たれるのと、日本で地震で死ぬのとでは、リスクはどれほど違うのか？　じつは、こうしたリスクのすべてについて、驚くほど正確な比較評価をすることができる。

リスクの認識と許容度

1969年、当時カリフォルニア大学ロサンジェルス校の工学・応用科学学部の学部長だったチョンシー・スターは、先駆的なリスク解析を行い、自発的活動と非自発的活動の間にリスク許容度の大きな違いがあることを強調した。[注20] 人は、自分が主導権を握っていると考えているとき（その認識は正しくないかもしれないが、それまでの経験に基づいており、したがって、起こりそうな結果を評価できるという信念を拠り所としている）、欧米の大都市でのテロ攻撃といった、恐ろしい非自発的な曝露に関連するリスクよりも、深刻な負傷や死亡の可能性が１０００倍も大きいかもしれない活動、たとえば垂直な岩壁のロープなしでの登攀《とうはん》やスカイダイビング、闘牛をするときのリスクのほうを許容する。また、たいていの人は、一時的にリスクを大きく増すような活動も、日頃から繰り返し行っている。何億もの人が、毎日自動車を運転するし、多くの人は運転が好きなようだ。それよりもさらに多くの喫煙者が、さらに大きなリスクを許容している。[注21] 喫煙者は、富裕国では何十年にもわたる教育のおかげで数が減っているが、全世界では依然として10億人を超える。

自発的なリスクを許容する一方、非自発的な曝露のリスクを誤って認識して避けようとするということの傾向は、奇妙なまでに極端になる場合がある。たとえば、子供を守るための政府の要請（非自発的に負わされる義務）が受け容れ難いほどのリスクを伴うと考えて、我が子に予防接種を受けさせない親がいる。その結果、防ぐことができる疾患に子供がかかるリスクを自発的に増やしている。そして、そのような親が根拠にしているのが、信用できないことが繰り返し示されている「エビデンス」（最も注目すべきなのが、ワクチン接種を自閉症発症率の高まりと結びつけるもの）や、噂《うわさ》になっている危険（ワクチン接種を受けるとマイクロチップを埋め込まれる）だ。[注22]新型コロナのパンデミックは、こうした不合理な恐れを新たな段階まで進ませた。パンデミックを終息させるうえで最も期待が持てたのは、大規模なワクチン接種だったが、最初のワクチンの流通が認められるよりもずっと以前に、アメリカ人の大きな割合が、自分は接種を受けないだろうと、世論調査で答えていた。[注23]

原子力発電も広く恐れられているが、これまたリスクの誤解の好例だ。多くの人がタバコを吸い、自動車を運転し、食べ過ぎるが、原子力発電所のそばに住むことはためらう。そして、化石燃料を燃やしていたなら発生しただろう大気汚染関連の死を原子力発電が多数防いだという事実があるにもかかわらず、この種の発電に対しては永続的な不信が広く見られることを世論調査が示している。2020年には、世界の電気の5分の3近くが化石燃料由来であり、核分裂から得た分は10パーセントにすぎなかった。また、原子力発電と化石燃料を使った発電との全体的なリスクを比較しても、1986年のチョルノービリ（チェルノブイリ）と2011年の福島の二大事故に関する最も信頼できる推定を含めたときにさえ、優劣は逆転しない。[注24]

原子力発電絡みのリスク認識で最も驚くべき対比は、フランスとドイツを比べたときに見られるかもしれない。フランスは1980年代以降、70パーセント以上の電気を核分裂から得ており、60近い原子炉が国内に点在し、セーヌ、ライン、ガロンヌ、ロワールといった、フランスを流れる多くの川の水で冷却されている。[注25]それにもかかわらず、フランスはEU内ではスペインに次ぐ長寿国であり、これは、これらの原子力発電所が不健康や早死にの明確な原因になっていないことの、最高の証拠だ。ところが、ライン川の向こう岸では、ドイツの緑の党だけではなく社会のずっと大きな割合が、原子力は悪魔の発明であり、できるかぎり迅速に廃絶しなければならないと信じている。[注26]

だから多くの研究者が、「客観的なリスク」は存在しないと主張してきた。測定しようとしても無駄で、それは私たちのリスク認識が本来主観的であり、特定の危険（馴染みのあるリスクと新しいリスク）の受け止め方や文化的状況次第だからだ。[注27]さまざまな心理測定研究からわかったのだが、個々の危険は決まった特性とそれぞれ独自の形で密接に関連している。非自発的なリスクは、新しい、制御不能で未知の危険と結びつけられることが多い。一方、自発的な危険は、制御可能で科学に知られていると認識される可能性が高い。原子力発電は安全でなく、X線は許容できるリスクだと、広く認識されている。

リスクの認識では、恐怖感が並外れて大きな役割を果たす。許容度に違いが出ることを示す最高の例は、テロ攻撃かもしれない。恐れが判断力を奪い、議論の余地のない証拠に基づいて簡単になされた合理的な評価を締め出してしまう。テロ攻撃は、いつ、どこで、どれだけの規模で起こるか予想がつかないため、恐怖の心理測定尺度で上位を占める。だから、連日24時間休みなく放送を続けるニュースチャンネルのキャスターが提供するひどく誇張された似非《えせ》分析に徹底的に利用されてきた。彼らは過去20年間に、マンハッタンのど真ん中でスーツケース大の核爆弾を爆発させることから、大都市に飲み水を供給するのに使われている貯水池に毒を入れることや、遺伝子操作した致死的なウイルスを撒布することまで、さまざまな憶測をした。

そのような恐ろしい攻撃に比べると、自動車の運転は、おおむね自発的で、非常に頻繁に繰り返される、とても馴染み深いリスクを伴っており、事故死は1回の致命的な衝突当たり1人だけの場合が90パーセントを超え、圧倒的に多い。その結果、社会は毎年全世界で120万人を超える死者が出ることを許容している。大都市やその近辺の工場で事故が繰り返し起こったり、橋や建物などの構造物が崩れたりして死者が出たら、許容されないだろう。たとえそうした災害の年間の死者数が自動車事故の死者数よりも1桁少なく、「たった」数十万人だったとしても、だ。[注28]

個人のリスク許容度に大きな違いがあることは、次の事実を考えるとよくわかる。すなわち、端から見ると、あまりにリスクが大きいだけではなく、死の願望のカテゴリーに入っているとしか思えないような活動を、自発的に繰り返し行う人が大勢いるのだ。そうした活動の適例が、パラシュートをつけて高層ビルや断崖などから飛び降りる、ベースジャンピングだ。パラシュートを開くのがわずかでも遅れれば、命を落としかねない。自由落下する人は、ほんの数秒で致命的な速度に達する。[注29]その一方で、運命論を信じてリスクを許容する人もいる。疾患になったり事故に遭ったりすることはあらかじめ定められているので、自分が適切な行動をとって健康を増進させたり、災難を防いだりしようとしても意味がないというわけだ。[注30]

運命論を信じる人は、リスクを分析して実際的な結論を引き出すのに必要な努力をしないで済ませるためにも、リスクを過小評価する。それはまた、リスクにはまったく対処できないと感じているからでもある。[注31] 交通事故の運命論は、特によく研究されてきた。運命論を信じる運転者は、危険な運転状況を過小評価する。気を散らさない、安全な車間距離を保つ、スピード違反をしないといった防衛運転も実践する率が低く、あまり子供にシートベルトを着用させず、交通事故に巻き込まれても報告する可能性が低い。困ったことに、一部の国の調査では、交通事故の運命論がタクシーや小型バスの運転手の間で蔓延していることがわかっている。[注32]

ベースジャンパーをリスク回避行動の権化に変えたり、事故はあらかじめ定められてはいないことを多くのタクシー運転手に納得させたりしようと思っても、できることはほとんどない。だが、日常生活のリスクと、きわめて珍しくても致命的になりうるリスクの両方について、手に入る最善の知識を使い、リスクがもたらす結果を数量化し、その影響を比較することは可能だ。これは、楽な仕事ではない。なんとも多様な出来事やプロセスに取り組まなければならないからだ。そのうえ、そうするための完璧な尺度もないし、何十億もの人が日々向き合っている遍在的なリスクと、100年、あるいは1000年、さらには1万年に1回しか起こらないかもしれないリスクとを比べる、普遍的な物差しもあるはずがない。それでも、私はそのような比較を試みようと思う。

日常生活のリスクを数量化する

高齢の人にとって、危険は目覚める前から始まる。心臓発作（急性心筋梗塞）は、夜から朝へと移り変わる時間帯のほうが頻繁に発生し、より重い。[注33] 高齢者が起き出すときに、負傷の最も大きな原因となるのが転倒だ。アメリカでは、毎年何百万件も不慮の転倒が起こっており、痣《あざ》ができたり骨折したりする人に加えて、3万6000人を超える死者も出ている。その多くが70歳超の年齢層に偏っており、階段を上がり下りしているときではなく、たんにバランスを崩したり、カーペットの縁に足を取られたりしての転倒がよくある。[注34] そして、キッチンにたどり着けたとしても、調理の仕方が不適切な卵の中のサルモネラ菌から、お茶の中の残留農薬（微量ではあるが、非有機栽培のお茶を飲む人は、毎日曝露されることになる）まで、そこには食物関連のリスクが待ち受けている。[注35]

朝の通勤で、凍結した道路を自動車で走ったり、麻薬を使っている運転者が赤信号を無視したりするかもしれない。オフィスの壁には、古いアスベストの断熱材が依然として隠れているかもしれないし、欠陥のあるエアコンがレジオネラ菌を撒き散らしているかもしれない。同僚に、季節性インフルエンザや、（２０２０～21年、09年、１９６８年、57年に起こったように）新種のパンデミックのウイルスをうつされるかもしれない。ナッツ不使用のはずのチョコバーに混入していたナッツに、激しいアレルギー反応を起こすかもしれない。テキサス州かオクラホマ州の竜巻の季節なら、仕事から戻ってみると、自宅が瓦礫《がれき》の山と化しているかもしれないし、メリーランド州ボルティモアに住んでいたら、この町ではギャングで有名なロサンジェルスよりも殺人の発生率が１桁多いことを心配せずにはいられない。[注36] ジェネリック医薬品のうち、国内で生産されているものはほとんどなく、主に中国とインドから輸入されているので、汚染された薬物が発見されて流通が停止したら、薬局で処方箋の薬を出してもらえなくなるかもしれない。[注37]

また、年齢別や性別の死亡率の詳しいデータを見ると、人が歳を重ねるとともに、致命的な病気になる理由と、それに関する懸念が変化する様子が見て取れる。最新の統計によれば、イングランドとウェールズの男性の場合、50代前半から70代後半までは心疾患が主で、女性では、30代半ばには乳癌が最も恐れられるようになって、それが60代半ばまで続き、その後は肺癌が死因の第一位を占めるという。そして最近では、80歳を超えると、男女ともにアルツハイマー病などの認知症が虚血性心疾患に取って代わって一番の死因となったそうだ。[注38]

一般的なリスクを数量化するのは、思わずひるんでしまうような企てに見える。異常なまでに深刻な季節性インフルエンザの流行で死ぬリスクと、ときおり週末にカヤックを漕いだりスノーモービルに乗ったりしているときに致命的な怪我《けが》をするリスクとを、あるいは、太平洋を越える頻繁な空の旅のリスクと、大腸菌に繰り返し汚染されているかもしれないカリフォルニア州産のレタスを日頃から食べるリスクとを、どう比べればいいのか？　そして、致命的なリスクは、どう表せばいいのか？　影響を受けている人々の、1000人当たり、あるいは100万人当たりというふうに、標準的な人数当たりで示せばいいのか？　有害物質の単位量当たりか？　曝露の単位時間当たりか？　環境濃度の単位当たりか？

不慮の死と傷害、あるいは経済的損失（それぞれの社会ではその合計が何桁も違いうる）や慢性痛（相変わらず数量化できないものとして有名）をすべて含めて一律に評価できるような尺度を見つけようとしても、明らかに無理だ。だが、死は最終的なものだから、普遍的・究極的で、議論の余地なく数量化でき、それを相対的なリスク評価に使うことができる。実態を明らかにしてくれる比較を行うための最も単純で明白な方法は、10万人当たりの毎年の死者について、それぞれの死因の割合を比べることだ。アメリカの統計（詳細な内訳が発表されている最新の統計は、2017年に関するもの）を使うと、意外な結果がいくつも出てくる。[注39]

殺人の犠牲者の数は白血病で亡くなる人の数に近く（それぞれ6人と7・2人）、これは白血病という難病の治療の進歩と、アメリカ社会の途方もない暴力の、両方の証しと言える。

不慮の転倒では、診断後の余命が短くて恐れられている膵臓《すいぞう》癌の場合とほぼ同じぐらいの人が亡くなる（それぞれ11・2人と13・5人）。自動車事故では、糖尿病でよりも2倍も多くの命（しかも、はるかに若い人の命）が奪われ（それぞれ52・2人と25・7人）、中毒事故と有害物質は、乳癌よりも多くの死者を出す（それぞれ19・9人と13・1人）。だが、これらの比較は、同じ10万人という単位は使っているものの、特定の死の原因に対する曝露期間は考慮に入れていない。殺人は、公の場所でも私的な場所でも、昼夜を問わずどんな時間にも起こりうるし、現に起こる。だから、このリスクに対する曝露は、1年３６５日、1日24時間休みがない。一方、自動車事故は、歩行者が亡くなるものも含め、誰かが自動車を運転しているときにしか起こりえない。そして、たいていのアメリカ人は自動車の運転に毎日1時間ほどしか費やさない。

　だとすれば、非自発的にであれ自発的にであれ、人が特定のリスクにさらされている時間のほうが、尺度の基準として見識のあるものとなる。そして、曝露1時間当たりの単位人数当たりの死者数で比較すればいい。この取り組み方は、１９６９年、チョンシー・スターが社会的恩恵と技術上のリスクを評価する際に導入したもので、私はこのほうが、「マイクロモート」というこれまた一般的な尺度よりも、依然として好ましいと思っている。[注40] マイクロモートとは、特定の曝露当たり１００万分の1という、死の微小な確率の単位であり、1年当たり、1日当たり、手術1回当たり、空の旅1回当たり、移動距離当たりなどで死亡する確率を表す。このように、そもそも基準が違うため、全体を簡単に比較することはできない。

1000人当たりの死亡率は、各国の人口全体についても、年齢層ごとの男女のそれぞれについても、全世界で調査が行き届いている。[注41] 全体的な死亡率は、国民の平均年齢に負うところが非常に大きい。2019年には、死亡率の世界平均が1000人当たり7・6人だったのに対して、ケニアでは栄養と医療の水準が低かったにもかかわらず、ドイツの半分未満だった（それぞれ5・4人と11・3人）。なぜなら、ケニアの平均年齢はわずか20歳で、これは47歳というドイツの平均年齢の半分に満たないからだ。特定の疾患による死者のデータも、一般に入手可能であり、アメリカでは心血管疾患が全体の4分の1で1000人当たり2・5人、癌が5分の1で同2人だ。怪我が原因の死者（転倒の約1・4人や交通事故の1・1人から、動物との遭遇による0・7人や中毒事故によるわずか0・03人まで）や、自然災害が原因の死者についての情報も、広く手に入る。[注42]

全体の死亡率や慢性疾患による死亡率、いつ起こってもおかしくない地震や火山噴火などの自然災害による死亡率は、1年（閏年《うるうどし》も考えて補正すると8766時間）当たりを基準にする。だが、自動車の運転や飛行機の利用といったありふれた活動のリスクを計算するためには、まずそれらの活動を行う人の総数を突き止め、それから年間の平均曝露時間を推定しなくてはならない。ハリケーンや竜巻で亡くなるリスクを数量化するときにも、同じ手順が当てはまる。ハリケーンは1年を通してどの日にも起こるわけではなく、大きな国の場合には、全域に影響を与えるわけでもない。

　死因別ではない全死亡率に関して、基準となる全国民の平均リスクや年齢別と性別の平均リスクは、簡単に計算できる。２０１９年には、富裕な先進国の全死亡率（粗死亡率）は、１０００人当たり10人前後に集中しており、具体的には、北アメリカの８・７人から、日本の10・７人やヨーロッパの11・１人までの範囲内に収まる。１０００人当たり10人という年間死亡率（１０００人が、死ぬ可能性に合計で８７６６×１０００時間暴露されている）を換算すると、曝露1時間当たり、０・００００１（1×10^{-6}）人となる。心血管疾患は、どの富裕国でも死因の第一位であり、全体の４分の１以上（3×10^{-7}）を占める。季節性インフルエンザのリスクは、それより1桁小さく（たいてい約2×10^{-8}で、最大3×10^{-8}）、暴力が蔓延しているアメリカにおいてさえ、殺人の犠牲者になるリスクは、最近は曝露1時間当たりわずか7×10^{-9}であり、これは転倒による死のリスク（1.4×10^{-8}）の半分でしかない。だが、すでに指摘したように、転倒による不慮の死の頻度には大きな偏りがあり、85歳超の人では3×10^{-7}なのに対して、25～34歳の人では9×10^{-10}にすぎない。[注43]

　一般的な死亡率についてのこの結論を逆の観点から眺めると、富裕国では自然死の全体的なリスクは、1時間に１００万人当たり１人という計算になる。そして、約３００万人に１人が心疾患で、およそ７０００万人に１人が不慮の転倒で亡くなる。これらの割合は非常に低いので、どの富裕国の平均的な国民もそれで頭がいっぱいになる必要はない。当然ながら、性別や年齢別の数値は違ってくる。カナダの全死亡率は男女とも1000人当たり7・7人だが、20～24歳の若い男性では0・8人なのに対して、75～79歳という私の年齢層の男性では35人だ。この集団のリスクは、生存時間1時間当たり1人につき4×10^{-6}となり、これは国民の平均の4倍に相当する割合だ。[注44]

自発的な活動のリスクの数量化に移る前に、入院に伴う危険も明確にしておくべきだろう。その危険は避けられない。入院の理由は多数あるし、多くの国では美容整形のための待機的手術も増えているうえ、患者の回転率が高いので医療過誤が起こりやすくなっているからだ。1999年、防ぐことができる医療過誤を対象とした初めての調査によって、毎年アメリカでは4万4000～9万8000件の医療過誤が起こっていることが明らかになった。[注45] これは、気まずいまでに大きな数であり、しかも2016年の新しい調査では、総数は13年に25万1454件に達し（40万人もの死者が出ている可能性もある）、その年、心疾患（61万1000人）と癌（58万5000人）に次いで、アメリカの死因の第三位となり、慢性呼吸器疾患（14万9000人）を上回った。[注46] マスメディアで広く報じられたこれらの結果は、毎年アメリカの病院で亡くなる人の35～58パーセントが、医療過誤が原因であることを意味している。

このように数量化してみると、こうした主張が信じ難いものであることが簡単に明らかになる。不注意なミスはたしかに起こるし、嘆かわしい見落としもあるだろうが、それが合わさって病院での死亡総数の3分の1強〜5分の3近くになりうるのなら、現代医学は紛れもない犯罪行為とは言わないまでも、途方もなくお粗末な活動ということになってしまう。幸い、このような高い死亡率は、医療過誤ではなくデータ処理の誤りに起因する。[注47]医療の有害な影響（AEMT）に関連した死亡についての最新の研究によって、事実が明らかになった。1990〜2016年に医療過誤（主に手術のミスと手術前後のミス）による死亡者の数が12万3063人であることがわかった。つまり、21・4パーセントとされていたAEMTによる死亡率が、実際には10万人当たり1・15人だったわけだ。[注48]

男性も女性もその割合は同じようなものだったが、州の間には大きな違いがあり、カリフォルニア州は10万人当たりのAEMTによる死者数はわずか0・84人だった。絶対数に換算すれば、これは毎年4750人ほどであり、2016年に発表された最低の推定値の2パーセントにも満たない。[注49]相対的なリスクの尺度に直すと、これは曝露1時間当たり約1.2×10^{-6}の死亡数となる。全死亡率のリスクが3×10^{-6}〜5×10^{-6}である本書の高齢の男性読者が、アメリカの病院への平均的な入院で数日間過ごした場合、AEMTのせいで上がる死亡リスクの割合は、せいぜい20〜30パーセントにすぎないということだ。私に言わせれば、これはリスクに関して非常に元気づけられる発見ではないか！

自発的リスクと非自発的リスク

このように、基準となるリスク、あるいは緊急手術や医学的評価に必要な短期間の入院といった避けられない出来事に関連するリスクがある。私たちは、程度の差はあるもののリスクを伴うじつにさまざまな活動を通した自発的な曝露によって、これらのリスクに、さらにどれだけのリスクを加えるのか？　そして、地震から洪水まで、多様な自然災害に起因する、避けようのない非自発的なリスクを、どれだけ心配すべきなのか？

すでに指摘したように、自発的な曝露と非自発的な曝露というのはリスク評価にとって有用なカテゴリーだが、両者は常に明確に区別できるわけではない。喫煙やエクストリーム・スポーツ（過激な競技）といった、紛れもなく自発的で（かなり、あるいは非常にリスクが高い）活動もあれば、どう見ても避けることができない非自発的なリスクが、個人のレベル（たとえば、隕石に衝突されるという、極端に可能性が低い危険）でも、集団のレベルや果ては全地球レベルの経験（その最たる例が、地球と小惑星の衝突）という形でも存在する。

だが、リスクを伴う曝露の多くは、簡単には分類できない。なぜなら、自発的なリスクと非自発的なリスクは、すっきり二分することが不可能だからだ。自動車で通勤するのは、準郊外に夢の家を建てた家族にとっては選択の問題かもしれないが、大量輸送機関が乏しいことで悪名高い北アメリカの厖大な数の人にとっては避けようのない必要性だ。そして、もし若い男性がニューファンドランド島にとどまりたいと思ったら、漁師か、巨大な石油生産プラットフォームの労働者になる以外、あまり選択肢はない。この２つの仕事はともに危険を伴う。トロントに移ってプログラミングを学び、北大西洋の岩だらけの島からははるかに離れたガラス張りのオフィスでアプリケーションを作成する仕事よりもはるかにリスクが高い。

こうした厄介な問題を念頭に置きながら、まず、自動車の運転と飛行機での移動に関連するリスクを説明しよう。世界中では毎日、何億もの人が自動車を運転したり、誰かの自動車に同乗したりし、最近では１０００万人超が料金を支払って飛行機に乗る。どちらの場合にも、死者の数を正確に数えるところから始め、それから必要な前提を当てはめて、影響を受ける人々と、リスクに対する曝露の時間の合計を定義しなければならない。

自動車の場合に考えるべきなのは、運転している時間、あるいは同乗している時間であることは明らかだ。アメリカについては、すべての自動車による毎年の走行距離の合計がわかっており、最近では毎年総計5兆２０００億キロメートルに達する。交通事故の死者は長年にわたって減った後、１年当たり約４万人へと、若干増えた。[注50]運転時間を推定するには、走行距離を平均速度で割らなくてはならない。当然ながら、平均速度は正確な数値ではなく、妥当な近似値にならざるをえない。都市間を走る速度はばらつきが少ないが、都市内の速度はラッシュアワーになるたびに40パーセントも落ちる傾向にある。全体の平均を時速65キロメートル（時速40マイルほど）と仮定すると、アメリカでは年間の運転時間は約８００億時間となり、死者の数が４万人なので、曝露1時間当たり５×10^{-7}（０・０００００５）人ちょうど、という計算になる。交通事故の死者には、歩いていたり居合わせたりして事故に巻き込まれて命を落とした人も含まれるし、他にも妥当な平均速度（たとえば、時速50キロメートルあるいは70キロメートル）は考えられるが、それを踏まえても先ほどの数値の桁数が変わることはないだろう。自動車の運転は飛行機による移動よりも危険が1桁大きく、自動車を運転している間に人が亡くなる平均的な確率は、自宅にとどまっているときや、庭仕事をしているとき（ただし、高い梯子《はしご》に登ったり、大型のチェーンソーを使ったりしないとき）と比べて、約50パーセント高くなる。

そして、私の年齢層の男性は、自動車を運転していても、死ぬリスク全体は12パーセントしか上がらない。アメリカでの運転リスクは、性別や人口集団ごとにも重大な違いを見せている。自動車事故で死ぬ生涯リスクは、アジア系アメリカ人女性ではわずか０・34パーセント（２９１人に１人）だが、アメリカ先住民の男性では１・75パーセント（57人に１人）であり、全体では０・92パーセント（１０９人に１人）となる。[注51] もちろん、アメリカやカナダほど自動車を運転する人がいない国でも、事故の発生率が大幅に高ければ（ブラジルでは約2倍、サハラ以南のアフリカでは3倍に達する）、リスクは最大で1桁大きくなる。[注52]

20世紀末にはすでに非常にリスクの小さい活動になっていた、民間の定期航空便での旅は、21世紀の最初の20年間でさらにはっきりと安全になった。２０１４年3月にはインド洋のどこかの上空でマレーシア航空の370便が消息を絶ち、この事件は今も未解決のままで、今後も解明されない可能性が高いし、続いて同年7月にはウクライナ東部の上空でマレーシア航空の17便が撃墜され、18年10月29日にはジャワ海でライオン・エア610便、19年3月10日にはアディスアベバ付近でエチオピア航空302便の、ともに新型のボーイング737MAXが墜落しているが、近年起こったこれらの気掛かりな事故を考慮に入れても、空の旅の安全性に関する結論は有効だ。[注53]

　航空事故による死者を比較するときに、いちばんわかりやすいのは、1000億旅客キロ当たりの数値かもしれない。この割合は、2010年には14・3人で、17年には最低記録の0・65人に達したが、19年には2・75人まで増えた。つまり、19年の空の旅は、10年の5倍以上安全で、1950年代後半にジェット旅客機時代が幕を開けた頃よりも200倍以上も安全だったわけだ。[注54]曝露1時間当たりのリスクでこの死者数を表すのは、簡単そのものだ。2015〜19年の事故死者合計は平均で毎年292人であり、平均で68兆旅客キロと旅客数42億人という数値に基づくと、平均的な旅客は約1900キロメートル飛び、飛行時間は約2・5時間だった。合計約105億旅客時間と合計292人の死者からは、旅客1人の飛行時間1時間当たり2.8×10^{-8}（0・000000028）という死亡確率が導かれる。これは飛行中の死の全般的なリスクの約3パーセントでしかない。そして、70代男性の場合には、飛行中のリスクはわずか1パーセントしか上がらない。頻繁に飛行機を利用する合理的な人なら誰もが、そして高齢の人は特に、思いがけない遅れが出たり、気休めのセキュリティ検査で嫌な目に遭わされたり、長時間の飛行の退屈に耐えたり、厄介な時差ボケに対処したりすることのほうを、もっと心配すべきだ。

自発的リスクのスペクトルの反対側の端には、わずかな持続時間に高い死の確率を孕んだ活動がある。断崖や塔、橋、建物からのベースジャンピングほどリスクの大きいものはない。自ら災いを招くようなこの狂気の所業を対象とする最も信頼できる研究では、ノルウェーのシェラーグ山で11年間に行われたジャンプを調べている。[注55] すると、2317回に1回の割合で、合計9回死者が出たので、平均の曝露リスクは4×10^{-2}（0・04）だった。比較のために紹介すると、スカイダイビングでは、死亡事故はかつてはおよそ10万回のジャンプに1回の割合で起こっていたが、アメリカの最新のデータは、25万回のジャンプに1回、死者が出ることを示している。典型的なジャンプには5分かかるので、曝露リスクはわずか5×10^{-5}ほどだが、それでも同じ時間をただ椅子に座って過ごすときの50倍になる。だが、ベースジャンピングのリスクの約1000分の1にすぎない。[注56] こうした具体的な数値を実際に知っている人はほとんどいないが、それにもかかわらず、リスク許容度の高い例外的な人を除けば、やはりほぼすべての人が、それらの数値をしっかり心得ているかのように行動する。

2020年のアメリカでは、約2億3000万人が運転免許証を持っており（運転の曝露リスクは1人が1時間当たりで5×10^{-7}）、１２００万人がスキーをし（滑降しているときの曝露リスクは2×10^{-7}）、合衆国パラシュート協会には約3万５０００人の会員がいて（降下しているときの曝露リスクは5×10^{-5}）、合衆国ハンググライディング・パラグライディング協会の会員は約３０００人で、彼らのすること（20分から数時間続く飛行時間次第）の死亡リスクは10^{-4}～10^{-3}であり、ベースジャンピングは特にノルウェーとスイスで人気上昇中ではあるものの、アメリカでは依然として主に命知らずの男性数百人に限られており、束の間の落下中の死亡リスクは4×10^{-2}に達する。[注57] リスクと、やる人の総数には、明らかに強い逆相関が見られる。圧雪をスキーで滑り降りながら肩関節を脱臼したり足首を捻挫したりする危険を進んで冒す人は大勢いるが、断崖から宙へ身を躍らせる人はほとんどいない。

　最後に、現代の非自発的曝露のうちでも特に恐れられているもの、すなわちテロに関する主要な数字をいくつか挙げておこう。アメリカでは１９９５～２０１７年にテロ攻撃で３５１６人が亡くなっており、そのうち全体の85パーセントに当たる２９９６人が２００１年9月11日の同時多発テロの犠牲者だ。[注58] したがって、この22年間、全国的な個人の曝露リスクは平均で6×10^{-11}だったが、マンハッタンでは2桁大きかった。ただし、そこで普通に暮らしているだけのときのリスクは0・1パーセントしか上がらなかったので、その差はあまりに小さ過ぎて実感が湧かないだろう。アメリカほど恵まれていない国では、テロ攻撃による最近の犠牲者は格段に多い。２０１７年のイラクでは、死者数が４３００

人を超え、曝露リスクは1・3×10^{-8}に上がり、18年のアフガニスタンでは、7379人が亡くなり、2・3×10^{-8}に達した。ところが、その割合でさえ、ただそこで普通に暮らすときのリスクをほんの数パーセント上げるだけであり、人々が自動車を運転することで自発的に引き受けるリスクよりも相変わらず低い。車線がなく、交通規則は当事者次第の場所ではなおさらだ。[注59]

だが、こうした比較は正しいとはいえ、冷静な数値化に固有の限界も露呈している。自動車通勤している人の大半は、特定の時間帯にだけ運転し、一日に路上で過ごす時間が1時間あるいは1時間半を超えることはめったにないし、決まった道を通り、天気が荒れたり、予想外の交通渋滞に巻き込まれたりしなければ、おおむね自分が主導権を握っていると感じている。それとは対照的に、テロ活動がピークに達したときには、アフガニスタンの首都カブールやイラクの首都バグダッドでの爆弾や銃による攻撃は、予想できない時間に、予想できない間隔で、モスクから市場まで、多くの公共の場で起こった。だから、都市に暮らしているかぎり、そうした脅威を完全に避ける確実な方法はない。その結果、テロの脅威に対する低い曝露率には、数量化できない恐怖が伴い、それは朝の通勤のときに路面が滑りやすくなっているかもしれないと心配するときとは、質がまったく異なるものになる。

自然災害――テレビで見るよりもリスクが低い

では、普通に暮らしているのと比べて、繰り返し起こる致命的な自然災害はどれほどリスクがあるのか？　そして、エクストリーム・スポーツは？　あまり頻繁にではないにせよ、1種類か2種類の壊滅的な出来事にだけ何度も見舞われる国もある。たとえば、イギリスは洪水と極端な強風の害を受ける。一方、アメリカは毎年、多くの竜巻と広範な洪水、頻繁なハリケーン（2000年以降、1年当たり2つ弱のハリケーンが上陸している）や豪雪に対処しなければならず、太平洋岸の州は、大地震と、場合によっては津波にも襲われるリスクが常にある。[注60]

毎年、竜巻で人が亡くなり、住宅が壊される。これに関しては過去の詳細な統計があるので、正確な曝露リスクを計算することができる。1984〜2017年に、破壊的な竜巻に襲われやすい21の州（ノースダコタ州、テキサス州、ジョージア州、ミシガン州と、この4州に囲まれた州で、人口の合計は約1億2000万人）では1994人の死者が出ており、そのうち約80パーセントは、3〜8月の6か月間に亡くなっている。[注61]

これは曝露1時間当たり約3×10^{-9}（0.000000003）人の死者という計算になり、普通に暮らしているときのリスクよりも3桁小さい。アメリカの、竜巻に襲われやすい州の住民で、この割合を知っている人はほとんどいないが、繰り返し自然災害に見舞われる他の地域の人と同様、彼らも竜巻に命を奪われる確率が十分小さいことを認識しており、だから、そのような地域に暮らし続けるリスクは依然として許容できるのだ。強力な竜巻による破壊の爪痕の画像は広く報道されるので、大気の状態がそこまで荒々しくない地域に住む視聴者は、被災地の人がなぜ同じ場所に家を再建すると言うのか、不思議に思う。だが、そのような判断は不合理でもなければ、向こう見ずなまでにリスクが大きいわけでもない。そして、その判断があるからこそ、テキサス州からサウスダコタ州まで延びる「竜巻街道《トルネード・アレー》」に、何百万、何千万もの人が住み続けるのだ。

　注目すべきことに、世界各地でよく出合う他の自然災害に対する曝露リスクを計算すると、やはりみな10^{-9}という同じ桁か、それよりもなお低い割合になる。そしてまた、致命的な現象へのそうした曝露率を考えると、いつ起こってもおかしくない地震のリスクと多くの国が折り合いをつけている理由もわかってくる。国土のどこで被害が出てもおかしくない島国の日本では、1945〜2020年に、約3万3000人が地震で亡くなった。その半数以上が、2011年3月11日に東日本を襲った地震と津波の犠牲者だ（死者1万5899人、行方不明者2529人）[注62]。だが、1945年の7100万人から2020年には1億2700万人へと人口が増えたことを踏まえると、これは曝露1時間当たり約5×10^{-10}（0・0000000005）人の死者という計算になり、日本の全死亡率よりも4桁小さい。0・0001を1に加えても、人生のリスクの全体的評価を変えるような決定的要因には、とうていなりえないことは明らかだ。

世界のほとんどの地域では、洪水と地震の曝露リスクはおおむね1×10^{-10}から5×10^{-10}の間に収まり、1960年以降のアメリカのハリケーン（テキサス州からメイン州までの沿岸諸州で約5000万人に影響を与え、平均で1年当たり約50人の命を奪う）のリスクは、約8×10^{-11}だ。[注63] これは著しく低い割合であり、雷に打たれて死ぬという、ほとんどの人が並外れて低い自然リスクと考えるだろうものに非常に近いか、それより小さくさえある。近年、落雷で亡くなる人は、アメリカでは毎年30人に満たない。そして、落雷の危険は、落雷の90パーセントが発生する4～9月の6か月間に、屋外にいる1日当たり平均4時間にしかないと仮定すると、そのリスクは1×10^{-10}となり、曝露期間を10か月まで拡げれば、7×10^{-11}（0・00000000007）まで下がる。[注64]

今や、アメリカのハリケーンはせいぜい落雷程度の死亡リスクしかもたらさないという事実からは、人工衛星や高度な公的警告システムや避難措置によって、どれほど死者数が減ったかがわかる。同時に、新たな懸念を抱く理由もある。1年当たりの自然災害の頻度とその経済的コストの両方が、世界中で高まり続けているのだ。かなりの自信を持ってそう言うことができる。なぜなら、地震やハリケーン、洪水、火災の予想不能の発生に損益がかかっている世界の大手再保険会社がみな、自然災害の傾向を何十年にもわたって注意深く監視しているからだ。

保険は昔からある仕組みであり、さまざまなリスクに対して、それぞれ異なる補償を提供する。生命保険は十分に予想可能な生存率に基づいている。一方、主要な自然災害は予想不可能なので、保険会社はそのような災害に関連したリスクを、自ら保険を掛けることで分かち合う。そのため、スイス・リーやドイツのミュンヘン再保険とハノーヴァー再保険、フランスのＳＣＯＲ、アメリカのバークシャー・ハサウェイ、イギリスのロイズといった世界有数の再保険会社は、正しい判断を下すことに会社の存続そのものがかかっているので、自然災害をこの上ないほど入念に調べている。これらの企業は、保険金支払いによる損失が増えるのを防ぐために、将来のリスクを過小評価するような時代後れの数値に基づいて保険料を決めるわけにはいかない。

ミュンヘン再保険が記録した自然災害の総数は、当然見込まれるとおり年ごとに変動してはいるものの、上昇傾向は見逃しようがない。年間の頻度は、１９５０〜80年はゆっくりした増加、80〜２００５年には倍増、２００５〜19年は約60パーセント増となっている。[注65]大災害から生じる例外的な負担を反映する経済的損失の総額は、それに輪をかけて大きな毎年の変動と、さらに急激な上昇傾向を示している。２０１９年のドルの価値に換算すると、１９９０年以前の記録は約１０００億ドルだったのに対して、２０１１年には過去最高の３５００億ドル強に達し、17年もそれに迫る勢いだった。全体の損失のうち、保険が掛かっているものはおおむね30〜50パーセントの幅で推移してきた。そして、17年には１５００億ドルに迫った。

１９８０年代までは、災害被害者の増加は主に、人口増加と経済成長の結果として曝露が多くなったことに帰せられた。この傾向は持続しており、災害に見舞われやすい地域に、以前より多くの人が暮らし、以前よりも多くの資産に保険を掛けているが、過去数十年間には、自然災害そのものが変化してきた。以前よりも温度の高い大気には、含まれる水蒸気も多く、極端な降水の可能性が高まっている一方で、旱魃が長引いて、並外れて長く続く猛烈な火災が繰り返し起こる地域もある。こうした傾向がさらに強まることを予想するモデルも今や多くあるが、立ち入り禁止区域を定めたり、湿地帯を復活させたりすることから、適切な建築法規を施行することまで、その影響を和らげるために取れる、多くの効果的な措置も知られている。

自然災害や人災への曝露のリスクで、さらに小さいものを見つけるためには、隕石の落下や、しだいに増えている人工衛星の残骸の落下で人が命を落とすといった、真に例外的な出来事を探さなければならない。全米研究評議会の報告書の推定では、地球に落下する宇宙ゴミの量を考えると、毎年91人の死者が出るはずとのことだ。そこから換算すると、77億５０００万の世界人口にとって、曝露1時間当たり１×10^{-12}人の死者ということになる。現実には、１９００年以来、死亡事故は1度として記録されておらず、最近になってようやく、隕石で男性が1人亡くなり、もう1人の身体が麻痺したという、初めての成文記録が、オスマン帝国の公文書管理局の文書の中から発見された。それは、現在はイラクのスレイマニヤにあたる場所で１８８８年8月22日に起こった出来事だ。[注66] だが、たとえ毎年１人が命を落としたとしても、その割合はわずかに10^{-14}であり、普通に暮らしているだけの場合と比べて1億分の1倍で8桁小さく、心配する必要がないことは明らかだ。[注67] 宇宙ゴミはと言えば、２０１９年には10センチメートルを超えるものがおよそ3万４０００個、１〜10センチメートルのものがその25倍以上あった。これらはみな、大気圏に再突入するときにばらばらになるが、しだいに混雑してきている主要な衛星軌道では、たとえ小さな破片であっても衝突のリスクを孕んでいる。[注68]

私たちの文明の終焉

稀ではあっても地球全体に影響を及ぼす途方もないリスクについて考えるとき、そして、現代文明に深刻な打撃を与えたり、幕を降ろしたりさえしかねない壊滅的な出来事に思いを巡らせるときにはなおさら、私たちはまったく違う思考の次元でそうする。そうした、非常に確率が低いとはいえ現実にあるリスクは、根本から異なる認識のカテゴリーに属する。ひょっとしたら遠い将来に起こるかもしれない出来事についてはいつもそうなのだが、私たちはその影響を大幅に割り引く。そして、２０２０年の新型コロナのパンデミックでまたしても実証されたように、数百年や数千年単位ではなく数十年単位で繰り返し起こるリスクへの対策さえ、慢性的に準備不足になっている。

真にグローバルな影響を持つリスクは、２つの非常に異なるカテゴリーに分けられる。ほんの数か月あるいは数年のうちにかなりの死者を出しうる、比較的頻繁なウイルス性感染症のパンデミックと、数日、数時間、あるいは数秒といったごく短時間に起こるものの、その影響がどんな文明の範囲も超えて数百年どころか数百万年にも及ぶかもしれないような、ごく稀ではあってもとんでもなく激甚な天災だ。万一、近くの超新星が爆発して宇宙線を放射し、致命的な量が地球に降り注ぐような事態になったとしたら、爆発の光の到着と放射線の到着との間に、世界人口の大半のために、間に合わせのシェルターを用意する余裕があるだろうか？[注69]　だが、そもそもそのような心配をすべきなのか？

地球のオゾン層に害を及ぼすような爆発は、50光年以内の範囲で起こる必要があるが、ことによると爆発するかもしれない「近隣」の恒星はみな、それよりはるか遠方にあるし、1万光年も離れた場所からガンマ線バーストが１５００万年に1回の割合で地球に影響を与えうるとはいえ、記録に残っているうちで最も近距離のバーストでさえ、起こったのは13億光年の彼方だ。[注70]　明らかに、このリスクはおおむね純粋に理論的なカテゴリーに属している。そのような出来事の発生頻度を踏まえると、私たちはそれがいつ起こるかもしれないかを推測するよりも、たとえば15万年後、あるいは50万年後に地球の文明が存在しているだろうか、と問うべきだろう。それに比べると、地球と小惑星の衝突は起こる可能性が高いが、避けようのない未来の衝突リスクの計算も、不確実で、多くの仮定に基づく行為であり、その仮定の詳細次第で途方もない違いが生じうる。小惑星や大型の彗星《すいせい》との衝突は、過去に起こっており、将来も起こるだろうが、大規模な衝突は10万年ごとに起こると仮定するのか、それとも200万年ごとに起こると仮定するのか[注71]？

どちらも地質学的な時間尺度に照らせば比較的短い時間だが、曝露1時間当たりのリスクは言うまでもなく、1年当たりに起こりうるリスクの計算に使うにもあまりに長過ぎ、啓発的な結果は導き出せそうにない。そのうえ、地球全体にもたらす結果は、小惑星や彗星が南極近くの太平洋に落下したときと、西ヨーロッパあるいは中国東部に落下したときとでは、大違いだろう。最初の場合には、被害の大半が巨大津波によってもたらされるものの、その天体の大きさ次第では、大気圏突入の際にほぼ燃え尽きてしまうかもしれない。2番目と3番目の場合には、衝突の瞬間に厖大な数の密集した人々と産業活動が跡形もなく消し去られ、粉々になった岩石が大気中に無数に飛び散り、地球全体の温度を著しく低下させるだろう。

アメリカ人は超新星も小惑星も心配すべきではないが、もし避けようのない自然災害（それも、祖国にとって大切な場所の1つに端を発するもの）について考えて怖い思いをしたければ、イエローストーンの巨大火山が再び破局的な大噴火をするところを思い浮かべるといい[注72]。過去1500万年間に9回噴火があり、既知の最後の3回は、それぞれ210万年前と130万年前と64万年前に起こったことを、地質学的証拠が示している。もちろん、わずか3回の出来事の発生時期を突き止めたところで、周期性を予想する根拠にはならないが、それでも考えてみたくなる。噴火と噴火の間の平均は73万年だから、それを当てはめれば、あと9万年の猶予があるが、最初の間隔が80万年で、次の間隔が66万年だから、同じように間隔が縮まれば、次の間隔は52万年ほどになる。その場合、新たな噴火はすでに10万年も遅れているわけだ！

そして、間隔はどうであれ、結果は噴火の規模と持続時間、風向と風速次第になる。最後の噴火では約1000立方キロメートルの火山灰が放出されたから、北西の風が吹いていれば、噴煙はワイオミング州（最も大量に降り積もった地域では、火山灰は数メートルの厚さになる可能性がある）やユタ州、コロラド州、さらにグレートプレーンズへと運ばれ、サウスダコタ州からテキサス州にまで影響を与え、アメリカでも最も豊饒《ほうじょう》な農地の一部を10～50センチメートルの灰で埋めるだろう。地震活動を絶えず監視して事前に予告ができれば、そして規模がそこまで大きくなく、長く続く噴火であれば、大掛かりな避難が可能になるかもしれない。その場合、住宅やインフラや耕作可能な土地の被害のほうが、即時の人的被害よりもはるかに大きくなるだろう。火山灰は、うっすらと積もった程度なら、土壌に鋤き込むことができるだろうし、じつは土壌を肥沃にできるが、厚く積もると手に負えず、雨水や雪解け水で押しのけられると、新たな危険ももたらし、沈泥がたまったり、洪水が起こったり、その後何十年にも及ぶ問題を生じさせたりするだろう。

即時の死者は出さないものの、地球全体に大混乱を引き起こし、間接的に大勢の死傷者を出すことになる自然のリスクのうち、代表的な例は、コロナ質量放出が原因の壊滅的な磁気嵐かもしれない。[注73] コロナは、特殊な装置がなければ皆既日食のときにしか肉眼で見ることができない、太陽の大気圏の最外層であり、不思議なことに、太陽の表面よりも数百倍も熱い。コロナ質量放出は、爆発的に加速した何十億トンもの厖大な量の物質の放出であり、磁場を孕んでおり、その強さは背景太陽風や惑星間磁場の強さをはるかに上回る。コロナ質量放出は、層の低い部分で磁場がねじれ、再構成されるときに始まり、太陽フレアを生み出し、遅いと秒速250キロメートル未満で、速いとほぼ秒速3000キロメートルで、拡がりながら進む。前者の場合には、地球に7日間近くかけて、後者の場合にはわずか15時間で到達する。

知られているかぎりで最大のコロナ質量放出は、1859年9月1日に始まった。ちょうど、イギリスの天文学者リチャード・キャリントンが、インゲンマメのような形をしたかなりの大きさの白いフレアを放出する、大きな太陽の黒点を観察しながら描いていたときだった。[注74] この、いわゆる「キャリントン・イベント」の発生は、1877年に最初の電話会社が設立されるよりも20年近く前、82年に最初の中央集中型の商用発電が始まるよりも20年以上前であり、目立った影響は、オーロラの盛んな発生と、40年代に敷設が開始されて拡張し始めていた電信ネットワークの混乱ぐらいのものだった。電信ネットワークでは、電信線から火花が飛び、通信が途切れたり、変に切り詰められた形で続いたり、電信技手が電気ショックを受けたり、思いがけない火災が発生したりした。

その後も1903年10月31日～11月1日や21年5月13～15日に大規模なコロナ質量放出が起こったが、ヨーロッパと北アメリカでさえ電話網と送電網はともに、依然として範囲がかなり限られており、それ以外の地域ではまばらだった。だが、今日大きなコロナ質量放出が発生したら何が起こりうるかの予告編に相当するものが、89年3月に見られた。このとき、キャリントン・イベントよりも格段に小さいコロナ質量放出によって、600万人に電気を供給しているケベックの送電網が9時間にわたってまったく使えなくなった。[注75]それから30年以上が過ぎ、私たちの脆弱性は桁違いに増している。携帯電話から電子メールや国際銀行業務まで、電子化されているもののいっさいについて考えてほしい。そして、あらゆる船や飛行機に加えて、今や何千万台の自動車にも装備されている、GPS誘導のナビゲーションのことを思ってほしい。

コロナ質量放出は、地球に到達する前に知ることができるだろう。太陽の活動は常時監視しているから、大規模な放出があればただちに気づいて、地球到達の少なくとも12～15時間前に警告を発することができる。だが、その強烈さをようやく測定できるのは、地球から約150万キロメートルの所に打ち上げてある太陽・太陽圏観測機（SOHO）まで放出が達した時点だ。そして、その時点では、対応に残された時間は1時間を切り、ことによると、わずか15分しかないかもしれない。[注76] たとえ被害が限られていたとしても、通信や送電が何時間も、あるいは何日も乱れ、大規模な磁気嵐のせいで世界中の通信や送電のリンクが寸断され、電気も情報も交通機関も止まり、私たちはクレジットカードで支払うことも、銀行から現金を下ろすこともできなくなるだろう。

これらのきわめて重要なインフラが著しく損なわれ、完全に復旧するまで何年も、ひょっとすると10年さえもかかるとしたら、どうすればいいのか？　全世界の被害総額の推定は、2兆ドルから20兆ドルまで1桁の差があるが、[注77] それは費用だけの話であり、通信や照明、エアコン、病院の設備が使えず、冷蔵や冷凍もできず、工業生産もなしで（つまり、穀物栽培に必要な製品も十分に得られずに）過ごす長い期間に失われる人命の価値は、そこに含まれていない。

だが、良いニュースもいくつかある。２０１２年のある研究は、キャリントン・イベント級のコロナ質量放出が今後10年間に起こる確率を12パーセント、つまり約8分の1と推定しており、そのような極端な出来事は稀なので発生率の推定が難しく、「将来の具体的な事象の予想は事実上不可能」であることを強調している。[注78] この不確かさを踏まえると、２０１９年にバルセロナの科学者の一団が、20年代のコロナ質量放出のリスクをせいぜい０・46～１・88パーセントと見積もったのも意外ではなく、この計算ではリスクが最も大きい場合でも53分の1でしかなく、この確率のほうがずっと安心できる。[注79] そして、

２０２０年にはカーネギー・メロン大学のグループが、さらに低い推定を示し、少なくとも２０１２年の大規模な事象以上の事象が10年間に起こる確率を１〜９パーセント、１８５９年のキャリントン・イベントと同じ規模の事象が起こる確率を０・02〜１・６パーセントとした。[注80] 多くの専門家がこうした確率と、潜在的な結果の大きさを十分承知しているものの、これはパンデミックとよく似て、明らかに、私たちがけっして十分な準備することのできない類いのリスクの１つだ。次の大きなコロナ質量放出が、キャリントン・イベント以上のものにならないことを願うしかない。

これは現時点で世界中の人が耳にしたくはないことかもしれないが、残念ながらウイルス感染症のパンデミックが比較的高い頻度で再発するのは間違いないというのが真実であり、そうしたパンデミックは、必然的に共通点を持っているものの、それぞれの影響は予想がつかない。２０２０年初期には、62歳を超える人が世界には約10億人いた。そして彼らは全員、一生のうちに１９５７〜59年のH_2N_2、68〜70年のH_3N_2、２００９年のH_1N_1の、３回のインフルエンザのパンデミックを生き抜いていた。[注81] 最善の推定では、全世界の死亡率は、57〜59年のパンデミックが10万人当たり38人（死者は合計１１０万人、世界人口は28億７０００万人）、68〜70年のパンデミックは10万人当たり28人（死者は合計１００万人、世界人口は35億５０００万人）だったが、２００９年のパンデミックはウイルスの毒性が低かったので、10万人当たりわずか３人（死者は合計約20万人、世界人口は68億７０００万人）だっ

た。[注82]

次のパンデミックが起こるのはたんに時間の問題だったが、すでに指摘したように、私たちは頻度が比較的低いこれらの脅威に対して、けっして準備ができているわけではない。世界経済フォーラムが2007〜15年に毎年挙げた世界的なリスクのランキングでは、資産価格の暴落と金融危機と大きな連鎖的な金融破綻が8回（2008年の金融危機の明らかな残響）、水危機が1回、第1位を占めたのに対して、パンデミックの脅威は上位3位までには1度も入らなかった。[注83] グローバルな意思決定者の集合的な先見の明とは、この程度のものなのだ！ そして、SARS-CoV-2が引き起こす新型コロナが現れたとき、世界保健機関（WHO）は2020年3月11日まで、グローバルなパンデミックの宣言をしなかった。そして、初期の勧告では、国際線の飛行の停止にもマスクの着用にも反対し、多くの政府がそれに倣った。[注84]

当然ながら、新型コロナの総死亡率は、このパンデミックが終息するまでは数量化できない。それまでは、何波にもわたって繰り返し起こるこのパンデミックの負荷を評価する最善の方法は、世界の季節性インフルエンザ関連の呼吸器疾患による死亡率と比較することだろう。2002〜11年の最も詳しい評価によると、09年のパンデミックのシーズンを除けば、毎年の死亡者は29万4000〜51万8000人の範囲に収まり、平均は38万9000人だという。[注85] つまり、季節性インフルエンザは、毎年の呼吸器疾患による全死者数の2パーセントを占め、その死亡率は10万人当たり平均で6人であり、１９５７〜59年と68〜70年の、20世紀後半に起こった2度のパンデミックで記録された死亡率の15〜20パーセントに相当する。逆に言えば、季節性インフルエンザと比べて、57〜59年のパンデミックは相対的に6倍超、68〜70年のパンデミックは5倍近くの死者を出したことになる。

さらに、年齢層ごとの死亡率には重大な違いがある。季節性インフルエンザの死者は、ほぼ例外なく高齢者に偏っており、死者全員のうち、67パーセントが65歳を超えている。それとは対照的に、悪名高い１９１８年のパンデミックの第二波では、30代の人が不釣り合いなまでに多く犠牲になった。57〜59年のパンデミックの死者はU字形の年齢分布を見せ、０〜４歳と60歳超の人に偏っていた。これまでのところ、新型コロナの死者の分布は季節性インフルエンザの場合に非常によく似ており、65歳超の人々に集中し、重篤な併存疾患〔患者が主に抱えている疾患とは別に発症する疾患〕のある人の間ではとりわけ死亡率が高く、その一方で子供たちへの影響はきわめて少ない。[注86]

高齢者の超過死亡の多くは、防ぎようのないことがわかっている。それは、寿命を延ばす努力がおおいに報われ、多くの富裕国では１９５０年代以降、15年以上延びたことに対して払わなければならない代償の一部なのだ。[注87]死亡診断書には新型コロナウイルス感染症とかウイルス性肺炎とか書かれているかもしれないが、それは表面的なレッテルであって、死を招いた本当の原因は、寿命の限界を押し拡げようとしても、ほとんどの人はいつまでも基礎疾患なしでいられるようにはできていない点にある。合衆国疾病管理予防センターによる新型コロナの暫定データを見ると、それがはっきりする。新型コロナによる死者数がピークに達していた、２０２０年4月18日に終わる週には、65歳超の人が全死者の81パーセントを占めたのに対して、35歳未満はわずか0・1パーセントだった。[注88] この状況は、５０００万もの人が亡くなった１９１８〜20年のパンデミックとは大違いだ。今ではわかっているとおり、その５０００万人の大多数は、細菌性肺炎が死因だった。保存されていた肺の組織サンプルに由来する培養組織の80パーセントには、二次的な肺感染症を引き起こす細菌が含まれていた。そして、抗生物質が手に入るようになる25年近く前だった当時、そのような感染症には治療法がなかった。[注89]

しかも、結核にかかっている人は、他の人よりもインフルエンザで亡くなる可能性が高かった。その関連によって、１９１８〜20年のパンデミックでは、中年の死者が異常に多いことや、男性に偏っていたことの説明もつきやすくなる。つまり、結核の発生率の違いのせいなのだ。[注90] 結核はすべての富裕国で事実上撲滅され、肺炎は抗生物質で治療可能なので、死亡率が再びそのパンデミックのときほど高くなることは避けられるが、毎年インフルエンザのワクチン接種を推進していてもなお、流行の季節には大勢の死者が出るのを防ぐことができないし、高齢層の生存は、グローバルなパンデミックが起こるたびに危険にさらされるだろう。これは主に自ら招いたリスクで、長寿を享受することと表裏一体であり、とりわけ脆弱な人々を隔離したり、もっと優れたワクチンを開発したりすれば、そのリスクを最小化することは可能だが、根絶することはできない。

持続する態度

リスクが絡んでいるときには、すでに言い古されたことの多くが相変わらず当てはまるようだ。私たちには、個人としてある程度まで自分で管理できることがある。多くの人は、難なく喫煙や飲酒や薬物の使用を控えたり、新型コロナやノロウイルスの感染が急拡大している最中に、乗客５０００人、乗員３０００人とともにクルーズ船に乗り込む代わりに自宅にとどまることを選んだりする。だが、そのすべてがやりたくてしかたない人もおり、ごく簡単に、そして安上がりに減らせるリスクさえ軽減しない人が大勢いるのだから呆れる。自動車に乗るときにはいつもシートベルトを着用し、常に制限速度を守り、安全運転を心掛け、自宅には煙や一酸化炭素や天然ガスの感知器を設置すれば、コストをまったく、あるいはほとんどかけずに、運転のリスクや、化石燃料の燃焼で暖房を行う家に住むリスクを減らすことができるというのに。

さらに、ほとんどの人や政府は、確率は低いものの影響や損失の大きい事象に、適切に備えるのに苦労している。多くの人が基本的な住宅保険には加入するし、そうした保険の加入が義務づけられていることも多いが、建物を耐震構造にして、100年に1度程度と見込まれている大地震の影響を最小限に抑えるために投資するとなると、話は別だ。カリフォルニア州は補助金を出し、1980年よりも前に建てられた住宅を土台にボルト締めしたり留めつけたりして、2016年の建築基準を満たすようにする耐震補強政策を実施してきたが、同じような地震のリスクに直面している地域のほとんどは、そうした措置を取っていない。[注91]

とはいえ、多くの曝露を避けるのは、たとえ不可能ではなくても難しい。なぜなら、すでに指摘したように、自発的リスクか非自発的リスクかはっきり区別できない場合があるからだ。そして、たいがいのリスクは、人間の手に負えない。私たちは親を選べないから、一部の癌や、糖尿病、心血管障害、喘息、あるいは、嚢胞性線維症《のうほうせいせんいしょう》〔消化管や気道の分泌液に異常を来し、肺などの臓器の働きを妨げてしまう疾患〕や鎌状赤血球貧血症やテイ＝サックス病〔脂質分解を助ける酵素の欠如により生じる疾患で、知的障害や失明などの症状を引き起こす〕といったいくつかの常染色体潜性遺伝疾患など、多くのありふれた疾患や珍しい疾患の遺伝的素因は避けられない。[注92] 地元や地域の全自然災害のリスクを大幅に減らしたければ、地球上の広い範囲を居住可能な場所から除外しなければならなくなる。特に、環太平洋火山帯の巨大地震や火山噴火、発達した低気圧による強風、大規模な洪水に繰り返し見舞われる地域がそれに該当する。[注93]

しだいに人口が増えつつあるこの地球で、それが不可能なことは明らかだから、そのような災害を生き延びる可能性を高めるには、予防策を講じるとともに、効果的な早期警報システムを確立したり、大規模な避難計画を策定したりするしかない。鋼材で補強した耐震建築があれば、周囲の構造物が倒壊しても人々が生き埋めにならずに済むし、竜巻からの退避シェルターを備えておけば、家族揃って生き延びて、破壊された家を再建できる。早期警報に従って避難すれば、サイクロンや洪水や火山噴火などによる人命の損失を減らすことができる。こうした措置によって、数百人どころか数十万人の命が救われるだろうが、私たちは、地震が引き起こす巨大津波から火山の大噴火まで、あるいは長期に及ぶ地域的な旱魃から小惑星や彗星との地球の衝突まで、多くの大惨事に対しては、防備が限られていたり、まったく無力だったりする。

リスク評価についても、やはり言い古されたことが当てはまる。私たちは、お馴染みの自発的なリスクを日頃から過小評価する一方、馴染みのない非自発的なリスクへの曝露はたびたび誇張する。いつもきまって、最近の衝撃的な経験に端を発するリスクを過大評価するが、人々や組織の記憶の中で薄らいでしまった事象のリスクは過小評価する。[注94] すでに指摘したように、約10億人が3つのパンデミックを生き抜いたにもかかわらず、新型コロナに襲われたときに引き合いに出されたのは、1918年の事例であることが圧倒的に多かった。その事例よりも新しいものの死亡率が低かった3つのパンデミックは、まったく印象に残らなかったか、ごく皮相的な印象しか残らず、50年代のポリオや80年代のエイズ

のように、恐怖感が広く記憶に刻みつけられていなかったからだ。[注95]

このような記憶喪失には、明白な理由がある。２００９年のパンデミックは、季節性インフルエンザの流行と事実上区別がつかなかったし、１９５７～59年のパンデミックと68～70年のパンデミックはどちらも、ほぼ完全な全国的ロックダウンや大陸全体のロックダウンにはつながらなかったからだ。世界とアメリカの経済の生産高に関する、インフレ調整済みの統計値を見ると、20世紀後半に起こったこれら2つのパンデミックの最中には、成長率が長期にわたって大きく下がったりしなかったことがわかる。[注96]そのうえ、68～70年のパンデミックは、飛行機による国際的な移動が大幅に拡大した時期と重なっていた。最初のワイドボディのジェット旅客機であるボーイング７４７が初飛行を行ったのが69年だった。[注97]そして、これが最も重要かもしれないが、当時は、日次と通算の死者数の集計に病的なまでに固執する、24時間・年中無休のケーブルテレビのニュースや、原因と治療法についての馬鹿げた主張や陰謀論であふれるインターネットもなかったし、そのせいで現代のように、利那的かつヒステリックにニュースが拡がることもなかった。

新型コロナがまたしても（そして、良い知らせを期待していない人でさえ驚いたに違いないほどの規模で）実証してくれたように、私たちは、影響は大きいものの比較的低い頻度で繰り返し起こるリスクに、対処準備が不十分な状態で何度も襲われる。10年に1度、1世代に1度、あるいは１００年に1度起こるウイルス性感染症のパンデミックは、その好例だ。

それでは、報道や分析はすべて脇に置くとして、キャリントン・イベントの再来には、どう対処すればいいのか？　あるいは、アゾレス諸島の近海に小惑星が落下して起こりうる津波には、どう対処すればいいのか？　２０１１年の東日本大震災が引き起こしたのと同じ規模の、最高40メートルの高さで、海岸から10キロメートルも内陸に達するような津波には？[注98]

主要な壊滅的惨事の後に引き出される教訓は、断じて合理的ではない。私たちはそれらの事象の再発確率を誇張するし、受けた衝撃は別として、その実際の人的損害や経済的損害が相対的に多くはないという事実を指摘されると憤る。累積的な被害が同じ程度でも、突出した懸念をまったく引き起こさないリスクは少なくないのだが、その事実を冷静に受け容れられない結果、肝を冷やすようなテロ攻撃が再び起こるのではないかという恐れに促されて、アメリカはそれを防止するべく、さまざまな非常措置を取った。その一環が、何兆ドルもの資金を投じたアフガニスタンとイラクでの戦争であり、アメリカは長期的には国力を削がれるような、驚くほど非対称的な紛争に引きずり込まれ、まさにウサマ・ビンラディンの思う壺となった。[注99]

リスクに対する一般大衆の反応は、実際の結果の比較評価よりも、馴染みのないものや未知のもの、理解が乏しいものに対する恐れに大きく左右される。そのような強烈な感情的反応が絡んでいるときには、人々は実際に起こる確率を念頭に置こうとするよりも、テロ攻撃あるいはウイルス性感染症のパンデミックによる死といった、恐れている結果の確率を過剰に重視する。[注100]テロリストは常にこの現実につけ込み、政府がさらなる攻撃を防ぐために途方もないコストのかかる措置を取らざるをえないようにすると同時に、1人当たりはるかに少ないコストで命を救えたはずの他の措置を政府が講じることを、繰り返し怠るように仕向けてきた。

人命救助のための低コストの措置がないがしろにされている例として、銃による暴力へのアメリカ人の態度ほど良い例はない。アメリカは、お馴染みの、あまりにもよく知られた大量殺人（コネティカット州ニュータウンで6歳児と7歳児20人を含む26人が撃たれた、2012年の事件が、いつも真っ先に私の頭に浮かぶ）が、この上なく衝撃的な形で繰り返されてもなお、法律を改正できずにいる。そして、11～20年には、約12万5000人のアメリカ人が銃によって命を落としている。これは殺人の合計であり、自殺は含まれていない。12万5000人というのは、カンザス州トピーカやジョージア州アセンズやカリフォルニア州シミバレー、あるいはドイツのゲッティンゲンの人口に相当する。[注101]それに対して、同じ期間にアメリカでテロ攻撃によって亡くなった人は、全部合わせても170人であり、3桁も少ない。[注102]これを自動車事故と比較すると、死者数の分布にはなおさら大きな偏りがある。すでに見たように、アジア系アメリカ人女性と比べると、アメリカ先住民の男性は自動車に乗っているときに亡くなる可能性が約5倍あるが、アフリカ系アメリカ人の男性

が小火器で殺される確率は約30倍に達する。[注103]

この章を締めくくるにあたって、何か役に立つ見識を紹介できるだろうか？　ひょっとすると、できるかもしれない。以下の基本的な現実を認めるかぎりで、だが。すなわち、リスクが皆無の人生を求めてもまったくの無駄である一方で、リスクの最小化を目指すことこそが、人類の進歩をもたらす、今なお最大の動機付けなのだ。

第6章

環境を理解する

——かけがえのない生物圏

本章の副題にはわざと予防線を張っている。近い将来、地球を離れて別の惑星に文明を築く可能性を検討することを、私はきっぱり拒む。なぜなら、事実がないがしろにされるこの世の中では、地球外にまもなく新しい居住地を見つけるという発想、特に、火星を地球化するという発想が[注1]、太陽を公転する第三惑星の抱える問題にきっぱりと決着をつけるための、実行可能な選択肢として提示されているからだ。これも、サイエンス・フィクションのジャンルのお気に入りのトピックだが、物語の世界にとどめ置かれる類いの話だ。仮に惑星間の安価な輸送手段を手に入れて、どうにか火星基地の建設に熟達したとしても、適切な大気を生み出すことはできない。火星の極冠と鉱物と土壌を処理しても、この惑星を温めて、長期的な植民地化を可能にするために必要な二酸化炭素の約7パーセントにしかならないのだ[注2]。

もちろん、火星植民地化の可能性を真剣に信じている人は、それを実現するための、さらに別のサイエンス・フィクションの技を持ち出すことができる。人間の遺伝子を徹底的に改変し、クマムシのような特性を備えた、新しい超生物を創り出すのだ（クマムシとは、草地や湿った排水溝などに生息する、8本脚の微小な無脊椎動物）。そのような生命体なら、薄い大気（気圧は地球の大気圧の1パーセントに満たない）だけでなく、宇宙空間からろくに遮断されていないこの赤い惑星が受ける大量の放射線にも対処できる[注3]。

現実の世界に戻り、もし私たちの種が、これまで高度な文明が存在してきた期間と少なくとも同じぐらい長く、つまり今後さらに5000年ほど、繁栄するのは無理としてもせめて生き延びるとしたら、私たちが地球環境にしていることが、この惑星での長期的な居住可能性を危うくすることがないようにしなければならない。当世風の言葉を使えば、安全な「プラネタリー・バウンダリー」〔人類が地球上で生き延びられる限界〕を踏み越えないようにしなければならないのだ。[注4]

この決定的に重要な生物圏のバウンダリー（限界）のリストには、9つのカテゴリーがある。気候変動（今では、不正確ではあるものの、たんに地球温暖化の同義語となっている）、海洋酸性化（炭酸カルシウムの構造を築く海洋生物を絶滅の危機にさらしている）、成層圏オゾンの減少（オゾン層は過剰な紫外線から地球を守っているが、クロロフルオロカーボン（CFC、俗称「フロン」）の放出によって脅かされている）、大気エアロゾル（視界を悪くし、肺の機能障害を引き起こす汚染物質）、窒素とリンの循環への干渉（特に、淡水や沿岸水へのこれらの栄養分の放出）、淡水利用（地下や河川や湖からの過剰な取水）、土地利用の変化（森林破壊、農業、都市と産業の拡大が原因）、生物多様性の喪失、さまざまな形態の化学汚染だ。

これらの懸念のすべてを詳しく体系的に調べ、それぞれを適切な歴史的・環境的全体像の中で捉えるのは、大部の本1冊分の課題であり、皮相的な要約にでもしなければ、たった1章には収まり切らない。私はそうする代わりに、本章でははっきりと実用性に重きを置き、ほんのいくつかの死活的な要因に的を絞り、人類の存続に欠かせない、呼吸と水分の摂取と食物の摂取という、かけがえのない必要にまつわる環境の状況から始めることにした。私たちの生存の前提となるこれら3つの必要を満たすには、自然界の恵みと働きに頼るしかない。すなわち、酸素を豊富に含んだ大気と、その絶え間ない循環。水とそのグローバルなサイクル。土壌、光合成、生物多様性、植物に欠かせない養分の流れだ。そして、これらの要因の供給が、自然の恵みと働きにも影響を与える。

これから見るように、人類が生物圏に与えている影響はわずかなもの（大気中の酸素濃度は、化石燃料の燃焼によっては、まったく危険にさらされていない）から、明らかに思わしくないもの（古代からある深い帯水層からの過剰な取水、食料生産や都市や産業が引き起こす深刻な水質汚染）、さらには紛れもなく破壊的なもの（乾燥地域での過剰な放牧に起因する砂漠化、熱帯林や草原の新たな農耕地化）まで、さまざまだ。

酸素は危機にはない

呼吸は酸素の規則的な供給であり、ヘモグロビンによって肺から身体のすべての細胞に運ばれた酸素が、代謝を活発に行わせる。私たちの生存にとって、これほど重要な天然資源の供給はない。どれだけ息を止めていられるかは人次第だが、訓練をしていないと、わずか30秒ももたない人もいるだろうし、たいていは1分ぐらいがせいぜいだ。フィンをつけ、あるいはつけずに、何の呼吸装置も使わずに、命懸けで息を止めて耐えられる限り深く水に潜っていくフリーダイビングや、競技者がプールなどの流れのない水にじっと浮かんで息を止めていられる時間を競うスタティック・アプネア競技について、聞いたことがあるかもしれない。後者の最高記録は男性が12分近く、女性が９分だが、競技の前に最長30分間、純酸素で通常より多く酸素を取り込んでおくと、呼吸を停止しておける時間が倍増し、男性で24分以上、女性で18分30秒以上になる。[注5]

21世紀の今、こうして呼吸を止めることがスポーツとしてまかり通っている。低酸素脳症状態では、５分以内に脳細胞が死に始め、それよりわずかに長くなっただけで深刻な悪影響や死につながる可能性があるというのに。なにしろ、酸素は人間の生存にとって、最も切迫した制約を持つ資源だ。他のすべての化学合成従属栄養生物（必要な栄養を体内で生み出せない生命体）と同じで、私たちの種も、酸素の供給を常に必要とする。安静時の呼吸頻度は毎分12〜20回であり、成人１人が１日に吸い込む酸素は、平均でほぼ１キログラムに達する。[注6] これを世界の人口に当てはめると、毎年約27億トンの酸素を吸い込んでいる計算になるが、大気中には１２００兆トンの酸素があるので、これは０・０００２３パーセントという、まったく取るに足らない量にすぎず、吐き出された二酸化炭素は、光合成を行う植物によってたちまち使われてしまう。

大気中の酸素濃度の上昇は、約25億年前に始まった現象にまで遡る。今では「大酸化イベント」と呼ばれるようになった現象だ。[注7] この現象の間に、海洋性のシアノバクテリア

（藍色細菌）が放出する酸素が大気中に蓄積し始めたが、現代の酸素濃度に達するまでには長い歳月がかかった。過去5億年間に、大気中の体積に基づく酸素濃度は最低で約15パーセント、最高で約35パーセントと大幅に変動した後、今日の21パーセント近くまで下がった。[注8] 人間や動物が呼吸によってこの濃度を感知可能なほど下げる危険はまったくなく、地球上の植物が考えうるかぎりで最大の火災（急速な酸化）に見舞われたとしてさえ、やはり酸素が消費され過ぎる恐れはない。

地球の陸上植物には合計5000億トン程度の炭素が含まれており、たとえそのすべて、つまり森林や草原や穀物のいっさいが一度に燃えてしまったとしても、そのような大火災で消費される大気中の酸素は約0・1パーセントにしかならない。[注9] それにもかかわらず、2019年にアマゾンの熱帯雨林が広範にわたって火災を起こしたときに、各種報道機関や政治家は、科学的リテラシーのない一般大衆を脅かし、世界中の人が窒息し始めると信じ込ませた。多数の例から1つ挙げると、同年8月22日、フランスのエマニュエル・マクロン大統領は、次のようにツイートした。[注10]

私たちの住まいが燃えている。文字どおりの意味で。アマゾンの熱帯雨林――地球の酸素の20パーセントを生み出す肺――が火事になっているのだ。これは国際的な危機だ。G7サミットのメンバーのみなさん、2日後にこの緊急事態について真っ先に話し合いましょう！

2日後に、いや、2か月後にさえ緊急のG7サミットは開かれなかった。それでよかったのだ。サミットを開いたところで、何一つ手は打てなかったのだから！　そして、世界中の人が何の問題もなく息をし続けることができている。この件の是非に関してどのような立場を取るか次第で、アマゾンの熱帯雨林を意図的に燃やすことは、非常に嘆かわしく完全に間違った政策にも、生物圏に対する許し難い犯罪にもなるが、地球から酸素を奪い去る行為ではないことは知っておくべきだ。

このような誤った情報発信からは、はるかに大きな問題が浮かび上がる。すなわち、なぜ私たちは揺るぎない科学的事実に頼らないのか、そして、そうする代わりに、なぜ種々雑多のツイートが世論を動かすのを許すのか、だ。環境の評価は、エネルギー生産や食料生産の評価よりも、不当な一般化や、バイアスのかかった解釈や、完全な偽情報の対象となりやすいかもしれない。この傾向は非難すべきだし、それに抵抗しなくてはならない。作り事や誤情報に基づいて行動していたら、成功は覚束ない。たしかに、根底にある科学が複雑なことは多いし、導き出される結論の多くは不確かで、断固とした判断を下すことは得策ではないが、この酸素にまつわる件は例外だ。

これは明白そのものだが、肺は酸素を生み出すことはなく処理するだけであり、肺の機能は、大気中の酸素が血流に入り、代謝で出る最も大量の気体である二酸化炭素が血流から排出されるという、ガス交換を可能にすることだ。このプロセスでは、他のどの器官とも同じで肺も酸素を消費しなくてはならないが、どれだけ必要とするかを測定するのは容易ではない。つまり、取り込んだ酸素全体から肺の必要分を切り離すのは難しいのだ。それを突き止める最善の機会が得られるのが、完全体外循環〔人工心肺装置が循環をすべて代行している状態〕の最中だ。その間は、肺循環が全身の血流から一時的に分離される。このときに調べると、肺は私たちが吸い込む酸素全体の約5パーセントを消費していることがわかる。[注11] そして、アマゾンの樹木は他のあらゆる陸上植物と同様、日中の光合成で酸素を生成するが、光合成を行う他の生命体と同じように、やはりその酸素の事実上すべてを、夜間の呼吸で消費する。このプロセスで光合成産物を使って、成長のためのエネルギーと化合物を生み出す。[注12]

陸上と海洋での光合成によって、毎年、少なくとも3000億トンの酸素が吸収され、同程度の量が放出される。[注13] この流れや、有機物の埋没と酸化に起因する、それよりはずっと少ない流れによる酸素の収支は、日々の単位や季節の単位では完全には均衡しないが、長期的に見ればほぼ釣り合うに違いない。そうでなければ、酸素の正味の大幅な増加あるいは減少が起こることだろう。だが実際には、大気中の酸素の量は、じつに安定している。アマゾンの森林やオーストラリアの低木地、カリフォルニア州の丘陵の斜面、シベリアの針葉樹林が燃える画像は、私たちが毎分最低でも十数回吸い込む必要がある酸素が枯渇した大気の不吉な予兆ではないのだ。[注14] 大規模な森林火災は、多くの意味で破壊的で有害ではあるが、酸素不足で私たちを窒息させることはない。

私たちは今後も十分な水と食料が手に入るか？

酸素とは対照的に、私たちにとって2番目に切迫した需要がある自然界の要素は、環境に関する懸念のリストの最上層に含めるべきだ。それは、この決定的に重要な資源に絶対的な不足があるからではなく、分布の仕方が不均一で、うまく管理できていないからだ。いや、その言い方は控え目過ぎる。私たちは厖大な量の水を無駄にしており、これまでのところ、望ましくない習慣や傾向を逆転させるような効果的な変更の数々を、なかなか採用できずにいるからだ。したがって、これから見るように、水の供給はほぼ例外なく管理を誤っている資源の完璧な例となり、そこにはさらに、はなはだ不均質なアクセスという厄介な問題も加わる。[注15]

少なくとも私たちは、呼吸をするほど頻繁に、毎分十数回、いや毎日十数回さえも水を飲まなくてもいいが、適切な量の飲料水（性別、年齢、体格、周りの気温にもよるが、激しい活動をしなければ、1日当たりたいてい1・5～3リットル）は、生存のための基本条件だ。[注16] まる1日水分補給しないと辛いし、2日間水を飲まないと危険になり、3日にわたって水を断つと、たいてい致命的だ。1年に1人当たり平均で約750キログラム（750リットル、

0・75立方メートル）に相当する、生存に欠かせないこの飲料水に加えて、水のはるかに大量のニーズが他にある。入浴やトイレの使用、調理、洗濯（たとえ水洗トイレがなくても、これらのカテゴリーは1日当たり合計で少なくとも15～20リットル、1年当たりで約7立方メートルになる）、生産活動、そして特に、食用植物の栽培だ。[注17]

水利用には、農業、火力発電、重工業、軽工業、サービス業、家庭といった異なる部門があり、また、水そのものにも異なるカテゴリーがあるので、国内の比較も国際的な比較も厄介だ。たとえば、河川に流れ込む雨水、湖や池の水、地下水で、生産物に取り込まれたり蒸発したりする「ブルー・ウォーター」、降水のうち、土壌にたまり、後に植物が蒸発させたり、蒸散したり、取り込んだりする「グリーン・ウォーター」、特定の水質基準を満たすために水質汚濁物質を希釈するのに使われる「グレイ・ウォーター」などがある。

だから、国民1人当たりの使用量が、ウォーター・フットプリント（生産、製造、加工、輸送、流通、消費、廃棄などで使用されたり汚染されたりする水の量）を算定するときの最善かつ最も網羅的な基準になる。それは、ブルー・ウォーターとグリーン・ウォーターとグレイ・ウォーターに加えて、輸入された食料や製品の栽培や生産に必要とされた水である「バーチャル・ウォーター」を合計したものだ。[注18] 国内でのブルー・ウォーターの利用量は、1年・1人当たり、立方メートルで表すと、カナダは29強、アメリカは23、フランスは約11、ドイツは7、中国とインドは約5、アフリカの多くの国では1未満と、さまざまだ。[注19] 国内消費のウォーター・フットプリントの合計は、農業と工業生産で使用された水の具体的な割合を反映している（当然ながら、農業での使用量は、広範な灌漑を行っている国で多くなる）。その結果、カナダとイタリア、イスラエルとハンガリーなど、気候や部門ごとの利用量が非常に異なる国々でも、消費量の合計は似通っており、これら4か国ではすべて、1年間に1人当たり２３００〜２４００立方メートルだ。食料の輸入により、かなりの量のグリーン・ウォーターが取り込まれる。だから、日本と韓国という、輸入食料への依存度が非常に高い国は、バーチャル・ウォーターの大量使用者でもある。

国家経済全般、特に食料生産では水が重要な役割を果たすため、驚くまでもないが、水の利用可能性や過不足や供給の脆弱性が何度も包括的に評価されてきた。21世紀初頭、水不足の人は少なくとも12億人、多ければ43億人、つまり全人類の20〜70パーセントにもなった。[注20] 同様に、２０１０年代に行われた水不足の２つの異なる尺度での調査では、16億〜24億の人が影響を受けていることがわかった。[注21] 現在の評価にはこれほど大きな差があるので、将来についてしっかりと擁護できる結論を提供するのは不可能だ。

将来の食料の供給についても、不確実なことが多い。食料生産ほど大々的に地球の生態系を変えた人間の活動は他にない。農地を合計するとすでに、氷河に覆われていない地表の約3分の1に達し、農業が今後さらに影響を及ぼすことは避けられない。[注22] 食料生産に使われている土地の面積は今や1世紀前の2倍以上だが、富裕国のすべてで、耕作中の土地の面積は頭打ちになっているか、わずかに減少しており、全世界の新しい農地の増加は以前よりもかなり緩やかになっている。[注23] アフリカ大陸では出生率が依然として高いので、耕地のさらなる拡大は確実だが、アジアの大半では限定的なはずで、ヨーロッパと北アメリカとオーストラリアでは、すでに食料が過剰に生産されており、高齢化も進んでいくので、耕地はさらに縮小するはずだ。

食料生産に使われる土地の面積は、農作業の改善と、食品廃棄物の削減と、肉の控え目な消費の普及を組み合わせれば、減らすことができる。第2章ですでに説明したように、約80億の人口を抱える世界では、産業革命以前の農業に回帰することは考えられないが、農業の集約化を行って現在と同じインプットで収量を上げるというのは、長い歴史に沿う傾向だし、多くの無駄な慣行を排除すれば、肥料や殺虫剤の利用を減らしてさえも、収量を増やすことができるだろう。２００５〜15年の10年間に、説得力ある形でこれを大規模に実証した例がある。中国の農耕地の約3分の1を耕す２１００万人近い農業従事者が、1ヘクタール当たりに施す窒素の量を15〜18パーセント減らしつつも、主食穀物の収量を11パーセント増やすことができたのだ。[注24]

もし土地という資源が農業生産に制約を課さず、私たちが水の供給を管理するノウハウを持っていたら、作物が必要とする多量栄養素を提供しながら、窒素とリンを施すことによる環境への影響を抑える見通しはどれほどあるのか？　すでに説明したように、ハーバー・ボッシュ法によるアンモニア合成で、主要な多量栄養素である活性窒素をいくらでも好きなだけ提供することが可能になった。[注25]私たちは、カリウムとリンという２つのミネラルの多量栄養素も十分な量を提供できる。合衆国地質調査所は、カリウムの資源量を酸化カリウム約70億トン相当としている。可採埋蔵量はその半分ほどで、現在の生産量でいけば、その埋蔵量は90年近くもつ。[注26]

過去50年間、リンがまもなく不足するという意見がときどき出てきたし、ほんの数十年のうちに飢餓が避けられないとする見方さえあった。[注27]限りある資源を無駄にするのを心配することは常に妥当だが、切迫したリンの危機など存在しない。国際肥料開発センターによれば、リン鉱石の資源量と埋蔵量は、今後３００～４００年間の肥料需要を十分満たすだけあるという。[注28]合衆国地質調査所は、世界のリン鉱石の資源量を３０００億トン超としており、現在の採掘の割合では１０００年以上もつという。[注29]そして、国際肥料産業協会は「リンの産出量のピークが切迫した問題であるとも、リン鉱石の枯渇が差し迫っているとも考えていない[注30]」。

植物栄養素に関する真の懸念は、環境中、特に水中に、そうした栄養素が望ましくないほど存在するために生じる、環境への、ひいては経済への影響だ。肥料由来のリンは、土壌流出や降雨流出で失われたり、家畜や人間の排泄物に含まれて放出されたりする。[注31]淡水も海水も通常は微量しかリンを含んでいないので、こうして含有量が増えると富栄養化につながり、以前は乏しかった養分が水中で豊富になり、藻類が過剰に繁茂する。[注32] 肥料を施した農地から失われたり、動物と人間の排泄物から放出されたりした窒素も、富栄養化を引き起こすが、水中の光合成は、リンの増加への反応のほうが大きい。下水の一次処理（沈殿によってリンの5～10パーセントが取り除かれる）も二次処理（濾過《ろか》によって10～20パーセントが取り除かれる）も、富栄養化を防ぐことができないが、リンは凝固剤や微生物プロセスを使えば除去可能で、それから結晶させ、肥料として再利用することができる。[注33]

すでに説明したように、作物による窒素の吸収の世界的な効率は50パーセントを切っており、中国とフランスでは40パーセントを下回る。藻類は腐敗するときに海水に溶けている酸素を消費するので、水中の酸素が欠乏して、魚や甲殻類が生きていけなくなる。このように酸素が枯渇した水域は、アメリカの東部と南部の沿岸や、ヨーロッパと中国と日本の沿岸で目立つ。[注34] こうした環境への影響には、簡単で安価で迅速な解決策はない。輪作、肥料の喪失を最小化するための分割施用など、農業の手法の改善は必須だが、肉の消費の削減が何よりも重要な修正となるだろう。なぜなら、飼料穀物の生産の必要性が下がるからだ。だが、サハラ以南のアフリカでは、食物輸入への慢性的な依存を避けるとすれば、今よりはるかに多くの窒素とリンが必要となるだろう。

そして、大気中の酸素と、水の利用可能性と、食料生産という、生存に欠かせない3要素の長期的な評価をするなら必ず、それらの確保が、進行中の気候変動にどう影響されうるかを考慮しなければならない。気候の漸進的な変化は、無数の形で生物圏に影響を与えるので、気温と海面の上昇という、メディアで最も頻繁に取り上げられる変化だけにはとうていとどまらない。都市のうだるような暑さや海面の上昇、作物の乾燥や氷河の融解といった、予想されている影響の長いリストを、ここであらためて紹介するつもりはない。それはすでに、抑制の効いた形でも、ヒステリックな形でも、嫌と言うほどなされてきたからだ。

そうする代わりに、実用的だが正統的ではないアプローチを取ることにする。まず、温室効果ガスが、生命の存在を可能にするうえで不可欠の働きをしていることを説明する。それなしでは地表は永遠に凍りついてしまうだろう。だが、私たちは図らずもそのガスを、さまざまな活動の組み合わせで増やしてしまった。その最たるものが化石燃料の燃焼であり、それが、人間が原因の地球温暖化の最も重要な原動力となっている。続いて、一般的な認識とは裏腹な事実を説明する。すなわち、近代科学はこの現象を1世紀以上前に突き止めており、明確に提示された潜在的な危険を、私たちは何世代にもわたって無視してきた。そして、これまでのところ、地球温暖化の進路を変更するための効果的な行動を本気で取るつもりはなく、また、そのような変更は途方もなく困難な課題なのだ。

なぜ地球は永遠に凍りつかないのか

第1章で見たように、化石燃料は豊富に存在し、変換効率はしだいに上がっており、それが近代以降の経済成長の最大の推進剤となってきた。そして、寿命が延び、生活が豊かになるという恩恵をもたらしたが、地球の気候への二酸化炭素排出の長期的影響、いわゆる「地球温暖化」への懸念も引き起こした。地球温暖化が環境に与える影響についての私たちの懸念は、簡単な物理学で説明がつく。私たちは、それなしでは人間が生存できないもの、すなわち温室効果の過剰について心配している。私たちの生存がかかっている地球の温暖化は、いくつかの微量ガスによって調節されている。なかでも重要なのが二酸化炭素とメタンだ。大気の78パーセントを占める窒素と21パーセントを占める酸素という2種類の気体に比べると、二酸化炭素とメタンの割合は1パーセントよりもはるかに小さくて無視できるほどだが、両者の効果によって、地球が生命の存在しない凍りついた惑星になるか、それとも青と緑の惑星になるかが決まってくる。[注35]

地球の大気は、入ってくる波長の短い太陽放射を吸収し、波長の長い赤外線を宇宙に放射する。これがなければ地球の温度はマイナス18℃となり、地表は常に凍っているだろう。微量ガスは、宇宙に出ていく赤外線放射の一部を吸収し、地表の温度を上げて、地球の放射のバランスを変える。そのおかげで、水が液体の形で存在でき、それが蒸発して水蒸気を大気中に送り込む。水蒸気も、宇宙へ向かう赤外線の目に見えない波を吸収する。それらがすべて相まって、地表の温度は、微量ガスや水蒸気がなかった場合よりも33℃高くなり、全世界の平均で15℃という温度で多くの形態の生命を支えている。

この自然現象に「温室効果」というレッテルを貼るのは、誤解を招きやすい。なぜなら、温室内が暖かいのは、ガラス製の囲いが赤外線放射の一部を防ぐからだけではなく、空気の循環も遮断するからだ。それとは対照的に、自然の「温室」は、外に向かう赤外線の放射のごく一部を微量ガスが遮ることでのみ起こるのであり、地球の大気は何物にも邪魔されることなく、絶えず、そしてしばしば激しく、動いている。出ていく放射を吸収するうえで圧倒的に重要なのは水蒸気であり、したがって、過去の大気の温暖化の大半は水蒸気のおかげだし、将来もそれは変わらないだろう。自然界で最大の温室効果を生み出しているのが水蒸気だが、水蒸気は大気の温暖化の原因ではない。なぜなら、水蒸気は大気の温度を制御していないからだ。じつはその逆で、温度の変化によって、大気中にとどまれる水蒸気の量や液化する水蒸気の量が決まる。気温が上がると湿度も増し、気温が下がると液化が進む。

地球の自然な温暖化を制御しているのは微量ガスであり、その濃度は周囲の温度の影響を受けない。つまりそれらのガスは、気温が下がっても液化して地上に降ることはない。だが、微量ガスが引き起こす比較的わずかな温暖化のせいで、水の蒸発量が増え、大気中の水量も増し、このフィードバックがさらなる温暖化をもたらす。自然界の微量ガスの効果は、常にほとんど二酸化炭素がもたらしたもので、それ以外にはメタンと亜酸化窒素とオゾンが多少貢献してきた。オゾンは、多くの人にはその名を冠したオゾン層で知られている。人間の活動がいくつかの微量ガスの濃度に作用して、人工の温室効果ガスの影響を与え始めたのは何千年も前のことであり、定住化した社会が農業を採用し、家事や金属の製錬、煉瓦やタイルの製造に、木や、木から作った木炭を使い始めたのと同時期だった。森林を農耕地に変えると、いっそう多くの二酸化炭素が放出され、水田で米を栽培することで、さらにメタンが発生した。[注36]

だが、人間が原因のこれらのガス排出の影響が重大になったのは、工業化のペースが速まってからだった。人間が引き起こす温室効果ガスの影響の加速は、二酸化炭素の排出量の増加に起因する。この増加は、主に化石燃料の燃焼と、セメントの製造によって推進されてきた。水田やゴミ埋立地、牛、天然ガス生産などからのメタンの排出と、主に窒素肥料の使用増加で発生する亜酸化窒素も、人間に由来する温室効果ガスの顕著な源泉だ。これらのガスの大気中濃度を過去に遡って調べてみると、工業化によって突然上昇したことがわかる。

1800年以前は何世紀にもわたって、二酸化炭素濃度は270ppm（0・027体積パーセント）前後の狭い範囲で変動していた。それが、1900年には290ppmへとわずかに増え、さらに1世紀後には375ppmに迫り、2020年夏には420ppm

を超え、18世紀の濃度より50パーセント以上も上昇した。[注37]産業革命以前のメタンの濃度は、二酸化炭素の濃度よりも3桁低く、800ppb（0・00008体積パーセント）だったが、2020年には倍以上の1900ppb近くまで増し、亜酸化窒素の濃度は約270ppbから300ppb超へと上がった。[注38]これらのガスはみな、外へ向かう放射を吸収する程度が違う。100年単位で影響を比べると、メタン1単位の排出は、二酸化炭素28〜36単位の排出、亜酸化窒素265〜298単位の排出に、それぞれ匹敵する。一握りの新しい人工の産業ガス、特に、以前は冷媒として使われていた、すべてのクロロフルオロカーボン（CFC）と、電気機器の優れた絶縁材として使われる六フッ化硫黄（SF_6）のほうが、はるかに強力な影響を与えるが、幸いその濃度は微々たるもので、CFCの生産は1987年のモントリオール議定書で段階的に禁止された。[注39]

主に化石燃料の燃焼で排出され、森林破壊もその大きな発生要因となっている二酸化炭素は、人間に由来する温暖化効果の約75パーセント、メタンが約15パーセントを占め、残りは主に亜酸化窒素に帰せられる。[注40]温室効果ガスの排出が増加し続ければ、最終的には温度が上がり過ぎて、多くの悪影響が環境に及び、膨大な社会的コストや経済的コストを生む。世間の印象とは違い、これはスーパーコンピューターが複雑な気候モデルを計算して提供してくれたおかげで理解が深まって最近引き出された結論ではない。あらゆる地球温暖化シミュレーションの前身である、グローバルな大気循環の最初期のモデルが1960

年代後半に導入されるよりもはるか前どころか、最初のコンピューターが作られるよりも何世代も前から、すでにわかっていたことなのだ。

誰が地球温暖化を発見したのか?

グーグルのNグラム・ビューアーで「地球温暖化」という言葉の使用頻度を調べれば、1980年以前には事実上まったく使われておらず、その後、急激に使われだし、88、89の2年間に4倍になったことがわかる。二酸化炭素が引き起こす地球温暖化をメディアと一般大衆と政治家が「発見」したのは88年であり、アメリカの暑い夏と、気候変動に関する政府間パネル(IPCC)の設立、国連環境計画(UNEP)、世界気象機関(WMO)に駆り立てられてのことだった。これが、今なお増え続ける科学論文や書籍、学会、シンクタンクによる研究、IPCCが定期的に発表する最新の評価報告書を含む、政府や国際機関の報告書につながった。

2020年にはグーグルで検索すると、「地球温暖化」と「地球気候変動」には10億件以上の項目が表示された。これは、最近流行のニュース項目である「グローバル化」や「経済格差」、あるいは「貧困」や「栄養不良」といった生存にかかわる課題で検索したときに表示される項目の数よりも1桁多い。そのうえ、地球温暖化にメディアが関心を抱き始めたほぼその時点以降、この複雑なプロセスの報道は、事実の正確な伝達の不足、怪しげな解釈、恐ろしい予想だらけで、やがて、明らかに以前よりヒステリックで、紛れもなく終末論的でさえある気配を、はっきりと帯びるようになった。

無知な視聴者や読者は、今起こりつつあるグローバルな大惨事に対するこうした警告が、最新の科学的知見を反映しているものと結論せざるをえなかっただろう。以前には手に入らなかった人工衛星観測データが揃い、コンピューターの演算能力が上がったおかげで実行可能になった、グローバルな気候の複雑なモデルを使った予測に基づく知見を反映しているのだ、と。ところが、最新の監視システムやモデル化はたしかに進んでいるものの、温室効果についての理解についても、着実に増え続ける温室効果ガスの排出がもたらす結果についても、何一つ新しいところはない。大筋では、両者については１５０年以上知られているし、１世紀以上前からは、はっきりと明確な形でわかっていたのだ！

フランスの数学者ジョゼフ・フーリエ（１７６８〜１８３０）は亡くなる数年前、地面からの放射の一部を大気が吸収することに、どの科学者よりも早く気づいた。そして１８５６年には、アメリカの科学者で発明家のユーニス・フット（１８１９〜88）は、二酸化炭素と地球温暖化を、手短にではあったものの明確に、初めて結びつける文章を残した[注41]。その５年後、イギリスの物理学者ジョン・ティンダル（１８２０〜93）は、水蒸気が、外に出ていく放射の最も重要な吸収物であることを説明した。つまり、「この構成要素の変化はどれも、必ず気候に変化を生じさせる」ということであり、「同じことが空気を通して拡散する炭酸にも言える」と彼はつけ加えた。[注42] これは簡潔だが明快であり、現代の用語を使えば、以下のようになる。二酸化炭素濃度が増えれば、必ず大気温が上昇する。

ティンダルが先ほどの言葉を記したのは1861年で、19世紀が終わる前には、スウェーデンの化学者で初期のノーベル賞受賞者スヴァンテ・アレニウス（1859〜1927）が、地表温度の上昇を初めて計算して発表した。産業革命以前の大気中の二酸化炭素濃度が、最終的に倍になることで起こる上昇だ。[注43] 彼の論文は、地球温暖化は熱帯には影響が最も及びにくく、南北の極圏で最もはっきり表れることや、昼夜の温度差の縮小を招くことも指摘している。そのどちらも、正しいことが裏づけられた。北極圏の気温上昇が最も速く進む。だが、雪と氷が解け、反射される放射線の割合が大幅に減り、さらに温暖化が激しくなるという単純な説明は、複雑なプロセスの一部にすぎない。そのプロセスには、大きな気象のシステムによって極圏に運ばれる雲や水蒸気やエネルギーの変化もかかわっている。[注44] 夜間の気温は昼間の平均気温よりも速く上昇しており、その主な理由は、地面のすぐ上にある大気から成る境界層が、日中は数キロメートルあるのに対して、夜間は非常に薄く、わずか数百メートルしかなく、したがって温暖化に敏感なことにある。[注45]

1908年、アレニウスは気候感度のかなり正確な推定を行った。気候感度とは、大気中の二酸化炭素の倍増に起因する地球温暖化の尺度だ。「大気中の二酸化炭素のパーセンテージが倍になるたびに、地表の温度は4℃上がるだろう」と彼は述べた。[注46] 地球温暖化に対する関心が突然高まるよりも30年前の1957年、アメリカの海洋学者ロジャー・レヴェルと物理化学者ハンズ・スースは、化石燃料の大規模な燃焼を正しい進化上の観点から評価して次のように述べた。「こうして人類は今や、過去には起こりえず、未来には再現しようのない類いの、大掛かりな地球物理学の実験を行っている。我々は、何億年もかけて堆積岩の中に蓄えられた高濃度の有機炭素を、数世紀のうちに大気と海洋に戻すことになる[注47]」。

この新たな現実が前代未聞のものであることを、これ以上、的確に伝える言葉が他にありえただろうか？　そのわずか1年後、この懸念に応じて、ハワイのマウナロアと南極で、自然に存在している二酸化炭素の濃度測定が始まった。すると、絶えずかなり予想可能な割合で毎年上昇していることがわかり、1958年には315ppmだったのが、85年には346ppmに増えていた[注48]。そして、79年に全米研究評議会が出した報告書は、水蒸気のフィードバックを含む気候感度の理論値を1.5〜4.5℃とした[注49]。08年にアレニウスが示した推定値は、十分この範囲に収まっていたわけだ。

したがって、二酸化炭素に起因する地球温暖化の1980年代後半における「発見」は、二酸化炭素と地球温暖化のつながりをフットとティンダルが明らかにしてから1世紀以上も後、地球温暖化のもたらしうる影響の適切な量的推定をアレニウスが発表してから4世代近くも後、地球全体を巻き込む前代未聞で再現不能な地球物理学の実験についてレヴェルとスースが警告を発してから1世代以上も後、気候感度を現代科学が確証してから10年後のことだったわけだ。だから、この変化に気づき、対応策を考えるのには、新たなコンピューター・モデルの登場や国際機関の設立を待つまでもなかったことは明らかだろう。

新しいコンピューター・モデルや国際機関が根本的な違いをほとんどもたらさなかったことは、地球温暖化の重要な尺度である気候感度の最新の推定値を見れば、よくわかるかもしれない。アレニウスが4℃という値を示してから1世紀以上後に発表されたIPCCの第五次評価報告書は、気候感度が1℃未満である可能性は極端に低く、6℃を超える可能性も非常に低く、1・5〜4・5℃の範囲に収まりそうであると結論した。[注50] これは、1979年の全米研究評議会の報告書が示したのと同じ範囲だ。そして2019年には、地球の気候感度の、ある包括的な評価が、多くの証拠に基づいてその範囲を狭め、2・6〜3・9℃に収まる可能性が最も高いとした。[注51] つまり、大気中の二酸化炭素濃度が産業革命以前の2倍の約560ppmに上がる頃までに、2℃を超える大幅な温暖化を防げるほど気候感度が低い可能性は極端に小さいということだ。

それにもかかわらず、脱炭素化に向けた有効で根本的な動きは今のところわずかしか見られず、それらも、的を絞った意図的で断固とした政策によるものではない。むしろそうした動きは、変換効率の向上や原子力発電と水力発電の拡大、加工や製造手順での無駄の排除といった、技術の全般的な進歩の副産物であり、また、石炭から天然ガスへの転換や、さらに一般的にはそれほどエネルギー集約型ではない材料リサイクルといった、現在進行中の生産・管理の転換の副産物でもある。これらの動きの狙いや進展は、温室効果ガスの排出削減を目指す努力とは何の関係もなかった。[注52]そして、すでに指摘したように、太陽光発電パネルや風力タービンの設置による、発電の脱炭素化へという最近の方向転換は、中国や、アジアのその他の地域における温室効果ガス排出の急増で、完全に帳消しになっている。

温暖化する世界での酸素と水と食料

私たちは現状を把握している。大気中の温室効果ガスの濃度が高まっているために、地球は何世代にもわたって、太陽から受け取るエネルギーを再放射する量がわずかずつ減っている。エネルギーの出入りの正味の差は、1850年を基準とすると、2020年には1平方メートル当たり約2ワットに相当する。[注53]海洋が大気の熱を吸収する能力は厖大なので、下層大気の平均温度が感知できるほどの上昇を見せるには長い時間がかかる。化石燃料の燃焼が加速して2世紀が過ぎた2010年代後半、世界の地面と海面の平均温度は、20世紀の平均よりもほぼ1℃高かった。温度の上昇はすべての大陸で記録されたものの、むらがあった。アレニウスが予想したとおり、中緯度の場所や熱帯よりも高緯度の場所のほうが、平均温度の上昇がはるかに顕著だった。

世界平均で考えると、気温に関して過去140年間のうち上位5位まではすべて2015年以降、10位までのうち9回が2005年以降に記録されている。[注54] この世界的な変化からは、京都の桜の開花やフランスのワイン用ブドウの収穫が早まることから、夏の猛暑で最高気温の記録が破られたり高山の氷河が融解したりするという気掛かりな問題まで、多くの結果がもたらされている。[注55] そして、驚くまでもないが、多数のコンピュータ・モデルを手軽に使えるようになったため、今では今後の成り行きを予想する文献がなおさら多く出回っている。そこで、人類の生存に欠かせない、酸素と水と食料という3つのものに立ち戻り、温暖化する地球でそれらの供給がどうなりそうか、考えてみよう。

大気中の酸素濃度は、温室効果ガスが引き起こす気温のわずかな変化には影響を受けないが、人間が引き起こす地球温暖化の主な原因、すなわち化石燃料の燃焼のせいで、ほんの少しばかり低下している。最近では、1年当たり約270億トンの酸素が、化石燃料の燃焼によって大気から取り除かれているのだ。[注56] 森林火災や家畜の呼吸によって失われる分も考慮に入れると、大気に含まれる酸素の毎年の正味の減少量は、21世紀初頭には約210億トンとされた。これは、大気中に存在している酸素の、1年当たり0・002パーセント足らずの減少という計算になる。[注57] 大気中の酸素濃度を直接測定することで、このわずかな減少が確認されている。近年、それは約4ppmに相当する。空気には100万分子当たり21万近くの酸素分子が含まれているので、これは毎年0・002パーセントの

低下となる。[注58]

この割合でいくと、大気中の酸素濃度が3パーセント下がるまでに1500年かかる。これは、西ローマ帝国が滅亡してから過ぎた年月に、ほぼ等しい。だが、実際の酸素濃度の点で言うと、この減少は、海抜0メートルに近いニューヨーク市から標高1288メートルのソルトレイクシティに移る程度の違いでしかない。石炭、原油、天然ガスという、すべての化石燃料の、世界中で知られているかぎりの資源量を採掘するのは、大半の鉱床が微量であるため、コストがかかり過ぎて不可能なのだが、仮に全部掘り出して燃やしたとしても、大気中の酸素濃度は、たった0・25パーセントしか下がらないだろう。[注59]

花粉アレルゲンから、都市での屋外の大気汚染や田園地帯での屋内の調理由来の空気の汚れまで、多くの理由で、不幸にも何億もの人が呼吸をしづらくなっている。だが、森林火災や化石燃料の燃焼によって大気中の酸素が消費されて減る事態を、考えられる範囲でどれだけ想定しても、それで呼吸が困難になるリスクはまったくない。そのうえ、きわめて重要な天然資源のうちでも、酸素ほどアクセスが平等なものはない。地元の大気汚染のレベルがどれほどであろうと、世界中のどの場所でも、標高が同じであれば、誰もが同一の濃度の酸素を思う存分吸い込むことができる。そして、チベットやアンデス山脈といった標高の高い場所に暮らしている人々は、血中のヘモグロビン濃度を上げることをはじめとして、低い酸素濃度に対する多くの目覚ましい適応を見せてきた。[注60]

要するに、酸素については心配すべきではないということだ。一方、水の供給の将来については、憂慮しなくてはならない。地域や国家や全世界のレベルでの多くのモデルを使って、将来の水の利用可能性が検討されてきた。それぞれ想定する地球温暖化の程度が異なり、最悪の筋書きは一般に悪化する一方の見通しを提示するものの、人口増加とそれに伴う水の需要に関してどのような前提に拠って立つ必要があるか次第で、そうとう不確かなところがある。最大2℃までの温暖化では、気候変動によって悪化した水の欠乏に直面する人は、少なければ5億人、多ければ31億人になるかもしれない。[注61] 1人当たりの水の供給は世界中で減るだろうが、ラプラタ川やミシシッピ川、ドナウ川、ガンジス川などの主要河川の流域は、欠乏レベルよりもはるかに上の状態にとどまるだろう。一方、すでに水量が乏しくなっている河川の流域の一部は、さらに状況が悪化する。特にはなはだしいのは、トルコとイラクを流れるティグリス川とユーフラテス川や、中国の黄河かもしれない。[注62]

だが、需要主導型の淡水の欠乏のほうが、気候変動に起因する不足よりもはるかに影響が大きいということで、ほとんどの研究の示す見解が一致している。そのため、将来の水供給対策の最善の選択肢は需要の管理であり、それがうまくいっている大規模な例の1つが、アメリカで近年に見られる1人当たりの水の利用量の削減だ。[注63] 2015年のアメリカ全体の水使用量は、1965年の使用量よりもわずか4パーセント足らずしか多くなかった。だがその50年間に、人口は68パーセント増え、GDPは実質ベースで4倍以上になり、灌漑されている農地は約40パーセント増加した。つまり、１人当たりの水の使用量は40パーセント近く減少し、アメリカ経済の水集約度（実質ＧＤＰの単位当たりの水の単位）は76パーセント下がり、灌漑に使われる水の合計量は２０１５年にはじつはわずかに減ったので、農地の単位面積当たりの使用量は３分の１近く少なくなった。当然ながら、こうした水の使用のすべてで、さらなる削減を行うのには物理的な限度があるが、このアメリカの実例は、大幅な改善の余地があることを示している。

飲料水の不足は、脱塩によって緩和することができる。太陽熱蒸留から半透膜の利用まで、さまざまな手法で海水から塩分を取り除くのだ。この選択肢は、多くの水不足の国で一般的になってきており、世界中におよそ１万８０００か所の海水淡水化プラントがあるが、貯水池やリサイクルから供給する淡水よりも、コストがかなり多くかかる。[注64] 作物に必要な水の量は、飲料水よりは桁違いに多い。そして、世界の食料生産は、今後も降雨に頼り続けることになる。やがて来る温暖化した世界では、十分な雨が降るだろうか？

光合成は常に、葉の中の水と大気中の二酸化炭素との、極端に不均衡な交換だ。植物は、光合成のために十分な炭素を取り込もうとして葉の裏側にある気孔を開くたびに、大量の水を失う。たとえば、小麦全体の蒸散効率（単位当たりの水で生み出されるバイオマス）は、１キログラム当たり5・6〜7・5グラムであり、これは、穀物の収量１キログラム当たり約２４０〜３３０キログラムの水という計算になる。[注65]

水循環は地球温暖化によって否応なく盛んになる。気温が上がると蒸発量が増えるからだ。その結果、全体として降水量が増し、したがって、集めて、溜めて、使うことができる水も多くなる。[注66] ところが、全体として降水量が増加しても、あらゆる場所で降水量が増えるわけではないし、これまた重要なのだが、水が最も必要とされるときに雨が多く降るわけでもない。気候の温暖化に関連した他の多くの変化と同じで、降水量の増大も場所によってばらつきがある。今日よりも雨が降らなくなる地域もあれば、中国の厖大な人口の大半が暮らしている長江流域など、大幅に降水量が増す地域もあるし、この増量は、水ストレスの高い環境に住んでいる人の数のわずかな減少につながることが見込まれている。[注67] 降水量が増える場所の多くでは、降水が不規則になる。雨や雪の頻度が減るものの、1回の量が増え、壊滅的にさえなるだろう。

大気が暖まると、植物からの水分の喪失（蒸発散量）も増えるが、作物や森林が水を失って弱るわけではない。大気中の二酸化炭素濃度が上がれば、暖かくて二酸化炭素が豊富な生物圏が出現し、単位収量当たりに必要な水が減る。この効果はすでに一部の作物で測定されており、最も一般的な光合成経路に依存する主食穀物である小麦と米は、それほど一般的ではないけれど、本質的により効率的な光合成経路を使うトウモロコシやサトウキビよりも、水の利用効率の上昇幅が大きい。[注68] つまり、一部の地域では、降水量が10～20パーセント減っても、小麦などの作物から、今日以上の収穫が得られる可能性があるのだ。

世界の食料生産は、地球温暖化を助長する微量ガスの重大な発生源でもある。ここで言う微量ガスは主に二酸化炭素であり、特に南アメリカやアフリカで依然として行われているように、森林や草地を農地に変えるときに発生する。そして、反芻する家畜が吐き出すメタンがそれに加わる。[注69] だがこの現実は、改善や調整の機会も提供してくれる。毎年耕す量を減らしたり、耕すのをやめたりして、土壌中の有機物を増やし、それによって炭素の貯留量も増やすような形で作物を栽培することもできるだろうし、牛肉を食べる量を減らして、牛が吐き出すメタンを削減することもできるだろう。私の計算では、将来、牛肉の割合を下げ、豚肉と鶏肉、卵、乳製品の割合を上げ、餌をより効率的に与え、作物の残滓や食品加工の副産物をもっとうまく利用すれば、近年の世界的な食肉生産量を減らすことのないまま、メタンの放出も含め、家畜による環境への影響を大幅に抑えることができる。[注70]

より視野を拡げると、２０５０年を過ぎて間もなく到達することが見込まれる１００億という将来の人口を、４つのプラネタリー・バウンダリーの範囲内で養うことができるかを、ある最近の研究が検討した。つまり、地球とその住人たちを、生物圏の一体性、土地の利用、淡水の利用、窒素の循環の４つの点で限界を踏み越える瀬戸際まで追い込まずに、人々を養えるかを問うたのだ。驚くまでもないが、この研究の結論は以下のようなものだった。すなわち、これらの限界をすべて尊重したなら、世界の食料生産システムが、１人当たり約２４００キロカロリーのバランスの取れた日々の食事を提供できるのはせいぜい

34億人だが、農耕地を再配分し、水と養分を今よりもうまく管理し、食品廃棄物を減らし、食生活を調整すれば、102億人を養えるという。[注71]

呼吸と水分摂取と食物摂取という、生きていくうえで必須の3要素を、このように正しい情報に基づいて眺めてみると、結論は一致する。2030年あるいは50年〔IPCCが二酸化炭素削減の指標とした年で、30年に2019年のCO_2排出量から48パーセント、50年に99パーセントの削減を提示している〕までに破局を迎える必然性はない。酸素は、依然として豊富であり続ける。水の供給に関する懸念は多くの地域で増大するが、それはあらかじめわかっていることなので、命を脅かすような大規模な不足をすべて回避するのに必要な手段が講じられてしかるべきだ。そして、私たちは低所得国での1人当たりの平均的な食料供給を維持するだけでなく改善する一方、富裕国では過剰な生産を減らすべきだ。とはいえ、これらの措置を取っても、世界人口を養うための食料生産における、化石燃料補助への直接的・間接的依存を軽減することはできても、なくすことはできないだろう（第2章を参照のこと）。そして第1章で説明したように、化石燃料の使用の削減は、迅速に行うことはできない。つまり、今後何十年にもわたって、化石燃料の燃焼が世界の気候変動の原動力であり続けるということだ。では、それは地球温暖化の長期的な傾向にどのような影響を与えるだろうか？

不確実性と見通しと現実

科学の進歩と技術力の向上が同時に起こっている今、自然の要因と人間の行動の入り組んだ相互作用を含む複雑なプロセスに対して、私たちは大量の、そして着実に拡大している知識を活かして取り組むことができる。それと同時に、不快なまでの無知を考慮に入れなければならないし、毅然《きぜん》とした対応が格段に難しくなる原因である永続的な不確実性についても考える必要がある。この基本的な現実を忘れていたとすれば、新型コロナの拡散とその結果は、世界中の人にとって良い薬となった。

私たちは、間近に迫っているのが100パーセント正確に予想できたはずの出来事に対して、準備ができていなかった。その準備不足には、大きな問題が発生することを予期していた人でさえ呆れるほどだった。私は2008年に、グローバルな大惨事と傾向についての拙著で、まさにそのような予想を行い、その時期さえ的中させていたのだが。[注72]私たちはこの新しい病原体の遺伝子構造を、ほぼ即時にそっくり解明したものの、感染拡大への国の公共政策上の対応はさまざまで、スウェーデンのようにおおむねいつもどおりの国もあれば、イタリアやスペインのように後れ馳せながらも国内の公共施設の厳格な閉鎖を行った国や、2020年2月のアメリカのように当初は軽視していた国、シンガポールのように最初は対策が功を奏したものの、その後大きな問題に直面した国もあった。[注73]

それでいて、基本的には、これは私たちが1950年後半以来3度にわたって世界規模で経験してきた、自己限定的な自然現象だ。ワクチンがない場合でさえも、ウイルス感染症のパンデミックはみな、比較的大勢の人が病原体に感染するか、あるいは病原体が変異して毒性が下がるかすると、最終的には下火になる。それとは対照的に、グローバルな気候変動は、途方もなく複雑な展開を見せ、最終的な結果は多くの自然のプロセスと人間が原因のプロセスの相互作用次第であり、そうした相互作用はろくに理解されていない。そのため私たちは、長期的な傾向と最もありそうな帰結をより正確に見定めるために、今後何十年間も、いっそうの観察と研究、はるかに優れた気候モデルを必要とするだろう。

こうした、ダイナミックで多くの要因が絡む現実の理解がすでに完璧の域に達したなどと信じたなら、地球温暖化の科学を気候変動の宗教と履き違えることになる。だが同時に、効果的な行動を取るためには、新しいモデルを果てしなく必要とするわけでもない。建物や輸送、工業、農業でのエネルギーの使用量を減らす絶好の機会には事欠かないし、地球温暖化についての懸念とは無関係に、こうしたエネルギー節約や排出削減のための措置は、何十年も前に始めているべきだった。エネルギーの浪費を避け、大気汚染や水質汚濁を減らし、より快適な生活条件を提供するための努力は、大惨事を防ぐことを目指す切羽詰まったその場凌ぎの行動ではなく、永続的な責務であるべきなのだ。

何よりも注目すべきなのは、気候変動の長期的な影響を抑制できたかもしれない対策を講じるのをおおむね怠ってきた点だ。そうした対策は、地球温暖化の懸念がまったくなかったとしてもなお、取られるべきものだった。なぜなら、それらは長期的な節約をもたらし、より多くの快適さを提供できるからだ。そして、その怠慢だけでも足りないと言わんばかりに、私たちは意図的に新たなエネルギー変換を導入して普及を推進し、化石エネルギーの消費を増やし、それによって二酸化炭素の放出をいっそう盛んにした。そのような手落ちや過失の好例が、気候が寒冷な国々の、擁護しようのないほど不適切な建築基準や、全世界でのSUVの採用だ。

住宅は長持ちする。たとえば、コンクリートの土台の上に建つ、北アメリカのしっかりした造りの木造住宅は、適切に維持すれば100年以上住み続けられる。だから、きちんと壁断熱をし、窓ガラスを三重にし、非常に効率の良い加熱炉を備えれば、長期にわたるエネルギー節約のまたとない機会が得られ、炭素の放出を抑えることができる。[注74] 1973年に石油輸出国機構（OPEC）が世界の原油価格を5倍に引き上げたとき、ヨーロッパと北アメリカと中国北部の建物はたいていい、窓が1枚ガラスだった。カナダでは、三重ガラスの窓の設置は2030年まで義務づけられないし、マニトバ州が他州に先駆けて、90パーセント超という効率の良い天然ガス燃焼炉の設置をようやく命じたのは、そのような炉が市販されるようになってから何十年も過ぎた09年になってからだった。[注75] 気候が寒冷な国々から地球温暖化の会議にやって来る代表のうち何人の家が、不活性ガスを封入した三重ガラスの窓や高断熱の壁や効率97パーセントのガス炉を備えているか、知ることができたら面白いのではないか？　同様に、酷暑の国々からやって来た人のどれだけが、各部屋を適切に密封し、設置がお粗末で非効率な窓用エアコンが冷気を無駄にしないようにしているだろうか？

ＳＵＶの所有は、１９８０年代後半にアメリカで増え始め、やがて世界中に広まった。そして２０２０年には、平均的なＳＵＶは標準的な自動車よりも毎年約25パーセント多くの二酸化炭素を排出していた。[注76] 同年には2億５０００万台のＳＵＶが走っていたのだから、ゆっくりと所有が拡がってその年にようやく１０００万台に達した電気自動車による脱炭素化分の軽く数倍の炭素を、世界中で好まれるＳＵＶが排出していたわけだ。ＳＵＶは２０１０年代に、増え続ける二酸化炭素排出の源泉として、発電に次いで第2位となり、重工業やトラック輸送や航空を上回った。このまま一般大衆に受け容れられ続ければ、40年には路上を走っているかもしれない1億台超の電気自動車による排出炭素削減を帳消しにしかねないというのに！

本書の第2章では、現代の食料生産の高いエネルギーコストを詳しく説明し、食品廃棄が擁護しようのないほど高い水準にあることを指摘した。この取り合わせからは明らかに、二酸化炭素の排出削減だけではなく、米の栽培や反芻をする家畜からのメタンの排出の削減、窒素肥料の過剰な利用からの亜酸化窒素の排出の削減、さらには怪しげな食料貿易からの排出の削減の機会が得られる。1月にブルーベリーをペルーからカナダに、サヤマメをケニアからロンドンに空輸する必要があるのだろうか？　これらの食品が提供するビタミンCと食物繊維は、他の多くの食品から摂取することが可能であり、そうすればカーボン・フットプリントを大幅に減らせる。そして、途方もないデータ処理能力があるのだから、食品の値段をもっとうまく柔軟に設定し、30〜40パーセントという廃棄率をそうとう下げられるのではないか？　さらにモデル化が行われるのを待つのではなく、できることをただちにやって恩恵を受ければいいではないか？

できていたはずなのに、まだ手をつけていないことのリストは長大だ。地球温暖化が現代の主要な話題になって以来の30年間に、進んでいく環境の変化を防いだり逆転させたりするために、私たちはいったい何をしただろう？　データを見れば明らかだ。1989〜2019年に、私たちは人間由来の世界の温室効果ガスの排出量を約65パーセント増やした。たとえこの世界平均を国ごとに分けたとしても、けっして楽観は許されない。30年前に1人当たりエネルギー使用量が非常に高かったアメリカやカナダ、日本、オーストラリア、EU諸国といった富裕国は、現に温室効果ガスの排出量を減らしはしたが、それはわずか4パーセントほどであり、その一方で、インドの排出量は4倍に、中国の排出量は4.5倍に増えている。[注77]

30年にわたって気候関連の大規模な国際会議が開かれてきたのに、世界の二酸化炭素排出量の推移に何の影響も与えられずにいる事実を見れば、私たちの無為と、地球温暖化という並外れて厄介な問題との組み合わせがどれほど深刻かがよくわかる。気候変動に関する国連の会合が1992年に初めて開かれ、95年のベルリンを皮切りに、気候変動会議が毎年開催されるようになり、97年の京都（このときの合意はまったく効力を発揮しなかった）、2001年のマラケシュ、2007年のバリ、2010年のカンクン、2014年のリマ、2015年のパリなど、大々的に報道された集まりが続いた。[注78] 代表者たちは風光明媚《ふうこうめいび》な場所に出掛けていくのが大好きで、そのときのジェット機による国際線の旅で発生する恐ろしいカーボン・フットプリントにはほとんど思いが至らずにいることは明らかだろう。[注79]

　2015年には、またしても当事者会議に出席するために、約5万人がパリに飛んだ。そこでは、「画期的」で「野心的」かつ「空前」でもある合意に必ず達することになっているという触れ込みだった。それにもかかわらず、結ばれたパリ協定では、世界の温室効果ガス排出大国による具体的な削減目標が成文化されなかった。と言うよりできなかったのだ。そして、とうていありそうにないのだが、たとえ拘束力のない任意の約束がすべて守られたとしても、2050年までに排出量は50パーセント増加する。[注80]「画期的」などと、よく言えたものだ。

　中国による採炭は1995〜2019年に3倍以上に増え、これは世界の他の国々の総採炭量にほぼ匹敵する量に達したのだが、これらの会議はそれを止めようと思っても止められなかっただろう。また、先ほど指摘したばかりの、大型SUVに対する世界的な愛好にも歯止めをかけられなかったはずだ。そして、何百万もの家庭が収入増によって可能になった途端に新品のエアコンを買うのを、思いとどまらせることもできなかったに違いない。そのエアコンは、モンスーンの吹くアジアの蒸し暑い夜を徹して働き続けることになるから、太陽光発電によって稼働することは当面ありそうにない。[注81] こうした需要が相まって、1992～2019年に世界の二酸化炭素排出量は約65パーセント増加し、メタンの排出量も約25パーセント増えた。[注82]

では、今後の数十年間に私たちは何ができるだろう？　真っ先にやらなくてはならないのは、基本的な現実を認めることだ。かつて、世界の平均気温の上昇は、2℃が比較的許容できる上限と考えられていたが、2018年に気候変動に関する政府間パネル（IPCC）が、それをわずか1・5℃まで引き下げた。それにもかかわらず、20年までに、その最大許容分の3分の2に当たる上昇が起こってしまった。しかも、海洋が炭素を吸収する能力や、地球のエネルギーの不均衡や、大気中の微粒子の振る舞いを考察した評価が17年に下した結論によると、過去の排出に起因する地球温暖化によって、気温はすでに1・3℃上がっており、したがって、今後の排出によりあとわずか15年で1・5℃を超えるだろうという。[注83] 仮に新たな排出がすべて即時停止したとしても温暖化は現実になる。これらの複合的な影響の最新の分析は、すでに2・3℃の温暖化が確実だと結論している。[注84]

毎度のことながら、こうした結論にはそれぞれ誤差があるものだが、温暖化を1・5℃以内に抑えるには、すでに手後れになっている可能性が非常に高いと思われる。それにもかかわらず、多くの機関や組織や政府は、不可能に思えるその範囲内に収めることを依然として想定している。1・5℃の温暖化についてのIPCCの報告書は、世界の二酸化炭素排出を2030年までに半減させ、50年までになくすような、化石燃料への依存の急激で継続的な縮小に基づく筋書きを示している。[注85] そして、今やその他の筋書きの作成者たちも、化石炭素時代に迅速に終止符を打つための詳細な提案を行っている。コンピューターのおかげで、急速な脱炭素化の筋書きを簡単にいくらでも用意することができるが、カーボン・ニュートラルの未来に向かう自分なりの道筋を描く人には、現実的な説明をしてもらう必要がある。技術的な現実や経済的現実からかけ離れた、恣意的でほとんどありえない前提や、社会にしっかり埋め込まれたエネルギーと素材のシステムの巨大な規模と途方もない複雑さを無視した前提に立つだけでは駄目なのだ。最近示された以下の3つの筋書きが、現実世界に立脚した考慮をないがしろにして、思い切り空想を羽ばたかせた格好の例を提供してくれる。

希望的観測

最初の筋書きは、EUの研究者が中心になってまとめたもので、2020年と比べて50年には1人当たりのエネルギー需要の世界平均が52パーセント少なくなることを前提としている。それだけ下がれば、世界の気温上昇を1・5℃未満に保つことは簡単だろう。52

パーセントも少なくなることが可能だと相変わらず信じていれば、だが。[注86] もちろん、最終章で繰り返すように、長期の筋書きを考えるときには、予想しておいた結果に合わせるために、勝手な前提を組み込むことができる。では、この最初の筋書きの前提は、近年の実状にどれほど一致しているのだろうか？

過去30年間に1人当たりのエネルギー需要が20パーセント増えたことを考えると、その需要を30年間で半減させられたら、それは驚異的な偉業と言える。それが実現するという推定は、モノの所有を減らし、日常生活をデジタル化し、エネルギーの変換と貯蔵の面で技術革新を急速に普及させ、エネルギー需要を大幅に減らせることを前提としている。

この需要減の第一の原動力として想定されている所有の減少は、机上の空論にすぎず、裏付けはないに等しい。なにしろ、年間の家計支出で測ると、個人消費の主要なカテゴリーはすべて、富裕国においてさえ増え続けているのだから。すでに市場が高度に飽和し、交通が渋滞しているＥＵでも、２００５～17年に１０００人当たりの自動車の所有率は13パーセント上がり、過去25年間の上昇率は、ドイツで約25パーセント、フランスでは20パーセントとなっている。[注87] 需要の低下と所有率の段階的な減少は望ましいし、実現する可能性が高い。一方、需要を半減させるというのは恣意的で、ありそうにない目標だ。

さらに重要なのだが、この非現実的な筋書きの提唱者たちは、彼らが「グローバルサウス」（主にアジアとアフリカにある低所得国を指す、一般的だが非常に不正確な名称）と呼ぶ地域で、今後30年間にあらゆる様式の交通の量がわずか2倍、消費財の所有が3倍にしか増えないと見込んでいる。ところが、中国では過去1世代の成長率は、規模が完全に桁違いだった。1999年には、中国の都会では100世帯当たりの自動車の所有台数はわずか0・34台だったが、2019年には40台を超えた。これは、たった20年間で100倍以上の相対的増加だ。[注88] 1990年には、窓用のエアコンを備えている都会の家庭は300世帯に1世帯だったが、2018年には普及率は100世帯当たり142・2台に達した。30年もしないうちに、400倍以上に増えたわけだ。したがって、今日、1999年の中国並みの生活水準の国々が、中国が近年に見せた成長のわずか10分の1を達成するにとどまったとしてさえ、自動車の所有率は10倍、エアコンの所有率は40倍になる。低いエネルギー需要の筋書きを考える人は、なぜ今日のインド人やナイジェリア人が、自らと中国人との物質的所有の格差を縮めることは望まないと思うのだろう?

個々の国が計画している化石燃料の生産量と、温暖化を1・5~2℃に抑えるために全世界で必要な排出水準との食い違いを際立たせる最新の生産ギャップ年次報告書が、そのギャップの減少傾向を請け合う気配もないことは、少しも意外ではない。じつは、正反対の傾向が見られるのだ。[注89] 2019年には、化石エネルギーの主要な消費国は、地球温暖化を1・5℃以内に抑えるのに必要な量よりも120パーセント多くの燃料を30年までに生産することを目指していた。そして、新型コロナのパンデミックの影響が最終的にはどれほどになろうと、それに起因する消費の低下は一時的で、しかもわずかなので、全般的な傾向を逆転させることはないだろう。

2050年までに完全な脱炭素化を達成するという目標に合致する第二の筋書きでは、プリンストン大学のエネルギー研究者の大きなグループが、アメリカで必要とされる転換を描き出した。[注90]彼らは、化石燃料の消費をすべてやめるのが不可能であることを認め、二酸化炭素排出量をネットゼロにするには、彼らが全体的な戦略の「第四の柱」と名づけた方法、すなわち排出された二酸化炭素の大規模な回収と貯留に頼るしかないとしている。彼らの計算では、毎年1〜1.7ギガトンの二酸化炭素を大気中から取り除く必要があるという。そのためには、体積に基づいて比較すれば、現在アメリカで生産される原油の1.3〜2.4倍の量を毎年扱う、二酸化炭素の回収・輸送・貯留のまったく新しい産業を生み出すことが求められる。石油産業が今日の姿になるまでには、160年の年月と何兆ドルもの費用がかかったのだが。

この炭素貯留の大半は、テキサス州のメキシコ湾岸で行われることになる。そして、二酸化炭素用のパイプラインを約11万キロメートルにわたって新設せざるをえず、それには、前例のない速さで計画を立て、認可を得て、建設を実施する必要がある。しかも、やたらに訴訟沙汰が多く、どんな施設であれ自宅近くの建設反対運動が起こりやすいアメリカ社会で、それをやろうというのだ。[注91]それと同時に、石油・ガス産業の既存の輸送インフラを取り壊すために、さらにお金がかかるだろう。長期コストの大幅な予算超過が繰り返されてきた歴史を踏まえると、今後30年に及ぶ支出の見積もりなど、その桁数でさえとうてい信用できない。

2050年までに完全な脱炭素化を達成するのは、第三の筋書きに比べれば控え目な目標だ。この筋書きでは、19年にアメリカ議会で提案された「グリーン・ニューディール」の目標を143か国にまで拡げ、再生可能な風力と水力と太陽光（WWS）のエネルギーを利用して、世界のエネルギー供給の最低でも80パーセントを30年までに脱炭素化する過程が概説されている。再生可能エネルギーの供給によって、全体的なニーズが57パーセント、財務コストが61パーセント、健康や気候関連の社会的コストが91パーセント減らせるという。「このように、100パーセントWWSならば、必要とするエネルギーが少なく、かかるコストも少なく、現在のエネルギーよりも多くの雇用を創出する」[注92]。こうした主張を再現したり、支持したり、大げさに語ったりするメディアや著名人やベストセラー作家は後を絶たない。驚くにはあたらないが、「ローリングストーン」誌から「ニューヨーカー」誌まで、さまざまな雑誌がこれを紹介している。エネルギーを自分の最新の専門分野に数えるアメリカの言語哲学者ノーム・チョムスキーもそうだし、アメリカの経済社会理論家ジェレミー・リフキンは、そのような介入が行われなければ、化石燃料依存の私たちの文明は28年までに崩壊すると信じている[注93]。

もしこれらの主張や熱烈な是認が正しいとすれば、当然の疑問が湧いてくる。なぜ地球温暖化を心配する必要があるのか？　地球が早々に滅亡を迎えるなどと考えて怖がる理由などあるのか？　なぜ環境保護団体「エクスティンクション・レベリオン（絶滅への叛逆）」に加入しなければならないような気になったりするのか？　安価で、しかもほとんど即時に効果を発揮し、報酬の良い仕事を無数に生み出し、今後の各世代が心配せずに過ごせる未来を保証するような解決策に、誰が反対できるだろう？　みなでこぞって、ただひたすらこうした「グリーン」な賛美歌を歌おうではないか。すべて、再生可能エネルギーに転換するという処方箋に従おうではないか。そうすれば、わずか10年後には新しいグローバルな極楽が訪れる。たとえ、少し遅れが出たとしても、２０３５年までには。[注94]

あいにく、これらの魔法のような処方箋を詳しく読むとわかるのだが、現代文明の素材の四本柱であるセメント、鋼鉄、プラスティック、アンモニアを再生可能な電力だけでどうやって生産するかの説明はまったくないし、現代経済のグローバル化を支える飛行機や船やトラックによる輸送の炭素排出量をどうやって２０３０年までに80パーセント削減するかの、説得力ある説明もない。それらの処方箋はただ、そうできると主張するだけだ。注意深い読者なら覚えているだろうが、ドイツは21世紀の最初の20年間に、風力と太陽光を使って、前例のない脱炭素化を試み、風力発電と太陽光発電の割合を全体の40パーセント以上に高めることに成功した（第1章を参照のこと）。ところが、一次エネルギー利用における化石燃料の割合は、約84パーセントから78パーセントへと下げるのが精一杯だった。

現在、一次エネルギーの供給の90パーセントを化石燃料に頼っているアフリカ諸国には、莫大な金額を節約しつつ、10年以内にその依存度を20パーセントに下げるような奇跡的な選択肢など、どこにあるというのか？　そして、ともに採炭も石炭による火力発電も依然として増やしている中国とインドが、どうやって突然、石炭の消費量をゼロにすることができるのか？　もっとも、公表されている迅速な転換の筋書きへの、こうした具体的な批判は、じつは的外れだ。事実上、サイエンス・フィクションの学究版に等しいものの詳細について議論しても意味がない。それらはまず、２０３０年あるいは50年までに二酸化炭素の排出量をゼロにするといった恣意的な目標を設定し、そこから逆算して、達成に必要な措置を構想するが、実際の社会経済的ニーズや技術的な要件はほとんど、あるいはまったく考慮に入れることがないからだ。

こうして私たちは、現実の板挟みになっている。炭素依存の活動は、規模もコストも技術的な慣性もあまりに大きいので、わずか数十年のうちにそうした活動をすべて廃止することは不可能だ。エネルギーについての章で詳述したように、私たちはこの依存をそれほど急速に断ち切ることはできないし、現実的な長期予測はみな、その点で意見が一致している。国際エネルギー機関（ＩＥＡ）の最も野心的な脱炭素化の筋書きでさえもが、２０４０年に世界の一次エネルギー需要の56パーセントを化石燃料が供給するとしていることは見逃せない。同様に、素材とエネルギーの需要の規模とコストはあまりにも莫大なので、全世界の迅速な脱炭素化の決定的な要因として、大気から二酸化炭素を直接回収する方法に頼るのは不可能だ。

だが、非現実的で恣意的な目標を追求するふりなどしなくても、大きな成果をあげることはできる。コンピューター化された学究的な予想のとおりに歴史が展開せず、末尾が0や5で終わる年に主要な目標が達成されたりしないことは明白そのものだ。歴史は断絶や逆転や予想外の展開で満ちている。天然ガスは、生産と輸送の間にあまりメタンが漏れなければ、石炭よりも炭素集約度が大幅に低いので、石炭火力による発電を減らして天然ガスによる発電に置き換えたり、太陽光発電や風力発電を増やしたりすることなら、かなり迅速に行える。SUVから脱却して電気自動車の大規模な導入を加速させることはできるし、建設や家庭や商業でのエネルギー利用は、まだ効率が著しく低いので、そうした非効率を減らしたりなくしたりすれば、大きな恩恵が得られる。だが、何世紀にもわたって上昇を続けてきた世界の消費曲線の向きを突然変え、ただちに持続的で比較的素早い減少を開始させられると誰かが決めつけたからというだけでは、どうにもならない。100億トンの化石炭素を使い、17テラワットを超える割合でエネルギーを変換している複雑なシステムを、即時に方向転換させせることなどできるはずがないのだ。

モデルと疑念と現実

なぜ、そのように恣意的に方向を変え、ほとんど即時の脱炭素化へ向かって急落する曲線を描き続ける科学者がいるのか？　そしてなぜ、全人類が高い生活水準を享受するのを助ける、技術面での驚異的な解決策が早期に考案されると請け合う科学者がいるのか？　さらになぜ、人々はそのような希望的観測に基づく意見を、前提に疑問を差し挟もうとすることもないまま、信頼できる予測として受け容れ、簡単に信じてしまうことがこれほど多いのか？　これについては最終章でも語るが、ここでは、グローバルな環境変化という、今ではじつに重大なものになっている懸念に関連した所見をいくつか紹介しよう。

「デー・オムニブス・ドゥビタンドゥム（万事疑うべし）」は、色褪《あ》せることのないデカルトの言葉以上のものであるべきで、科学的方法の土台そのものであり続けなくてはならない。思い出してほしい。本章は、踏み越えると生物圏の健全性を危うくする9つのプラネタリー・バウンダリーのリストで始めた。それらを安全な範囲に保つのは、自明の結論に思える。なぜなら、プラネタリー・バウンダリーは、最も重要で、永続的で、人類の存続にかかわる懸念を特定してくれるからだ。それにもかかわらず、40年前にリストを作っていたら、まったく違ったものになっていただろう。おそらく酸性雨、より正確に言うのなら、ものを酸性化する降水が、真っ先に挙げられていたはずだ。１９８０年代前半には、それを環境問題の筆頭と見なすのが大多数の意見だったからだ。[注95]

成層圏のオゾン層の減少は、リストに載らなかっただろう。なにしろ、悪名高い南極のオゾンホールが発見されたのは、ようやく１９８５年のことだったのだから。また、人間由来の気候変動とそれに関連した海洋の酸性化は、仮にリストに入ったとしても、最下位近くだったことだろう。[注96] そして、主に森林破壊による土地利用の変化や、人気抜群のパンダとコアラからミツバチのコロニーやサメまでを含めた生物多様性の喪失、淡水の供給といった永続的な懸念に的を絞ったときにさえ、大きな変化が見られる。前より深刻になっているものもあり、たとえば今、私たちは地下水の汲み上げや、過剰な養分による沿岸でのデッドゾーン（死の海域）の発生について、以前より心配している。その一方で切迫性を失ってきているものもある。その最たる例はおそらく森林で、富裕国ばかりではなく中国でもかなり回復している。[注97]

先を見据えるにあたって、環境と技術と社会の複雑さを探究するあらゆるモデルを扱うときには、批判的な視点を取り戻さなければならない。現在、そのようなモデルを作るとき、あるいは昨今流行している言葉を使うのなら、ナラティブを構築するときには、何の制約も受けない。作り手は、最近のじつに多くの気候モデルがそうしているように、将来のエネルギー利用について過剰な前提を選ぶことができるし、地獄のような未来についてニュースに見出しが載るような、激しい温暖化を予想することもありうる。[注98] それとは正反対のアプローチを採用して、２０５０年までに安価な熱核融合あるいは常温核融合で電気を１００パーセント賄えることを想定してモデルを作る人もいる。はたまた、化石燃料の燃焼を無制限に拡大できるモデルを考えることも可能だ。なぜなら彼らのモデルは、大気中からいくらでも二酸化炭素を取り除けるだけではなく、液体燃料合成用の原料としてリサイクルすることもできるような、奇跡の技術の導入を前提としているからだ。しかも、すべてのコストがしだいに下がるという。

もちろん彼らは、新しいテクノロジーの擁護者たちと足並みを揃えているだけだ。そうした擁護者は、どんな技術も、電子機器、それも特に携帯電話に見られる近年の発展をなぞれるものと考えてしまうほどおめでたい。グリーンエネルギーの分野のあるＣＥＯは、２０２０年に次のように語っている。「電話を固定電話から携帯電話へ、テレビ視聴を、何であれテレビに映っているものを見ることから、何でも自分が思い描いたものを見ることへ、そして、新聞の購読を、ニュースフィードをカスタマイズすることへと、私たちが変えたことを覚えているだろうか？　人々が先導し、テクノロジーが原動力となるエネルギー革命も、まさにそれと同じようになる」[注99]。固定電話から携帯電話へというデバイスの変化が、それを支えるシステム全体の変化と、どうして同じだなどということがありうるのか？　それらのデバイスと、それを確実に利用するための拠り所である、巨大で複雑で信頼性がきわめて高いシステムとでは、まったく次元が違う。後者は、化石燃料や水力や原子力による何千もの大型発電所が主役の発電と、変圧と、何十万キロメートルにも及ぶ全国的な、あるいは大陸規模のことさえある送電網による送電から成るのだから。

こうした根拠のない思考の大半は、恐ろしいという印象から素晴らしいという印象まで、それぞれ意図された印象を与える。そのような脅威や非現実的な主張に騙される人が多い理由はよくわかる。それらは、思いつくかぎりの前提に立っており、その前提はかなり妥当なものから明らかな妄想まで、さまざまだ。これは新たな科学のジャンルであり、そこでは大量の希望的観測が一握りの確かな事実といっしょくたになっている。だからこの手のモデルはみな、さまざまな選択肢や取り組み方について考えるうえでの土台となる、おおむね推測に基づく思考実験と見るべきであり、けっして洞察力に富んだ未来の説明と取り違えてはならない。この忠告が、見た目ほど明らかで、些細で、蛇足だったならいいのだが！

地球環境にかかわる難題がどれほど深刻に思われようと、あるいは深刻な形でモデル化されていようと、熱帯の森林破壊や生物多様性の喪失、土壌侵蝕、地球温暖化の、迅速で普遍的で、多くの場所でたやすく実行できる解決策などない。だが、地球温暖化が並外れて困難な課題を突きつけてくるのは、それが真に地球規模の現象だからであり、人間に由来する原因のうちで最大のものが、エネルギーの面で現代文明の大規模な土台を成す、燃料の燃焼だからだ。そのため、わずか10～30年で化石炭素を完全に非炭素エネルギーに置き換えることができるとすれば、それは富裕国のすべてで生活水準をかなり下げ、アジアとアフリカで現代化を進めている国々に、１９８０年以降に中国が成し遂げた進歩のほんの数分の1さえ許さないだけの覚悟がある場合に限られる。

　そうは言っても、効率化を継続し、システム設計を改善し、消費を控えめにすれば、炭素排出の大幅な削減は可能であり、これらの目標を断固として追求すれば、地球温暖化の割合を最終的には抑えることができるだろう。だが、２０５０年までにどれほどの成功を収められるかは知りようがないし、２１００年について考えることは、私たちの能力を完全に超えている。極端なケースの概略を述べることはできても、数十年のうちに、可能な結果の樹形図が拡がり過ぎてしまうし、どれであれ最終的な脱炭素化の進行は、どのみち私たちの意図的な対策だけではなく、それまでに起こる、予想不可能な各国の盛衰にもかかってくる。

　過去30年間に地球温暖化を進めた、人間由来の最も重要な要因、すなわち中国経済の台頭を、１９８０年に予想した気候モデルの作成者など、1人としていただろうか？　当時の第一級のモデルでさえ、60年代に開発されたグローバルな大気循環モデルの直系の後継者であり、予想不可能な各国の盛衰は反映しようがなかった。そして、大気圏と生物圏の相互作用も無視していた。だからといって、それらのモデルが使いものにならなかったわけでもない。それらは、地球温暖化ガスの排出量が世界的に増え続けることを想定しており、全体として、地球温暖化の割合の予想はかなり正確だった。[注100]

だが、全般的な割合の優れた推定は、ほんの手始めにすぎない。ここでまた新型コロナを引き合いに出すなら、この推定は、２０１０年に過去3回のパンデミックに基づき、人口増も考慮に入れ、次のパンデミックの初年には世界で約２００万人の死者が出るだろうと予測するのと同じことだ。[注101] それは、実際の死亡者総数に非常に近いものとなっただろうが、この予測は、多くの前例に基づいて、そのパンデミックが中国で始まると正しく推定したとしても、その死者の絶対数でギリシアとオーストリアを下回る０・24パーセントしか中国に割り振らず、アメリカには20パーセント近くを回していただろうか？　中国は世界の20パーセントに近い人口を抱えている国だし、アメリカは中国よりもずっと豊かで、世界人口の5パーセント未満しか住んでおらず、間違いなく自らそう信じているとおり、中国よりもはるかに有能な国家であるというのに。

そして、これはなおさらありそうにないのだが、その推定は、国家が提供する高度な医療を誇っている、世界でも最富裕の欧米諸国に、死亡率の上位国が集中すると予測しただろうか？　新型コロナのパンデミックが公式には2年目に入った２０２１年3月（中国では遅くとも19年12月からは感染が拡大していたにもかかわらず、世界保健機関（ＷＨＯ）がパンデミックであることを宣言したのは20年3月11日だった）、１００万人当たり１５００人超、言い換えれば、１０００人ごとに１・５人が新型コロナで亡くなった、累積死亡率の上位10か国はすべてヨーロッパの国で、ＥＵの加盟国6か国とイギリスが含まれていた。そして、やはり

100万人当たり1500人を超えたアメリカの死亡率が、100万人当たり死者3人という中国の死亡率よりも3桁多いことを、誰が予想できただろう？[注102] 新型コロナの暫定死者総数の非常に正確な予測でさえ、国家ごとの最善の対応を立案する具体的な指針を提供できないことは明らかだ。

同じようなことが、1980年以降の中国（そしてインド）の台頭についても言える。どのようなものであれ、微量ガスの世界的な排出量増加への対応状況を、その台頭が変えてしまった。毛沢東の死から4年後の1980年には、中国の1人当たりのGDPはナイジェリアの平均の四半分に満たなかった。自家用車は1台もなく、かつては紫禁城の皇帝の庭園で、今は共産党の中央本部になっている中南海で、世間から隔離されて暮らす共産党の最高指導者たちしか、エアコンは持っていなかった。そして、中国は世界の二酸化炭素排出量のわずか10パーセントしか占めていなかった。[注103]

だが2019年には、中国は購買力の点で世界一の経済大国になっていた。1人当たりのGDPは、ナイジェリアの平均の5倍に達した。自動車の生産台数は世界一だった。都会の全世帯の半数が、窓用のエアコンを2台備えていた。高速鉄道ネットワークの路線長は、EUのあらゆる路線の長さの合計を上回った。そして、国民のうち約1億5000万人に国外旅行の経験があった。中国はまた、化石燃料由来の全世界の二酸化炭素排出量の30パーセントを排出していた。それとは対照的に、アメリカとEUに加盟している28か国の排出量の合計は、１９８０年には全世界の合計の60パーセントだったが、２０１９年には23パーセントまで下がった。経済成長のペースが遅く、人口が高齢化し、減少さえし、工業生産がアジアへと大規模に移転しているため、これらの国の割合の合計が今後再び上がることは、ほぼありえないだろう。

将来に目を向けると、有意の変化を引き起こす力の大半は、現代化を進めるアジア諸国にますます集まるだろう。高所得で、人口があまり、あるいはまったく増加していない日本と韓国と台湾を除き、アジアは現在、世界の二酸化炭素排出量全体の半分を生み出している。それに比べると、サハラ以南のアフリカで進行中の変化ははるかに遅いものの、合計で約11億にのぼる人口は、今後30年間にほぼ倍になり、あらゆる低所得国が手本としたがっている中国の1・5倍近くに達する。そして、アジア大陸の電気の将来を厳密に評価すると、２０３０年にも化石燃料による発電が主流で、水力以外の再生可能エネルギーによる発電の割合は10パーセントを下回り続け、二酸化炭素の排出量は多い状態にとどまりそうだ。[注104]

地球温暖化の進行や影響にまつわる不確定要因は、国家の隆盛や衰退だけではない。最近の朗報は、世界の森林が一貫して大規模な炭素吸収源となっており、排出するよりも貯留する炭素のほうが多いことだ。１９９０～２００７年には、毎年約24億トンの炭素を取り込んだ。そして、２０００～17年の人工衛星データを見ると、世界の植生地域の3分の

1で緑が増していることがわかる。これはつまり、毎年、緑の葉が生い茂る地域の平均面積が大幅に増えており、今やより多くの炭素が吸収・貯留されていることの表れだ。そして、茶色に変わっている部分、すなわち、葉が著しく減少している地域は5パーセントしかない。[注105] こうした変化は、中国とインドの集約的な栽培が行われている農耕地でとりわけ顕著であり、中国では、拡大している森林でも見られる。

だがご賢察のとおり、あまり良くないニュースもある。1900〜2015年に、伐採のせいで生物圏は樹木の14パーセントを失った。そして、それに劣らず重大なのだが、この間に樹木の枯死率が倍になり、年数を経た、背の高い樹木がこの損失の大きな割合を占めている。世界の森は若く低くなっており、したがって、以前ほど多くの炭素を貯留できない。[注106] 成長率の伸びのせいで、ほぼすべての樹木の種の寿命が、ほぼすべての気候の下で縮んでいるらしい。だから、大規模な炭素吸収源の存在は、束の間の現象にすぎないのかもしれない。[注107] また、地球温暖化が引き起こす海面上昇の害を真っ先に受けるのは必然的に、沿岸の低地全般、特に太平洋の島嶼国《とうしょこく》だと、あなたは何度聞かされたことだろう？[注108] それにもかかわらず、フィジーの北、ソロモン諸島の東に位置する太平洋の環状珊瑚礁《さんごしょう》島国家ツバルの全101島で40年間に見られた海岸線の変化を最近分析したところ、この国の陸地面積がじつは3パーセント近く増えていることがわかった。[注109] 先入観に基づき、軽率に一般化して結論を下すことは、常に避けるべきだ。

社会の発展は、予想外の人間の行動や、長年たどってきた歴史的な道筋の急激な転換、国家の隆盛や衰退の影響を受けるとともに、私たちが有意の変化を起こす能力にも左右される。これらの現実が、生物圏の多くのプロセスに作用するのだが、そうしたプロセスは本質的に複雑で、満足に理解されているとはとうてい言えない。そして、森林は炭素の吸収源であると同時に発生源でもあることからわかるように、自然から引き出される反応は相反するものであることが多いから、化石燃料の消費や、脱炭素化のペースや、環境に与える影響に関して、２０３０年や50年にどうなっているか、自信を持って語ることは不可能だ。

最も大きな疑問が残るのは、決定的に重要な課題の少なくとも一部に効果的に対処するという、私たちの集合的な決意、この場合にはグローバルな決意に関して、だ。解決策も調整策も適応策も、すでに存在している。富裕国は、１人当たりのエネルギー使用量を大幅に削減しても、依然として快適な生活の質を維持できるだろう。三重ガラスの窓の設置を義務づけることから、より耐久性の高い自動車を設計することまで、単純な技術的改善策を広く普及させれば、大きな累積効果が出るだろう。食品廃棄を半減させ、世界の食肉消費の構成を変えれば、食料供給の質を落とさずに炭素の排出量を減らせる。驚くべきことに、こうした措置は、来るべき低炭素「革命」の典型的な説明には出てこなかったり、下位を占めるにすぎなかったりする。そうした革命は、まだ利用不可能な大規模な電力貯蔵や、非現実的なほど大量の炭素の回収と恒久的な地下貯留を頼みとしている。だが、このような過大な期待は、少しも目新しいものではない。

1991年に、ある有名な環境活動家が「地球温暖化を緩和して、楽しみと利益を得ること」について書いている。[注110] この期待を抱かせるような主張が、仮にわずかでも現実に近かったとしたら、30年後の今日、地球温暖化による大惨事の予測者たちが募らせる苦悩に直面することはなかっただろう。同様に、私たちは今、なおいっそう驚くべき「破壊的」イノベーションとAI主導の「解決策」を約束されている。だが、十分効果的な措置はどれも、断じて魔法のようなものではなく、段階的でコストがかかるというのが現実だ。私たちは何千年にもわたって、しだいに大規模に、しだいに激しく環境を変え、そうした変化から多くの恩恵を引き出してきたが、生物圏は必然的に傷つけられることになった。変化の影響を減らす方法はあるが、必要な規模でそれを実施する決意が、これまでは欠けていた。そして、十分効果的な形で行動を起こし始めるのなら、今やグローバルな規模でそうせざるをえず、かなりの経済的・社会的代償を払わなければならない。私たちはいずれ、先見の明を持って意図的にそうするだろうか？　それとも、状況が悪化してそうせざるをえなくなったときに、ようやく腰を上げるのだろうか？　はたまた、有意義な行動をとりそこなうのだろうか？

第7章

未来を理解する

――この世の終わり《アポカリプス》と特異点《シンギュラリティ》のはざまで

「アポカリプス（apocalypse）」は、古代ギリシア語の「ἀποκάλυψις（啓示、暴露、秘密の公表）」からラテン語を経て生まれた。文字どおりには、「覆いを取ること」を意味する。キリスト教の文脈では、その意味は、預言によるキリスト再臨の開示、つまりキリスト再臨の黙示へと変わった。そして現代の用法では、この言葉は地球上の生命の終わりや最後の審判、あるいは、また別のギリシア語の聖書用語で言うなら「ハルマゲドン」と同義になった。[注1] わかりやすく、曖昧さが微塵《みじん》もないほど明確だ。

主だった宗教がさまざまな地獄像を示しているなかで、アポカリプスという将来の展望が、現代版「最後の審判」の日の到来を提唱する人々によって力強い復活を果たした。彼らは、急速な人口増加や環境汚染を指し示し、今ではしだいに地球温暖化も挙げるようになって、それらは罪であり、そのために私たちは地獄に堕《お》ちるだろうと主張する。それとは対照的に、救いようのないテクノロジー楽観主義者たちは、奇跡が起こって永遠の救済がもたらされると、相も変わらず信じている。ＡＩやディープラーニング（深層学習）システムが私たちをはるばる「シンギュラリティ」まで導くという説明を目にすることは珍しくない。この「シンギュラリティ（singularity）」という言葉は、「単一の、独特の、無類の」という意味のラテン語の「singularis」に由来するが、本章ではこれは、未来学者レイ・カーツワイルの「特異点」の概念、すなわち、ある関数が無限へと発散する点という、この言葉の数学的意味を指す。[注2] カーツワイルは、２０４５年になれば機械の知能は人間の知能を超え、彼自身が「生物学的知性」と「非生物学的知性」と呼ぶものが混ざり合い、機械の知能は限りなく急速に宇宙全体を満たすだろう、と予想している。[注3]これが究極の昇天だ。地球を出て宇宙のどこを目指しても、当然ながらまったく苦労せずに植民できるようになるだろう。

複雑系の長期的モデル化は、妥当性のある２つの極端な筋書きの間に収まる範囲で、考えうる結果を樹形図のように拡げていく場合が多い。アポカリプスとシンギュラリティが、その両極端となる。私たちの将来は、その間のすべてを包含する拡がりのどこかにあるはずだ。現代における将来予測について、これまでずっと際立っていたのは、じつに多くの証拠が手に入るというのに、それらに反して、その予測が２つの極論のどちらかに引き寄せられてきたことだ。二項対立に向かうこの傾向は、かつてはたいがい、大惨事を予測する「カタストロフィスト」と、科学が進歩し、人類は繁栄を続けると考える「コルヌコピアン」の衝突だと言われた。だが、この２つのレッテルはあまりに腰が引けており、近年の考え方の極端な二極化を反映できていないようだ。[注4]そしてこの二極化に伴って、年限を定めた量的予測を行う傾向が強まってきた。

量的予測は、自動車や炭素から飛行機の国際線まで、あらゆるものについて見られる。乗用の電気自動車の全世界での販売数は２０４０年には５６００万台に達する、ＥＵは50年までに炭素排出量をネットゼロにする、37年には82億人が世界を飛び回っている、という具合だ。[注5] 正確に言えば、私たちはそうなると聞かされている。だが現実には、これら予測の大部分はただの当て推量と何ら変わらない。胡散臭《うさんくさ》い前提に基づいたコンピューター・モデルから得た2050年の数値、さらにひどい場合には政治的に好都合な判断から導き出した50年の数値はどれも、たちまち有効期限が切れてしまう。私は次のように助言したい。将来がどうなるかをもっとよく理解したければ、年限を定めたこうしたニューエイジ風の予言をすべて回避するか、もしくはそれらを主に、期待や偏見が蔓延している証拠として役立てることだ、と。

予測を立てたり利用したりするのは、以前は何世代にもわたって、たいてい企業や政府だった。やがて1950年代になると、そこに研究者が大挙して加わった。そして現在では誰もが予測を立てられる。たとえ数学がまったくできなくても、ソフトウェアをインストールしたり、最近流行しているように根拠もなく定性的に予想したりするだけでいい。情報の流れや大衆教育など、新たに拡大した他のじつに多くの取り組みの場合と同じで、現代の予測は量が増えるのに反比例して質が落ちている。予測といってもその多くは、過去の軌跡をこの上なく単純に延長したものにすぎない。あるいは、多くの変数を組み入れ、その都度異なる前提で試行する複雑な対話型モデルから出た結果もある。そうしたモデルは実質上、ナラティブによる筋書きの数字版だ。さらには、量的要素がほとんどなく、現実ではなく希望に基づき、きわめて政治的に適切なだけのナラティブもある。

量的な予測は、3つのカテゴリーにおおまかに分類できる。そのなかで最も小さなカテゴリーには、働きがよく知られていて、変動の幅が比較的狭い結果にもともと制限されているプロセスを取り扱う予測が属している。2つ目のカテゴリーははるかに規模が大きく、ここには、正しい方向を指し示しているものの、具体的な結果についてはかなり不確実な予測が属している。そして、3つ目は量的な作り話のカテゴリーであり、エネルギーや環境に関する最近の実例の一部は前章ですでに説明した。そのような予測には数値があふれていることがあるが、それらの数値は怪しげなことが多い前提を幾重にも積み重ねた結果にすぎない。そのようにしてコンピューター化されたおとぎ話がたどるプロセスが現実世界で迎える結末は、まったく異なるのが常だ。もちろん、おとぎ話の作り手たちは、そのように予測を立てることには発見的な手法としての価値があると主張するだろうが、経験不足のユーザーは結論の一部を不当に利用して、自身の偏見を補強したり、妥当な代替案を退けたりしかねない。

しっかりした見識や適切な指針は、1つ目のカテゴリーの予測（推定やコンピューター・モデル）からしか得られない。見据える先がわずか10年ほどの場合には、特にそうだ。人口の推移の推定全般、なかでも出生率の予測は、この限定的なカテゴリーでの好例に数えられる。合計特殊出生率、つまり平均的な女性が生涯に生む子供の人数が1世代の間、人口置換水準を下回り、さらに過去10年で1・8から1・5へと減少している国を考えてみよう。女性が1人当たり平均で少なくとも2・1人の子供を生まないと、親の世代の人口を維持できない。これほど出生率が低ければ、これが上昇に転じ、次の10年以内に人口が大きく増える可能性はなさそうだ。[注6] 過去30年間、それを成し遂げた国はない。最もありそうな見通しは、たとえば出生率が1・5から1・7へと少し回復するか、さらに1・3にまで下がるかだ。わずか10年後についても、その値を正確には特定できないが、予測であれば非常に妥当性の高い結果を、範囲をかなり狭めて示せる。たとえば、国連が2019年に出した2030年の人口予測では、20年には3790万だったポーランドの総人口が3690万に減るとしている。低位推計と高位推計は平均値からわずかプラスマイナス2パーセントの変動幅しかない。そして、同国のような反移民の国ではありそうにない多数の移民が実現しないかぎり、実際に30年の総人口がその狭い範囲に入る確率は非常に高い。[注7]

それとは対照的に、複雑系、すなわち多くの技術的・経済的・環境的な要因の相互作用を反映し、意外なほど気前の良い政府の補助金や新しい法律や突然の政策転換のような多くの恣意的決定に強く影響されうる系がかかわってくる推定は、ごく短い期間のものでさえ著しく不確実なままであり、近い将来の見通しですら、考えうる結果は広範にわたる。全世界での電気乗用車の採用の予測は、このカテゴリーにおける最近の恰好の例だ。[注8] 個人のエレクトロモビリティ〔化石燃料の利用や炭素ガス排出の削減のため、電気自動車や電動アシスト自転車などを利用すること〕の導入に伴う技術的な困難は克服できないものではなかったが、これまでのところその分野は、判断力に乏しい支持者が何年も前に主張し始めたよりも、成長がはるかに遅い。一方、化石燃料を燃やすエンジンの効率は向上し続けており、今後何年もの間、初期コストの低さや、何世代も前からの馴染み深さ、どこでもサービスを受けられる利便性の点で優位性を維持するだろう。[注9]

さらに、気前良く補助金を出したり、将来の普及率を具体的に義務づけたりして、積極的に電気自動車の所有を推進してきた国もあれば、さほど力を入れなかった国や、まったく支援を行ってこなかった国もある。結果として、全世界の道路輸送の電化を見据えて過去に立てた、近い将来の予測では、現実の普及率をほぼ一様に過大評価していた。2014～16年には、普及率は20年までに8～11パーセントに及ぶと言われたが、実際はわずか2・5パーセントにしかならなかった。[注10]また、30年までに道路を走行するすべての乗り物に電気自動車が占める割合の予測は、19年の時点で1桁違っていた。一方、エンジン車の実際の販売台数はこの先10年以上、電気自動車の販売台数を上回るかもしれない。[注11]

量的な予測の3つ目のカテゴリーは、さらによく吟味する価値がある。なぜなら、振り返ってみれば、ここに含まれる予測の多くは、せめて適切な桁を捉えることにさえ失敗しただけではなく、その主張や結論が、実際に起こったことと完全に食い違っていたからだ。意外にも、これは聖書からノストラダムスの予言に至るまで、よく知られた歴史的予言に限らない。[注12]現代の予言者の多くも、それよりましとは言い難いのだ。それにもかかわらず、至る所でコンピューターが使われるようになると、予言者の数も膨れ上がり、新たな悪い知らせを求めるメディアからの飽くことのない要求のせいで、彼らが示す予測や筋書きはかつてないほど広まり、ますます世界的に注目を浴びている。

予想の失敗

失敗に終わった予測がいくらでもあることを考えれば、テーマごとでも、10年ごとでも、地域ごとでも、それらの事例を体系的に列挙したら、うんざりするほど長くなるだろう。ある程度の年齢の読者なら覚えているだろうが、今頃私たちは完全に、あるいは少なくともおおむね、原子力発電に依存しているはずだった。コンコルドは、大陸間で超音速の空の旅が当たり前になる兆しにすぎないはずだった。さらには、2000年に起こるとされた、いわゆる「Y2K」問題のせいで、同年1月1日にすべてのコンピューターがシャットダウンするはずだった。だが、よく知られた事例のいくつかをざっと参照し、驚くほど認識されていない失敗の手短な説明を読めば、実状がわかって役に立つ。そして、そのようなミスが今後頻発しなくなるだろうと決めつける理由はない。紙と鉛筆があればできる比較的単純な予測をやめて、コンピューターを使った複雑な筋書きへと移行すれば、必要な計算を行い、さまざまな筋書きを想定するのがたやすくなるが、仮定を立てることに付き物の危険はなくならない。それどころか、経済的・社会的・技術的・環境的な要因の相互作用を結びつけるいっそう複雑なモデルは、もっと多くの仮定を必要とし、なおさら大きな誤りを犯す道を拓く。

今や代表例となった予測の失敗をいくつか詳しく説明する際に、出発点として注目すべきなのは明らかに、コルヌコピアンとカタストロフィストの間の知的な抗争だ。１９６０年代には、人口急騰に歯止めが利かなくなって生存を維持する方法が尽き果てるという懸念が表明されたが、それらの懸念のもとは、当時なおも上昇し続けていた記録的な世界人口の増加率にたどることができる。何千年もの間、世界人口の増加率は１７７０年代、１パーセントを大きく下回っていた。ようやく０・５パーセントを超えたのが１７７０年代、１パーセントを超えたのが１９２０年代半ばだったが、50年代後半には２パーセント近くに達し、なおも上昇を続けていた。当然ながら、専門家向けの出版物でも一般向けの出版物でも多くの人がこれに注目し、60年には、アメリカ随一の科学定期刊行物である「サイエンス」誌まてもが、際限ない人口増加への懸念を抱かずにはいられず、馬鹿げた計算結果を発表し、この歴史的な増加率が続くと、２０２６年11月13日までに世界人口は天井知らずの速さで増加するようになるだろうと主張した。[注13]

人間が無限の速さで増えるというこの結論に至るには、並外れた想像力が要るが、これほど極端でないものの、依然としてカタストロフィストの立場の多くの予想が、現代の環境保護活動の発生と促進の一助となった。[注14]とはいえ、抑えの効かない人口の急増を恐れる必要はなかった。カタストロフィストは、急速な人口増加はどんな形のものであっても有限の地球上で永遠に続くはずがないという単純な事実に目を向けなかったからだ。2026年に地球が破滅を迎えるというのは、明らかにナンセンスだった。1960年代が終わる前に、世界人口増加率は1年当たり2・1パーセントでピークに達し、その後かなり急速に下がった。2000年には世界全体の増加率は1・32パーセントとなり、19年にはわずか1・08パーセントまで落ちていた。[注15]

50年間に相対的な人口増加率が半減し、それに続いて絶対的な人口増加率の低下が起こり、年間の増加人数は1987年の約9300万人をピークとして、その後2020年には約8000万人に減少し、世界の人口は人口統計学上の重大な節目を迎えることになるだろう。20年代前半のどこかの時点で、世界の見通しが根本的に変わったため、将来の見通しが根本的に変わったため、20年代前半のどこか分が、合計特殊出生率が人口置換水準を下回る国に住んでいることになると考えられるからだ。[注16] この新たな現実は、大惨事が起こるという新たな計算にすぐさまつながる。もし、この出生率の低下傾向が続くとしたら、世界の人口増加はいつ頭打ちになるのだろうか？そして必然の結果として、最後のホモ・サピエンスはいつ死ぬのだろうか？ 若いカタストロフィストなら、2080年代のうちに何百万もの人が餓死するだろうなどと、またしてもいたずらに推測するかもしれない。人口が際限なく増え続けるからではなく、至る所で高齢化と人口の減少が起こり、たとえ徹底したロボット化の後でさえ、人類を食べさせるのに必要なだけの労働年齢人口がいなくなるから、と考えてのことだ。

資源の不足でこの世の終わりが来るという予言は、食物に限った話ではない。鉱物資源の枯渇も、壊滅的な展望として昔から人気のテーマだし、20世紀の文明で最も重要なエネルギー源だった原油の未来も、悪夢のような予言に必ず登場する話題だった。原油採掘がピークに達する、いわゆる「ピークオイル」の時期が迫っているという予測は、１９２０年代まで遡れる。だが、90年代と21世紀の最初の10年間に、この予測は新たな高みに達し、生存にかかわる恐怖を煽《あお》った。[注17]ピークオイル説を熱心に支持する人のなかには、原油採掘量の低下は現代経済の崩壊を引き起こすだけでなく、人類の生活様式を、産業革命以前を大きく下回るレベル、すなわちはるか昔、２００万年前に東アフリカに住んでいた旧石器時代の採食者であるヒト族の暮らしにまで引き戻すだろうと信じる者もいた。[注18]

では、実際に何が起こったのか？　人間は創意工夫によって未来の食料やエネルギーや素材のニーズを満たせることが、カタストロフィストにはいつもなかなか想像できないのだが、世界の人口は１９５０年以降3倍になったにもかかわらず、過去3世代にわたって私たちはそれを成し遂げてきている。大量死は起こらず、低所得国における栄養不足の人の割合は着実に下がってきており、１９６０年代には約40パーセントだったのが、２０１９年にはわずか11パーセントほどになった。世界で最も人口が多い中国の毎日の1人当たりの食料供給量は現在、日本と比べて約15パーセント多い。[注19]深刻な肥料不足は起こらず、窒素肥料の使用量は１９７５年の2・5倍を上回っており、主食となる穀物の全世界の収量は今や約2・2倍に増えた。[注20] 原油に関しては、1995〜2019年に総採掘量が3分の2増加し、2019年末、新型コロナ前の時点での実質ベースでの価格は09年の価格よりも低かった。[注21] カタストロフィストたちの予想は、何度となく外れてきたのだ。

また、テクノロジー楽観主義者は、ほぼ奇跡と言っていいような解決策を際限なく約束し続けるが、やはり見当違いの山を築いてきたことは否めない。よく知られていて、しかもしっかりと記録が残っている不面目極まりない失敗の1つは、核分裂は万能という思い込みだ。2019年には、原子力発電は世界の電力の約10パーセントを生み出しており、アメリカでは全体の20パーセント、フランスでは群を抜いて多い約72パーセントを占めていた。だが、これは部分的な成功にすぎず、1980年以前に幅広い期待を集めていたもののほんの一部でしかないことを、今では多くの人が十分理解している。[注22] 80年以前、一流の科学者や大企業は、核分裂によって他のあらゆる形態の発電が無用になると考えていたばかりか、初期の原子炉のほとんどが、消費する燃料よりも多くのエネルギーを一時的にではあるが作り出せる、高速増殖炉に取って代わられるだろうと信じていた。原子力に約束されていたものは発電だけにとどまらず、驚くほど胡散臭いアイデアが試されたり、高額の費用をかけて研究されたりした。

原子力で飛行機を飛ばすのと、核爆発の助けを借りて天然ガスの生産をするのとでは、どちらのほうが非合理的で端《はな》から見込みのない決断だっただろうか？　潜水艦に動力を供給できる小型の原子炉の設計には成功したものの、飛行機に搭載できるほど軽量化するのは結局どうしても無理なことが判明した。この絶望的な課題がようやく断念されたのは1961年で、すでに何十億ドルも注ぎ込んだ後のことだった。[注23] 核分裂を原動力とした飛行機が飛び立つことはついになかったが、天然ガスの生産を拡大するための核爆弾の爆発は何度か現に実行された。67年12月には、「プロジェクト・ガスバギー」というコードネームの下で、広島に投下された原爆の倍以上の威力がある29キロトンの爆弾を、ニューメキシコ州の地下約1200メートルで爆発させた。69年の9月には、40キロトンの爆弾をコロラド州で、73年には33キロトンの爆弾をやはりコロラド州で爆発させた。アメリカ原子力委員会は将来、年に40〜50発の核爆弾の爆発を実施することを見込んでいた。[注24] また、核爆発物を使って新しい港を切り開いたり、原子炉を宇宙船の動力源にしたりする計画もあった。

ところが、半世紀が過ぎても、状況はほとんど変わっていない。恐ろしい予言や完全に非現実的な見通しが世の中にはあふれている。最近、一気に強まってきている壊滅的な見通しは、環境の悪化全般、特に地球規模の気候変動に対する懸念に的を絞ったものだ。ジャーナリストや活動家は、今や気候変動に伴うアポカリプスについて書くようになり、最終警告を発している。この先、人間の居住に最適な地域は縮小し、地球の大部分がまもなく居住不可能になり、気候変動に伴う人の移動によってアメリカも世界も再編されるとか、全世界の平均所得は大幅に低下するとかいう具合だ。地球規模の大惨事を避けるのに残された時間は10年ほどしかないとする予言もいくつかあり、スウェーデンの環境活動家グレタ・トゥーンベリに至っては、２０２０年1月の時点で「あと8年しかない」と言い切っている。[注25]

そのわずか数か月後には、国連総会の議長が次のように述べた。「地球が、夏の間中続く制御不能な猛暑に苦しめられて燃えるように熱くなるのと同時に、海面の急激な上昇によって水浸しになり、社会が完全に崩壊するのを避けるのに残された時間は、11年しかない」。だが、旧約聖書にもあるとおり、「太陽の下《もと》、新しいことは何一つない」。１９８９年、国連の別の高官が、「温室効果が手に負えなくなるまでに、各国政府には問題解決のために10年間という貴重な期間が与えられている」と語っていたのだ。つまり、現時点で問題解決にはとうの昔に手後れになっているはずで、私たちの存在自体がボルヘス的な幻想の産物にすぎないかもしれないということだ。[注26]私は確信を持って言いたい。絶え間なく次々と押し寄せてきて、人々を不安に陥れる、たいてい非常に恐ろしい内容のこうした予想など必要ない。世界は２０５０年、いや、早ければ30年には滅ぶと連日言われ続けても、それが何の助けになるのというのか？

判で押したように繰り返されるこうした予言は、いくらそれが善意からのものであろうと、どれほど熱心に提示されようと、何一つ実用的な助言は与えてくれない。考えうる最善の技術的解決策の実施についても、法的拘束力を持った国際協力の最も効果的な方法についても、何十年も先まで成果が認められないものに多額の費用を割く必要性を人々に納得させるという難題に取り組むことについても、だ。そして、「持続可能な未来は私たちの手の届く所にある」とか、カタストロフィストは長年にわたって間違った警鐘を鳴らしてきたとか主張する人たちに言わせると、こうした予言はもちろんまったく不要となる。なにしろ彼らは、著書に『この世に終わりはない！（*Apocalypse Not!*）』『この世の終わりはけっして来ない（*Apocalypse Never*）』といったタイトルをつけ、文明が急速に終幕に近づきつつあるという見方に真っ向から反対して、すでに指摘したように、そう遠くない日に「シンギュラリティ」に到達するとさえ考えているのだから。[注27]

2045年までに、いや、ひょっとすると早くも30年までには、私たちの理解（というより、むしろ私たちが創り出す機械によって解き放たれる知能）には際限がなくなり、したがってどんな問題もまったく取るに足らないものになるのなら、環境にまつわる脅威であれ、社会あるいは経済にまつわる脅威であれ、何を恐れる必要があるだろうか？　このような見通しに比べたら、ナノテクノロジーによる救済から新たな人工生命体の作成まで、近年の他のどんな具体的で過激な主張ですら陳腐に見える。では、この先、何が待っているのだろうか？　ほぼ地獄と言っていい破滅が迫っているのか、それとも、光速にして神のごとき全能の存在が登場するのか？

過去の予言はみな、誤った思い込みだったのが明らかになったことを考えると、どちらも違う。現在私たちは、1970年代前半に思い描かれていたような社会に住んではおらず、世界中で飢餓状態が悪化してもいなければ、コストのかからない核分裂を利用してエネルギーを調達してもいない。そして、次の世代になっても、進化の道のりの最終地点にいるのでもなければ、シンギュラリティによって作り変えられた文明が実現しているわけでもない。私たちは、2030年代にも依然として存在しているだろう。ただし、光速の知能がもたらす想像もできないほどの恩恵には浴していないだろうが。そして相変わらず、長期予測という不可能な試みに懸命に取り組んでいるのだろう。そのせいで必ず、恥をかく人と不合理な予想がさらに出てくる。また、予期せぬ出来事によって、さらなる驚きに見舞われる。極端な出来事はかなり想定しやすい。従来の道筋に沿った展開と予想できない不連続な事柄の組み合わせから生じる現実を見越すというのは、引き続き達成が難しいままになる。どれほどモデル化を行おうと、その難しさを排除するのは不可能で、私たちの長期予想は外れ続けるだろう。[注28]

これは矛盾ではなく、未来予測を退ける予測でもない。たんに、必然的ではないにしてもおおいにありうる結論にすぎず、以下の2つの要因の間の、予測不可能な相互作用に基づいている。1つは、複雑系に固有の慣性。複雑系には、深く根づいた不変のものや長期に及ぶ原則があるのだ。もう1つは、突然の断絶や意外な出来事。それは、家庭用電気製品の増加や電力貯蔵における飛躍的進歩の可能性といった技術的なものの場合もあれば、ソ連の崩壊や別のはるかに強毒性の感染症のパンデミックといった社会的なものの場合もある。あらゆる予測がいっそう困難になっているのは、今やカギとなる変化が非常に大きな規模で展開せざるをえないためだ。

慣性と規模と質量

新たな展開、新たな解決法、新たな成果は、常に私たちにとって身近なものだ。私たちは非常に探究心の旺盛な種であり、注目すべき適応を長期にわたって重ねてきた。そして近年は、世界人口の大部分の人生をより健康で、より豊かで、より安全で、より長くするという、なおさら目を見張るような偉業を成し遂げた。それでも、根本的な制約もまた存在し続けている。そのなかには私たちが創意工夫を通して変えたものもあるが、そうした調整にはおのずと限界がある。たとえば、食料を生産するときに、土地や水や養分の必要性を消し去ることはできない。すでに見たように、収量の増加につれて農地の需要が減った。もし潜在収量と実際の収量の隔たりを今よりも縮めることに成功すれば、さらなる農地の縮小が可能だ。

この隔たりは、依然としてかなりある。農薬の大量使用や灌漑による集約的な作物栽培を行っている国においてさえ、アメリカのトウモロコシ栽培なら近年の平均より20～25パーセント、中国の米栽培なら30〜40パーセント増やすことも可能かもしれない。そして、サハラ以南のアフリカでは平均生産性がまだ非常に低いので、収量は2〜4倍伸びる可能性がある。[注29]高収量ですでに最適化されている農業の場合は、農薬と灌漑の比較的少ない追加需要で、農耕地の縮小が達成できることだろう。それに対してアフリカは、多量栄養素の平均的な使用量を大幅に増やし、灌漑を拡張することが必要だろう。他の多くの例に見られるように、世界の人口が増え続け、より良い栄養摂取が必要とされるかぎりは、将来、生物学的限界の範囲内で相対的に成果が上がっても、勘違いしてはならない。収量というアウトプットと農薬や灌漑などのインプットという2つの変数が完全に切り離せるわけではないのだ。

この関連で言うと、「農耕地を使わない」都市農業、すなわち高層ビルでの水耕栽培についてのメディアの報道はとりわけ、世界の食料需要がまったく理解できていない。水耕栽培という、インプットの多い方法で生産できるのは、栄養価がほぼビタミンCと食物繊維しかないレタスやバジルといった葉物野菜や、トマトやパプリカといった一部の野菜だ。[注30]常に人工光を当てる水耕栽培で、30億トン以上の穀物やマメ類を生産することは、とうていありえない。今や80億に迫り、ほどなく100億に達そうとする人々を養うには、穀物やマメ類に含まれる多量の炭水化物や、比較的多量のタンパク質と脂質が必要とされるのだが。[注31]

大規模で複雑な系が簡単には変化しづらいのは、その働きの規模に加えて、そのエネルギーや素材の基本的な需要が原因だ。エネルギーや素材の需要は、効率化や生産工程の最適化の追求から絶えず影響を受けるが、効率の向上や相対的な脱物質化には物理的限界があり、新たな代替手段によってもたらされる利点はコストと相殺される。そのような現実の例は、いくらでもある。再び、２つの基本的なインプットに目を向けると、鋼鉄の生産に必要とされる一次エネルギーの理論的最小値、つまり高炉と酸素転炉を合わせた必要量は、溶融状態の銑鉄１トン当たりおよそ18ギガジュールであり、アンモニアは１トン当たり約21ギガジュール未満では元素から合成することはできない。[注32]

解決策として１つ考えられるのは、鋼鉄をアルミニウムで置き換えることだ。これで、特定の構造の質量は減らせるが、一次アルミニウムは一次鋼材と比べて、生産に５〜６倍のエネルギーを必要とし、鋼鉄が持つようなはるかに大きい強度が必要な多くの用途には向かない。窒素肥料のエネルギーコストや環境負荷を削減する最も根本的な方法は、使用量を減らすことだ。その方法は、食料の供給と廃棄が過剰な富裕国であれば採用できるが、主としてアフリカの何億という発育不良の子供は、もっと畜乳を飲んだり肉を食べたりする必要があり、そのタンパク質をもたらすためには、彼らが耕作で使う窒素の量を大幅に増やすしかない。この結論をわかりやすい例で示すと、年間の肥料の使用量は、平均して、ＥＵの農地では１ヘクタール当たり約１６０キログラムで、エチオピアでは20キログラム

に満たない。この1桁の違いは、世界的なニーズの評価の際にしばしば無視される、大きな開発格差を示している。[注33]

そして、生活必需品の生産が、今や約80億人を対象としている現代社会では、慣行から脱却しようとすると、たびたび規模の制約にぶつかりもする。すでに第3章で見たように、基本的な素材の必要量は、今では1年当たり何億トン、何十億トンの単位で量る規模に達している。それほど大量のものを、まったく異なる生産品に置き換えることなどできるだろうか？ 40億トン以上のセメントや20億トン近い鋼鉄に取って代わるものなど、あるだろうか？ そして、これらの必要不可欠なインプットを生産する完全に新しい方法へと、数十年単位ではなく数年単位で迅速に移行することも、とうてい無理だ。

大規模な依存状態には付き物のこの慣性は、いずれは克服しうる。1920年以前を思い出してほしい。かつては、馬やラバ用の飼料作物のために、アメリカの農地の4分の1を充てなければならなかった。だが、過去の急速な転換の多くの例は、将来成果をあげるためにかかりそうな時間を見定めるうえで、あまり参考にならない。過去の移行は、規模が現在と比べると小さかったため、相対的に速かったのかもしれない。1900年には、世界の一次エネルギー利用は、昔ながらのバイオマスと、石炭が大部分を占める化石燃料とがおよそ半々で、供給されていた化石燃料は、石炭換算でわずか10億トン程度だった。[注34]それが2020年には、化石燃料の世界の純供給量は、1900年の一次エネルギーの全供給量と比べて1桁多かった。私たちの技術は今や多くの点で優れているものの、脱炭素化という新たな移行のペースは、従来のバイオマスが化石燃料に取って代わられたときのペースよりも遅々としている。

風力や太陽光や新種のバイオ燃料といった新たな再生可能エネルギーの供給が、21世紀の最初の20年間に約50倍という目を見張るほどの増加を見せたのにもかかわらず、世界の化石炭素への依存は、全供給量の87パーセントから85パーセントへとわずかに減っただけであり、そのささやかな相対的減少のほとんどは、旧来型の再生可能エネルギーである水力発電の拡大に起因するものだった。[注35] エネルギーの総需要は、2020年と比べて1920年には1桁少なかったため、21世紀の初頭に化石燃料を新しい再生可能エネルギーに取り替える、すなわち脱炭素化するよりも、20世紀の初頭に薪を石炭に取り替えるほうがずっと容易だった。そのため、最近の脱炭素化のペースを3倍や4倍にしたとしてさえ、2050年には化石炭素が相変わらず主役だろう。

あるカテゴリーのものにしか適切に当てはまらない特性あるいは振る舞いを、別のカテゴリーに誤って当てはめることを「カテゴリー錯誤」という。電子機器のおかげでさまざまなことが可能になった現在の新しい世界では、万事が非常に速く進みうるし、実際に進むことになるという、たびたび導かれるもののはなはだしく間違った結論の背後にも、カテゴリー錯誤がある。[注36] 情報や接続は非常に速く進展するし、新しい個人用電子機器の導入も進展が速い。だが、生存に不可欠なものは、マイクロプロセッサや携帯電話と同じカテゴリーには属さない。生存には、十分な水の供給の確保、作物の栽培や加工、動物の飼育と食肉処理、大量の一次エネルギーの生産と変換、原料の採掘と無数の用途に合わせた加工などが必要だ。それらの営みを何十億という消費者の需要に合わせるために求められる規模と、そのような代替のしようがない必需品の製造と流通を可能にするインフラは、新たなソーシャルメディアのプロフィールの作成や、より高価なスマートフォンの購入とはまったく異なるカテゴリーに属する。

さらに、こうした新たな進歩を可能にする多くの技術は、およそ新しいものではない。最新のスマートフォンの薄さやその情報処理能力に感心している人のうち、大衆の所有を可能にしている多くの基本的なプロセスがかなり前からあることに気づいている人がどれほどいるだろうか？　高純度のシリコンは、最大のスーパーコンピューターから最小の携帯電話まで、現代のあらゆる電子デバイスを動かすものも含め、すべてのマイクロプロセッサの基礎だが、単結晶シリコンを育成する方法は１９１５年にヤン・チョフラルスキが発見した。多くのトランジスターがシリコンを使っているが、最初の電界効果トランジスターはユリウス・エドガー・リリエンフェルトが25年に特許を取得した。そして、すでに詳述したように、集積回路は58～59年に、マイクロプロセッサは71年に、それぞれ誕生している。[注37]

あらゆる電子機器を動かす電力のほとんどは、１８８４年にチャールズ・Ａ・パーソンズが発明した蒸気タービンか、１９３８年に最初に商業的に導入されたガスタービンによって生み出されている。[注38] １世代のうちに10億の固定電話の代わりに携帯電話を使うようになることが可能だったのに対して、それと同じような期間に、蒸気タービンやガスタービンの代わりに光電池や風力タービンを使って何テラワットもの電力を生成できるようになることはありえない。携帯電話は複雑ではあっても、発電・変電・送電を行い、構築・再建・維持に大規模なインフラを必要とする産業の巨大ピラミッド構造の頂点に位置する、ほんの小さなデバイスにすぎないのだ。

このような現実を踏まえれば、私たちの生活の基礎が今後20～30年間に劇的には変わらない理由がわかりやすくなる。太陽電池やリチウムイオン電池、あるいは、微小なパーツから家全体まであらゆるものの３Ｄプリンティング、さらにはガソリンの合成ができるバクテリアにまで及ぶ、優れたイノベーションについての主張がほぼ恒常的にあふれているにもかかわらず、生活の基本は簡単には変わらない。鋼鉄、セメント、アンモニア、プラスティックは、文明の素材の四本柱として存続するだろう。世界の輸送の大部分は相変わらず、自動車用のガソリンやディーゼル油、航空機用のケロシン、船舶用のディーゼル油や重油といった、精製された液体燃料からエネルギーを得るだろう。穀物畑は、犂、鍬《くわ》、種蒔き機、施肥機の役目をそれぞれ果たす農機を牽引するトラクターで耕作し、穀物はコンバインで収穫してトラックの荷台に吐き出す。高層マンションは、巨大な機械によって現場で3Dプリンティングされるようにはならないし、私たちがまもなく別のパンデミックに見舞われたら、広くもてはやされているAIの働きは、2020年の新型コロナのパンデミックのときと同じぐらい期待外れとなる可能性がじつに高い。[注39]

無知と固執と謙虚さ

新型コロナは、私たちが自らの未来像を描き出すには能力不足であることを世界中に思い知らせてくれる、完璧で高価な教訓となった。その能力不足も、次世代になれば劇的に変わるということはないし、変わりようもない。今回のパンデミックがやって来たのは、科学と技術が前代未聞の、まさに「破壊的」と言われる進歩を遂げつつあるという過剰な称賛に満ちていた10年間の後だった。そのような進歩のうち主なものは、シンギュラリティのライト版とも言えるようなAIとニューラル・ラーニング・ネットワークや、生命体を自在に改変したり生み出したりすることを可能にするゲノム編集であり、そうした奇跡的な力の利用が、目前に迫っていることが期待されていた。[注40]

2017年にアメリカ版が刊行された、イスラエルの歴史学者・哲学者ユヴァル・ノア・ハラリのベストセラーのタイトル『ホモ・デウス』ほど、これらの主張がいかに過大かを端的に言い当てるために借用するのにふさわしい言葉はない[注41]〔「デウス」は「神」、「ホモ・デウス」は「神のようなヒト」の意〕。

そして、さらに証拠が必要ならば、コロナ禍を振り返るといい。私たちには自らの運命を意のままにする神業とも思えるほどの能力があるはずだったが、それがいかに空しいものだったかが、このパンデミックによって暴かれた。あれほどもてはやされていた能力のどれ1つとして、新型コロナウイルスのRNA鎖の発生を防ぐのにも、拡散を制御するのにも役立たなかった。私たちには、中世にイタリアの町の住人が行ったことをなぞるのがせいぜいだった。つまり、他者と距離を取り、40日間屋内で過ごす。これがイタリア語で言う「クアランタ・ジョルニ」、すなわち「40日間隔離」だ。[注42] ワクチンは比較的早くでき上がったが、ワクチンでは病人は治らないし、次のパンデミックを防ぐこともできない。そこで私たちは、次のパンデミックが、ほんの2、3年のうちに強い毒性と感染性を備えてやって来るのではなく、比較的穏やかな季節性ウイルス感染症の流行が何十年も繰り返された後にやって来ることを祈らざるをえない。なぜなら、次のパンデミックは必ず到来するからだ！

新型コロナの影響によって、豊かな国々全般、とりわけアメリカで、はっきりしたことは他にもある。盛んにもてはやされ、しかも莫大な費用をかけていた未来形成の試みが、どれほど的外れだったか、だ。それらのなかで真っ先に挙げられるのは、有人宇宙飛行の再開に向けた動きであり、特に有人の火星探査というサイエンス・フィクションばりの目標だ。個別化医療に移行しようとしていることも挙げられる。個別化医療とは、各人に特有のリスクや疾患への反応に基づいて個々の患者に合わせた診断と治療のことだ。「エコノミスト」誌の2020年3月12日号が、このテーマに関する特別レポートを掲載している。ちょうど新型コロナがヨーロッパと北アメリカに急速に拡がり始めて、都会の病院が酸欠状態の患者であふれ返っていたときだ。さらなる例として、ものに憑かれたように進めていた、接続の果てしない高速化も挙げられる。5Gネットワークの利点にまつわる際限のない誇大広告が行われていた。[注43]それらの取り組みはすべて、どれほどひどい見当違いだったことか。月並みな呼称を使えば「残された唯一の超大国」が、自国の看護師や医師に、手袋やマスク、医療用キャップやガウンのようなローテクのものを含め、簡易な個人用防護具すら十分に提供できなかったのだから。

その結果、アメリカはパンデミックのさなか、せめて病院を閉鎖することだけは避けるため、とうてい数の足りない防護具の空輸の確保に、中国に法外な金額を支払わなければならなかった。[注44]グローバル化の素晴らしく優秀な主導者たちが、これらの必須物資の製造のほぼすべてを中国に集中させていたからだ。毎年軍事に、仮想敵国の軍事費をすべて合わせた額を上回る5000億ドル以上も費やしているアメリカは、絶対確実に起こるはずだった出来事に対する備えがなく、基本的な医療用品の蓄えも十分ではなかった。国内生産に数億ドル出資していれば、何兆ドルにも達した新型コロナによる経済的損失を大幅に削減できていたというのに[注45]！

ヨーロッパ諸国にしても変わりはなかった。各国は中国からの防護用プラスティック製品の大型ジェット機による空輸の争奪戦を繰り広げた。国境がないことを誇っていたのに、各国がたちまち要塞と化した。結びつきを強める一方だったEUは、一致団結して対応することができなかった。ヨーロッパ大陸で人口の上位5か国のうちの4か国（イギリス、フランス、イタリア、スペイン）と特に豊かな国のうちの2か国（スイス、ルクセンブルク）は、医療制度がそれまで何十年も卓越した模範として称賛されてきたが、パンデミックの最初の半年に死亡率で世界の上位を占めた。[注46] 危機は現実を暴露し、物事をわかりづらくしたり人の注意をあらぬ方向に逸らしたりする外面を剝ぎ取るものだ。世界の富裕国が見せた新型コロナへの対応は、皮肉を込めて一言、こうコメントするのがふさわしい。とんだホモ・デウスだ！

新型コロナへの富裕国の対応は、基本的な現実に対する常に非現実的な姿勢も同時に浮き彫りにしてくれる。トラウマを引き起こすような体験さえ忘れてしまうことから、そのような姿勢は生まれる。新型コロナが拡がり始めた頃、私にはこの問題が適切な歴史的展望の中で捉えられることになるとは思えなかった。ツイートが席巻する社会で、どうしてそのような捉え方が期待できるだろうか？　そして、世界規模では数はきわめて不確かだが、パンデミックによる近代史上最多の死者を出す原因となった１９１８〜19年のインフルエンザが参照されても驚かなかった。[注47] だが、リスクに関する章ですでに指摘したように、私たちはそのとき以来3度、注目に値する、そしてはるかによく理解されているパンデミックを経験してきた。それなのに、私たちの集合的記憶には深い印象はまったく残っていない。

それについては、すでにいくつか説明を提示したが、他にも妥当な説明がある。1957～58年に、ほとんどの国では6～9か月間に徐々に増加しながら発生した100万を超す死者の数は、依然としてすべての成人の記憶に鮮明だった、第二次世界大戦のはるかに多くの死者数のせいで過小評価されてしまったのだろうか？　あるいは、私たちの集合的な認識が大きく変化し、一時的な超過死亡は今後も常に私たちには制御不能だという事実を受け容れられなくなってしまったのだろうか？　それとも個人レベルであれ集団レベルであれ、たんに、忘れることは忘れずにいることの必須の補完要素だということなのだろうか？　そして、これもまた今後も変化せず、予想していて当然の出来事に何度となく驚かされることになるのか？

固執することも、忘れることと同じぐらい重大な問題だ。新たな始まりや果敢な方向転換の見通しがあるにもかかわらず、古いパターンや旧来のアプローチがすぐに再浮上して、次の失敗のお膳立てをする。読者のなかにこれを疑う人がいたら、2007～08年の世界金融危機の最中と直後の気運を思い返し、それを危機後の経験と比べてほしい。金融秩序全般の崩壊寸前まで行ったこの事態の責任の所在が明らかにされただろうか？　莫大な資金が新たに投入されたことを別にすれば、いかがわしい慣行を改めたり、経済の不平等を軽減したりするために、どのような根本的な方向転換が行われたというのか？[注48]

新型コロナの例に話を戻すと、やはりこの固執のパターンが当てはまる。もともと多くの戦略的な過失があり、そのせいで、パンデミックが始まる前から杜撰《ずさん》な対応がなされることがすでに確実になっていたにもかかわらず、誰一人その責任を負わされることはないだろう。きっと、聴聞会が漫然と開かれ、シンクタンクがいくつか報告書をまとめ、提言がなされるだろうが、早々に無視され、深く根づいた慣習が少しでも変わるとは思えない。１９１８～19年、58～59年、68～69年、２００９年のパンデミックの後、世界は何かしら断固とした措置を講じただろうか？　各国政府は、将来のパンデミックのために必要物資の十分な備蓄を確保しないだろうし、政府の対応は支離滅裂とは言わないまでも、相変わらず首尾一貫しないものとなるだろう。単一の拠点での大規模な製造からは大きな利益が得られるので、痛手は受けにくいがより費用のかかる分散型の生産に変えられることはない。そして、人々は再び大陸間の空の旅や無寄港クルーズに出掛け、絶え間ないグローバルな接触を再開するようになる。３０００人の乗務員と、大部分がさまざまな持病を抱えた高齢者であることが多い５０００人の乗客を乗せた船ほど、ウイルスの培養にふさわしい場所は他に想像し難いのだが。[注49]

これはまた、私たちは手に負えない現実といかに折り合いをつけるかを、何度となく学び直さなければならないことも意味している。新型コロナが、それを見事に思い知らせてくれた。このパンデミックは、高齢者の間で超過死亡者を最も多く出した。そして、すでに指摘したように、この結果は、平均寿命を延ばす私たちの努力が大成功を収めていることと明らかに関連している。[注50] 1943年に生まれた私は、何千万といるこの長寿化の受益者の1人だが、その代償を払わずに済む人はいない。長生きすれば、脆弱性も増す。驚くにはあたらないが、ごくありふれた高血圧症や糖尿病から、それほど一般的ではない種類の癌や免疫不全に至るまで、高齢者の併存疾患は、ウイルスによる超過死亡率を予想するうえで、最も信頼できる要因となっている。[注51]

だからといって私たちは、1968年や2009年のときと同様、平均寿命の延長に向けてさらなる手を打つのをやめはしないし、その挙げ句、それがもたらす可能性が高い深刻な結果を恐れることも避けられないだろう。そうした弊害は、季節性インフルエンザ流行の間でさえ、規模は小さくても依然としてかなり見られる。ただし、自然な老化と延命の組み合わせによって、65歳超の人口の割合が著しく増すので、次回のリスクは大幅に高まる。2050年までにはその割合は約70パーセント増加し、富裕国では4人に1人が65歳を超えると、国連は推定している。[注52] 50年に新型コロナより感染力の強い病気のパンデミックが起こったなら、どのように対処すればいいのか？　そのとき、国によっては人口の3分の1が最も脆弱な人のカテゴリーに入ってしまっているのだから。

多くのテクノロジー楽観主義者は、進歩と絶え間ない改善は普遍的で、自発的で、しっかり根づいていて、避けられないという考え方を提唱してきたが、以上のような現実は、そのいっさいが誤りであることを立証している。進化も、ヒトという種の歴史も、ひたすら上へと向かう矢ではない。予想可能な軌道もないし、明確な目標もない。私たちは、理解を着実に積み重ね、しだいに数を増しながら自らの生活に影響を及ぼす変数を制御する能力を身につけ、全世界の人を養うに足る食料生産から、従来は危険だった感染症を未然に防ぐ非常に有効な予防接種までを実現できたおかげで、生きるうえでの全般的なリスクは減らせたが、それによって、生存にかかわる多くの危険が前よりも予想しやすくなったり、対処しやすくなったりはしていないのだ。

いくつかの重要な事例で私たちが成功を収め、最悪の結果を避けられたのは、先見の明を持ち、警戒を怠らず、効果的な解決策を断固として見つけようとしたからにほかならない。目覚ましい例を挙げると、効果的なワクチンの開発によってポリオを撲滅したこと、より信頼性の高い飛行機の製造と、より性能の高い飛行制御システムの導入によって民間航空機の飛行のリスクを軽減したこと、適切な食品加工と冷蔵・冷凍技術と各人の衛生管理が組み合わさって食中毒を減らしたこと、化学療法と幹細胞移植によって子供の白血病をおおむね生き延びられる疾患にしたことなどがある。[注53] 間違いなく幸運だった事例もある。

私たちは1950年代以降、数度の例外を除いて、ミスや事故が原因での核の問題に直面せずに済んできた。組み込まれていた安全装置が働いたからだけではなく、どちらに転んでもおかしくなかった判断が、たまたま適切に下されたおかげでもある。[注54] ここにもやはり、失敗を防ぐ私たちの能力が一様に高まっているという明確な兆しなどないのだ。

残念ながら、福島第一原子力発電所とボーイング737MAXの件は、こうした失敗の絵に描いたような例であり、ともに大規模で長期にわたる影響を及ぼした。東京電力は2011年3月11日に地震と津波に襲われたとき、なぜ福島第一原発の3基の原子炉を失ったのだろう？ なにしろ、その約15キロメートル南で、同じ津波に襲われた同じ太平洋岸にある姉妹施設の福島第二原発では軽微な被害しか受けなかったのだから。福島第一原発事故の影響は、日本が発電容量の30パーセントを失ったことから、ドイツが2021年までにすべての原子炉を停止すると決定したこと、そして何より、一般大衆がエネルギー源として核分裂になおさら大きな不信を抱いたことまで、多岐にわたる。[注55]

また、1966年にすべてを賭けて747を開発し、今や787まで、次々に後継機の導入に成功したボーイング社は、なぜ64年導入の737を絶えず大型化することに固執し、この心もとない路線を追求した挙げ句、2件の大惨事を起こしてしまったのか？[注56] 最初の死亡事故の直後に、なぜ同社か連邦航空局は、737MAXを運航停止にしなかったのか？ これらの失敗の影響も甚大だった。まず、2019年3月以降、737MAX全機が一時的に飛行停止になり、続いて、同機の製造と新規注文が取り消された。長期的に見ると、これは、老朽化しつつある７５７の代替としてどうしても必要な新型機を導入するというボーイング社の計画に支障を来すだろう。こうした結果の影響はすべて、コロナ禍による国際線の運航崩壊で拡大した。

新しい設計や構造、複雑なプロセス、相互に作用する活動の数の多さを考えると、福島第一原発やボーイング７３７ＭＡＸが例証している失敗は防ぎようもなく、今後何十年間もこの現実が、他の予想外の形で現れるだろう。未来は過去の再現であり、称賛に値する進歩と回避可能／不可能な挫折の組み合わせだ。だが、先を見遣《や》るときに、そこにはかつてなかった確信がある。私たちが直面するあらゆるリスクのなかで、グローバルな気候変動こそが何よりも早急かつ効果的に対処しなければならないリスクだという、満場一致ではないにせよ、紛れもなく強まっている確信だ。そして、このスピードと効力の両方を実現させるのが、一般に思われているよりもはるかに難しいのには、２つの根本的な理由がある。

前例のない取り組み、なかなか得られない見返り

この難題に対処するときには、非常に大掛かりで長期的であるだけでなく、歴史上初めて真にグローバルな取り組みが求められる。近い将来、効果的かつ必要な規模で脱炭素化を達成できると結論するのは、過去のあらゆる証拠に反する。国連の初の気候変動会議は

1992年に開催され、その後の年月に一連の国際的な会議が開かれ、無数の評価や調査が行われた。だがそれから30年近くが過ぎても、毎年の温室効果ガスの排出量を抑えるための拘束力のある国際協定はいまだに結ばれていないし、そのような規制の早期採用の見通しも立っていない。

効果をあげるためには、どうしても世界的な合意が必要となる。これは、200か国が正式に同意しなければならないということではない。温室効果ガスの排出量は、50ほどの小国の合計は、上位5か国だけを合計したときに考えられる誤差にも満たない。少なくとも、現在全排出量の80パーセントを占める上位5か国が、明確で拘束力のある協定に同意しないかぎり、真の進展はありえない。だが私たちは今、そのようなグローバルな協調行動に着手する状況にはほど遠い。[注57] 思い出してほしいのだが、おおいに称賛されたパリ協定には、世界最大級の排出国に対する明確な削減目標がなく、その拘束力のない協定では何も軽減されない。それどころか、2050年には排出量は50パーセントも増加するのだ！

さらに、効果的な取り組みはみな費用がかかる。少なくとも2世代にわたって継続しなければ、温室効果ガスの排出を完全になくせないにせよ大幅に減らすという、望ましい成果をあげられない。現実的にはとうてい想定できないほど劇的な削減をしたとしてさえ、納得のいく効果は何十年も先まで示せないだろう。[注58] これによって、世代間正義という途方もなく難しい問題が生じる。というのも、私たちには性懲りもなく未来を軽視する傾向が

あるからだ。[注59]

私たちは将来よりも現在を高く評価し、それに従って値段をつける。30代の熱心な登山家は、翌年エベレストに登るために、許可証、装備、シェルパ、酸素などの費用として約6万ドルを喜んで払う。だが、２０５０年に登頂できる保証を得るためならば、大幅な値下げを要求するだろう。自分の健康状態、将来のネパール政府の安定性、登山できなくなるほどの大規模な地震がヒマラヤ山脈で起こる確率、エベレストへのアクセスが断たれる可能性など、明らかに登山の妨げとなる不確実性を考えてのことだ。グローバルな気候変動を緩和するために炭素に値段をつけるというような、複雑で費用のかかる事業を計画するときには、将来を軽視するこの普遍的な傾向はおおいに問題となる。費用のかかる企てに着手する世代には、はっきり実感できる経済的利益がないからだ。温室効果ガスは排出された後、長期間大気中にとどまる。二酸化炭素の場合には、それが最長２００年にも及ぶ。そのため、非常に熱心に削減努力をしてもなお、グローバルな平均地表面温度の最初の著しい低下という、成功の明確な表れは何十年間も見られないだろう。[注60]

グローバルな脱炭素の大規模な取り組みに着手した後も、気温上昇が25〜35年間続くため、そのような思い切った措置を実行して継続しようとすれば、大きな壁に突き当たることは明らかだ。だが現在、数年以内にそのような措置の広範な採用を可能にするような、世界的に拘束力のある協定は存在しない。そのため、損益分岐点も、はっきりした気温下降の始まりも、さらに先のことになる。一般的に使われる気候・経済モデルによると、2020年代初めに着手した温室効果ガス排出の削減努力が損益分岐点に達する年、すなわち最適な政策によって正味の経済的利益が得られ始めるときは、早くても2080年頃になるだろうという。

気候変動緩和策を実施したなら、世界の平均寿命（2020年には約72年）が変わらないと仮定した場合、その対策によって蓄積された経済の正味の利益を最初に得るのは、21世紀の半ばに生まれた世代だ。[注61] 富裕国の若者たちは、自分の目先の利益よりも、このような遠い将来の利益を優先する気になるだろうか？　この方針を、進んで半世紀以上維持するだろうか？　人口が増加している低所得国は、生きるための基本手段として、化石炭素への依存を拡大し続けているというのに。そしてまた、現在40代や50代の人は、自分がけっして得ることのない利益をもたらすために、若い人々に加わる覚悟はあるだろうか？

ますますグローバル化する課題の影響を最小化する効果的な方法の1つは、そうした課題に対処するために優先順位をつけて基本的な対策を用意することだと、私たちは今回のパンデミックによっても気づかされた。だが、パンデミックへの国際的な対策や国内向けの対策は一貫性を欠き、一様でなかったことから、そうした対策を体系化し、優先順位を定めて守ることがどれほど難しいかも明らかになった。さまざまな危機の間にあれこれ手抜かりが露呈し、私たちがしばしば基本を正しく理解できず、基礎をないがしろにすることを、パンデミックは大きなコストと引き換えに説得力のある形で示してくれた。この基礎的な事項を絞り込んだリストには、基本的な食料やエネルギーや素材の供給確保を含めなければならないことを、本書の読者はもうしっかり認識しているだろう。そのすべてを、環境への影響ができるだけ少ない形で供給しなければならないし、今後の地球温暖化を最小化するために私たちに取れる措置を現実的に評価しながら、万事を行わなければならないのだ。そのような見通しには、思わずひるんでしまう。そして、私たちが成功するか、あるいは失敗するかは、誰にも確かなことは言えない。

遠い将来については知りえないという立場を取るのは、誠実なことだ。私たちは、自らの理解には限界があることを認めて、地球にまつわるすべての課題に謙虚に取り組まなければならない。そして、進歩や挫折や失敗はすべて私たちの進化の一部であり続けることや、どう定義したものであれ最終的な成功を収める保証がないこと、どんなシンギュラリティにも到達できないことを認識しなければならない。だが、蓄積された知識を決然と忍耐強く利用するかぎり、世界の終わりが早まることもない。未来は、私たちの成果や失敗から現れ出てくる。そして、私たちは未来の形や特徴の一部を予見できるほど賢く、そして幸運かもしれないが、たった1世代先を見ているときでさえ、依然として全体は捉えようがない。

この最終章の初稿を書いたのは、ヨーロッパでの第二次世界大戦終結75周年の2020

年5月8日だ。ここで1つの筋書きを想像しよう。ヨーロッパでの戦いが終わった20世紀半ばのその春の日に、当時あった知識のすべてを網羅する少数の人々が、２０２０年の世界の状況について議論し、予測し始める。彼らは、ガスタービンや原子炉、コンピューター、ロケットから、抗生物質や殺虫剤、除草剤、ワクチンまで、工学に始まり生命科学に至るまでの多様な分野における最新の飛躍的成果を知っていた。そのため、自動車の大衆化や大陸間の手頃な空の旅からコンピューターを使った計算まで、そして、穀物収量の増加から平均寿命の著しい延びまで、多くの上昇傾向を正しく予見できるだろう。

　だが彼らは、２０２０年までの75年間に私たちの成果や失敗によって生み出された世界の進歩や複雑性やニュアンスは、示せないだろう。このように予見が不可能であることを強調するために、国家を例に取って考えよう。１９４５年、日本の木造の都市は京都を除き、事実上壊滅していた。ヨーロッパは戦後の混乱の中にあり、その後まもなく冷戦によって分断されることになる。ソ連は勝利を収めたものの、多大な犠牲を払い、スターリンの冷酷な支配が続いていた。アメリカは空前の超大国となり、世界の経済生産のほぼ半分を行っていた。中国は絶望的なまでに貧しいうえに、またしても内戦が起こる寸前だった。日本の発展と衰退、ヨーロッパの新しい繁栄、新しい問題、新しい統一、新しい分裂、ソ連の過激な自信（「あんたらを葬ってやる」〔１９５６年にソ連の最高指導者フルシチョフがモスクワのポーランド大使館でのレセプションで発した言葉〕）と崩壊、アメリカの度重なる大失敗や敗北、成果の浪費、実現しそこなった可能性、中国の苦難や世界で最悪の飢饉、遅い回復、怪しげな高みへの急激な上昇などの、各国・各地域の具体的な道筋を、誰がたどることができただろうか？

人口が50億人以上も増え、しかも、食料の全生産量のうち、弁解の余地がないほど多くを無駄にし続けているというのに、歴史上どの時代よりも食料に恵まれている世界など、1945年には誰にも予想できなかっただろう。そしてまた、次のような世界を予見した人もいなかった。ポリオがあらゆる場所で、結核は富裕国で撲滅されたことに代表されるように、多くの感染症が歴史の片隅に追いやられたものの、最も裕福な国々でさえ、経済的不平等の拡大を防げない世界。以前よりはるかに清潔で健康だが、同時に、海にはプラスティックが漂い、土壌には重金属が蓄積し、これまでにない形で汚染されており、生物圏の環境の悪化が進んでいるために危うくもある世界。あるいは、事実上無料で即座に得られる情報があふれているものの、その代償として、誤報や嘘、言語道断な主張が大量に拡散している世界を。

それから人の一生ほどの時間が過ぎた今も、状況が改善したと考える理由はない。もちろん、シンギュラリティが差し迫っていると信じている人なら話は別だが、来るべき技術革新の程度を予見することも、国の命運を決める出来事や、次の75年間に私たちの文明がたどる運命を決める判断（あるいは、残念ながら、その欠如）を予見することも、前よりうまくできるようになってはいないのだ。私たちは最近、地球温暖化の最終的な影響や迅速な脱炭素化の必要性に心を奪われているとはいえ、不確実な成り行きのうち、私たちの将来を決めるうえで、21世紀の残りの期間の世界人口の推移ほど重要なものは他にはほとんどないだろう。

両極端の予測が、非常に異なる未来像を示している。世界の人口は2100年には150億人を超えるだろうか？ それは、2020年の人口のほぼ2倍だ。あるいは、現在の総人口の半分近くを失って、48億人になり、中国の人口は48パーセント減るだろうか？[注62] 案の定、これら2つの予測での中位推計〔推計をする際に高位、中位、低位の3つのケースを検討する。中位推計が基も実績値に近い〕は、それぞれ109億人と88億人であり、互いにそれほどかけ離れていない。それでも、20億人の違いは取るに足らない差ではない。このような比較によって、たった1世代後の基本的な人口の予測ですら、どれだけズレが生じるかがわかる。富裕国での今日の平均寿命だけを予測するときでさえ、このような極端な値が影響して、非常に異なる2つの経済的・社会的・環境的道筋が描かれることとは、まったくもって明らかだ。私は新型コロナの第一波と第二波のときに、本書の第一稿と第二稿を書いていた。そのため、私たちが21世紀の残りの期間で直面するだろう新しいパンデミックが、2020年のパンデミックと同じようなものになるのか、感染力はずっと弱いか、はるかに毒性が強いかなどと問うのはきわめて現実的なことだ。パンデミックは1900年以降、18年、57年、68年、2009年、20年と発生しており、その頻度を考えると、2100年までに少なくともあと2、3回起こることが見込まれる。このような根本的な不確実性とともに生きることは、人間の境遇の本質であり続け、先を見越して行動する私たちの能力に制約を課す。

序章で記したように、私は悲観主義者でも楽観主義者でもなく、科学者だ。世の中の実状を理解するにあたって、何ら底意はない。

私たちの過去、現在、そして不確かな未来を現実的に把握することは、私たちの目の前にある、知りようのない時間の拡がりに取り組むための最善の基礎だ。具体的なことは言えないが、最も可能性が高い見通しは、前進と後戻り、一見克服できない困難と奇跡に近い進歩の取り合わせであることを私たちは知っている。未来は相変わらず、既定のものではない。その成り行きは、私たちの行動次第なのだ。

付録　数字を理解する——10^n

時は流れ、生き物は育ち、物事は変化する。フィクションの世界では、こうした厳然たるプロセスとその成り行きは、ほぼ例外なく質的な観点から扱われる。おとぎ話では、時はいつも「昔々」で、主人公は豊かだったり（王様など）、貧しかったり（シンデレラなど）、美しかったり（乙女たち）、醜かったり（人食い鬼など）、勇敢だったり（騎士たち）、臆病だったり（ネズミたち）する。数字はたいてい、話を進める小道具として、単純な数を示すために出てくる。3人兄弟、3つの願い事、3匹の子豚という具合に、3のことが多い。現代のフィクションでも大差はない。ヘミングウェイのレディ・ブレット・アシュリーは「とびきりの美人」だが、身長はけっして明かされないし、フィッツジェラルドの小説の名高い主人公ギャツビーは、初めて登場する場面では、ただ「私と同じぐらいの歳の男」でしかなく、年齢は最後までわからないし、本当はどれほどの財産があったのかも知れない。正確なタイミングだけが多少目立つことはある。多くは、最初の1文で。ゾラの『金』は「証券取引所でちょうど11時の鐘が鳴り……」で、ソルジェニーツィンの『イワン・デニーソヴィチの一日』は「その朝5時に……」で始まる。

　それとは対照的に、今日の世界は数字であふれている。新しいおとぎ話、つまり奇想天外な億万長者たちの物語は、いつも必ず彼らの最新の資産総額を挙げる。最新のフェリー沈没事件や、またしても発生した集団自殺事件といった新たな悲劇の報道には、亡くなった人の数がきまって添えられている。国別と全世界の日々の死者数集計は、2020年のパンデミックの嫌でも目につく指標となった。私たちは、かつてない量的な世界に暮らしており、そこでは人々は、フェイスブックの「友達」の数や、Fitbit（フィットビット）で毎日の歩数や、株式市場で儲《もう》けた金額を測定する。このような数量化が浸透しているものの、数値は繰り返し正確に測定されたものから、いいかげんな思い込みや杜撰な見積もりまでさまざまなので、その質には疑問の余地が残る。あいにく、それらの数値を目にしたり、伝えたり、使ったりするときに、情報の出所を質《ただ》す人は非常に少ないし、文脈を捉えて当否を判断しようとする人はほとんどいない。だが、複雑な現実の完璧な測定値であるかもしれないような、現代の最も質の高い数値でさえ、捉え所がないことがよくある。あまりに大き過ぎたり小さ過ぎたりして、直観的に理解できないのだ。

　そのため、これらの数値は歪めて伝えられたり濫用されたりしやすい。未就学児でさえ、数量を頭の中で表象するシステムを持っており、それが直観的な数値の感覚を生み出す。そして、この能力は学校教育によって向上する。[注1] 当然ながら、この数値のシステムはおおよそのものでしかなく、数量が千、万、億……と増えると、うまく機能しなくなる。そこで「10^n」という概念が役に立つ。「n」は、ある整数を表すときに、最初の数字の後に並んでいる数字の総数にすぎない。小数部分がある数の場合には、小数点以下の数字は数えない。たとえば、7という整数は、最初の数字以外にないし、3・5という数は、最初の数字と小数点の間に来る数字がないので、7も3・5も10^0のオーダー（整数部分が1桁）となる。1以上10未満の数はすべて10^0の倍数だ。10は10^1であり、20は2×10^1と表せる。このような表記の利点は、数が大きくなると、たちまちはっきりする。さらに10倍を重ねると、100（10^2）の単位で数えるものへ、続いて1000（10^3）の単位、1万（10^4）の単位、10万（10^5）の単位、100万（10^6）の単位で数えるものへと増えていく。

その先は、桁数を間違いやすい領域に入る。企業の創業者やオーナーや幸運な相続人といった富裕層には、今では毎年資産を1000万（10^7）ドルあるいは1億（10^8）ドル単位で増やす人もいる。2020年に世界には約2100人のビリオネア（資産が10^9ドルのオーダーの人）がおり、最富裕層は今や1000億（10^{11}）ドル以上の資産価値がある。[注2] 個人の純資産の見地に立つと、極貧のアフリカ移民の、数ドルの価値しかないぼろぼろの服や履き古した靴と比べれば、これは10桁、つまり10^{10}のオーダーの格差ということになる。

この差はあまりに大きいので、鳥類と哺乳類という、陸上動物の分類学上、際立って有名な2つの綱《こう》のそれぞれに属する動物どうしを分ける特性には、それに匹敵するものを見つけることができない。最小の陸上哺乳動物であるエトルリアトガリネズミの体重は10^0グラムのオーダー、最大のアフリカゾウの体重が10^6グラムのオーダーなので、その差は「たった」６桁、つまり10^6のオーダーとなる。空を飛ぶ鳥の最小と最大の翼幅は、マメハチドリの３センチメートルとアンデスコンドルの３２０センチメートルで、この差は２桁、つまり10^2のオーダーでしかない。[注3] 一部の人間が、自然界の進化にはとうてい不可能なほどまでに、自らをその他大勢から隔てたことは明らかだ。

そして、すべての桁を書き出したり、10^nという形で表したりするよりも、さらに手軽にオーダーを示す方法がある。科学研究や工学の実践の両方では、非常に大きな数値が頻繁に登場するので、一部のオーダーにはギリシア語の名前が割り振られており、それが接頭辞として使われる。最初の３つのオーダーは、10^1が「デカ」、10^2が「ヘクト」、10^3が「キロ」で、それから先は3桁増えるごとに、10^6が「メガ」、10^9が「ギガ」となり、現時点で名前がついているうちで最大の10^{24}の「ヨタ」まで続く〔その後、10^{27}の「ロナ」と10^{30}の「クエタ」が加えられた〕。それをすべて、次ページの表にまとめておく。

現代社会をうまく機能させる、前代未聞の桁の幅を浮き彫りにする方法は、他にもある。従来の経験の幅と比較するのだ。主要な例を２つ挙げれば十分だろう。産業革命以前の社会では、陸上を旅するときの速度の上限は下限の２倍でしかなかった。ゆっくり歩けば時速４キロメートル、多くの場合クッションもない剝き出しの席に座るだけのお金のある人

接頭辞の表記	記号	指数表記
ヘクト	h	10^2
キロ	k	10^3
メガ	M	10^6
ギガ	G	10^9
テラ	T	10^{12}
ペタ	P	10^{15}
エクサ	E	10^{18}
ゼタ	Z	10^{21}
ヨタ	Y	10^{24}

本書で使われる国際単位系の倍量単位

なら、馬車で時速8キロメートルで進めた。それに対して、今日の移動速度は、ゆっくりした歩行の時速4キロメートルから、ジェット旅客機の時速900キロメートルまで、2桁、つまり10^2のオーダーの差がある。

そして、産業革命以前の時代に人間がたいてい制御できる最も強力な原動機、すなわち運動エネルギーを提供してくれる生き物あるいは機械は、屈強な馬で、出力は750ワットだった。[注4]今では、屈強な馬の最大400倍の、100～300キロワットのパワーを持つ自動車を、何億もの人が運転しており、ワイドボディのジェット旅客機のパイロットは、巡航モードで飛んでいるときに、屈強な馬13万頭以上に相当する、約100メガワットを自由に操る。このような進歩は、あまりに大き過ぎて、直接把握することも直観的に把握することもできない。現代世界を理解するには、桁数や 10^n というオーダーに細心の注意を払う必要があるのだ！

謝辞

内容が多岐にわたる本を書く機会をまたしても与えてくれた、ロンドンの私の担当編集者コナー・ブラウンと、真っ先に読んで批評してくれた、オンタリオ癌研究所所属の我が息子デイヴィッドに感謝する。

訳者あとがき

本書『世界の本当の仕組み』は、カナダのマニトバ大学特別栄誉教授バーツラフ・シュミルの *How the World Really Works: A Scientist's Guide to Our Past, Present, and Future* の全訳だ。通読すると、著者がどれだけデータを重視し、幅広く追い求めているか、その徹底ぶりに感心させられる。そして、その背景として、著者自身を含めてどれほど多くの方々や、組織・機関が地道な調査・分析を営々と続けているかを想像すると頭が下がる。

それにしても、本書の翻訳の過程は発見の連続だった。ページをめくるたびに、まったく知らなかったこと、漠然としか知らなかったこと、勝手に間違って思い込んでいたことなどが、次々に明らかになっていった。トリビア好きやクイズ好き、統計好きの人には垂《すい》涎《ぜん》の1冊となるかもしれず、もちろんそのように本書を楽しんでもらっていいのだが、著者の狙いは別にある。

なぜ本書が必要なのか？　ありていに言えば、私たちが無知だからであり、事実がないがしろにされているからだ。といっても、それは私たちが昔と比べて特段愚かになったからではない。世の中は複雑になる一方であり、情報量が爆発的に増加し続けて人間の頭の容量をはるかに超えてしまっていること、都市化や機械化が進んでいるせいで、多くの人が食料や素材、製品、エネルギーの生産現場から切り離されていること、専門化やブラックボックス化が加速して、ほとんどの物事の仕組みを知らなくても、生活できてしまっていることなど、さまざまな要因が考えられる。

現状に問題がなければ、無知でもかまわないのかもしれないが、生活や社会、人類、さらには生物圏全体までもが存続を脅かされているとしたら、そうも言ってはいられない。そして、実際、状況は厳しい。知識が足りない人や事実を誤認あるいは無視している人が公共政策を決めたり、公共政策に影響を及ぼしたりしていたら危ういし、一般大衆も知識不足だったり、事実を軽視したりしていたら、誤った言説を鵜呑みにしやすくなる。

したがって、基本的な現実を知り、認めることが不可欠だ。だが、先ほど述べたように、世の中は複雑化して情報量も事実も増えているから、とてもすべてに目を向けることはできない。そこで本書では、現代社会が抱える重大な問題に的を絞っている。そして、その核を成すのが、地球温暖化とその主要な原因である化石燃料の消費だ。

第1章から第3章までは、エネルギーと食料と素材の観点からこの問題に迫る。電子化やバーチャル化が目覚ましい今日でも、私たちの文明は物質に依存しており、その依存を支えているのが化石炭素であること、したがって、簡単に脱炭素化ができないことがそこでは示される。

第4章、第6章、第7章は、近年のキーワードとなっている「グローバル化」「地球温暖化」「シンギュラリティ」といった現象に着目しながら、歴史の流れの中での事実の捉えられ方や対策の講じられ方を振り返る。

間に挟まった第5章では、さまざまなリスクを、曝露時間当たりの死亡率という共通尺度を使って比べ、リスクは往々にして過小評価や過大評価されていることを明らかにする。今後もリスクはなくならないが、リスクを正しく認識すれば現実離れした恐れや安心が減り、対策の重点の置き方も適切になりうる。

これだけ事実を大切にする著者だから、調べれば簡単にわかる事実さえ無視されたり捻じ曲げられたりし、準備や対応が見当違いだったり後手に回ったりする現状には、どれほどもどかしさを感じていることか。本書も指摘しているとおり、2019年に始まった新型コロナウイルスのパンデミックは、この現状を浮き彫りにしてくれた。著者は、新たなパンデミックの発生を2008年の著書で予想し、時期まで的中させていたのだから、さぞ無念だっただろう。したがって、無策の人、事実に逆行するような主張あるいは行動をする人々に対しては、著者は手厳しい。本書のところどころで、実名を挙げながら歯に衣着せぬ批判をしている。

だが著者の提唱する事実依拠の姿勢の重要性は、本書で取り上げたテーマに限られない。

著者は事実がますますないがしろにされ、社会が分断され、話し合いさえ成り立たなくなってきている昨今の風潮全般にも強い懸念を抱いているのだろう――嘘が横行し、フェイクニュースや陰謀論を信じ込み、意見が合わない人を敵視して会話を行うことさえできないような風潮にも。それを踏まえて読むと、本書はなおさら意義が深まり、いっそう示唆に富む作品となる。著者の言うとおり、「民主的な社会では、考えや提案の優劣を決める議論は、当事者全員が現実の世界にまつわる有意義な情報を多少なりとも共有していないかぎり、道理に適った形では進まない。誰もが自分の偏った見方を持ち出し、物理的可能性からかけ離れた主張を繰り広げるだけでは駄目なのだ」から。

著者は「私は悲観主義者でも楽観主義者でもなく、科学者だ」と言う。その著者の目から見た私たちの未来は、地球温暖化などによってこの世が破滅を迎えるアポカリプスの筋書きと、テクノロジーの飛躍的進歩によってすべての問題が解決されるシンギュラリティの筋書きという両極端の間にある。そして、「未来は相変わらず、既定のものではない。その成り行きは、私たちの行動次第なのだ」という言葉で本書は締めくくられる。事実を重視する著者の意見だから、心強いと同時に、否応なく大変な責任を感じさせられる。言うは易《やす》く行うは難《かた》しだし、正論や事実が通るとはかぎらないのも世の常とはいえ、本書がぜひ現状に一石を投ずることになってほしいものだ。

最後になったが、本書に引き合わせてくださった草思社の久保田創社長と、編集をしてくださった同社の吉田和弘さん、そして本書の刊行にかかわってくださった大勢のみなさんに心からお礼申し上げる。

2024年7月

柴田裕之

17229–17234; J. Marotzke, "Quantifying the irreducible uncertainty in nearterm climate projections," *Wiley Interdisciplinary Review: Climate Change* 10 (2018), pp. 1–12; B. H. Samset et al., "Delayed emergence of a global temperature response after emission mitigation," *Nature Communications* 11 (2020), article 3261.

61 P. T. Brown et al., "Break-even year: a concept for understanding intergenerational trade-offs in climate change mitigation policy," *Environmental Research Communications* 2 (2020), 095002. 2050年までにゼロカーボンにするために、最近の多くの国家目標には、温室効果ガス排出量削減への投資の増額が謳われている。それに対する内部収益率を、ケン・カルデイラは同じモデルを使って算出した。また、気候による被害を回避できる金額が、排出量削減のための費用を上回り、利益が出始める時期を算出した。内部収益率は約2.7パーセントであり、利益が得られるのは次の世紀の初めになる。

62 高いほうの予測は、以下を参照のこと。United Nations, *World Population Prospects 2019*. 低いほうの予測は、以下を参照のこと。S. E. Vollset et al., "Fertility, mortality, migration, and population scenarios for 195 countries and territories from 2017 to 2100: a forecasting analysis for the Global Burden of Disease Study," *The Lancet* (July 14, 2020).

付録　数字を理解する──10^n

1 M. M. M. Mazzocco et al., "Preschoolers' precision of the approximate number system predicts later school mathematics performance," *PLoS ONE* 6/9 (2011), e23749.

2 United States Census, *HINC-01. Selected Characteristics of Households by Total Money Income* (2019), https://www.census.gov/data/tables/time-series/demo/income-poverty/cps-hinc/hinc-01.html; Credit Suisse, *Global Wealth Report* (2019), https://www.credit-suisse.com/about-us/en/reports-research/global-wealth-report.html; J. Ponciano, "Winners/Losers: The world's 25 richest billionaires have gained nearly $255 billion in just two months," *Forbes* (May 23, 2020).

3 V. Smil, "Animals vs. artifacts: Which are more diverse?" *Spectrum IEEE* (August 2019), p. 21.

4 原動機のパワーについては、以下で詳しく説明してある。V. Smil, *Energy in Civilization: A History* (Cambridge, MA: MIT Press, 2017), pp.130–146.

eds., *How Was Life? Global Well-being since 1820* (Paris: OECD, 2014), pp. 101-116.

51　これらの超過死亡率は、EU 諸国については European Mortality Monitoring（ヨーロッパ死亡率モニタリング）(https://www.euromomo.eu/) によって、アメリカについては合衆国疾病管理予防センター(http://www.cdc.gov/nchs/nvss/vsrr/covid19/excess_deaths.htm) によって、定期的に更新されるウェブサイトで閲覧可能。

52　世界のすべての国と地域の、年齢ごとの詳細な人口予測は、以下で閲覧可能。https://population.un.org/wpp/Download/Standard/Population/.

53　American Cancer Society, "Survival Rates for Childhood Leukemias," https://www.cancer.org/cancer/types/leukemia-in-children/detection-diagnosis-staging/survival-rates.html.

54　US Department of Defense, *Narrative Summaries of Accidents Involving U.S. Nuclear Weapons 1950-1980* (1980), https://nsarchive.files.wordpress.com/2010/04/635.pdf; S. Shuster, "Stanislav Petrov, the Russian officer who averted a nuclear war, feared history repeating itself," *Time* (September 19, 2017).

55　この災害の最も詳細な報告（専門的な５巻を含む）は、International Atomic Energy Agency, *The Fukushima Daiichi Accident* (Vienna: ＩＡＥＡ, 2015). 日本の国会は、公式の報告を発表している。*The Official Report of the Fukushima Nuclear Accident Independent Investigation Commission*, https://www.nirs.org/wp-content/uploads/fukushima/naiic_report.pdf.

56　ボーイング社の公式発表については、以下で737 MAX に関する更新情報を参照のこと。https://www.boeing.com/737-max-updates/en-ca/737 MAX.　批判的吟味については、数ある論文のなかで、以下を参照のこと。D. Campbell, "Redline," *The Verge* (May 2019); D. Campbell, "The ancient computers on Boeing 737 MAX are holding up a fix," *The Verge* (April 2020).

57　2018年、世界の二酸化炭素排出量の割合は以下のとおり。第一位の中国がほぼ30パーセント、中国とアメリカの上位２か国では43パーセント強、中国、アメリカ、インド、ロシア、日本の上位５か国で51パーセント、ドイツ、イラン、韓国、サウジアラビア、カナダを加えた上位10か国では、ほぼきっかり３分の２だった。Olivier and Peters, *Global CO2 emissions from fossil fuel use and cement production per country, 1970–2018*.

58　きわめて長期的な協定が必要であることから、中国とアメリカ、あるいはインドとサウジアラビアのような本質的に異なる関係国が、全般的に許容できて永続性のある推進方法に同意する可能性は、さらに低くなる。

59　ラムジーの規範的な評価は断固としている。「私たちは早期の楽しみと比較して、後の楽しみを割り引くことはない、と考えられている。割り引くことは倫理的に擁護できず、たんに想像力の弱さから生じるからだ」。F. P. Ramsey, "A mathematical theory of saving," *The Economic Journal* 38 (1928), p. 543. もちろん、そのような頑迷な見解はまったく現実的でない。

60　C. Tebaldi and P. Friedlingstein, "Delayed detection of climate mitigation benefits due to climate inertia and variability," *Proceedings of the National Academy of Sciences* 110 (2013), pp.

category mistake: A critical intellectual history of the cultural trauma metaphor," *Rethinking History* 8 (2004), pp. 193–221.

37 このような基礎的な発明の起源については、以下を参照のこと。Smil, *Transforming the Twentieth Century*.

38 Smil, *Prime Movers of Globalization*.

39 A. Engler, "A guide to healthy skepticism of artificial intelligence and coronavirus" (Washington, DC: Brookings Institution, 2020).

40 "CRISPR: Your guide to the gene editing revolution," *New Scientist*, https://www.newscientist.com/round-up/crispr-gene-editing/.

41 Y. N. Harari, *Homo Deus* (New York: Harper, 2018)［邦訳『ホモ・デウス――テクノロジーとサピエンスの未来』上下（柴田裕之訳、河出文庫、2022年他）］; D. Berlinski, "Godzooks," *Inference* 3/4 (February 2018).

42 E. Trognotti, "Lessons from the history of quarantine, from plague to influenza," *Emerging Infectious Diseases* 19 (2013), pp. 254–259.

43 S. Crawford, "The Next Generation of Wireless — '5G' — Is All Hype," *Wired* (August 2016), https://www.wired.com/2016/08/the-next-generation-of-wireless-5g-is-all-hype/.

44 "Lack of medical supplies 'a national shame,' " BBC News (March 2020); L. Lee and K. N. Das, "Virus fight at risk as world's medical glove capital struggles with lockdown," Reuters (March 2020); L. Peek, "Trump must cut our dependence on Chinese drugs — whatever it takes," *The Hill* (March 2020).

45 2020年のパンデミックの最終的なコストは、今後何年もわからないだろうが、その桁に関しては何の疑いもない。何兆ドルもの金額になるだろう。2019年の世界の経済生産は90兆ドル近かった。したがって、それがほんの数パーセント減少するだけで、コストは何兆ドルにも達する。

46 だが、パンデミックによる死者数の全世界規模の遡及的評価がいずれ出るまでは、いかなる最終結論も下せない。

47 J. K. Taubenberger et al., "The 1918 influenza pandemic: 100 years of questions answered and unanswered," *Science Translational Medicine* 11/502 (July 2019), eaau5485; Morens et al., "Predominant role of bacterial pneumonia as a cause of death in pandemic influenza: Implications for pandemic influenza preparedness," *Journal of Infectious Disease* 198 (2008), pp. 962-970.

48 "The 2008 financial crisis explained," History Extra (２０２０), https://www.historyextra.com/period/modern/financial-crisis-crash-explained-facts-causes/.

49 現在の最大級のクルーズ船は６０００人を超える乗客を収容でき、それに加えて乗務員が全体の30〜35パーセントを占める。Marine Insight, "Top to Largest Cruise Ships in 2020," https://www.marineinsight.com/know-more/top-10-largest-cruise-ships-2017/.

50 R. L. Zijdeman and F. R. de Silva, "Life expectancy since 1820," in J. L. van Zanden et al.,

climate niche," *Proceedings of the National Academy of Sciences* 117/21 (2010), pp. 11350–11355. 気候変動による移動については、以下を参照のこと。A. Lustgarten, "How climate migration will reshape America," *The New York Times* (December 20, 2020). 所得の低下については、以下を参照のこと。M. Burke et al., "Global non-linear effect of temperature on economic production," *Nature* 527 (2015), pp. 235–239. トゥーンベリの予言については、以下を参照のこと。A. Doyle, "Thunberg says only 'eight years left' to avert 1.5° C warming," Climate Change News (January 2020), https://www.climatechangenews.com/2020/01/21/thunberg-says-eight-years-left-avert-1-5c-warming/.

26 悲惨な予言を好むこの傾向は、人間のネガティビティ・バイアスによって最もよく説明がつくかもしれない。D. Kahneman, *Thinking Fast and Slow* (New York: Farrar, Straus and Giroux, 2011) [邦訳：『ファスト&スロー――あなたの意思はどのように決まるか？』上下（村井章子訳、ハヤカワ文庫、2014年他）]; United Nations, "Only 11 years left to prevent irreversible damage from climate change, speakers warn during General Assembly highlevel meeting" (March 2019), https://www.un.org/press/en/2019/ga12131.doc.htm; P. J. Spielmann, "U.N. predicts disaster if global warming not checked," AP News (June 1989), https://apnews.com/bd45c372caf118ec99964ea547880cd0.

27 FII Institute, *A Sustainable Future is Within Our Grasp*, https://fiiinstitute.org/en/downloads/FIII_Impact_Sustainability_2020.pdf; J. M. Greer, *Apocalypse Not!* (Hoboken, NJ: Viva Editions, 2011); M. Shellenberger, *Apocalypse Never: Why Environmental Alarmism Hurts Us All* (New York: Harper, 2020).

28 V. Smil, "Perils of long-range energy forecasting: Reflections on looking far ahead," *Technological Forecasting and Social Change* 65 (2000), pp. 251–264.

29 Food and Agriculture Organization, *Yield Gap Analysis of Field Crops: Methods and Case Studies* (Rome: FAO, 2015).

30 それらの野菜は、組織の95パーセント超を水が占めており、２種類の必須の多量栄養素であるタンパク質と脂質を、まったく含まないか、微量しか含まない。

31 その素材（鋼鉄、プラスティック、ガラス）とエネルギー（暖房、照明、空調）のコストは、真に天文学的なものとなるだろう。

32 素材のエネルギーコストについては、以下を参照のこと。Smil, *Making the Modern World*. 鋼鉄の最小限のエネルギーコストについては、以下を参照のこと。J. R. Fruehan et al., *Theoretical Minimum Energies to Produce Steel for Selected Conditions* (Columbia, MD: Energetics, 2000).

33 FAO, "Fertilizers by nutrient" (accessed 2020), http://www.fao.org/faostat/en/#data/RFN.

34 データは、以下より。Smil, *Energy Transitions*.

35 以下のデータから算出。British Petroleum, *Statistical Review of World Energy*.

36 カテゴリー錯誤の興味深い考察の一端については、以下を参照のこと。O. Magidor, *Category Mistakes* (Oxford: Oxford University Press, 2013); W. Kastainer, "Genealogy of a

節約分よりも初期費用を重視する人もいるだろう。MIT Energy Initiative, *Insights into Future Mobility* (Cambridge, MA: MIT Energy Initiative, 2019), http://energy.mit.edu/insightsintofuturemobility.

10 電気自動車の最近の売り上げと、採用の長期的予測については、以下を参照のこと。Insideevs, https://insideevs.com/news/343998/monthly-plug-inev-sales-scorecard/; J.P. Morgan Asset Management, *Energy Outlook 2018: Pascal's Wager* (New York: J.P. Morgan, 2018), pp. 10–15.

11 Bloomberg NEF, *Electric Vehicle Outlook 2019*.

12 ミシェル・ド・ノストラダムスは1555年に予言集を刊行し、それ以降、熱狂的信奉者たちはその予言を読み、解釈してきた。文書のフォーマットに関して言えば、現在では高価な装幀本からキンドル版までさまざまな選択肢がある。

13 H. Von Foerster et al., "Doomsday: Friday, 13 November, A.D. 2026," *Science* 132 (1960), pp. 1291–1295.

14 P. Ehrlich, *The Population Bomb* (New York: Ballantine Books, 1968), p. xi［邦訳『人口爆弾』(宮川毅訳、河出書房新社、1974年)］; R. L. Heilbroner, *An Inquiry into the Human Prospect* (New York: W. W. Norton, 1975), p. 154.

15 以下のデータから算出。United Nations, *World Population Prospects 2019*.

16 以下の中位推計を前提とした。United Nations, *World Population Prospects 2019*.

17 V. Smil, "Peak oil: A catastrophist cult and complex realities," *World Watch* 19 (2006), pp. 22–24; V. Smil, "Peak oil: A retrospective," *IEES Spectrum* (May 2020), pp. 202–221.

18 R. C. Duncan, "The Olduvai theory: Sliding towards the post- industrial age" (1996), http://dieo. org/page125.

19 栄養不足については、国連食糧農業機関（FAO）の年次報告書を参照のこと。最新版は以下のとおり。*The State of Food Security and Nutrition*, http://www.fao.org/3/ca5162en/ca5162en.pdf. 食料供給については、以下を参照のこと。http://www.fao.org/faostat/en/#data/FBS.

20 以下から算出。http://www.fao.org/faostat/en/#data/.

21 データは、以下より。British Petroleum, Statistical Review of World Energy.

22 データは、以下より。S. Krikorian, "Preliminary nuclear power facts and figures for 2019," International Atomic Energy Agency (January 2020), https://www.iaea.org/newscenter/news/preliminary-nuclear-power-facts-and-figures-for-2019.

23 M. B. Schier, *Spectacular Flops: Game-Changing Technologies That Failed* (Clinton Corners, NY: Eliot Werner Publications, 2019), pp. 157–175.

24 S. Kaufman, *Project Plowshare: The Peaceful Use of Nuclear Explosives in Cold War America* (Ithaca, NY: Cornell University Press, 2013); A. C. Noble, "The Wagon Wheel Project," WyoHistory (November 2014), http://www.wyohistory.org/essays/wagon-wheel-project.

25 気候的ニッチの縮小については、以下を参照のこと。C. Xu et al., "Future of the human

知性を超えるとき』（井上健／小野木明恵／野中香方子／福田実訳、NHK出版、2007年）]. 2045年にシンギュラリティに到達することについては、以下で予想されている。https://www.kurzweilai.net/. それに先立ち、「2020年代までにほとんどの疾患はなくなるだろう。というのもナノボットが現在の医療技術よりも賢くなるからだ。通常の人間の摂食がナノシステムで置き換えられる可能性もある」。以下を参照のこと。P. Diamandis, "Ray Kurzweil's mind-boggling predictions for the next 25 years," Singularity Hub (January 2015), https://singularityhub.com/2015/01/26/ray-kurzweils-mind-boggling-predictions-for-the-next-25-years/. このような数々の予測が実現したなら、ほんの数年のうちに、農業や食料、健康、医療について、あるいは世の中の実状について、誰も書籍を執筆する必要がなくなることは明らかだ。すべてナノボットが一手に引き受けてくれるだろうから！

4 メリーランド大学のジュリアン・サイモンは、20世紀の終盤20年間に際立った影響力を発揮したコルヌコピアンに挙げられる。サイモンの作品のうち、特に多く引用されたのが、*The Ultimate Resource* (Princeton, NJ: Princeton University Press, 1981) および J. L. Simon and H. Kahn, *The Resourceful Earth* (Oxford: Basil Blackwell, 1984) だ。

5 電気自動車については、以下を参照のこと。Bloomberg NEF, *Electric Vehicle Outlook 2019*, https://about.bnef.com/electric-vehicle-outlook/#toc-download. EUの炭素排出については、以下を参照のこと。EU, "2050 long-term strategy," https://commission.europa.eu/index_en. 2025年の世界の情報については、以下を参照のこと。D. Reinsel et al., *The Digitization of the World From Edge to Core* (November 2018), https://www.seagate.com/files/www-content/our-story/trends/files/idc-seagate-dataage-whitepaper.pdf. 2037年の世界の飛行状況については、以下を参照のこと。"IATA Forecast Predicts 8.2 billion Air Travelers in 2037" (October 2018), https://www.skyradar.com/blog/8.2-billion-air-travellers-in-2037-iata-how-can-we-manage-the-air-traffic.

6 以下で、長期的な国別の出生率実績を参照のこと。World Bank's Data Bank: https://data.worldbank.org/indicator/SP.DYN.TFRT.IN.

7 United Nations, *World Population Prospects 2019*, https://population.un.org/wpp/Download/Standard/Population/.

8 2010年代に、電気自動車には多大な関心が集まり、また、きわめて過度の期待も多く寄せられた。17年には、「フィナンシャル・ポスト」紙でさえもこの件に触れている。「化石燃料で走る自動車はすべて、巨大石油企業と巨大自動車メーカーの双子の『死のスパイラル』に巻き込まれ、8年で姿を消すだろうという研究結果が出て、両業界に衝撃が走った」。衝撃的だったと言うべきなのは、技術面での理解の完全な欠如であり、それがこのような馬鹿げた主張につながったのだ。20年前半には内燃機関を搭載した自動車約12億台が路上を走行しているのに、この先5年間でそれを全部消し去ろうというのだから、これはまた、マジシャンさながらの、たいした離れ業ではないか！

9 バッテリー式の自動車と従来型の自動車が、どの時点で生涯費用が同等になるのかは、依然として不透明だ。だが購入者のなかには、同等になった時点でさえ、先々の

586/7831 (2020), pp. 720–723.

106 N. G. Dowell et al., “Pervasive shifts in forest dynamics in a changing world,” *Science* 368 (2020); R. J. W. Brienen et al., “Forest carbon sink neutralized by pervasive growth-lifespan trade-offs,” *Nature Communications* 11 (2020), article 4241.1234567890.

107 P. E. Kauppi et al., “Changing stock of biomass carbon in a boreal forest over 93 years,” *Forest Ecology and Management* 259 (2010), pp. 1239–1244; H. M. Henttonen et al., “Size-class structure of the forests of Finland during 1921–2013: A recovery from centuries of exploitation, guided by forest policies,” *European Journal of Forest Research* 139 (2019), pp. 279–293.

108 P. Roy and J. Connell, “Climatic change and the future of atoll states,” *Journal of Coastal Research* 7 (1991), pp. 1057–1075; R. J. Nicholls and A. Cazenave, “Sea-level rise and its impact on coastal zones,” *Science* 328/5985 (2010), pp. 1517–1520.

109 P. S. Kench et al., “Patterns of island change and persistence offer alternate adaptation pathways for atoll nations,” *Nature Communications* 9 (2018), article 605.

110 これは、エイモリー・ロビンスが地球環境についての書籍の１章を執筆したときにつけた題。A. Lovins, “Abating global warming for fun and profit,” in K. Takeuchi and M. Yoshino, eds., *The Global Environment* (New York: Springer-Verlag, 1991), pp. 214–229. 若い読者向けに述べると、ロビンスはアメリカのために「ソフトな」（小規模の再生可能）エネルギーに頼る道筋を概説した1976年の論文で名声を確立した。A. Lovins, “Energy strategy: The road not taken,” *Foreign Aairs* 55/1 (1976), pp. 65–96. 彼の展望によると、2000年にアメリカは石油に換算して約７億5000万トン相当のエネルギーをソフトな技術から引き出しているはずとのことだった。ところが実際には、従来の大規模な水力発電（小規模でもソフトでもない）を差し引くと、再生可能エネルギーは、石油に換算して7500万トンしか貢献していなかった。つまり、ロビンスは24年後の目標から90パーセント外れていたわけであり、これは、その後の数十年間に続くことになる同様の非現実的な「グリーン」な主張の先駆けとなる予測だった。

第７章　未来を理解する――この世の終わり《アポカリプス》と特異点《シンギュラリティ》のはざまで

1 アポカリプティシズム（終末論）とアポカリプスの予言や想像や解釈についての書籍はきわめて多いものの、この種のフィクション作品に関する推薦をするつもりはさらさらない。

2 人工知能が人間の能力を超えることを思い描くのは、シンギュラリティに達したために免れえない瞬間的な物理変化の割合を思い描くよりもたやすい。

3 R. Kurzweil, “The law of accelerating returns” (2001), https://www.kurzweilai.net/the-law-of-accelerating-returns. カーツワイルの以下の作品も参照のこと。*The Singularity Is Near* (New York: Penguin, 2005)［邦訳『ポスト・ヒューマン誕生――コンピュータが人類の

ューディール── 2028年までに化石燃料文明は崩壊、大胆な経済プランが地球上の生命を救う』(幾島幸子訳、NHK出版、2020年)].

94　もし──「制度の変化の達成を目指して人口の3.5パーセント」を動員するために(小数点以下までこだわる叛逆!)──この運動の最もあからさまな部門に加わりたければ、以下を確認のこと。Extinction Rebellion, "Welcome to the rebellion," https://rebellion.earth/the-truth/about-us/. 文章による指示については、以下を参照のこと。Extinction Rebellion, *This Is Not a Drill: An Extinction Rebellion Handbook* (London: Penguin, 2019).

95　P. Brimblecombe et al., *Acid Rain—Deposition to Recovery* (Berlin: Springer, 2007).

96　S. A. Abbasi and T. Abbasi, *Ozone Hole: Past, Present, Future* (Berlin: Springer, 2017).

97　J. Liu et al., "China's changing landscape during the 1990s: Large-scale land transformation estimated with satellite data," *Geophysical Research Letters* 32/2 (2005), L02405.

98　M. G. Burgess et al., "IPCC baseline scenarios have overprojected CO2 emissions and economic growth," *Environmental Research Letters* 16 (2021), 014016.

99　H. Wood, "Green energy meets people power," *The Economist* (2020), https://worldin.economist.com/article/17505/edition2020get-ready-renewable-energy-revolution.

100　Z. Hausfather et al., "Evaluating the performance of past climate model projections," *Geophysical Research Letters 47* (2019), e2019 GL085378.

101　Smil, "History and risk."

102　全世界と国別の日々の合計と累計は、ジョンズ・ホプキンズ大学の https://coronavirus.jhu.edu/map.html あるいは Worldometer の https://www.worldometers.info/coronavirus/ より。

103　この段落と次の段落のデータの典拠は、以下のとおり。GDPの割合は、以下を参照のこと。World Bank, "GDP per capita (current US$)" (accessed 2020), https://data.worldbank.org/indicator/NY.GDP.PCAP.CD. 中国の統計については、以下を参照のこと。National Bureau of Statistics, *China Statistical Yearbook, 1999–2019*. 国別の二酸化炭素排出量については、以下を参照のこと。Olivier and Peters, *Trends in Global CO2 and Total Greenhouse Gas Emissions* 2019 Report.

104　国連による人口の中位推計は、2020〜50年の全体の増加の99.6パーセントが発展途上国で、約53パーセントがサハラ以南のアフリカで発生する、と予想している。United Nations, *World Population Prospects: The 2019 Revision* (New York: UN, 2019) [邦訳　前掲『世界人口予測1960→2060』]. アフリカの発電方法の固定化については、以下を参照のこと。G. Alova et al., "A machine-learning approach to predicting Africa's electricity mix based on planned power plants and their chances of success," *Nature Energy* 6/2 (2021).

105　Y. Pan et al., "Large and persistent carbon sink in the world's forests," *Science* 333 (2011), pp. 988–993; C. Che et al., "China and India lead in greening of the world through land-use management," *Nature Sustainability* 2 (2019), pp. 122–129. 以下も参照のこと。J. Wang et al., "Large Chinese land carbon sink estimated from atmospheric carbon dioxide data," *Nature*

80 United Nations, *Report of the Conference of the Parties on its twenty-first session, held in Paris from 30 November to 13 December 2015* (January 2016), https://unfccc.int/sites/default/files/resource/docs/2015/cop21/eng/10a01.pdf.

81 エアコンの将来については、以下を参照のこと。 International Energy Agency, *The Future of Cooling* (Paris: IEA, 2018).

82 Olivier and Peters, *Trends in Global CO2 and Total Greenhouse Gas Emissions* 2019 Report.

83 T. Mauritsen and R. Pincus, "Committed warming inferred from observations," *Nature Climate Change* 7 (2017), pp. 652–655.

84 C. Zhou et al., "Greater committed warming after accounting for the pattern effect," *Nature Climate Change* 11 (2021), pp. 132–136.

85 IPCC, *Global warming of 1.5°C* (Geneva: IPCC, 2018), https://www.ipcc.ch/sr15/.

86 A. Grubler et al., "A low energy demand scenario for meeting the 1.5° C target and sustainable development goals without negative emission technologies," *Nature Energy* 526 (2020), pp. 515–527.

87 European Environment Agency, "Size of the vehicle fleet in Europe" (2019), https://www.eea.europa.eu/data-and-maps/indicators/size-of-the-vehicle-fleet/size-of-the-vehicle-fleet-10; 1990年については、以下を参照のこと。 https://www.eea.europa.eu/data-and-maps/indicators/access-to-transport-services/vehicle-ownership-term-2001.

88 National Bureau of Statistics, *China Statistical Yearbook, 1999-2019*, http://www.stats.gov.cn/english/Statisticaldata/AnnualData/.

89 SEI, IISD, ODI, E3G, and UNEP, *The Production Gap Report: 2020 Special Report*, http://productiongap.org/2020report.

90 E. Larson et al., *Net-Zero America: Potential Pathways, Infrastructure, and Impacts* (Princeton, NJ: Princeton University, 2020).

91 C. Helman, "Nimby nation: The high cost to America of saying no to everything," *Forbes* (August 2015).

92 The House of Representatives, "Resolution Recognizing the duty of the Federal Government to create a Green New Deal" (2019), https://www.congress.gov/bill/116th-congress/house-resolution/109/text; M. Z. Jacobson et al., "Impacts of Green New Deal energy plans on grid stability, costs, jobs, health, and climate in 143 countries," *One Earth* 1 (2019), pp. 449–463.

93 T. Dickinson, "The Green New Deal is cheap, actually," *Rolling Stone* (April 6, 2020); J. Cassidy, "The good news about a Green New Deal," *New Yorker* (March 4, 2019); N. Chomsky and R. Pollin, *Climate Crisis and the Global Green New Deal: The Political Economy of Saving the Planet* (New York: Verso, 2020)［邦訳『気候危機とグローバル・グリーンニューディール――地球を救う政治経済論』(早川健治訳、那須里山舎、2021年)］; J. Rifkin, *The Green New Deal: Why the Fossil Fuel Civilization Will Collapse by 2028, and the Bold Economic Plan to Save Life on Earth* (New York: St. Martin's Press, 2019)［邦訳『グローバル・グリーン・ニ

68 Y. Fan et al., "Comparative evaluation of crop water use efficiency, economic analysis and net household profit simulation in arid Northwest China," *Agricultural Water Management* 146 (2014), pp. 335–345; J. L. Hatfield and C. Dold, "Water-use Efficiency: Advances and challenges in a changing climate," *Frontiers in Plant Science* 10 (2019), p. 103; D. Deryng et al., "Regional disparities in the beneficial effects of rising CO2 concentrations on crop water productivity," *Nature Climate Change* 6 (2016), pp. 786–790.

69 IPCC, *Climate Change and Land* (Geneva: IPCC, 2020), https://www.ipcc.ch/srccl/, "Agriculture, Forestry and Other Land Use (AFOLU)," in IPCC, *Climate Change 2014*.

70 Smil, *Should We Eat Meat?*, pp. 203–210.

71 D. Gerten et al., "Feeding ten billion people is possible within four terrestrial planetary boundaries," *Nature Sustainability* 3 (2020), pp. 200–208; 以下も参照のこと。FAO, *The Future of Food and Agriculture: Alternative Pathways to 2050* (Rome: FAO, 2018), http://www.fao.org/3/I8429EN/i8429en.pdf.

72 私は以下のように書いた。「1968年に［連続したパンデミックどうしの］平均的間隔と最長の間隔を加えると、1996〜2021年という範囲になる。確率的に言って、私たちはまさにハイリスク期間に入っている。したがって、今後50年間に次のインフルエンザのパンデミックが起こる可能性は、事実上100パーセントだ」V. Smil, *Global Catastrophes and Trends* (Cambridge, MA: MIT Press, 2008), p. 46. そして、その１つの期間に、私たちは２回のパンデミックを経験した。すなわち、拙著が出版された翌年の2009年の H_1N_1 ウイルス感染症のパンデミックと、2020年の新型コロナウイルス感染症のパンデミックだ。

73 全世界の日々の統計の更新結果は、ジョンズ・ホプキンズ大学が https://coronavirus.jhu.edu/map.html で、Worldometer が https://www.worldometers.info/coronavirus/ で提供していた。このパンデミックの真に包括的な経過がまとまるまでには、少なくとも２年は待たなければならないだろう。

74 U. Desideri and F. Asdrubali, *Handbook of Energy Eciency in Buildings* (London: Butterworth-Heinemann, 2015).

75 Natural Resource Canada, *High Performance Housing Guide for Southern Manitoba* (Ottawa: Natural Resources Canada, 2016).

76 L. Cozzi and A. Petropoulos, "Growing preference for SUVs challenges emissions reductions in passenger car market," IEA (October 2019), https://www.iea.org/commentaries/growing-preference-for-suvs-challenges-emissions-reductions-in-passenger-car-market.

77 J. G. J. Olivier and J. A. H. W. Peters, *Trends in Global CO2 and Total Greenhouse Gas Emissions* (The Hague: PBL Netherlands Environmental Assessment Agency, 2019).

78 United Nations, "Conference of the Parties (COP), https://unfccc.int/process/bodies/supreme-bodies/conference-of-the-parties-cop.

79 N. Stockton, "The Paris climate talks will emit 300,000 tons of CO2, by our math. Hope it's worth it," *Wired* (November 2015).

https://www.ecologie.gouv.fr/impacts-du-changement-climatique-agriculture-etforet. 高山の氷河の融解とその影響については、以下を参照のこと。A. M. Milner et al., "Glacier shrinkage driving global changes in downstream systems," *Proceedings of the National Academy of Sciences* (2017), www.pnas.org/cgi/doi/10.1073/pnas.1619807114.

56 2019年には、化石燃料の燃焼によって37ギガトン近い二酸化炭素が排出された。その二酸化炭素を生成するのに、27ギガトンに非常に近い量の酸素が必要とされた。Global Carbon Project, *The Global Carbon Budget 2019*.

57 J. Huang et al., "The global oxygen budget and its future projection," *Science Bulletin* 63 (2018), pp. 1180–1186.

58 これらの複雑な測定は、1989年に始まった。Carbon Dioxide Information and Analysis Center, "Modern Records of Atmospheric Oxygen (O2) from Scripps Institution of Oceanography" (2014), https://cdiac.ess-dive.lbl.gov/trends/oxygen/modern_records.html.

59 2019年の化石燃料の埋蔵量は、以下に挙げられている。British Petroleum, *Statistical Review of World Energy*.

60 L. B. Scheinfeldt and S. A. Tishkoff, "Living the high life: highaltitude adaptation," *Genome Biology* 11/133 (2010), pp. 1–3.

61 S. J. Murray et al., "Future global water resources with respect to climate change and water withdrawals as estimated by a dynamic global vegetation model," *Journal of Hydrology* (2012), pp. 448–449; A. G. Koutroulis and L. V. Papadimitriou, "Global water availability under high-end climate change: A vulnerability based assessment," *Global and Planetary Change* 175 (2019), pp. 52–63.

62 P. Greve et al., "Global assessment of water challenges under uncertainty in water scarcity projections," *Nature Sustainability* 1/9 (2018), pp. 486–494.

63 C. A. Dieter et al., *Estimated Use of Water in the United States in 2015* (Washington, DC: US Geological Survey, 2018).

64 P. S. Goh et al., *Desalination Technology and Advancement* (Oxford: Oxford Research Encyclopedias, 2019).

65 A. Fletcher et al., "A low-cost method to rapidly and accurately screen for transpiration efficiency in wheat," *Plant Methods* 14 (2018), article 77. 植物全体の蒸散効率が1キログラム当たり4.5グラムというのは、1キログラムのバイオマスが222キログラムの水を蒸散させるということであり、穀粒は地上部分のバイオマスの約半分を占めるので、割合は倍の450キログラム近くまで増える。

66 Y. Markonis et al., "Assessment of water cycle intensification over land using a multisource global gridded precipitation dataset," *Journal of Geophysical Research: Atmospheres* 124/21 (2019), pp. 11175–11187.

67 S. J. Murray et al., "Future global water resources with respect to climate change and water withdrawals as estimated by a dynamic global vegetation model."

43 S. Arrhenius, "On the influence of carbonic acid in the air upon the temperature of the ground," *Philosophical Magazine and Journal of Science*, 5/41 (1896), pp. 237–276.

44 K. Ecochard, "What's causing the poles to warm faster than the rest of the Earth?" NASA (April 2011), https://www.nasa.gov/topics/earth/features/warmingpoles.html.

45 D. T. C. Cox et al., "Global variation in diurnal asymmetry in temperature, cloud cover, specific humidity and precipitation and its association with leaf area index," *Global Change Biology* (2020).

46 S. Arrhenius, *Worlds in the Making* (New York: Harper & Brothers, 1908), p. 53.

47 R. Revelle and H. E. Suess, "Carbon dioxide exchange between atmosphere and ocean and the question of an increase of atmospheric CO_2 during the past decades," *Tellus* 9 (1957), pp. 18–27.

48 Global Monitoring Laboratory, "Monthly average Mauna Loa CO_2" (accessed 2020), https://www.esrl.noaa.gov/gmd/ccgg/trends/.

49 J. Charney et al., *Carbon Dioxide and Climate: A Scientific Assessment* (Washington, DC: National Research Council, 1979).

50 N. L. Bindoet al., "Detection and Attribution of Climate Change: from Global to Regional," in T. F. Stocker et al., eds., *Climate Change 2013: The Physical Science Basis. Contribution of Working Group I to the Fifth Assessment Report of the Intergovernmental Panel on Climate Change* (Cambridge: Cambridge University Press,2013).

51 S. C. Sherwood et al., "An assessment of Earth's climate sensitivity using multiple lines of evidence," *Reviews of Geophysics* 58/4 (December 2020).

52 アメリカにおける石炭から天然ガスへの転換は、際立って迅速だった。2011年にはすべての電気のうち44パーセントが石炭で生み出されていたが、2020年には、その割合はわずか20パーセントまで落ちる一方、ガス火力発電の割合は、23パーセントから39パーセントへと増加していた。US EIA, *Short-Term Energy Outlook* (2021).

53 2014年には、人間の影響による減少の平均は、1850年を基準とすると、1平方メートル当たり1.97ワットであり、二酸化炭素によるものが1.80 ワット、他の温室効果ガスの取り合わせが1.07ワット、エアロゾルが –1.04 ワット、土地利用の変化が –0.08ワットだった。 C. J. Smith et al., "Effective radiative forcing and adjustments in CMIP6 models," *Atmospheric Chemistry and Physics* 20/16 (2020).

54 National Centers for Environmental Information, "More near record warm years are likely on the horizon" (February 2020), https://www.ncei.noaa.gov/news/projected-ranks; NOAA, *Global Climate Report—Annual 2019*, https://www.ncdc.noaa.gov/sotc/global/201913.

55 京都の桜については、以下を参照のこと。R. B. Primack et al., "The impact of climate change on cherry trees and other species in Japan," *Biological Conservation* 142 (2009), pp. 1943–1949. フランスのワイン用ブドウについては、以下を参照のこと。Ministère de la Transition Écologique, "Impacts du changement climatique: Agriculture et Forêt" (2020),

2010).

29 US Geological Survey, *Mineral Commodity Summaries 2012*, p. 123.

30 International Fertilizer Industry Association, "Phosphorus and 'Peak Phosphate'" (2013). 以下も参照のこと。M. Heckenmüller et al., *Global Availability of Phosphorus and Its Implications for Global Food Supply: An Economic Overview* (Kiel: Kiel Institute for the World Economy, 2014).

31 V. Smil, "Phosphorus in the environment: Natural flows and human interferences," *Annual Review of Energy and the Environment* 25 (2000), pp. 53–88; US Geological Survey, "Phosphate rock," https://pubs.usgs.gov/periodicals/mcs2020/mcs2020-phosphate.pdf.

32 M. F. Chislock et al., "Eutrophication: Causes, consequences, and controls in aquatic ecosystems," *Nature Education Knowledge* 4/4 (2013), p. 10.

33 J. Bunce et al., "A review of phosphorus removal technologies and their applicability to small-scale domestic wastewater treatment systems," *Frontiers in Environmental Science* 6 (2018), p. 8.

34 D. Breitburg et al., "Declining oxygen in the global ocean and coastal waters," *Science* 359/6371 (2018).

35 R. Lindsey, "Climate and Earth's energy budget," NASA (January 2009), https://earthobservatory.nasa.gov/features/EnergyBalance.

36 W. F. Ruddiman, *Plows, Plagues & Petroleum: How Humans Took Control of Climate* (Princeton, NJ: Princeton University Press, 2005).

37 2° Institute, "Global CO2 levels" (accessed 2020), https://www.co2levels.org/.

38 2° Institute, "Global CH4 levels" (accessed 2020), https://www.methanelevels.org/.

39 地球温暖化係数（二酸化炭素を1とする）は、メタンが28、亜酸化窒素が265、さまざまなクロロフルオロカーボンが5660～1万3900、六フッ化硫黄が2万3900だ。Global Warming Potential Values, https://www.ghgprotocol.org/sites/default/files/ghgp/Global-Warming-Potential-Values%20%28Feb%2016%202016%29_1.pdf.

40 IPCC, *Climate Change 2014: Synthesis Report. Contribution of Working Groups I, II and III to the Fifth Assessment Report of the Intergovernmental Panel on Climate Change* (Geneva: IPCC, 2014).

41 J. Fourier, "Remarques générales sur les Temperatures du globe terrestre et des espaces planetaires," *Annales de Chimie et de Physique* 27 (1824), pp. 136–167; E. Foote, "Circumstances affecting the heat of the sun's rays," *American Journal of Science and Arts* 31 (1856), pp. 382–383. フットの明確な結論は以下のとおり。「私の見るところでは、太陽光線が最も大きな影響を与えるのは炭酸ガスだった……その気体が大気を構成していれば、私たちの地球に高温をもたらすだろう。そして、一部の人が想定しているように、地球の歴史のある時期には、現在よりも大きな割合でそれが大気に混じっていたのなら、それ自体の振る舞いと、重量の増加のせいで、気温の上昇が必ず起こったに違いない」

42 J. Tyndall, "The Bakerian Lecture," *Philosophical Transactions* 151 (1861), pp. 1–37 (quote p. 28).

16 Institute of Medicine, *Dietary Reference Intakes for Water, Potassium, Sodium, Chloride, and Sulfate* (Washington, DC: National Academies Press, 2005).

17 世界でも特に人口の多い国々では、淡水の取水に農業が占める割合は、インドでは90パーセントにも達し、インドネシアでは80パーセント、中国では65パーセントだが、アメリカでは約35パーセントでしかない。World Bank, "Annual freshwater withdrawals, agriculture (percent of total freshwater withdrawal)" (accessed 2020), https://data.worldbank.org/indicator/er.h2o.fwag.zs?end=2016&start=1965&view=chart.

18 Water Footprint Network, "What is a water footprint?" (accessed 2020), https://www.waterfootprint.org/water-footprint-2/what-is-water-footprint-assessment/.

19 M. M. Mekonnen and Y. A. Hoekstra, *National Water Footprint Accounts: The Green, Blue and Grey Water Footprint of Production and Consumption* (Delft: UNESCO-IHE Institute for Water Education, 2011).

20 N. Joseph et al., "A review of the assessment of sustainable water use at continental-to-global scale," *Sustainable Water Resources Management* 6 (2020), p. 18.

21 S. N. Gosling and N.W. Arnell, "A global assessment of the impact of climate change on water scarcity," *Climatic Change* 134 (2016), pp. 371–385.

22 Smil, *Growth*, pp. 386–388［邦訳　前掲『グロース　「成長」大全』].

23 農業による土地利用のさまざまなカテゴリーの長期的傾向については、以下を参照のこと。 FAO, "Land use," http://www.fao.org/faostat/en/#data/RL. あるアメリカの調査によると、世界の農地の面積は2009年にピークに達し、その後ゆっくりと確実に減り続けているという。J. Ausubel et al., "Peak farmland and the prospect for land sparing," *Population and Development Review* 38, Supplement (2012), pp. 221–242. 実際には、国連食糧農業機関（FAO）のデータは、2009～17年に、さらに4パーセント増えたことを示している。

24 X. Chen et al., "Producing more grain with lower environmental costs," *Nature* 514/7523 (2014), pp. 486–488; Z. Cui et al., "Pursuing sustainable productivity with millions of smallholder farmers," *Nature* 555/7696 (2018), pp. 363–366.

25 2019年に世界で生産されたアンモニアには、160メガトンの窒素が含まれており、そのうち約120メガトンが肥料用だった。FAO, *World Fertilizer Trends and Outlook to 2022* (Rome: FAO, 2019). 生産能力（すでに180メガトン超）は、2026年までに20パーセント近く増えることが見込まれており、主にアジアと中東で約100のプラントの建設が計画・発表されている。Hydrocarbons Technology, "Asia and Middle East lead globally on ammonia capacity additions" (2018), https://www.hydrocarbons-technology.com/comment/global-ammonia-capacity/.

26 US Geological Survey, "Potash" (2020), https://pubs.usgs.gov/periodicals/mcs2020/mcs2020-potash.pdf.

27 J. Grantham, "Be persuasive. Be brave. Be arrested (if necessary)," *Nature* 491 (2012), p. 303.

28 S. J. Van Kauwenbergh, *World Phosphate Rock Reserves and Resources* (Muscle Shoals, AL: IFDC,

うやら大真面目に議論されたようだ。国防高等研究計画局も、公金をこれに費やしている。J. Koebler, "DARPA: We Are Engineering the Organism that will Terraform Mars," VICE Motherboard (June 2015), https://www.vice.com/en_us/article/ae3pee/darpa-we-are-engineeringthe-organisms-that-will-terraform-mars.

4 J. Rockström et al., "A safe operating space for humanity," *Nature* 461 (2009), pp. 472–475.

5 あらゆるカテゴリーのフリーダイビングとスタティック・アプネアの記録の完全なリストについては、以下を参照のこと。https://www.guinnessworldrecords.com/search?term=freediving.

6 平均の１回換気量（肺に吸い込む空気）は、成人男性で500ミリリットル、成人女性で400ミリリットルだ。S. Hallett and J. V. Ashurst, "Physiology, tidal volume" (June 2020), https://www.ncbi.nlm.nih.gov/books/NBK482502/. 平均して450ミリリットルを毎分16回吸い込むと、１分当たり7.2リットルになる。酸素は空気のほぼ21パーセントを占めるので、酸素を毎分1.5リットル吸い込んでいることになるが、そのうちの約23パーセントしか肺には吸収されない（残りは吐き出される）から、純粋な酸素の実際の消費量は、１分当たり350ミリリットルで、１日当たりでは500リットルであり、酸素１リットルは1.429グラムなので、約700グラムとなる。体を動かすと必要量が増えるので、日々の活動で酸素の消費量がたった30パーセント増えるだけで、１日当たり900グラムになる。最大の酸素摂取量については、以下を参照のこと。G. Ferretti, "Maximal oxygen consumption in healthy humans: Theories and facts," *European Journal of Applied Physiology* 114 (2014), pp. 2007–2036.

7 A. P. Gumsley et al., "Timing and tempo of the Great Oxidation Event," *Proceedings of the National Academy of Sciences* 114 (2017), pp. 1811–1816.

8 R. A. Berner, "Atmospheric oxygen over Phanerozoic time," *Proceedings of the National Academy of Sciences* 96 (1999), pp. 10955–10957.

9 陸上植物の炭素含有量については、以下を参照のこと。V. Smil, *Harvesting the Biosphere* (Cambridge, MA: MIT Press, 2013), pp. 161–165. この計算は、この炭素のすべてが完全に酸化すると仮定している。

10 https://twitter.com/EmmanuelMacron/status/1164617008962527232.

11 S. A. Loer et al., "How much oxygen does the human lung consume?" *Anesthesiology* 86 (1997), pp. 532–537.

12 Smil, *Harvesting the Biosphere*, pp. 31–36.

13 J. Huang et al., "The global oxygen budget and its future projection," *Science Bulletin* 63/18 (2018), pp. 1180–1186.

14 当然ながら、熱帯植物の意図的な大規模焼却や、旱魃に見舞われた森での自然火災を懸念すべき本当の理由は、生物多様性の減少から保水力の変化まで、他に多くある。

15 世界の水の供給と利用に関する最新の調査については、以下を参照のこと。A. K. Biswas et al., eds., *Assessing Global Water Megatrends* (Singapore: Springer Nature, 2018).

費用はせいぜい50万ドルだったのに対して、イラク、アフガニスタン、パキスタン、シリアでのアメリカの戦費は、2018年までに約５兆9000億ドルに達し、将来のコスト（借入金の利息、退役軍人のケア）を加えると、今後40年間で８兆ドルに膨らみうる。Watson Institute, "Costs of War" (2018), https://watson.brown.edu/costsofwar/papers/summary.

100 C. R. Sunstein, "Terrorism and probability neglect," *Journal of Risk and Uncertainty* 26 (2003), pp. 121–136.

101 Federal Bureau of Investigation, "Crime in the U.S." (accessed 2020), https://ucr.fbi.gov/crime-in-the-u.s.

102 E. Miller and N. Jensen, *American Deaths in Terrorist Attacks, 1995–2017* (September 2018), https://www.start.umd.edu/pubs/START_AmericanTerrorismDeaths_FactSheet_Sept2018.pdf.

103 A. R. Sehgal, "Lifetime risk of death from firearm injuries, drug overdoses, and motor vehicle accidents in the United States," *American Journal of Medicine* 133/10 (May 2020), pp. 1162–1167.

第６章　環境を理解する――かけがえのない生物圏

1 これらの展望のうちでも最も妄想的なものは、以下を参照のこと。https://www.spacex.com/mars. それが自らに課した達成目標と期限は以下のとおり。2022年に火星への初飛行。その控え目な目的は「水資源の存在を確かめ、さまざまな危険要素を突き止め、初期段階の電力と採鉱と生命維持のインフラを整備する」ことだ。２度目の飛行は2024年で、推進剤貯蔵庫を建設し、将来の有人飛行の準備をし、「最初の火星基地の始まりの役割を果たす。そこから繁栄する都市を建設し、最終的には火星上で自立する文明を築く」。このような空想のジャンルが好きな人は、以下にもあたるといいかもしれない。K. M. Cannon and D. T. Britt, "Feeding one million people on Mars," *New Space* 7/4 (December 2019), pp. 245–254.

2 B. M. Jakosky and C. S. Edwards, "Inventory of CO_2 available for terraforming Mars," *Nature Astronomy* 2 (2018), pp. 634–639.

3 これは、2020年５月にニューヨーク科学アカデミーが主催したウェブセミナーで論じられた。そのとき、コーネル大学のある遺伝学者は、「そして、私たちはひょっとすると、倫理的にそうしなければならないのではないか？」とさえ発言した。"Alienating Mars: Challenges of Space Colonization," https://www.nyas.org/events/2020/webinar-alienating-mars-challenges-of-space-colonization.（現在リンク切れ）　驚くべきことに、クマムシのような遺伝的レジリエンスを与えられた人々を生み出すというこの展望は、ニューヨーク市で新型コロナで毎日500人を超える人が亡くなり、病院が簡単な個人用防護具の継続的な不足に直面し、マスクや手袋を再使用せざるをえなくなっていたとき、ど

88 CDC, “Weekly Updates by Select Demographic and Geographic Characteristics” (accessed 2020), https://www.cdc.gov/nchs/nvss/vsrr/covid_weekly/index.htm#AgeAndSex.

89 D. M. Morens et al., “Predominant role of bacterial pneumonia as a cause of death in pandemic influenza: implications for pandemic influenza preparedness,” *Journal of Infectious Disease* 198/7 (October 2008), pp. 962–970.

90 A. Noymer and M. Garenne, “The 1918 influenza epidemic’s effects on sex differentials in mortality in the United States,” *Population and Development Review* 26/3 (2000), pp. 565–581.

91 西海岸の地震の危険に関する優れた概括については、以下を参照のこと。R. S. Yeats, *Living with Earthquakes in California* (Corvallis, OR: Oregon State University Press, 2001)［邦訳　前掲『多発する地震と社会安全』］. 西海岸の地震の、太平洋の反対側への影響については、以下を参照のこと。B. F. Atwater, *The Orphan Tsunami of 1700* (Seattle, WA: University of Washington Press, 2005).

92 P. Gilbert, *The A-Z Reference Book of Syndromes and Inherited Disorders* (Berlin: Springer, 1996).

93 日本は、山がちな国土のわずか15パーセントほどしかない低地に人口が集中し、激しい地震や火山噴火や破壊的な津波の危険に常につきまとわれているので、この現実の典型的な例だ。そして、同じような理由や他の理由から、ジャワやバングラデシュのような、人口密度の高い場所も好例となる。

94 これらのテーマについては、はるかに多くが、以下を含む近年の多数の刊行物で見つかる。O. Renn, *Risk Governance: Towards an Integrative Approach* (Geneva: International Risk Governance Council, 2006); G. Gigerenzer, *Risk Savvy: How to Make Good Decisions* (New York: Penguin Random House, 2015)［邦訳『賢く決めるリスク思考――ビジネス・投資から、恋愛・健康・買い物まで』(田沢恭子訳、インターシフト、2015年)］.

95 V. Janssen, “When polio triggered fear and panic among parents in the 1950s,” *History* (March 2020), https://www.history.com/news/polio-fear-post-wwii-era.

96 1958年にアメリカのGDPは、1957年の水準よりも5パーセント以上増え、1969年の上昇率は7パーセントを超えた。Fred Economic Data (accessed 2020), https://fred.stlouisfed.org/series/GDP.

97 The Museum of Flight, “Boeing 747-121” (accessed 2020), https://www.museumofflight.org/aircraft/boeing-747-121.

98 Y. Tsuji et al., “Tsunami heights along the Pacific Coast of Northern Honshu recorded from the 2011 Tohoku and previous great earthquakes,” *Pure and Applied Geophysics* 171 (2014), pp.3183–3215.

99 2004年11月、ウサマ・ビンラディンはアメリカ国民に対して次のように説明した。彼は「アメリカを破産に至るまで」失血させるためにあの攻撃を選んだ。そして、これは「戦端を開くことを要求するホワイトハウス」によって助けられた、と。彼の発言の全文は、以下で閲覧可能。https://www.aljazeera.com/archive/2004/11/200849163336457223.html. 彼は、王立国際問題研究所の次のような概算も引用した。攻撃を仕掛けるのにかかった

73 Space Weather Prediction Center, "Coronal mass ejections," National Oceanic and Atmospheric Administration (accessed 2020), https://www.swpc.noaa.gov/phenomena/coronal-mass-ejections.

74 R. R. Britt, "150 years ago: The worst solar storm ever," Space. com (September 2009), https://www.space.com/7224-150-years-worst-solar-storm.html/

75 S. Odenwald, "The day the Sun brought darkness," NASA (March 2009), https://www.nasa.gov/topics/earth/features/sun_darkness.html.

76 Solar and Heliospheric Observatory, https://sohowww.nascom.nasa.gov/.

77 T. Phillips, "Near miss: The solar superstorm of July 2012," NASA (July 2014), https://science.nasa.gov/science-news/scienceat-nasa/2014/23jul_superstorm.

78 P. Riley, "On the probability of occurrence of extreme space weather events," *Space Weather* 10 (2012), S02012.

79 D. Moriña et al., "Probability estimation of a Carrington-like geomagnetic storm," *Scientific Reports* 9/1 (2019).

80 K. Kirchen et al., "A solar-centric approach to improving estimates of exposure processes for coronal mass ejections," *Risk Analysis* 40 (2020), pp. 1020–1039.

81 E. D. Kilbourne, "Influenza pandemics of the 20th century," *Emerging Infectious Diseases* 12/1 (2006), pp. 9–14.

82 C. Viboud et al., "Global mortality impact of the 1957–1959 influenza pandemic," *Journal of Infectious Diseases* 213/5 (2016), pp. 738–745; CDC, "1968 Pandemic (H3N2 virus)" (accessed 2020), https://archive.cdc.gov/#/details?url=https://www.cdc.gov/flu/pandemic-resources/1968-pandemic.html; J. Y. Wong et al., "Case fatality risk of influenza A(H1N1pdm09): a systematic review," *Epidemiology* 24/6 (2013).

83 World Economic Forum, *Global Risks 2015, 10th Edition* (Cologny: WEF, 2015).

84 "Advice on the use of masks in the context of COVID-19: Interim guidance," World Health Organization (2020).

85 J. Paget et al., "Global mortality associated with seasonal influenza epidemics: New burden estimates and predictors from the GLaMOR Project," *Journal of Global Health* 9/2 (December 2019), 020421.

86 W. Yang et al., "The 1918 influenza pandemic in New York City: Age-specific timing, mortality, and transmission dynamics," *Influenza and Other Respiratory Viruses* 8 (2014), pp. 177–188; A. Gagnon et al., "Age-specific mortality during the 1918 influenza pandemic: Unravelling the mystery of high young adult mortality," *PLoS ONE* 8/8 (August 2013), e6958; W. Gua et al., "Comorbidity and its impact on 1590 patients with COVID-19 in China: A nationwide analysis," *European Respiratory Journal* 55/6 (2020), article 2000547.

87 J.-M. Robine et al., eds., *Human Longevity, Individual Life Duration, and the Growth of the Oldest-Old Population* (Berlin: Springer, 2007).

61 E. Agee and L. Taylor, "Historical analysis of U.S. tornado fatalities (1808–2017): Population, science, and technology," *Weather, Climate and Society* 11 (2019), pp. 355–368.

62 R. J. Samuels, *3.11: Disaster and Change in Japan* (Ithaca, NY: Cornell University Press, 2013) ［邦訳『3.11 ——震災は日本を変えたのか』（プレシ南日子／廣内かおり／藤井良江訳、英治出版、2016 年）］.; V. Santiago-Fandiño et al., eds., *The 2011 Japan Earthquake and Tsunami: Reconstruction and Restoration, Insights and Assessment after 5 Years* (Berlin: Springer, 2018).

63 E. N. Rappaport, "Fatalities in the United States from Atlantic tropical cyclones: New data and interpretation," *Bulletin of American Meteorological Society* 1014 (March 2014), pp. 341–346.

64 National Weather Service, "How dangerous is lightning?" (accessed 2020), https://www.weather.gov/safety/lightning-odds; R. L. Holle et al., "Seasonal, monthly, and weekly distributions of NLDN and GLD360 cloud-to-ground lightning," *Monthly Weather Review* 144 (2016), pp. 2855–2870.

65 Munich Re, *Topics. Annual Review: Natural Catastrophes 2002* (Munich: Munich Re, 2003); P. Löw, "Tropical cyclones cause highest losses: Natural disasters of 2019 in figures," Munich Re (January 2020), https://www.munichre.com/topics-online/en/climatechange-and-natural-disasters/natural-disasters/natural-disasters-of-2019-in-figures-tropical-cyclones-cause-highest-losses.html.

66 O. Unsalan et al., "Earliest evidence of a death and injury by a meteorite," *Meteoritics & Planetary Science* (2020), pp. 1–9.

67 National Research Council, *Near-Earth Object Surveys and Hazard Mitigation Strategies: Interim Report* (Washington, DC: NRC, 2009); M. A. R. Khan, "Meteorites," *Nature* 136/1030 (1935), p. 607.

68 D. Finkelman, "The dilemma of space debris," *American Scientist* 102/1 (2014), pp. 26–33.

69 M. Mobberley, *Supernovae and How to Observe Them* (New York: Springer, 2007).

70 NASA, "2012: Fear no Supernova" (December 2011), https://www.nasa.gov/topics/earth/features/2012-supernova.html.

71 NASA, "Asteroid fast facts" (March 2014), https://www.nasa.gov/mission_pages/asteroids/overview/fastfacts.html; National Research Council, *Near-Earth Object Surveys and Hazard Mitigation Strategies*; M. B. E. Boslough and D. A. Crawford, "Low-altitude airbursts and the impact threat," *International Journal of Impact Engineering* 35/12 (2008), pp. 1441–1448.

72 US Geological Survey, "What would happen if a 'supervolcano' eruption occurred again at Yellowstone?" https://www.usgs.gov/faqs/what-would-happen-if-a-supervolcano-eruption-occurred-again-yellowstone#:~:text=Natural%20Hazards-,What%20would%20happen%20if%20a%20%22supervolcano%22%20eruption%20occurred%20again%20at,decades)%20changes%20to%20global%20climate.; R. V. Fisher et al., *Volcanoes: Crucibles of Change* (Princeton, NJ: Princeton University Press, 1997).

48 J. E. Sunshine et al., "Association of adverse effects of medical treatment with mortality in the United States," *JAMA Network Open* 2/1 (2019), e187041.

49 2016年にはアメリカでは3570万回の入院があり、平均の入院日数は4.6日だった。W. J. Freeman et al., "Overview of U.S. hospital stays in 2016: Variation by geographic region" (December 2018), https://hcup-us.ahrq.gov/reports/statbriefs/sb246-Geographic-Variation-Hospital-Stays.jsp.

50 Bureau of Transportation Statistics, "U.S. Vehicle-miles" (2019), https://www.bts.gov/content/us-vehicle-miles.

51 A. R. Sehgal, "Lifetime risk of death from firearm injuries, drug overdoses, and motor vehicle accidents in the United States," *American Journal of Medicine* 133/10 (October 2020), pp. 1162–1167.

52 World Health Rankings, "Road traffic accidents" (accessed 2020), https://www.worldlifeexpectancy.com/cause-of-death/road-tracaccidents/by-country/.

53 マレーシア航空370便の謎は、けっして解決しないかもしれない。示唆や憶測は数多くあるが、現時点では、何らかの意外な偶然の発見にしか、その謎を解き明かせないように見える。ボーイング737MAXの２回連続の墜落（死者346人）の捜査からは、ボーイング社が自社のベストセラーの飛行機を製造し、運行用の指示と案内を提供するにあたって、疑問の余地のある方法を採っていたことが明らかになった。

54 International Civil Aviation Organization, *State of Global Aviation Safety* (Montreal: ICAO, 2020).

55 K. Soreide et al., "How dangerous is BASE jumping? An analysis of adverse events in 20,850 jumps from the Kjerag Massif, Norway," *Trauma* 62/5 (2007), pp. 1113–1117.

56 United States Parachute Association, "Skydiving safety" (accessed 2020), https://uspa.org/Find/FAQs/Safety.

57 US Hang Gliding & Paragliding Association, "Fatalities" (accessed 2020), https://www.ushpa.org/page/fatalities.

58 National Consortium for the Study of Terrorism and Responses to Terrorism, *American Deaths in Terrorist Attacks, 1995–2017* (September 2018).

59 National Consortium for the Study of Terrorism and Responses to Terrorism, *Trends in Global Terrorism: Islamic State's Decline in Iraq and Expanding Global Impact; Fewer Mass Casualty Attacks in Western Europe; Number of Attacks in the United States Highest since 1980s* (October 2019).

60 西海岸の地震の危険に関する優れた概括については、以下を参照のこと。R. S. Yeats, *Living with Earthquakes in California* (Corvallis, OR: Oregon State University Press, 2001)［邦訳『多発する地震と社会安全――カリフォルニアにみる予防と対策』（太田陽子／吾妻崇訳、古今書院、2009年）］. 西海岸の地震の、太平洋の反対側への影響については、以下を参照のこと。B. F. Atwater, *The Orphan Tsunami of 1700* (Seattle, WA: University of Washington Press, 2005).

updates and press announcements on angiotensin II receptor blocker (ARB) recalls (valsartan, losartan, and irbesartan)" (November 2019), https://www.fda.gov/drugs/drugsafety-and-availability/fda-updates-and-press-announcementsangiotensin-ii-receptor-blocker-arb-recalls-valsartan-losartan.

38 Office of National Statistics, "Deaths registered in England and Wales: 2019," https://www.ons.gov.uk/peoplepopulationandcommunity/birthsdeathsandmarriages/deaths/bulletins/deathsregistrationsummarytables/2019#:~:text=In%202019%2C%20there%20were%20530%2C841,males%20and%204.7%25%20for%20females.

39 K. D. Kochanek et al., "Deaths: Final Data for 2017," *National Vital Statistics Reports* 68 (2019), pp. 1–75; J. Xu et al., *Mortality in the United States, 2018*, NCHS Data Brief No. 355 (January 2020).

40 Starr, "Social benefit versus technological risk." The micromort metric, introduced in 1989 by Ronald Howard, has been used in many publications by David Spiegelhalter: R. A. Howard, "Microrisks for medical decision analysis," *International Journal of Technology Assessment in Health Care* 5/3 (1989), pp. 357–370; M. Blastland and D. Spiegelhalter, *The Norm Chronicles: Stories and Numbers about Danger and Death* (New York: Basic Books, 2014) 〔邦訳『もうダメかも——死ぬ確率の統計学』（松井信彦訳、みすず書房、2020年）〕

41 United Nations, *World Mortality 2019*, https://www.un.org/en/development/desa/population/publications/pdf/mortality/WMR2019/WorldMortality2019DataBooklet.pdf.

42 CDC, "Heart disease facts," https://www.cdc.gov/heartdisease/facts.htm; D. S. Jones and J. A. Greene, "The decline and rise of coronary heart disease," *Public Health Then and Now* 103 (2014), pp.10207–10218; J. A. Haagsma et al., "The global burden of injury: incidence, mortality, disability-adjusted life years and time trends from the Global Burden of Disease study 2013," *Injury Prevention* 22/1 (2015), pp. 3–16.

43 World Health Organization, "Falls" (January 2018), https://www.who.int/news-room/fact-sheets/detail/falls.

44 Statistics Canada, "Deaths and mortality rates, by age group" (accessed 2020), https://www150.statcan.gc.ca/t1/tbl1/en/tv.action?pid=1310071001&pickMembers percent5B0 per cent5D=1.1&pickMemberspercent5B1 percent5D=3.1.

45 L. T. Kohn et al., *To Err Is Human: Building a Safer Health System* (Washington, DC: National Academies Press, 1999) 〔邦訳『人は誰でも間違える——より安全な医療システムを目指して』（医学ジャーナリスト協会訳、日本評論社、2000年）〕.

46 M. Makary and M. Daniel, "Medical error — the third leading cause of death in the US," *British Medical Journal* 353 (2016), i2139.

47 K. G. Shojania and M. Dixon-Woods, "Estimating deaths due to medical error: the ongoing controversy and why it matters," *British Medical Journal Quality and Safety* 26 (2017), pp. 423–428.

(New York: Oxford University Press, 2011)［邦訳『リスク――不確実性の中での意思決定』（中谷内一也訳、丸善出版、2015年）］.; P. Slovic, "Perception of risk," *Science* 236/4799 (1987), pp. 280–285; P. Slovic, *The Perception of Risk* (London: Earthscan, 2000); P. Slovic, "Risk perception and risk analysis in a hyperpartisan and virtuously violent world," *Risk Analysis* 40/3 (2020), pp. 2231–2239.

28 注目に値する最近の3つの惨事が、産業事故と建設事故の死亡者の典型的な範囲を示している。2013年7月6日にケベック州のラック・メガンティックで原油を運んでいた列車が爆発したときには、47人が亡くなった。2013年4月24日にダッカで建物が崩壊したときには、1129人の縫製労働者が亡くなった。2019年1月25日にブラジルのブルマジーニョ・ダムが決壊したときには、233人が亡くなった。

29 ベースジャンパーは、うつ伏せの姿勢でわずか4秒間自由落下しただけで、72メートル落ち、時速120キロメートルに達する。"BASE jumping freefall chart," *The Great Book of Base* (2010), https://base-book.com/BASEFreefallChart.

30 A. S. Ramírez et al., "Beyond fatalism: Information overload as a mechanism to understand health disparities," *Social Science and Medicine* 219 (2018), pp. 11–18.

31 D. R. Kouabenan, "Occupation, driving experience, and risk and accident perception," *Journal of Risk Research* 5 (2002), pp. 49–68; B. Keeley et al., "Functions of health fatalism: Fatalistic talk as face saving, uncertainty management, stress relief and sense making," *Sociology of Health & Illness* 31 (2009), pp. 734–747.

32 A. Kayani et al., "Fatalism and its implications for risky road use and receptiveness to safety messages: A qualitative investigation in Pakistan," *Health Education Research* 27 (2012), pp. 1043–1054; B. Mahembe and O. M. Samuel, "Influence of personality and fatalistic belief on taxi driver behaviour," *South African Journal of Psychology* 46/3 (2016), pp. 415–426.

33 A. Suárez-Barrientos et al., "Circadian variations of infarct size in acute myocardial infarction," *Heart* 97 (2011), 970e976.

34 World Health Organization, "Falls" (January 2018), https://www.who.int/news-room/fact-sheets/detail/falls.

35 サルモネラ菌については、以下を参照のこと。Centers for Disease Control and Prevention, "*Salmonella* and Eggs", https://www.cdc.gov/foodsafety/communication/salmonella-and-eggs.html. お茶の中の残留農薬については、以下を参照のこと。J. Feng et al., "Monitoring and risk assessment of pesticide residues in tea samples from China," *Human and Ecological Risk Assessment: An International Journal* 21/1 (2015), pp. 169–183.

36 最新のFBI統計によると、10万人当たりの殺人と過失致死の犠牲者は、ボルティモアでは51人、マイアミでは9.7人、ロサンジェルスでは6.4人だという。https://ucr.fbi.gov/crime-in-the-u.s/2018/crimein-the-u.s.-2018/topic-pages/murder.

37 中国から入ってきている汚染薬物で、最近では最大規模のリコールの対象になったものには、一般的に処方されている降圧剤がある。Food and Drug Administration, "FDA

Ministerio de Agricultura, Pesca y Alimentación, 2019).

18 比較は、以下に基づく。FAO, "Food Balances" (accessed 2020), http://www.fao.org/faostat/en/#data/FBS.

19 心血管系疾患の死亡率については、以下を参照のこと。 L. Serramajem et al., "How could changes in diet explain changes in coronary heart disease mortality in Spain — The Spanish Paradox," *American Journal of Clinical Nutrition* 61 (1995), S1351–S1359; OECD, *Cardiovascular Disease and Diabetes: Policies for Better Health and Quality of Care* (June 2015). 平均寿命については、以下を参照のこと。 United Nations, *World Population Prospects 2019* [邦訳『世界人口予測1960→2060』(原書房編集部訳、原書房、2019年)].

20 C. Starr, "Social benefit versus technological risk," *Science* 165 (1969), pp. 1232–1238.

21 詳細な定量的リスク評価によると、タバコの煙には18種類の潜在的に有害な成分が含まれているという。K. M. Marano et al., "Quantitative risk assessment of tobacco products: A potentially useful component of substantial equivalence evaluations," *Regulatory Toxicology and Pharmacology* 95 (2018), pp. 371–384.

22 M. Davidson, "Vaccination as a cause of autism — myths and controversies," *Dialogues in Clinical Neuroscience* 19/4 (2017), pp.404–407; J. Goodman and F. Carmichael, "Coronavirus: Bill Gates 'microchip' conspiracy theory and other vaccine claims fact-checked," BBC News (May 29, 2020).

23 2020年9月前半、アメリカ人の3分の2が、新型コロナのワクチンが入手可能になっても接種を受けないだろう、と回答した。S. Elbeshbishi and L. King, "Exclusive: Two-thirds of Americans say they won't get COVID-19 vaccine when it's first available, USA TODAY/Suffolk Poll shows," USA Today (September 2020).

24 これら2つの大惨事が健康に与えた結果についての包括的な報告は、以下で閲覧可能。B. Bennett et al., *Health Effects of the Chernobyl Accident and Special Health Care Programmes*, Report of the UN Chernobyl Forum (Geneva: WHO, 2006); World Health Organization, *Health Risk Assessment from the Nuclear Accident after the 2011 Great East Japan Earthquake and Tsunami Based on a Preliminary Does Estimation* (Geneva: WHO, 2013).

25 World Nuclear Association, "Nuclear power in France" (accessed 2020), https://www.world-nuclear.org/information-library/country-profiles/countries-a-f/france.aspx.

26 C. Joppke, *Mobilizing Against Nuclear Energy: A Comparison of Germany and the United States* (Berkeley, CA; University of California Press, 1993); Tresantis, *Die Anti-Atom-Bewegung: Geschichte und Perspektiven* (Berlin: Assoziation A, 2015).

27 これらの点は、バルーク・フィッシュホフとポール・スロヴィックが繰り返し主張している。Paul Slovic: B. Fischhoff et al., "How safe is safe enough? A psychometric study of attitudes towards technological risks and benefits," *Policy Sciences* 9 (1978), pp. 127–152; B. Fischhoff, "Risk perception and communication unplugged: Twenty years of process," *Risk Analysis* 15/2 (1995), pp. 137–145; B. Fischhoff and J. Kadvany, *Risk: A Very Short Introduction*

assessment methods," *Journal of Clinical Epidemiology* 104 (2018), pp. 113–124.

11 これまで、最も広範囲に及ぶ論争は、心疾患における食物脂肪とコレステロールの役割に関するものだった。もともとの主張については、以下を参照のこと。American Heart Association, "Dietary guidelines for healthy American adults," *Circulation* 94 (1966), pp. 1795–1800; A. Keys, *Seven Countries: A Multivariate Analysis of Death and Coronary Heart Disease* (Cambridge, MA: Harvard University Press, 1980). それらの主張に対する論評と、主張の撤回については、以下を参照のこと。 A. F. La Berge, "How the ideology of low fat conquered America," *Journal of the History of Medicine and Allied Sciences* 63/2 (2008), pp. 139–177; R. Chowdhury et al., "Association of dietary, circulating, and supplement fatty acids with coronary risk: a systematic review and meta-analysis," *Annals of Internal Medicine* 160/6 (2014), pp. 398–406; R. J. De Souza et al., "Intake of saturated and trans unsaturated fatty acids and risk of all cause mortality, cardiovascular disease, and type 2 diabetes: systematic review and meta-analysis of observational studies," *British Medical Journal* (2015); M. Dehghan et al., "Associations of fats and carbohydrate intake with cardiovascular disease and mortality in 18 countries from five continents (PURE): a prospective cohort study," *The Lancet* 390/10107 (2017), pp. 2050–2062; American Heart Association, "Dietary cholesterol and cardiovascular risk: A science advisory from the American Heart Association," *Circulation* 141 (2020), e39–e53.

12 1950〜2020年の５年平均の寿命は、あらゆる国と地域ごとに、以下で閲覧可能。United Nations, *World Population Prospects 2019*, https://population.un.org/wpp/Download/Standard/Population/.

13 日本の詳細な歴史的統計が、この傾向を記録している。Statistics Bureau, Japan, *Historical Statistics of Japan* (Tokyo: Statistics Bureau, 1996).

14 H. Toshima et al., eds., *Lessons for Science from the Seven Countries Study: A 35-Year Collaborative Experience in Cardiovascular Disease Epidemiology* (Berlin: Springer, 1994).

15 アメリカと日本における全糖類と添加糖類の消費についてさらに詳しくは、以下を参照のこと。 S. A. Bowman et al., *Added Sugars Intake of Americans: What We Eat in America, NHANES 2013–2014* (May 2017); A. Fujiwara et al., "Estimation of starch and sugar intake in a Japanese population based on a newly developed food composition database," *Nutrients* 10 (2018), p. 1474.

16 優れた入門書は、以下のとおり。M. Ashkenazi and J. Jacob, *The Essence of Japanese Cuisine* (Philadelphia: University of Philadelphia Press, 2000); K. J. Cwiertka, *Modern Japanese Cuisine* (London: Reaktion Books, 2006); E. C. Rath and S. Assmann, eds., *Japanese Foodways: Past & Present* (Urbana, IL: University of Illinois Press, 2010).

17 スペインにおける見かけの消費率は、以下より。Fundación Foessa, *Estudios sociológicos sobre la situación social de España, 1975* (Madrid: Editorial Euramerica, 1976), p. 513; Ministerio de Agricultura, Pesca y Alimentación, *Informe del Consume Alimentario en España 2018* (Madrid:

ことに成功した例はほとんどない。

5 暴力的な紛争の減少については、以下を参照のこと。J. R. Oneal, "From realism to the liberal peace: Twenty years of research on the causes of war," in G. Lundestad, ed., *International Relations Since the End of the Cold War: Some Key Dimensions* (Oxford: Oxford University Press, 2012), pp. 42–62; S. Pinker, "The decline of war and conceptions of human nature," *International Studies Review* 15/3 (2013), pp. 400–405.

6 National Cancer Institute, "Asbestos exposure and cancer risk" (accessed 2020), https://www.cancer.gov/about-cancer/; American Cancer Society, "Talcum powder and cancer" (accessed 2020), https://www.cancer.org/cancer/cancer-causes/talcum-powder-andcancer.html; J. Entine, *Scared to Death: How Chemophobia Threatens Public Health* (Washington, DC: American Council on Science and Health, 2011). 地球温暖化に関しては、近年、さまざまな終末論的な書籍が出ており、この難題については、次の２章で考察する。

7 S. Knobler et al., *Learning from SARS: Preparing for the Next Disease Outbreak—Workshop Summary* (Washington, DC: National Academies Press, 2004); D. Quammen, *Ebola: The Natural and Human History of a Deadly Virus* (New York: W. W. Norton, 2014) [邦訳『エボラの正体――死のウイルスの謎を追う』(山本光伸訳、日経 BP 社、2015 年)].

8 今やリスク関連の文献は厖大な数に及び、多くの専門分野に分かれている。ビジネスのリスクマネジメントについての書籍と論文は特に数が多く、自然災害についての刊行物がそれに続く。３大定期刊行物は、*Risk Analysis* と *Journal of Risk Research* と *Journal of Risk* だ。

9 旧石器時代の人間の進化の物語については、以下を参照のこと。F. J. Ayala and C. J. Cela-Cond, *Processes in Human Evolution: The Journey from Early Hominins to Neandertals and Modern Humans* (New York: Oxford University Press, 2017).「旧石器時代ダイエット」の効能に関する主張については、以下を参照のこと。https://thepaleodiet.com/. このダイエットに関する偏りのない論評としては、以下を参照のこと。Harvard T. H. Chan School of Public Health, "Diet review: paleo diet for weight loss" (accessed 2020), https://www.hsph.harvard.edu/nutritionsource/healthy-weight/diet-reviews/paleo-diet/. 人をベジタリアンに、あるいはビーガンにさえ変えるばかりか、「まさに文字どおり、世界を救う」と約束する書籍には事欠かない。盛んに喧伝された作品を２つだけ紹介しておこう。J. M. Masson, *The Face on Your Plate: The Truth About Food* (New York: W.W. Norton, 2010) および J. S. Foer, *We Are the Weather: Saving the Planet Begins at Breakfast* (New York: Farrar, Straus and Giroux, 2019).

10 E. Archer et al., "The failure to measure dietary intake engendered a fictional discourse on diet-disease relations," *Frontiers in Nutrition* 5 (2019), p. 105. 現代の食生活の前向き研究に関する最も広範で、最も非難がましい意見交換については、以下を手始めに、４組の論評の応酬を参照のこと。E. Archer et al., "Controversy and debate: Memory-Based Methods Paper 1: The fatal flaws of food frequency questionnaires and other memory-based dietary

“Why a PPE shortage still plagues America and what we need to do about it,” CNBC (August 2020), https://www.cnbc.com/2020/08/22/coronavirus-why-a-ppe-shortage-still-plagues-the-us.html.

101 P. Haddad, “Growing Chinese transformer exports cause concern in U.S.,” Power Transformer News (May 2019), https://www.powertransformernews.com/2019/05/02/growing-chinese-transformer-exports-cause-concern-in-u-s/.

102 N. Stonnington, “Why reshoring U.S. manufacturing could be the wave of the future,” *Forbes* (September 9, 2020); M. Leonard, “64 percent of manufacturers say reshoring is likely following pandemic: survey,” Supply Chain Dive (May 2020), https://www.supplychaindive.com/news/manufacturing-reshoring-pandemicthomas/577971/.

第５章　リスクを理解する
――ウイルスから食生活、さらには太陽フレアまで

1 A. de Waal, “The end of famine? Prospects for the elimination of mass starvation by political action,” *Political Geography* 62 (2017), pp. 184–195.

2 より頻繁な手洗いの影響については、以下を参照のこと。Global Handwashing Partnership, “About handwashing” (accessed 2020), https://globalhandwashing.org/about-handwashing/. かつて、一酸化炭素中毒のリスクは、薪ストーブが唯一の熱源だった寒冷な地域で特に大きかった。J. Howell et al., “Carbon monoxide hazards in rural Alaskan homes,” *Alaska Medicine* 39 (1997), pp. 8–11. 安価で多種多様な一酸化炭素検知器（最初のものは1990年代前半に商業的に導入された）が出回っているので、屋内での不完全燃焼による死者の発生には、まったく弁解の余地がない。

3 自動車の３点シートベルト（1959年にニルス・イーヴァル・ボーリンがヴォルヴォに初めて採用）ほど相対的に単純なデザインで、これほど多くの人命を救い、それに加えてさらに多くの重い負傷を防いだ――しかも、これほど少ないコストでそれを達成した――ものは、おそらく他にない。ドイツの特許商標庁が1985年に、シートベルトを過去100年間における８大イノベーションの１つに数えたのも、もっともだ。N. Bohlin, “A statistical analysis of 28,000 accident cases with emphasis on occupant restraint value,” SAE Technical Paper 670925 (1967); T. Borroz, “Strapping success: The 3-point seatbelt turns 50,” *Wired* (August 2009).

4 この件は、日本の対外関係にとって長年、頭痛の種になっている。日本は、「国際的な子の奪取の民事上の側面に関するハーグ条約」（1980年に締結され、1983年12月１日以降施行されている）への署名を繰り返し拒んだ。Convention on the Civil Aspects of International Child Abduction, https://assets.hcch.net/docs/e86d9f72-dc8d-46f3-b3bf-e102911c8532.pdf. そして、2014年についに署名したが、アメリカやヨーロッパのパートナーが親権を取り戻す

volcanoes/icelandic_ash.html.

90 M. J. Klasing and P. Milionis, "Quantifying the evolution of world trade, 1870–1949," *Journal of International Economics* 92 (2014), pp.185–197.

91 食料自給率の地図については、以下を参照のこと。Food and Agriculture Organization, "Food self-sufficiency and international trade: a false dichotomy?" in *The State of Agricultural Markets IN DEPTH 2015–16* (Rome: FAO, 2016), http://www.fao.org/3/a-i5222e.pdf.

92 インターネットを見ると、死ぬ前に1度は訪れておきたい場所10、13、20、23、50、あるいは100か所の候補が提案されているので参考になる。「Bucket list places to visit（死ぬ前に訪れておきたい場所のリスト）」と入力して検索するだけでいい。

93 世界の製造業に占めるアメリカとEUの割合の低下は、以下で詳しく説明されている。M. Levinson, *U.S. Manufacturing in International Perspective* (Congressional Research Service, 2018), https://fas.org/sgp/crs/misc/R42135.pdf および R. Marschinski and D. Martínez-Turégano, "The EU's shrinking share in global manufacturing: a value chain decomposition analysis," *National Institute Economic Review* 252 (2020), R19–R32.

94 カナダは中国に対して慢性的に大きな貿易赤字を出しているのにもかかわらず、2019年には5億ドル近くに相当する紙やボール紙やパルプを輸入した。ところが、1人当たりの天然林の面積は、カナダでは中国の約90倍もある。FAO, *Global Forest Resources Assessment 2020*, http://www.fao.org/3/ca9825en/CA9825EN.pdf.

95 A. Case and A. Deaton, *Deaths of Despair and the Future of Capitalism* (Princeton, NJ: Princeton University Press, 2020) [邦訳『絶望死のアメリカ——資本主義がめざすべきもの』（松本裕訳、みすず書房、2021年）].

96 S. Lund et al., *Globalization in Transition: The Future of Trade and Value Chains* (Washington, DC: McKinsey Global Institute, 2019).

97 OECD, *Trade Policy Implications of Global Value Chains* (Paris: OECD, 2020).

98 A. Ashby, "From global to local: reshoring for sustainability," *Operations Management Research* 9/3–4 (2016), pp. 75–88; O. Butzbach et al., "Manufacturing discontent: National institutions, multinational firm strategies, and anti-globalization backlash in advanced economies," *Global Strategy Journal* 10 (2019), pp. 67–93.

99 OECD, "COVID-19 and global value chains: Policy options to build more resilient production networks" (June 2020); UNCTAD, *World Investment Report 2020* (New York: UNCTAD, 2020); Swiss Re Institute, "De-risking global supply chains: Rebalancing to strengthen resilience," *Sigma* 6 (2020); A. Fish and H. Spillane, "Reshoring advanced manufacturing supply chains to generate good jobs," Brookings (July 2020), https://www.brookings.edu/articles/reshoring-advanced-manufacturing-supply-chains-to-generate-good-jobs/.

100 V. Smil, "History and risk," *Inference* 5/1 (April 2020). 新型コロナのパンデミックが始まって半年が過ぎても、個人用防護具の深刻な不足が依然として続いていた。D. Cohen,

connectivity rates and their evolution in time," *Social Evolution & History* 18/1 (2019), pp. 127–138.

76 United Nations Conference on Trade and Development, *Review of Maritime Transport, 1975* (New York: UNCTAD, 1977); *Review of Maritime Transport, 2019* (New York: UNCTAD, 2020); *50 Years of Review of Maritime Transport, 1968–2018* (New York: UNCTAD, 2018).

77 Maersk, "About our group," https://web.archive.org/web/20071012231026/http://about.maersk.com/en; Mediterranean Shipping Company, "Gülsün Class Ships" (accessed 2020), https://www.msc.com/tha/about-us/new-ships.

78 International Air Transport Association, *World Air Transport Statistics* (Montreal: IATA, 2019), および、毎年の同刊行物のバックナンバー。

79 World Tourism Organization, "Tourism statistics" (accessed 2020), https://www.e-unwto.org/toc/unwtotfb/current.

80 K. Koens et al., *Overtourism? Understanding and Managing Urban Tourism Growth beyond Perceptions* (Madrid: World Tourism Organization, 2018).

81 G. E. Moore, "Cramming more components onto integrated circuits," *Electronics* 38/8 (1965), pp. 114–117; "Progress in digital integrated electronics," *Technical Digest, IEEE International Electron Devices Meeting* (1975), pp. 11–13; "No exponential is forever: but 'Forever' can be delayed!", paper presented at Solid-State Circuits Conference, San Francisco (2003); Intel, "Moore's law and Intel innovation" (accessed 2020), http://www.intel.com/content/www/us/en/history/museum-gordon-moore-law.html.

82 C. Tung et al., *ULSI Semiconductor Technology Atlas* (Hoboken, NJ: Wiley-Interscience, 2003).

83 J. V. der Spiegel, "ENIAC-on-a-chip," Moore School of Electrical Engineering (1995), https://www.seas.upenn.edu/~jan/.

84 H. Mujtaba, "AMD 2nd gen EPYC Rome processors feature a gargantuan 39.54 billion transistors, IO die pictured in detail," WCCF Tech (October 2019), https://wccftech.com/amd-2nd-gen-epyc-rome-iod-ccd-chipshots-39-billion-transistors/.

85 P. E. Ceruzzi, *GPS* (Cambridge, MA: MIT Press, 2018); A. K. Johnston et al., *Time and Navigation* (Washington, DC: Smithsonian Books, 2015).

86 Marine Trac, https://www.marinetraffic.com.

87 Flightradar24, https://www.flightradar24.com; Flight Aware, https://flightaware.com/live/.

88 たとえば、フランクフルト（FRA）からシカゴ（ORD）への通常の飛行経路（大圏航路に沿う）は、グリーンランドの最南端を通過する（以下を参照のこと。Great Circle Mapper, http://www.gcmap.com/mapui?P=FRA-ORD）。だが、強いジェット気流が流れ込んでくると、飛行経路は北に移り、飛行機はグリーンランドの氷河の上空を飛ぶ。

89 近年の最も注目に値する空の便の乱れは、2010年４～５月に起こったアイスランドのエイヤフィヤトラヨークトルの噴火が原因だった。BGS Research, "Eyjafjallajökull eruption, Iceland," British Geological Survey (accessed 2020), https://www.bgs.ac.uk/research/

59 747についてのほうが、歴史上の他のどんな民間航空機についてよりも多くの本が刊行されてきた。J. Sutter and J. Spenser, *747: Creating the World's First Jumbo Jet and Other Adventures from a Life in Aviation* (Washington, DC: Smithsonian, 2006) [邦訳『747 ――ジャンボをつくった男』(堀千恵子訳、日経BP社、2008年)]. 内部の様子については、以下を参照のこと。C. Wood, *Boeing 747 Owners' Workshop Manual* (London: Zenith Press, 2012).

60 "JT9D Engine," Pratt & Whitney (accessed 2020), https://www.prattwhitney.com/en/products/commercial-engines/jt9d. ターボファンについて詳しくは、以下を参照のこと。N. Cumpsty, *Jet Propulsion* (Cambridge: Cambridge University Press, 2003); A. Linke-Diesinger, *Systems of Commercial Turbofan Engines* (Berlin: Springer, 2008).

61 E. Lacitis, "50 years ago, the first 747 took off and changed aviation," *The Seattle Times* (February 2019).

62 S. McCartney, *ENIAC* (New York: Walker & Company, 1999) [邦訳『エニアック ―― 世界最初のコンピュータ開発秘話』(日暮雅通訳、パーソナルメディア、2001年)].

63 T. R. Reid, *The Chip* (New York: Random House, 2001) [邦訳『チップに組み込め！ ――マイクロエレクトロニクス革命をもたらした男たち』(鈴木主税／石川渉訳、草思社、1986年)]; C. Lécuyer and D. C. Brock, *Makers of the Microchip* (Cambridge: MIT Press, 2010).

64 "The story of the Intel 4044," Intel (accessed 2020), https://www.intel.com/content/www/us/en/history/museum-story-of-intel-4004.html.

65 World Bank, "Export of goods and services (percentage of GDP)" (accessed 2020), https://data.worldbank.org/indicator/ne.exp.gnfs.zs.

66 United Nations, *World Economic Survey, 1975* (New York: UN, 1976).

67 S. A. Camarota, *Immigrants in the United States, 2000* (Center for Immigration Studies, 2001), https://cis.org/Report/Immigrants-United-States-2000.

68 P. Nolan, *China and the Global Business Revolution* (London: Palgrave, 2001); L. Brandt et al., eds., *China's Great Transformation* (Cambridge: Cambridge University Press, 2008).

69 S. Kotkin, *Armageddon Averted: The Soviet Collapse, 1970–2000* (Oxford: Oxford University Press, 2008).

70 C. VanGrasstek, *The History and Future of the World Trade Organization* (Geneva: WTO, 2013).

71 World Bank, "GDP per capita growth (annual percent)—India" (accessed 2020), https://data.worldbank.org/indicator/NY.GDP.PCAP.KD.ZG?locations=IN.

72 World Trade Organization, *World Trade Statistical Review 2019* (Geneva: WTO, 2019), https://www.wto.org/english/res_e/statis_e/wts2019_e/wts2019_e.pdf.

73 World Bank, "Trade share (percent of GDP)" (accessed 2020), https://data.worldbank.org/indicator/ne.trd.gnfs.zs.

74 World Bank, "Foreign direct investment, net outflows (percent of GDP)" (accessed 2020), https://data.worldbank.org/indicator/BM.KLT.DINV.WD.GD.ZS.

75 S. Shulgin et al., "Measuring globalization: Network approach to countries' global

Am across the Pacific," Pan Am Clipper Flying Boats (2009), https://www.clipperflyingboats.com/transpacific-airline-service.

43 M. Novak, "What international air travel was like in the 1930s," Gizmodo (2013), https://paleofuture.gizmodo.com/what-international-air-travel-was-like-in-the-1930s-1471258414.

44 J. Newman, "Titanic: Wireless distress messages sent and received April 14–15, 1912," Great Ships (2012), https://greatships.net/distress.

45 A. K. Johnston et al., *Time and Navigation* (Washington, DC: Smithsonian Books, 2015).

46 新しい機器の導入を表すグラフは、以下を参照のこと。 D. Thompson, "The 100-year march of technology in 1 graph," *The Atlantic* (April 2012), https://www.theatlantic.com/technology/archive/2012/04/the-100-year-march-of-technology-in-1-graph/255573/.

47 V. Smil, *Made in the USA: The Rise and Retreat of American Manufacturing* (Cambridge, MA: MIT Press, 2013).

48 S. Okita, "Japan's Economy and the Korean War," *Far Eastern Survey* 20 (1951), pp. 141–144.

49 鋼鉄とセメントとアンモニア（窒素）の生産に関する（国内と世界の）歴史的統計は、以下で閲覧可能。US Geological Survey, "Commodity statistics and information," https://www.usgs.gov/centers/nmic/commodity-statistics-and-information. プラスティックの生産については、以下を参照のこと。R. Geyer et al., "Production, use, and fate of all plastics ever made," *Science Advances* 3/7 (2017), e1700782.

50 R. Solly, *Tanker: The History and Development of Crude Oil Tankers* (Barnsley: Chatham Publishing, 2007).

51 United Nations, *World Energy Supplies in Selected Years 1929–1950* (New York: UN, 1952); British Petroleum, *Statistical Review of World Energy*.

52 P. G. Noble, "A short history of LNG shipping, 1959–2009," SNAME (2009).

53 M. Levinson, *The Box* (Princeton, NJ: Princeton University Press, 2006)［邦訳『コンテナ物語――世界を変えたのは「箱」の発明だった』（村井章子訳、日経BP社、2019年）］; Smil, *Prime Movers of Globalization*.

54 アメリカの自動車市場における輸入の増加と、デトロイトの自動車のシェアの低下については、以下を参照のこと。 Smil, *Made in the USA*.

55 ドイツのMAN（マシーネンファブリーク・アウクスブルク・ニュルンベルク）社は、第二次世界大戦後のディーゼル機関の技術的進歩を先導したが、今では最大級のディーゼル機関はフィンランドのバルチラ社が設計してアジア（日本と韓国と中国）で製造されている。https://www.wartsila.com/marine/build/engines-and-generating-sets/diesel-engines (accessed 2020).

56 Smil, *Prime Movers of Globalization*, pp. 79–108.

57 G. M. Simons, *Comet! The World's First Jet Airliner* (Philadelphia: Casemate, 2019).

58 E. E. Bauer, *Boeing: The First Century* (Enumclaw, WA: TABA Publishers, 2000); A. Pelletier, *Boeing: The Complete Story* (Sparkford: Haynes Publishing, 2010).

29 C. L. Harley, "Steers afloat: The North Atlantic meat trade, liner predominance, and freight rates, 1870–1913," *Journal of Economic History* 68/4 (2008), pp. 1028–1058.

30 電信の歴史については、以下を参照のこと。F. B. Jewett, *100 Years of Electrical Communication in the United States* (New York: American Telephone and Telegraph, 1944); D. Hochfelder, *The Telegraph in America, 1832–1920* (Baltimore, MD: Johns Hopkins University Press, 2013); R. Wenzlhuemer, *Connecting the Nineteenth-Century World. The Telegraph and Globalization* (Cambridge: Cambridge University Press, 2012).

31 電話の初期の歴史については、以下を参照のこと。H. N. Casson, *The History of the Telephone* (Chicago: A. C. McClurg & Company, 1910); E. Garcke, "Telephone," in *Encyclopaedia Britannica*, 11th edn, vol. 26 (Cambridge: Cambridge University Press, 1911), pp.547–557.

32 Smil, *Creating the Twentieth Century*.

33 G. Federico and A. Tena-Junguito, "World trade, 1800–1938: a new synthesis," *Revista de Historia Económica / Journal of Iberian and Latin America Economic History* 37/1 (2019); CEPII, "Databases," http://www.cepii.fr/CEPII/en/bdd_modele/bdd.asp; M. J. Klasing and P. Milionis, "Quantifying the evolution of world trade, 1870–1949," *Journal of International Economics* 92/1 (2014), pp. 185–197.「蒸気のグローバル化」の歴史については、以下を参照のこと。J. Darwin, *Unlocking the World: Port Cities and Globalization in the Age of Steam, 1830–1930* (London: Allen Lane, 2020).

34 US Department of Homeland Security, "Total immigrants by decade," http://teacher.scholastic.com/activities/immigration/pdfs/by_decade/decade_line_chart.pdf.

35 19世紀における観光旅行の隆盛は、以下に記述されている。P. Smith, *The History of Tourism: Thomas Cook and the Origins of Leisure Travel* (London: Psychology Press, 1998); E. Zuelow, *A History of Modern Tourism* (London: Red Globe Press, 2015).

36 レーニンは、1900年7月～05年11月と、07年12月～17年4月に、西ヨーロッパ（フランス、スイス、イギリス、ドイツ、ベルギー）とオーストリア領ポーランドで暮らしたり、旅したりした。R. Service, *Lenin: A Biography* (Cambridge, MA: Belknap Press, 2002)［邦訳『レーニン』上下（河合秀和訳、岩波書店、2002年）］.

37 Smil, *Prime Movers of Globalization*.

38 F. Oppel, ed., *Early Flight* (Secaucus, NJ: Castle, 1987); B. Gunston, *Aviation: The First 100 Years* (Hauppauge, NY: Barron's, 2002).

39 M. Raboy, *Marconi: The Man Who Networked the World* (Oxford: Oxford University Press, 2018); H. G. J. Aitkin, *The Continuous Wave: Technology and the American Radio, 1900–1932* (Princeton, NJ: Princeton University Press, 1985).

40 Smil, *Prime Movers of Globalization*.

41 J. J. Bogert, "The new oil engines," *The New York Times* (September 26, 1912), p. 4.

42 E. Davies et al., *Douglas DC-3: 60 Years and Counting* (Elk Grove, CA: Aero Vintage Books, 1995); M. D. Klaás, *Last of the Flying Clippers* (Atglen, PA: Schiffer Publishing, 1998); "Pan

14 Cassius Dio, Romaika LXVIII:29:「それから彼は海の所まで来て、海というものを知り、インドに向けて出帆する船を目にしたとき、言った。『私もきっと、インドに渡っていただろう、まだ若かったなら』。インドについて考え始め、かの地のことに興味を抱いたからであり、アレクサンドロスは幸運な男だ、と彼は思った」

15 V. Smil, *Why America is Not a New Rome* (Cambridge, MA: MIT Press, 2008).

16 J. Keay, *The Honourable Company: A History of the English East India Company* (London: Macmillan, 1994); F. S. Gaastra, *The Dutch East India Company* (Zutpen: Walburg Press, 2007).

17 山岳地帯で重い荷（50〜70キログラム）を担いだ荷物運搬人は、1日に9〜11キロメートル進むのがせいぜいだが、それより荷が軽ければ（35〜40キログラム）、1日で最長24キロメートル進める。これは、馬の運搬隊が進むのと同じ距離だ。N. Kim, *Mountain Rivers, Mountain Roads: Transport in Southwest China, 1700–1850* (Leiden: Brill, 2020), p. 559.

18 J. R. Bruijn et al., *Dutch-Asiatic Shipping in the 17th and 18th Centuries* (The Hague: Martinus Nijhoff, 1987).

19 J. Lucassen, "A multinational and its labor force: The Dutch East India Company, 1595–1795," *International Labor and Working-Class History* 66 (2004), pp. 12–39.

20 C. Mukerji, *From Graven Images: Patterns of Modern Materialism* (New York: Columbia University Press, 1983).

21 W. Franits, *Dutch Seventeenth-Century Genre Painting* (New Haven, CT: Yale University Press, 2004); D. Shawe-Taylor and Q. Buvelot, *Masters of the Everyday: Dutch Artists in the Age of Vermeer* (London: Royal Collection Trust, 2015).

22 W. Fock, "Semblance or Reality? The Domestic Interior in Seventeenth-Century Dutch Genre Painting," in M. Westermann, ed., *Art & Home: Dutch Interiors in the Age of Rembrandt* (Zwolle: Waanders, 2001), pp. 83–101.

23 J. de Vries, "Luxury in the Dutch Golden Age in theory and practice," in M. Berg and E. Eger, eds., *Luxury in the Eighteenth Century* (London: Palgrave Macmillan, 2003), pp. 41–56.

24 D. Hondius, "Black Africans in seventeenth century Amsterdam," *Renaissance and Reformation* 31 (2008), pp. 87–105; T. Moritake, "Netherlands and tea," World Green Tea Association (2020), http://www.o-cha.net/english/teacha/history/netherlands.html.

25 A. Maddison, "Dutch income in and from Indonesia 1700–1938," *Modern Asia Studies* 23 (1989), pp. 645–670.

26 R. T. Gould, *Marine Chronometer: Its History and Developments* (New York: ACC Art Books, 2013).

27 C. K. Harley, "British shipbuilding and merchant shipping: 1850–1890," *Journal of Economic History* 30/1 (1970), pp. 262–266.

28 R. Knauerhase, "The compound steam engine and productivity: Changes in the German merchant marine fleet, 1871–1887," *Journal of Economic History* 28/3 (1958), pp. 390–403.

e/statis_e/wts2019_e/wts2019chapter02_e.pdf.

5 World Bank, "Foreign direct investment, net inflows" (accessed 2020), https://data.worldbank.org/indicator/BX.KLT.DINV.CD.WD; A. Debnath and S. Barton, "Global currency trading surges to $6.6 trillion-a-day market," GARP (September 2019), https://www.garp.org/#!/risk-intelligence/all/all/a1Z1W000003mKKPUA2.

6 V. Smil, "Data world: Racing toward yotta," *IEEE Spectrum* (July 2019), p. 20. 数値の単位については、付録を参照のこと。

7 Peterson Institute for International Economics, "What is globalization?" (accessed 2020), https://www.piie.com/microsites/globalization/what-is-globalization.

8 W. J. Clinton, *Public Papers of the Presidents of the United States: William J. Clinton, 2000–2001* (Best Books, 2000).

9 World Bank, "Foreign direct investment, net inflows."

10 明らかに、個人の自由の欠如や腐敗の度合いの高さは、大量の投資の流入の妨げにはならない。100点満点で、中国の自由度は10点、インドは71点（カナダは98点）であり、腐敗認識指数では、中国はインドとともに上位を占める（中国は80点であり、それに対してフィンランドは3点）。Freedom House, "Countries and territories" (accessed 2020), https://freedomhouse.org/countries/freedom-world/scores; Transparency International, "Corruption perception index" (accessed 2020), https://www.transparency.org/en/cpi/2020/index/nzl.

11 G. Wu, "Ending poverty in China: What explains great poverty reduction and a simultaneous increase in inequality in rural areas?" World Bank Blogs (October 2016), https://blogs.worldbank.org/eastasiapacific/ending-poverty-in-china-what-explains-great-povertyreduction-and-a-simultaneous-increase-in-inequality-in-rural-areas.

12 注目に値する文献のほんの一部は、以下のとおり。J. E. Stieglitz, *Globalization and Its Discontents* (New York: W.W. Norton, 2003); G. Buckman, *Globalization: Tame It or Scrap It?: Mapping the Alternatives of the Anti-Globalization Movement* (London: Zed Books, 2004); M. Wolf, *Why Globalization Works* (New Haven, CT: Yale University Press, 2005); P. Marber, "Globalization and its contents," *World Policy Journal* 21 (2004), pp. 29–37; J. Bhagvati, *In Defense of Globalization* (Oxford: Oxford University Press, 2007); J. Mi's kiewicz and M. Ausloos, "Has the world economy reached its globalization limit?" *Physica A: Statistical Mechanics and its Applications* 389 (2009), pp. 797–806; L. J. Brahm, *The Anti-Globalization Breakfast Club: Manifesto for a Peaceful Revolution* (Chichester: John Wiley, 2009); D. Rodrik, *The Globalization Paradox: Democracy and the Future of the World Economy* (New York: W.W. Norton, 2011)［邦訳『グローバリゼーション・パラドクス――世界経済の未来を決める三つの道』（柴山桂太／大川良文訳、白水社、2014年）］.; R. Baldwin, *The Great Convergence: Information Technology and the New Globalization* (Cambridge, MA: Belknap Press, 2016).

13 J. Yellin et al., "New evidence on prehistoric trade routes: The obsidian evidence from Gilat, Israel," *Journal of Field Archaeology* 23 (2013), pp. 361–368.

Publishing, 2009).
101 D. R. Wilburn and T. Goonan, *Aggregates from Natural and Recycled Sources* (Washington, DC: USGS, 2013).
102 American Society of Civil Engineers, *2017 Infrastructure Report Card*, https://www.infrastructurereportcard.org/.
103 C. Kenny, "Paving Paradise," *Foreign Policy* (Jan/Feb 2012), pp. 31–32.
104 世界中で放置されているコンクリート構造物には、原子力潜水艦の基地から原子炉まで（それぞれ１つがウクライナで見られる）、そして、鉄道の駅や大型のスポーツスタジアムから劇場や記念建造物まで、今やほぼあらゆる種類の建造物が含まれる。
105 『中国统计年鉴』で毎年公表される中国の公式データに基づく計算。最新版は、以下で閲覧可能。https://www.stats.gov.cn/sj/ndsj/.
106 M. P. Mills, *Mines, Minerals, and "Green" Energy: A Reality Check* (New York: Manhattan Institute, 2020).
107 V. Smil, "What I see when IEEE a wind turbine," *IEEE Spectrum* (March 2016), p. 27.
108 H. Berg and M. Zackrisson, "Perspectives on environmental and cost assessment of lithium metal negative electrodes in electric vehicle traction batteries," *Journal of Power Sources* 415 (2019), pp. 83–90; M. Azevedo et al., *Lithium and Cobalt: A Tale of Two Commodities* (New York: McKinsey & Company, 2018).
109 C. Xu et al., "Future material demand for automotive lithiumbased batteries," *Communications Materials* 1 (2020), p. 99.

第４章　グローバル化を理解する
――エンジン、マイクロチップ、そしてその先にあるもの

1 iPhoneの部品の生産地については、以下を参照のこと。"Here's where all the components of your iPhone come from," Business Insider, https://i.insider.com/570d5092dd089568298b4978; そして、実際の部品は、以下で参照のこと。"iPhone 11 Pro Max Teardown," iFixit (September 2019), https://www.ifixit.com/Teardown/iPhone+11+Pro+Max+Teardown/126000.
2 110万近い外国人学生が、2018/19年度にアメリカの大学に在籍し、全体の5.5パーセントを占めるとともに、アメリカ経済に447億ドルの貢献をしていた。Open Doors 2019 Data Release, https://opendoorsdata.org/annual-release/.
3 新型コロナ以前のオーバーツーリズム禍を、これ以上ないほどよく伝えているのが、人々で埋め尽くされた主要観光地の画像だ。「overtourism（オーバーツーリズム）」で検索し、画像をクリックするだけで閲覧できる。
4 World Trade Organization, *Highlights of World Trade* (2019), https://www.wto.org/english/res_

https://www.dezeen.com/2019/03/19/mjostarne-worlds-tallest-timber-tower-voll-arkitekter-norway/.

83 F. Lucchini, *Pantheon—Monumenti dell'Architettura* (Roma: Nuova Italia Scientifica, 1966).

84 A. J. Francis, *The Cement Industry, 1796–1914: A History* (Newton Abbot: David and Charles, 1978).

85 Smil, "Concrete facts."

86 J.-L. Bosc, *Joseph Monier et la naissance du ciment armé* (Paris: Editions du Linteau, 2001); F. Newby, ed., *Early Reinforced Concrete* (Burlington, VT: Ashgate, 2001).

87 American Society of Civil Engineers, "Ingalls building" (2020), https://www.asce.org/about-civil-engineering/history-and-heritage/historic-landmarks/ingalls-building ; M. M. Ali, "Evolution of Concrete Skyscrapers: from Ingalls to Jin Mao," *Electronic Journal of Structural Engineering* 1 (2001), pp. 2–14.

88 M. Peterson, "Thomas Edison's Concrete Houses," *Invention & Technology* 11/3 (1996), pp. 50–56.

89 D. P. Billington, *Robert Maillart and the Art of Reinforced Concrete* (Cambridge, MA: MIT Press, 1990).

90 B. B. Pfeiffer and D. Larkin, *Frank Lloyd Wright: The Masterworks* (New York: Rizzoli, 1993).

91 E. Freyssinet, *Un amour sans limite* (Paris: Editions du Linteau, 1993).

92 *Sydney Opera House: Utzon Design Principles* (Sydney: Sydney Opera House, 2002).

93 History of Bridges, "The World's Longest Bridge—Danyang–Kunshan Grand Bridge" (2020), http://www.historyofbridges.com/famous-bridges/longest-bridge-in-the-world/.

94 US Geological Survey, "Materials in Use in U.S. Interstate Highways" (2006), https://pubs.usgs.gov/fs/2006/3127/2006-3127.pdf.

95 Associated Engineering, "New runway and tunnel open skies and roads at Calgary International Airport" (June 2015).

96 フーヴァー・ダムについての多くの書籍のうち、以下に収録されている目撃談が傑出している。A. J. Dunar and D. McBride, *Building Hoover Dam: An Oral History of the Great Depression* (Las Vegas: University of Nevada Press, 2016).

97 Power Technology, "Three Gorges Dam Hydro Electric Power Plant, China" (2020), https://www.power-technology.com/projects/gorges/.

98 アメリカのセメントの生産と取引と消費についてのデータは、合衆国地質調査所が発表する毎年の概要から入手可能。2020年版は、US Geological Survey, *Mineral Commodity Summaries 2020*, https://pubs.usgs.gov/periodicals/mcs2020/mcs2020.pdf.

99 3億2000万トンという2019年のインドの生産量は世界第2位だが、中国の総生産量の15パーセントでしかない。USGS, "Cement" (2020), https://pubs.usgs.gov/periodicals/mcs2020/mcs2020-cement.pdf.

100 N. Delatte, ed., *Failure, Distress and Repair of Concrete Structures* (Cambridge: Woodhead

る。

71 Concrete Reinforcing Steel Institute, "Green Attributes of Rebar", https://www.crsi.org/green-attributes-of-rebar/

72 Bureau of International Recycling, *World Steel Recycling in Figures 2014–2018* (Brussels: Bureau of International Recycling, 2019).

73 World Steel Association, *Steel in Figures 2019* (Brussels: World Steel Association, 2019).

74 高炉の長い歴史については、以下を参照のこと。 Smil, *Still the Iron Age*. 現代の高炉の建設と操業については、以下を参照のこと。 M. Geerdes et al., *Modern Blast Furnace Ironmaking* (Amsterdam: IOS Press, 2009); I. Cameron et al., *Blast Furnace Ironmaking* (Amsterdam: Elsevier, 2019).

75 塩基性精錬炉の発明と普及については、以下でたどってある。W. Adams and J. B. Dirlam, "Big steel, invention, and innovation," *Quarterly Journal of Economics* 80 (1966), pp. 167–189; T. W. Miller et al., "Oxygen steelmaking processes," in D. A. Wakelin, ed., *The Making, Shaping and Treating of Steel: Ironmaking Volume* (Pittsburgh, PA: The AISE Foundation, 1998), pp. 475–524; J. Stubbles, "EAF steelmaking — past, present and future," *Direct from MIDREX* 3 (2000), pp. 3–4.

76 World Steel Association, "Energy use in the steel industry" (2019), https://www.worldsteel.org/en/dam/jcr:f07b864c-908e-4229-9f92-669f1c3abf4c/fact_energy_2019.pdf.

77 歴史的な傾向については、以下を参照のこと。Smil, *Still the Iron Age*; US Energy Information Administration, "Changes in steel production reduce energy intensity" (2016), https://www.eia.gov/todayinenergy/detail.php?id=27292.

78 World Steel Association, *Steel's Contribution to a Low Carbon Future and Climate Resilient Societies* (Brussels: World Steel Association, 2020); H. He et al., "Assessment on the energy flow and carbon emissions of integrated steelmaking plants," *Energy Reports* 3 (2017), pp. 29–36.

79 J. P. Saxena, *The Rotary Cement Kiln: Total Productive Maintenance, Techniques and Management* (Boca Raton, FL: CRC Press, 2009).

80 V. Smil, "Concrete facts," *Spectrum IEEE* (March 2020), pp. 20–21; National Concrete Ready Mix Associations, *Concrete CO_2 Fact Sheet* (2008).

81 F.-J. Ulm, "Innovationspotenzial Beton: Von Atomen zur Grünen Infrastruktur," *Beton- und Stahlbetonbauer* 107 (2012), pp. 504–509.

82 現代の木造建築は、しだいに高くなっているが、ただの木材ではなく、はるかに強度が高い直交集成材（CLT）を使っている。直交集成材は、炉で乾燥させた木材を接着剤で何層（3層、5層、7層、あるいは9層）にも重ねて貼り合わせた、プレハブ式加工の特許材料だ。https://cwc.ca/en/how-to-build-with-wood/wood-products/mass-timber/cross-laminated-timber-clt/. 2020年の時点で世界で最も高い直交集成材の建物（85.4メートル）は、ヴォル・アーキテクター社が設計したノルウェーのブルムンダルのミョーストーネットで、2019年に完成した多目的建造物（アパート、ホテル、オフィス、レストラン、プール）だった。

55 D. MacDonald and I. Nadel, *Golden Gate Bridge: History and Design of an Icon* (San Francisco: Chronicle Books, 2008).

56 "Introduction of Akashi-Kaikyo¯ Bridge," Bridge World (2005), https://www.jb-honshi.co.jp/english/bridgeworld/bridge.html.

57 J. G. Speight, *Handbook of Offshore Oil and Gas Operations* (Amsterdam: Elsevier, 2011).

58 Smil, *Making the Modern World*, p. 61.

59 World Steel Association, "Steel in Automotive" (2020), https://www.worldsteel.org/steel-by-topic/steel-markets/automotive.html.

60 International Association of Motor Vehicle Manufacturers, "Production Statistics" (2020), http://www.oica.net/productionstatistics/.

61 Nippon Steel Corporation, "Rails" (2019), https://www.nipponsteel.com/product/catalog_download/pdf/K003en.pdf.

62 コンテナ船の歴史については、以下を参照のこと。V. Smil, *Prime Movers of Globalization* (Cambridge, MA: MIT Press, 2010), pp. 180–194.

63 U.S. Bureau of Transportation Statistics, "U.S. oil and gas pipelinemileage" (2020), https://www.bts.gov/content/us-oil-and-gas-pipeline-mileage.

64 主力戦車は、現代の陸軍で配備されている最も重い鋼鉄製の兵器だ。アメリカのM1エイブラムス（ほぼすべて鋼鉄製）の最も重い型は、重量が66.8トンある。

65 D. Alfè et al., "Temperature and composition of the Earth's core," *Contemporary Physics* 48/2 (2007), pp. 63–68.

66 Sandatlas, "Composition of the crust" (2020), https://www.sandatlas.org/composition-of-the-earths-crust/.

67 US Geological Survey, "Iron ore" (2020), https://pubs.usgs.gov/periodicals/mcs2020/mcs2020-iron-ore.pdf.

68 A. T. Jones, *Electric Arc Furnace Steelmaking* (Washington, DC: American Iron and Steel Institute, 2008).

69 鋼鉄１トン当たり340キロワット時しか消費しない電気炉でも、１億2500万～１億3000万ワットのパワーを持っており、日々の操業（120トンを合計40回加熱）には、1.63ギガワット時の電力量を必要とする。アメリカの家庭の１日当たり約29キロワット時という電気の平均消費量と、2.52人という１世帯当たりの平均人数を使って算出すると、電気炉の電気消費量は、約５万6000世帯、14万1000人分に相当する。

70 "Alang, Gujarat: The World's Biggest Ship Breaking Yard & A Dangerous Environmental Time Bomb," Marine Insight (March 2019), https://www.marineinsight.com/environment/alang-gujarat-the-world%E2%80%99s-biggest-ship-breaking-yard-a-dangerous-environmental-time-bomb/. 2020年３月、グーグルの衛星画像を見ると、最南端のP. ラジェシュ船舶解体会社から、約10キロメートル北西のラジェンドラ船舶解体会社まで、アランの海辺で70を超える船や掘削装置の解体がさまざまな段階に進んでいる様子がわか

Science Publishers, 2017).

41 P. A. Ndiaye, *Nylon and Bombs: DuPont and the March of Modern America* (Baltimore, MD: Johns Hopkins University Press, 2006).

42 R. Geyer et al., "Production, use, and fate of all plastic ever made," *Science Advances* 3 (2017), e1700782.

43 しかも、ありとあらゆる種類の小さなプラスティックのアイテムだけではない。床も、間仕切りも、天井タイルも、ドアも、窓枠もプラスティック製かもしれない。

44 アメリカの個人用防護具の不足の包括的な調査報告には、以下がある。S. Gondi et al., "Personal protective equipment needs in the USA during the COVID-19 pandemic," *The Lancet* 390 (2020), e90–e91. そして、何十ものメディアの報告のうち、1つだけ挙げておく。AZ. Schlanger, "Begging for Thermometers, Body Bags, and Gowns: U.S. Health Care Workers Are Dangerously Ill-Equipped to Fight COVID-19," *Time* (April 20, 2020). グローバルな視点については、以下を参照のこと。 World Health Organization, "Shortage of personal protective equipment endangering health workers worldwide" (3 March 2020).

45 C. E. Wilkes and M. T. Berard, *PVC Handbook* (Cincinnati, OH: Hanser, 2005).

46 M. Eriksen et al., "Plastic pollution in the world's oceans: More than 5 trillion plastic pieces weighing over 250,000 tons afloat at sea," *PLoS ONE* 9/12 (2014) e111913. そして、そのほとんどがプラスティックではない理由の説明には、以下がある。G. Suaria et al., "Microfibers in oceanic surface waters: A global characterization," *Science Advances* 6/23 (2020).

47 鋼鉄と鋳鉄の分類をまとめた基本的なグラフと表は、以下で閲覧可能。https://www.mah.se/upload/_upload/steel%20and%20cast%20iron.pdf.

48 銑鉄の長い歴史については、以下を参照のこと。 V. Smil, *Still the Iron Age: Iron and Steel in the Modern World* (Amsterdam: Elsevier, 2016), pp. 19–31.

49 日本、中国、インド、ヨーロッパにおける近代以前の製鋼法の詳細については、以下を参照のこと。 Smil, *Still the Iron Age*, pp. 12–17.

50 花崗岩と鋼鉄の圧縮強度は、最大で2億5000万パスカルだが、花崗岩の引張強度はせいぜい2500万パスカルであるのに対して、建築用鋼材の引張強度は3億5000万～7億5000万パスカルだ。Cambridge University Engineering Department, *Materials Data Book* (2003), http://www-mdp.eng.cam.ac.uk/web/library/enginfo/cueddatabooks/materials.pdf.

51 最も詳しい説明については、以下を参照のこと。 J. E. Bringas, ed., *Handbook of Comparative World Steel Standards* (West Conshohocken, PA: ASTM International, 2004).

52 M. Cobb, *The History of Stainless Steel* (Materials Park, OH: ASM International, 2010).

53 Council on Tall Buildings and Human Habitat, "Burj Khalifa" (2020), http://www.skyscrapercenter.com/building/burj-khalifa/3.

54 The Forth Bridges, "Three bridges spanning three centuries" (2020), https://www.theforthbridges.org/.

soil.

28 *Yara Fertilizer Industry Handbook*.

29 東アジアと南アジア（それぞれ、中国とインドが中心）の尿素消費量は、今や世界全体の消費量の60パーセントを若干上回る。Nutrien, *Fact Book 2019*, https://www.nutrien.com/nutrien-fact-book

30 施した窒素を作物が吸収する割合の世界平均（肥料使用の効率）は、1961〜80年に68パーセントから45パーセントへと低下し、それ以降、約47パーセントに落ち着いている。L. Lassaletta et al., "50 year trends in nitrogen use efficiency of world cropping systems: the relationship between yield and nitrogen input to cropland," *Environmental Research Letters* 9 (2014), 105011.

31 J. E. Addicott, *The Precision Farming Revolution: Global Drivers of Local Agricultural Methods* (London: Palgrave Macmillan, 2020).

32 以下でのデータから算出。http://www.fao.org/faostat/en/#data/RFN.

33 現在、農耕地１ヘクタール当たりで、ヨーロッパはアフリカの3.5倍の窒素を施しており、EU で最も多く肥料を施している土地では、サハラ以南のアフリカで最も痩せた農耕地での10倍超の窒素が使われている。http://www.fao.org/faostat/en/#data/RFN.

34 単純な（モノマーの）分子を、長い鎖状の分子が３次元でつながったネットワークにする過程である重合反応で、一般的なもののうちには、最初のインプットがほんのわずかに多くしか必要のない反応もある。低密度のポリエチレン（最もありふれた用途はビニール袋）を１単位作るのに必要なエチレンは1.03単位であり、塩化ビニルからポリ塩化ビニル（PVC と略称され、医療製品によく使われる）を作るときにも、同じ割合が当てはまる。P. Sharpe, "Making plastics: from monomer to polymer," *CEP* (September 2015).

35 M. W. Ryberg et al., *Mapping of Global Plastics Value Chain and Plastics Losses to the Environment* (Paris: UNEP, 2018).

36 The Engineering Toolbox, "Young's Modulus — Tensile and Yield Strength for Common Materials" (2020), https://www.engineeringtoolbox.com/young-modulus-d_417.html.

37 主に複合素材でできている最初の旅客機が、ボーイング787だった。体積で言うと、複合素材が機体の89パーセントを占めた。重さでは50パーセントで、それ以外は、20パーセントがアルミニウム、15パーセントがチタン、10パーセントが鋼鉄だった。J. Hale, "Boeing 787 from the ground up," *Boeing AERO* 24 (2006), pp. 16–23.

38 W. E. Bijker, *Of Bicycles, Bakelites, and Bulbs: Toward a Theory of Sociotechnical Change* (Cambridge, MA: The MIT Press, 1995).

39 S. Mossman, ed., *Early Plastics: Perspectives, 1850–1950* (London: Science Museum, 1997); S. Fenichell, *Plastic: The Making of a Synthetic Century* (New York: HarperBusiness, 1996); R. Marchelli, *The Civilization of Plastics: Evolution of an Industry Which has Changed the World* (Pont Canavese: Sandretto Museum, 1996).

40 N. A. Barber, *Polyethylene Terephthalate: Uses, Properties and Degradation* (Haupaugge, NY: Nova

of the Global Environment (2010), https://www.pbl.nl/en/hyde-history-database-of-the-global-environment.

13 フロリダ州とノースカロライナ州は依然として、アメリカのリン鉱石の75パーセント超を生産しており、それは今や全世界の生産量の約10パーセントを占める。USGS, "Phosphate rock" (2020), https://pubs.usgs.gov/periodicals/mcs2020/mcs2020-phosphate.pdf.

14 Smil, *Enriching the Earth*, pp. 39–48.

15 W. Crookes, *The Wheat Problem* (London: John Murray, 1899), pp. 45–46.

16 ハーバーの発見に先行するものや、彼の実験室実験の詳細については、以下を参照のこと。 Smil, *Enriching the Earth*, pp. 61–80.

17 カール・ボッシュの生涯と業績については、以下を参照のこと。 K. Holdermann, *Im Banne der Chemie: Carl Bosch Leben und Werk* (Düsseldorf: Econ-Verlag, 1954).

18 当時、中国の農業で使われる無機窒素肥料の割合は、せいぜい2パーセントだった。Smil, *Enriching the Earth*, p. 250.

19 V. Pattabathula and J. Richardson, "Introduction to ammonia production," *CEP* (September 2016), pp. 69–75; T. Brown, "Ammonia technology portfolio: optimize for energy efficiency and carbon efficiency," Ammonia Industry (2018); V. S. Marakatti and E. M. Giagneaux, "Recent advances in heterogeneous catalysis for ammonia synthesis," *ChemCatChem* (2020).

20 V. Smil, *China's Past, China's Future: Energy, Food, Environment* (London: RoutledgeCurzon, 2004), pp. 72–86.

21 M. W. ケロッグ社によるアンモニア生産について詳しくは、以下を参照のこと。Smil, *Enriching the Earth*, pp. 122–130.

22 FAO, http://www.fao.org/faostat/en/#search/Food%20supply%20kcal%2Fcapita%2Fday.

23 L. Ma et al., "Modeling nutrient flows in the food chain of China," *Journal of Environmental Quality* 39/4 (2010), pp. 1279–1289. インドでの割合も大きい。H. Pathak et al., "Nitrogen, phosphorus, and potassium in Indian agriculture," *Nutrient Cycling in Agroecosystems* 86 (2010), pp. 287–299.

24 現代の重要（あるいは偉大）な発明のリストが、コンピューターや原子炉、トランジスター、自動車などを載せながら、きまってアンモニアの合成を忘れているのを見るたびに、私は笑ってしまう！

25 毎年の1人当たりの肉の消費量（枝肉重量）は、こうした違いの良い指標となる。最近の平均は、アメリカが約120キログラム、中国が60キログラム、インドがわずか4キログラムだ。http://www.fao.org/faostat/en/#data/FBS.

26 アンモニアは汚れを落とす効果があるので、好んで原料に使われる。北アメリカで最も普及している窓洗浄液のウィンデックスには、アンモニアが5パーセント含まれている。

27 J. Sawyer, "Understanding anhydrous ammonia application in soil" (2019), https://crops.extension.iastate.edu/cropnews/2019/03/understanding-anhydrous-ammonia-application-

115–116.

第3章　素材の世界を理解する——現代文明の四本柱

1 トランジスターを使った最初の商品は、1954年のソニーのラジオ、最初のマイクロプロセッサは71年のインテルの4004だった。最初に広く使われたパーソナルコンピューターは77年に発売されたApple II で、81年にはIBM のPC が続き、IBM は92年に最初のスマートフォンを発売した。

2 P. Van Zant, *Microchip Fabrication: A Practical Guide to Semiconductor Processing* (New York: McGraw-Hill Education, 2014). エネルギーコストについては、以下を参照のこと。M. Schmidt et al., "Life cycle assessment of silicon wafer processing for microelectronic chips and solar cells," *International Journal of Life Cycle Assessment* 17 (2012), pp. 126–144.

3 Semiconductor and Materials International, "Silicon shipment statistics" (2020), https://www.semi.org/en/products-services/market-data/materials/si-shipment-statistics.

4 V. Smil, *Making the Modern World: Materials and Dematerialization* (Chichester: John Wiley, 2014); Smil, "What we need to know about the pace of decarbonization." 素材のエネルギーコストについてさらに詳しくは、以下を参照のこと。T. G. Gutowski et al., "The energy required to produce materials: constraints on energy-intensity improvements, parameters of demand," *Philosophical Transactions of the Royal Society A* 371 (2013), 20120003.

5 商業的に重要なあらゆる金属と非金属鉱物の各国とアメリカの年間生産総量は、合衆国地質調査所が定期的に発表する最新版で閲覧可能。最新版は、US Geological Survey, *Mineral Commodity Summaries 2020*, https://pubs.usgs.gov/periodicals/mcs2020/mcs2020.pdf.

6 J. P. Morgan, *Mountains and Molehills: Achievements and Distractions on the Road to Decarbonization* (New York: J. P. Morgan Private Bank, 2019).

7 これらは私の概算であり、鋼鉄1.8ギガトン、セメント4.5 ギガトン、アンモニア150 メガトン、プラスティック370メガトンという毎年の生産量に基づいている。

8 Smil, "What we need to know about the pace of decarbonization." 転換がより難しい部門の脱炭素化の可能性に関する楽観的な見方については、以下を参照のこと。 Energy Transitions Commission, *Mission Possible*.

9 M. Appl, *Ammonia: Principles & Industrial Practice* (Weinheim: Wiley-VCH, 1999); Smil, *Enriching the Earth*.

10 Science History Institute, "Roy J. Plunkett," https://www.sciencehistory.org/historical-profile/roy-j-plunkett.

11 詳しくは、以下を参照のこと。 V. Smil, *Grand Transitions: How the Modern World Was Made* (New York: Oxford University Press, 2021).

12 全世界の土地利用の変化の歴史については、以下を参照のこと。 HYDE, *History Database*

70　チンパンジーの肉食については、以下を参照のこと。C. Boesch, "Chimpanzees — red colobus: A predator-prey system," *Animal Behaviour* 47 (1994), pp. 1135–1148; C. B. Stanford, *The Hunting Apes: Meat Eating and the Origins of Human Behavior* (Princeton: Princeton University Press, 1999) [邦訳『狩りをするサル——肉食行動からヒト化を考える』(瀬戸口美恵子／瀬戸口烈司訳、青土社、2001年)]. ボノボの肉食については、以下を参照のこと。G. Hohmann and B. Fruth, "Capture and meat eating by bonobos at Lui Kotale, Salonga National Park, Democratic Republic of Congo," *Folia Primatologica* 79/2 (2008), pp. 103–110.

71　日本の詳細な歴史的統計が、この傾向を記録している。17歳の生徒の平均身長は、1900年には157.9センチメートルだったが、39年の平均は162.5センチメートルだった（1年当たり1.1ミリメートルの伸び)。戦中・戦後の食料不足のせいで48年には160.6センチメートルまで縮んだが、栄養が良くなったおかげで、2000年には170.8 cmに達した（1年当たり約0.2ミリメートルの伸び)。Statistics Bureau, Japan, *Historical Statistics of Japan* (Tokyo: Statistics Bureau, 1996).

72　Z. Hrynowski, "What percentage of Americans are vegetarians?" Gallup (September 2019), https://news.gallup.com/poll/267074/percentage-americans-vegetarian.aspx.

73　毎年の1人当たりの肉の供給量（枝肉重量）は、以下で閲覧可能。http://www.fao.org/faostat/en/#data/FBS.

74　フランスの肉食習慣の変化について詳しくは、以下を参照のこと。 C. Duchène et al., *La consommation de viande en France* (Paris: CIV, 2017).

75　今ではEUは、穀物（小麦、トウモロコシ、大麦、燕麦、ライ麦）の総生産量の約60パーセントを飼料に使う。USDA, *Grain and Feed Annual 2020*.

76　1人当たりの肉の平均供給量（枝肉重量）に基づく。http://www.fao.org/faostat/en/#data/FBS.

77　L. Lassaletta et al., "50 year trends in nitrogen use efficiency of world cropping systems: the relationship between yield and nitrogen input to cropland," *Environmental Research Letters* 9 (2014), 105011.

78　J. Guo et al., "The rice production practices of high yield and high nitrogen use efficiency in Jiangsu," *Nature Scientific Reports* 7 (2016), article 2101.

79　世界最大の農業機械メーカーのジョンディアが最初に製造したデモ用電動トラクターのプロトタイプにはバッテリーがない。付属のリールに巻かれた長さ1キロメートルのケーブルで電気を供給する。面白い方法だが、便利な普遍的解決策にはほど遠い。https://enrg.io/john-deere-electric-tractor-everything-you-need-toknow/.

80　M. Rosenblueth et al., "Nitrogen fixation in cereals," *Frontiers in Microbiology* 9 (2018), p. 1794; D. Dent and E. Cocking, "Establishing symbiotic nitrogen fixation in cereals and other non-legume crops: The Greener Nitrogen Revolution," *Agriculture & Food Security* 6 (2017), p. 7.

81　H. T. Odum, *Environment, Power, and Society* (New York: WileyInterscience, 1971), pp.

emission factors for calculation of ammonia volatilization from European livestock manure management systems," *Frontiers in Sustainable Food Systems* 3 (November 2019).

58 マメ科の被覆作物による生物固定の典型的な範囲については、以下を参照のこと。Smil, *Enriching the Earth*, appendix C, p. 237. アメリカの主要な作物に施される窒素の平均量は、以下で閲覧可能。US Department of Agriculture, *Fertilizer Use and Price*, https://www.ers.usda.gov/data-products/fertilizer-use-and-price.aspx. マメ科の作物の供給量低下は、以下に記録されている。http://www.fao.org/faostat/en/#data/FBS.

59 最近の世界の平均収量は、1ヘクタール当たり米が約4.6トン、小麦が3.5トン、そして大豆が2.7トン、レンズマメがわずか1.1トンだ。収量の差は、中国でははるかに大きく、1ヘクタール当たり、米が7トン、小麦が5.4トンであるのに対して、大豆は1.8トン、ピーナッツは3.7トンでしかない（中国では、ピーナッツも人気のあるマメ科の作物だ）。データは、以下より。http://www.fao.org/faostat/en/#data.

60 同じ作物を同じ年のうちに続けて栽培するのが二期作であり（中国では、米で一般的に行われている）、たとえばマメ科の作物に続いて穀物を栽培するのが二毛作だ（1例を挙げれば、中国北部の平原では、ピーナッツと小麦を交互に栽培することがよくある）。

61 S.-J. Jeong et al., "Effects of double cropping on summer climate of the North China Plain and neighbouring regions," *Nature Climate Change* 4/7 (2014), pp. 615–619; C. Yan et al., "Plastic-film mulch in Chinese agriculture: Importance and problem," *World Agriculture* 4/2 (2014), pp. 32–36.

62 農耕地の単位面積当たりで養える人の数については、以下を参照のこと。Smil, *Enriching the Earth*.

63 3歳以上の全アメリカ人の平均カロリー摂取量は1日当たり約2100キロカロリーであるのに対して、1人当たりの平均供給量は3600キロカロリーで、これは70パーセントを超える差だ！　同じような差が、EUのほとんどの国に当てはまる。富裕国で供給量が実際の消費量にずっと近いのは、日本だけだ（1日当たり約2000キロカロリーと2700キロカロリー）。

64 FAO, *Global Initiative on Food Loss and Waste Reduction* (Rome: FAO, 2014).

65 WRAP, *Household food waste: Restated data for 2007–2015* (2018).

66 USDA, "Food Availability (Per Capita) Data System," https://www.ers.usda.gov/data-products/food-availability-per-capitadata-system/.

67 日々の1人当たり食料供給は、日本では平均で約2700キロカロリーであるのに対して、今や中国の平均は約3200キロカロリーだ。中国の食品廃棄については、以下を参照のこと。H. Liu, "Food wasted in China could feed 30-50 million: Report," *China Daily* (March 2018).

68 今や平均的なアメリカの家庭は、可処分所得の9.7パーセントしか食品に費やさない。EUの平均は、イギリスの7.8パーセントから、ルーマニアの27.8パーセントまでさまざまだ。Eurostat, "How much are households spending on food?" (2019).

69 C. B. Stanford and H. T. Bunn, eds., *Meat-Eating and Human Evolution* (New York: Oxford University Press, 2001); Smil, *Should We Eat Meat?*

pp.2991–3006.

46 V. Smil, *Growth: From Microorganisms to Megacities* (Cambridge, MA: MIT Press, 2019), p. 311［邦訳『グロース 「成長」大全――微生物から巨大都市まで』上下（三輪ヒナタ訳、ニュートン新書、2022年）］.

47 S. Hicks, “Energy for growing and harvesting crops is a large component of farm operating costs,” Today in Energy (October 17, 2014), https://www.eia.gov/todayinenergy/detail.php?id=18431.

48 P. Canning et al., *Energy Use in the U.S. Food System* (Washington, DC: USDA, 2010).

49 農場の統合は着実に進んでいる。J. M. MacDonald et al., “Three Decades of Consolidation in U.S. Agriculture,” USDA Economic Information Bulletin 189 (March 2018). 全消費量に占める輸入の割合は、食料の大規模な純輸出国（アメリカ、カナダ、オーストラリア、フランス）においてさえも、増え続けている。それは主に、新鮮な果物と野菜とシーフードへの需要の高まりのせいだ。2010年以降、アメリカ人が外食に費やす予算は、家庭で食べる食品の予算を上回っている。M. J. Saksena et al., *America's Eating Habits: Food Away From Home* (Washington, DC: USDA, 2018).

50 S. Lebergott, “Labor force and Employment, 1800–1960,” in D. S. Brady, ed., *Output, Employment, and Productivity in the United States After 1800* (Cambridge, MA: NBER, 1966), pp. 117–204.

51 Smil, *Growth*, pp. 122–124［邦訳 前掲『グロース 「成長」大全』］.

52 多様な有機性廃棄物の窒素含有量については、以下を参照のこと。 Smil, *Enriching the Earth*, appendix B, pp. 234–236. 肥料の窒素含有量については、以下を参照のこと。 *Yara Fertilizer Industry Handbook 2018*, https://www.yara.com/siteassets/investors/057-reports-and-presentations/other/2018/fertilizer-industry-handbook-2018-with-notes.pdf/.

53 私は、1990年代半ばの作物生産における全世界の窒素の流れを算出し (V. Smil, “Nitrogen in crop production: An account of global flows,” *Global Biogeochemical Cycles* 13 (1999), pp. 647–662)、収穫量と動物の数についての、手に入るうちで最新のデータを使って、2020年用の改訂版を作成した。

54 C. M. Long et al., “Use of manure nutrients from concentrated animal feeding operations,” *Journal of Great Lakes Research* 44 (2018),pp. 245–252.

55 X. Ji et al., “Antibiotic resistance gene abundances associated with antibiotics and heavy metals in animal manures and agricultural soils adjacent to feedlots in Shanghai; China,” *Journal of Hazardous Materials* 235–236 (2012), pp. 178–185.

56 FAO, *Nitrogen Inputs to Agricultural Soils from Livestock Manure: New Statistics* (Rome: FAO, 2018).

57 揮発したアンモニアは、人間の健康にとっての脅威でもある。アンモニアは大気中の酸性化合物と反応し、肺疾患の原因となる細かい粒子を形成するし、地面や水中に堆積したアンモニアは、過剰な窒素負荷を引き起こしかねない。S. G. Sommer et al., “New

denergyprices_usandmidwest_table.htm; FranceAgriMer, "Poulet" (accessed 2020), https://rnm.franceagrimer.fr/prix?POULET.

35 R. Mehta, "History of tomato (poor man's apple)," *IOSR Journal of Humanities and Social Science* 22/8 (2017), pp. 31–34.

36 トマトは100グラム当たり約20ミリグラムのビタミンCを含んでいる。ビタミンCの1日当たりの推奨食事摂取量は、成人で60ミリグラム。

37 D. P. Neira et al, "Energy use and carbon footprint of the tomato production in heated multi-tunnel greenhouses in Almeria within an exporting agri-food system context," *Science of the Total Environment* 628 (2018), pp. 1627–1636.

38 アルメリア県のトマトは1年に1ヘクタール当たり1000〜1500キログラムの窒素を施されるのに対して、アメリカのトウモロコシは平均で1ヘクタール当たり150キログラムの窒素を施される。US Department of Agriculture, *Fertilizer Use and Price* (2020), table 10, https://www.ers.usda.gov/data-products/fertilizer-use-and-price.aspx.

39 "Spain: Almeria already exports 80 percent of the fruit and veg it produces," Fresh Plaza (2018), https://www.freshplaza.com/article/9054436/spain-almeria-already-exports-80-of-the-fruit-and-vegit-produces/.

40 ヨーロッパの長距離トラックの典型的な燃料消費量は、100キロメートル当たり30リットル、1キロメートル当たり11メガジュールだ。International Council of Clean Transportation, *Fuel Consumption Testing of Tractor-Trailers in the European Union and the United States* (May 2018).

41 工業規模の漁業は、今や世界の海洋の55パーセント以上で行われており、世界でもっぱら農業に使われている土地の4倍を超える範囲に及ぶ D. A. Kroodsma et al., "Tracking the global footprint of fisheries," *Science* 359/6378 (2018), pp. 904–908. 密漁をしている船は応答装置を切るが、合法的に操業している何万隻もの船の位置（オレンジ色）は、以下でリアルタイムで見ることができる。https://www.marinetraffic.com.

42 R. W. R. Parker and P. H. Tyedmers, "Fuel consumption of global fishing fleets: Current understanding and knowledge gaps," *Fish and Fisheries* 16/4 (2015), pp. 684–696.

43 最もエネルギーコストが高いのは、ヨーロッパで破壊的な底引き網で獲る甲殻類（小エビやロブスター）であり、最大で漁獲量1キログラム当たり17.3リットルに達する。

44 D. A. Davis, *Feed and Feeding Practices in Aquaculture* (Sawston: Woodhead Publishing, 2015); A. G. J. Tacon et al., "Aquaculture feeds: addressing the long-term sustainability of the sector," in *Farming the Waters for People and Food* (Rome: FAO, 2010), pp.193–231.

45 S. Gingrich et al., "Agroecosystem energy transitions in the old and new worlds: trajectories and determinants at the regional scale," *Regional Environmental Change* 19 (2018), pp. 1089–1101; E. Aguilera et al., *Embodied Energy in Agricultural Inputs: Incorporating a Historical Perspective* (Seville: Pablo de Olavide University, 2015); J. Woods et al., "Energy and the food system," *Philosophical Transactions of the Royal Society B: Biological Sciences* 365 (2010),

22 G. Piringer and L. J. Steinberg, "Reevaluation of energy use in wheat production in the United States," *Journal of Industrial Ecology* 10/1–2 (2006), pp. 149–167; C. G. Sørensen et al., "Energy inputs and GHG emissions of tillage systems, *Biosystems Engineering* 120 (2014), pp. 2–14; W. M. J. Achten and K. van Acker, "EU-average impacts of wheat production: A meta-analysis of life cycle assessments," *Journal of Industrial Ecology* 20/1 (2015), pp.132–144; B. Degerli et al., "Assessment of the energy and exergy efficiencies of farm to fork grain cultivation and bread making processes in Turkey and Germany," *Energy* 93 (2015), pp. 421–434.

23 ディーゼル燃料は、すべての大型農業機械（トラクター、コンバイン、トラック、灌漑用ポンプ）や、作物の長距離ばら積み輸送（ディーゼル機関車が牽引する貨物列車、はしけ、船）で使われている。小型のトラクターやピックアップトラックはガソリンで走り、穀物の乾燥にはプロパンが使われる。

24 食材を計量するためにアメリカで使われるカップは、236.59ミリリットル。

25 N. Myhrvold and F. Migoya, *Modernist Bread* (Bellevue, WA: The Cooking Lab, 2017), vol. 3, p. 63.

26 Bakerpedia, "Extraction rate," https://bakerpedia.com/processes/extraction-rate/.

27 Carbon Trust, *Industrial Energy Efficiency Accelerator: Guide to the Industrial Bakery Sector* (London: Carbon Trust, 2009); K. Andersson and T. Ohlsson, "Life cycle assessment of bread produced on different scales," *International Journal of Life Cycle Assessment* 4(1999), pp. 25–40.

28 ブロイラーの CAFO について詳しくは、以下を参照のこと。 V. Smil, *Should We Eat Meat?* (Chichester: Wiley-Blackwell, 2013), pp. 118–127, 139–149.

29 US Department of Agriculture, *Agricultural Statistics* (2019), USDATable 1–75, https://downloads.usda.library.cornell.edu/usda-esmis/files/j3860694x/ft849j281/vx022816w/Ag_Stats_2019_Complete_Publication.pdf.

30 National Chicken Council, "U.S. Broiler Performance" (2020), https://www.nationalchickencouncil.org/about-the-industry/statistics/u-s-broiler-performance/.

31 食肉用の家畜の生体重と枝肉重量と可食部重量の比較については、以下を参照のこと。Smil, *Should We Eat Meat?*, pp. 109–110.

32 V. P. da Silva et al., "Variability in environmental impacts of Brazilian soybean according to crop production and transport scenarios," *Journal of Environmental Management* 91/9 (2010), pp.1831–1839.

33 M. Ranjaniemi and J. Ahokas, "A case study of energy consumption measurement system in broiler production," *Agronomy Research Biosystem Engineering* Special Issue 1 (2012), pp. 195–204; M. C. Mattioli et al., "Energy analysis of broiler chicken production system with darkhouse installation," *Revista Brasileira de Engenharia Agrícola e Ambienta* 22 (2018), pp. 648–652.

34 US Bureau of Labor Statistics, "Average Retail Food and Energy Prices, U.S. and Midwest Region" (accessed 2020), https://www.bls.gov/regions/mid-atlantic/data/averageretailfoodan

さについては、以下を参照のこと。Kansas Department of Agriculture, Kansas Farm Facts (2019), https://agriculture.ks.gov/about-kda/kansas-agriculture.

11 大型トラクターの写真と技術仕様については、以下のウェブサイトを参照のこと。John Deere , https://www.deere.com/en/agriculture/.

12 私の計算は、灌漑をしていないカンザス州の小麦のための2020年の作物予算と、典型的な仕事率の推定値に基づいている。Kansas State University, *2020 Farm Management Guides for Non-Irrigated Crops*, https://www.agmanager.info/farm-mgmt-guides/2020-farm-management-guides-non-irrigated-crops; B. Battel and D. Stein, *Custom Machine and Work Rate Estimates* (2018), https://www.canr.msu.edu/uploads/234/43254/2018_Custom_Machine_Work_Rates.pdf.

13 これらのエネルギーの間接使用の数量化には、必然的に多くの推定と概算が必要になる。したがって、直接の燃料消費を調べるほど正確にはなりえない。

14 たとえば、世界で最も広く使われている除草剤のグリホサートのヨーロッパでの使用量は、1ヘクタール当たり有効成分にして平均でわずか100〜300グラムだ。C. Antier, "Glyphosate use in the European agricultural sector and a framework for its further monitoring," *Sustainability* 12 (2020), p. 5682.

15 V. Gowariker et al., *The Fertilizer Encyclopedia* (Chichester: John Wiley, 2009); H. F. Reetz, *Fertilizers and Their Efficient Use* (Paris: International Fertilizer Association, 2016).

16 だが、抜群に多くの窒素を施されてきた作物は、日本の茶の木だ。その葉を乾燥させたものは、窒素を5〜6パーセント含んでいる。茶畑は一般的に、1ヘクタール当たり500キログラム以上、最大で1トンもの窒素を施される。K. Oh et al., "Environmental problems from tea cultivation in Japan and a control measure using calcium cyanamide," *Pedosphere* 16/6 (2006), pp. 770–777.

17 G. J. Leigh, ed., *Nitrogen Fixation at the Millennium* (Amsterdam: Elsevier, 2002); T. Ohyama, ed., *Advances in Biology and Ecology of Nitrogen Fixation* (IntechOpen, 2014), https://www.intechopen.com/books/advances-in-biology-and-ecology-of-nitrogen-fixation.

18 Sustainable Agriculture Research and Education, *Managing Cover Crops Profitably* (College Park, MD: SARE, 2012).

19 Émile Zola, *The Fat and the Thin*, https://www.gutenberg.org/files/5744/5744-h/5744-h.htm.

20 アンモニア合成の歴史については、以下を参照のこと。V. Smil, *Enriching the Earth: Fritz Haber, Carl Bosch, and the Transformation of World Food Production* (Cambridge, MA: MIT Press, 2001); D. Stoltzenberg, *Fritz Haber: Chemist, Nobel Laureate, German, Jew* (Philadelphia, PA: Chemical Heritage Press, 2004).

21 N. R. Borlaug, *The Green Revolution Revisited and The Road Ahead*, Nobel Prize Lecture 1970, https://www.nobelprize.org/uploads/2018/06/borlaug-lecture.pdf; M. S. Swaminathan, *50 Years of Green Revolution: An Anthology of Research Papers* (Singapore: World Scientific Publishing, 2017).

org/reports/world-energy-outlook-2020.

85 V. Smil, "What we need to know about the pace of decarbonization," *Substantia* 3/2, supplement 1 (2019), pp. 13–28; V. Smil, "Energy (r)evolutions take time," *World Energy* 44 (2019), pp. 10–14. 異なる視点については、以下を参照のこと。Energy Transitions Commission, *Mission Possible: Reaching Net-Zero Carbon Emissions from Harder-toAbate Sectors by Mid-Century* (2018), http://www.energy-transitions.org/sites/default/files/ETC_MissionPossible_FullReport.pdf.

第2章　食料生産を理解する——化石燃料を食べる

1 B. L. Pobiner, "New actualistic data on the ecology and energetics of hominin scavenging opportunities," *Journal of Human Evolution* 80 (2015), pp. 1–16; R. J. Blumenschine and J. A. Cavallo, "Scavenging and human evolution," *Scientific American* 267/4 (1992), pp. 90–95.

2 V. Smil, *Energy and Civilization: A History* (Cambridge, MA: MIT Press 2018), pp. 28–40［邦訳　前掲『エネルギーの人類史』].

3 K. W. Butzer, *Early Hydraulic Civilization in Egypt* (Chicago: University of Chicago Press, 1976); K. W. Butzer, "Long-term Nile flood variation and political discontinuities in Pharaonic Egypt," in J. D. Clark and S. A. Brandt, eds., *From Hunters to Farmers* (Berkeley: University of California Press 1984), pp. 102–112.

4 FAO, *The State of Food Security and Nutrition in the World* (Rome: FAO, 2020), https://www.fao.org/3/ca9692en/CA9692EN.pdf.

5 多く吸収される波長は、スペクトルのうち、青（450〜490ナノメートル）と赤（635〜700ナノメートル）の範囲だ。緑（520〜560ナノメートル）はおおむね反射される。だから、植物の主な色となっている。

6 陸上（森林、草原、作物）と海洋（主に植物プランクトン）の光合成による毎年の生産量の合計はほぼ同じだが、植物性プランクトンは陸上植物とは違い、非常に短命で、ほんの数日しか生きない。

7 19世紀アメリカの栽培手順の詳しい説明は、以下にまとめられている。L. Rogin, *The Introduction of Farm Machinery* (Berkeley: University of California Press, 1931). 1800年にどれだけ時間がかかったかは、1790〜1820年に主流だった手順に基づいている。詳細は同書p. 234を参照のこと。

8 計算は、Rogin, p. 218に示された、ノースダコタ州リッチランド郡における1893年の小麦栽培のデータに基づく。

9 Smil, *Energy and Civilization*, p. 111［邦訳　前掲『エネルギーの人類史』].

10 1850〜1940年のアメリカの農場の平均的な大きさについては、以下を参照のこと。US Department of Agriculture, *U.S. Census of Agriculture: 1940*, p. 68. カンザス州の農場の大き

documents/20180427_Fakten-Argumente-Kraftwerkspark-Deutschland.pdf ; VGB, Stromerzeugung 2018/2019, https://www.vgb.org/daten_stromerzeugung.html?dfid=93254.

75 アメリカの５つの大規模な送電プロジェクト事業の開発を計画していたクリーン・ライン・エネルギー社は、2019年に倒産し、翌20年までにアメリカの新しい送電網の大黒柱となるはずだったプレーンズ・アンド・イースタン・クリーン・ライン（その環境影響評価書は、14年にすでに完成していた）は、合衆国エネルギー省がこの事業から手を引いたために、建設が中止された。この送電線は、30年になってさえも、完成しないかもしれない。

76 N. Troja and S. Law, "Let's get flexible — Pumped storage and the future of power systems," IHA website (September 2020). 2019年、フロリダ・パワー・アンド・ライト社は、世界最大のバッテリー蓄電施設となる900メガワット時のマナティ・プロジェクトを2021年後半に完成することを発表した。だが、最大の揚水水力発電所（アメリカのバス郡）の容量は24ギガワット時であり、これはフロリダ・パワー・アンド・ライト社の計画している設備の容量の27倍に達する。そして、19年の世界の揚水水力発電所の容量が９テラワット時だったのに対して、バッテリー蓄電施設の容量は約７ギガワット時にしかならず、ほぼ1300倍もの差がある。

77 人口2000万の巨大都市のための１日分の電力貯蔵施設は、最低でも300ギガワット時を提供できなくてはならず、これは、フロリダ州にある世界最大のバッテリー蓄電施設の容量の300倍を超える量だ。

78 European Commission, *Going Climate-Neutral by 2050* (Brussels: European Commission, 2020).

79 2019年、最も売れている電気自動車のリチウムイオン電池の容量は、１キログラム当たり約250ワット時だった。G. Bower, "Tesla Model 3 2170 Energy Density Compared to Bolt, Model S1009D," InsideEVs (February 2019), https://insideevs.com/news/342679/tesla-model-3-2170-energydensity-compared-to-bolt-model-s-p100d/.

80 2020年１月、長距離の飛行の上位を占めたのは、ニューアーク＝シンガポール間（9534キロメートル）とオークランド＝ドーハ間とパース＝ロンドン間であり、ニューアーク＝シンガポール間の飛行には約18時間かかった。T. Pallini, "The 10 longest routes flown by airlines in 2019," Business Insider (April 2020), https://www.businessinsider.com/top-10-longest-flight-routes-in-the-world-2020-4.

81 Bundesministerium für Wirtschaft und Energie, *Energiedaten: Gesamtausgabe* (Berlin: BWE, 2019).

82 Agency for Natural Resourses and Energy, https://www.enecho.meti.go.jp/about/whitepaper/2022/html/2-1-1.html#:~:text=%E4%B8%80%E6%AC%A1%E3%82%A8%E3%83%8D%E3%83%AB%E3%82%AE%E3%83%BC%E4%BE%9B%E7%B5%A6%E3%81%AB%E5%8D%A0%E3%82%81%E3%82%8B,211%2D3%2D2%EF%BC%89%E3%80%82

83 消費量のデータは、以下より。British Petroleum, *Statistical Review of World Energy*.

84 International Energy Agency, *World Energy Outlook 2020* (Paris: IEA, 2020), https://www.iea.

はるかに簡単な作業なのだ。

62 電気の初期の歴史は、以下で詳述されている。L. Figuier, *Les nouvelles conquêtes de la science: L'électricité* (Paris: Manoir Flammarion, 1888); A. Gay and C. H. Yeaman, *Central Station Electricity Supply* (London: Whittaker & Company, 1906); M. MacLaren, *The Rise of the Electrical Industry During the Nineteenth Century* (Princeton, NJ: Princeton University Press, 1943); Smil, *Creating the Twentieth Century*, pp. 32–97.

63 アメリカにおいてでさえ、それをわずかに上回る程度だ。2019年には、アメリカのすべての化石燃料（石炭と天然ガスがほぼ半々で、液体燃料の割合は無視できるほどでしかない）のうち27.5パーセントが発電に使われた。https://flowcharts.llnl.gov/content/assets/images/energy/us/Energy_US_2019.png.（現在はリンク切れ）

64 International Commission on Large Dams, *World Register of Dams* (Paris: ICOLD, 2020).

65 International Atomic Energy Agency, *The Database of Nuclear Power Reactors* (Vienna: IAEA, 2020).

66 データは、以下より。British Petroleum, *Statistical Review of World Energy.*

67 Tokyo Metro, Tokyo Station Timetable (accessed 2020), https://www.tokyometro.jp/lang_en/station/tokyo/timetable/marunouchi/a/index.html.

68 大量の夜間の衛星画像が、以下で閲覧可能。https://earthobservatory.nasa.gov/images/event/79869/earth-atnight.

69 Electric Power Research Institute, *Metrics for Micro Grid: Reliability and Power Quality* (Palo Alto, CA: EPRI, 2016), http://integratedgrid.com/wp-content/uploads/2017/01/4-Key-Microgrid-Reliability-PQ-metrics.pdf.

70 新型コロナによる死亡率が高かった期間には、電気の供給には何の問題もなかったが、一部の都市では、遺体安置所の収容能力が一時的に限界を超え、冷凍トラックを配備せざるをえなくなった。遺体安置所での冷蔵も、モーターが頼りのきわめて重要な部門だ。https://www.fiocchetti.com/en/products/mortuary-refrigerators.

71 このネットゼロの考え方は、人間が原因の二酸化炭素排出をすべてなくすのが不可能であることを認めているが、大気からどれほど大量に直接回収する必要があるかや、どのような、大規模で金額が手頃なプロセスでそれを行うかについては、まったく意見の一致を見ていない。選択肢の一部については、最終章で考察する。

72 United Nations Climate Change, "Commitments to net zero double in less than a year" (September 2020), https://unfccc.int/news/commitments-to-net-zero-double-in-less-than-a-year. 以下も参照のこと。The Climate Action Tracker (https://climateactiontracker.org/countries/).

73 The Danish Energy Agency, *Annual Energy Statistics* (2020), https://ens.dk/en/our-services/statistics-data-key-figures-and-energy-maps/annual-and-monthly-statistics.

74 ドイツの発電容量と発電量のデータは、以下で閲覧可能。Bundesverband der Energie- und Wasserwirtschaft, *Kraftwerkspark in Deutschland* (2018), https://www.bdew.de/media/

学』(坪井忠二訳、岩波書店、1986年他)].

51 これらの問題は、今や世界人口のしだいに大きな割合に影響を与えている。2007年以降、人類全体の半分以上が都市に住んでおり、2025年には、約10パーセントが巨大都市で暮らすことになるだろう。

52 B. Bowers, *Lengthening the Day: A History of Lighting* (Oxford: Oxford University Press, 1988).

53 V. Smil, "Luminous efficacy," *IEEE Spectrum* (April 2019), p. 22.

54 小型の交流モーターがアメリカで初めて商用利用されたのは1880年代後半であり、90年代には125ワットのモーターで回る小型の扇風機が10万台近く売れた。L. C. Hunter and L. Bryant, *A History of Industrial Power in the United States, 1780–1930*, vol. 3: *The Transmission of Power* (Cambridge, MA: MIT Press, 1991), p. 202.

55 S. H. Schurr, "Energy use, technological change, and productive efficiency," *Annual Review of Energy* 9 (1984), pp. 409–425.

56 2つの基本的なモーターは、偏心回転質量振動モーターとリニア振動モーターだ。現在手に入る最も薄いモーターは、コイン型のものだ(わずか18ミリメートル)(https://www.vibrationmotors.com/vibration-motor-product-guide/cell-phone-vibration-motor)。全世界のスマートフォンの販売数(2019年には13億7000万台(https://www.canalys.com/newsroom/canalys-global-smartphone-market-q4-2019))を考えると、それに匹敵する数が現在生産されているモーターは他にない。

57 フランスの高速列車TGVには動力車が2両ついており、そのモーターのパワーは合計で8.8〜9.6メガワットになる。日本の新幹線N700系列車は、16両中14両が動力車で、パワーの合計は17メガワットになる。http://www.railway-research.org/IMG/pdf/r.1.3.3.3.pdf.

58 高級車では、これらの小型サーボモーターの合計質量は最高40キログラムに達する場合がある。G. Ombach, "Challenges and requirements for high volume production of electric motors," SAE (2017), http://www.sae.org/events/training/symposia/emotor/presentations/2011/GrzegorzOmbach.pdf.

59 キッチン用家電製品のモーターについてさらに詳しくは、以下を参照のこと。Johnson Electric, "Custom motor drives for food processors" (2020), https://www.johnsonelectric.com/zh/solutions/custom-motor-drives-for-food-processors.

60 メキシコシティは、そのような途方もない需要の最高の例だ。最大の取水源であるクツァマラ川からの水で、全需要の約3分の2を賄っており、その水は1000メートル以上引き揚げなければならない。毎年3億立方メートル超を供給しているので、これは3ペタジュールを超える位置エネルギーの増加を意味し、それを行うためには、ディーゼル燃料換算で8万トン近くが必要となる。R. Salazar et al., "Energy and environmental costs related to water supply in Mexico City," *Water Supply* 12 (2012), pp. 768–772.

61 これらはかなり小さい(0.25〜0.5馬力、つまり、190〜370ワットの)モーターであり、もっと大きい送風用のブロワーモーターでさえ、小型のフードプロセッサーのモーター(400〜500ワット)よりもパワーが小さい。空気を送り出すほうが、刻んだりこねたりするよりも、

36 Engineering Toolbox, "Fossil and Alternative Fuels – Energy Content" (2020), https://www.engineeringtoolbox.com/fossil-fuels-energy-content-d_1298.html.

37 V. Smil, *Oil: A Beginner's Guide* (London: Oneworld, 2017); L. Maugeri, *The Age of Oil: The Mythology, History, and Future of the World's Most Controversial Resource* (Westport, CT: Praeger Publishers, 2006).

38 T. Mang, ed., *Encyclopedia of Lubricants and Lubrication* (Berlin: Springer, 2014).

39 Asphalt Institute, *The Asphalt Handbook* (Lexington, KY: Asphalt Institute, 2007).

40 International Energy Agency, *The Future of Petrochemicals* (Paris: IEA, 2018).

41 C. M. V. Thuro, *Oil Lamps: The Kerosene Era in North America* (New York: Wallace-Homestead Book Company, 1983).

42 G. Li, *World Atlas of Oil and Gas Basins* (Chichester: Wiley-Blackwell, 2011); R. Howard, *The Oil Hunters: Exploration and Espionage in the Middle East* (London: Hambledon Continuum, 2008).

43 R. F. Aguilera and M. Radetzki, *The Price of Oil* (Cambridge: Cambridge University Press, 2015); A. H. Cordesman and K. R. al-Rodhan, *The Global Oil Market: Risks and Uncertainties* (Washington, DC: CSIS Press, 2006).

44 アメリカの自動車の平均的な燃費は、1930年代前半には1ガロン当たり約16マイル（15リットル当たり100キロメートル）だったが、40年にわたって徐々に落ち続け、73年には1ガロン当たりわずか13.4マイル（17.7リットル当たり100キロメートル）となった。新しい企業平均燃費基準のおかげで、85年までに1ガロン当たり27.5マイル（8.55リットル当たり100キロメートル）へと倍増したが、その後、原油価格が低迷したので、2010年までそれ以上の向上は見られなかった。V. Smil, *Transforming the Twentieth Century* (New York: Oxford University Press, 2006), pp. 203–208.

45 エネルギーの生産と消費についての詳細な統計は、以下で閲覧可能。United Nations, *Energy Statistics Yearbook* および British Petroleum, *Statistical Review of World Energy*.

46 S. M. Ghanem, *OPEC: The Rise and Fall of an Exclusive Club* (London: Routledge, 2016); V. Smil, *Energy Food Environment* (Oxford: Oxford University Press, 1987), pp. 37–60.

47 J. Buchan, *Days of God: The Revolution in Iran and Its Consequences* (New York: Simon & Schuster, 2013); S. Maloney, *The Iranian Revolution at Forty* (Washington, DC: Brookings Institution Press, 2020).

48 エネルギー集約型の産業（冶金、化学合成）は、他の部門に先駆けて、特有のエネルギー使用量を減らした。アメリカの企業平均燃費基準の成功は、すでに指摘した（注44を参照のこと）。そして、以前は原油か燃料油の燃焼に頼っていた発電はほぼすべて、石炭か天然ガスに切り替えられた。

49 1980年以降の原油の割合は、以下の消費データから算出した。British Petroleum, *Statistical Review of World Energy*.

50 Feynman, *The Feynman Lectures on Physics*, vol. 1, pp. 4–6［邦訳『ファインマン物理学Ⅰ　力

25 Ayres, "Gaps in mainstream economics," p. 40.

26 エネルギーの概念の歴史は、啓発的なまでに詳細に、以下で取り上げられている。J. Coopersmith, *Energy: The Subtle Concept* (Oxford: Oxford University Press, 2015).

27 R. S. Westfall, *Force in Newton's Physics: The Science of Dynamics in the Seventeenth Century* (New York: Elsevier, 1971).

28 C. Smith, *The Science of Energy: A Cultural History of Energy Physics in Victorian Britain* (Chicago: University of Chicago Press, 1998); D. S. L. Cardwell, *From Watt to Clausius: The Rise of Thermodynamics in the Early Industrial Age* (London: Heinemann Educational, 1971)［邦訳『蒸気機関からエントロピーへ——熱学と動力技術』(金子務監訳、平凡社、1989年)］.

29 J. C. Maxwell, *Theory of Heat* (London: Longmans, Green, and Company, 1872), p. 101.

30 R. Feynman, *The Feynman Lectures on Physics* (Redwood City, CA: Addison-Wesley, 1988), vol. 4, p. 2［邦訳『ファインマン物理学IV　電磁波と物性』(戸田盛和訳、岩波書店、1990年他)］.

31 熱力学の入門書は多数あるが、以下の1冊が依然として抜きん出ている。K. Sherwin, *Introduction to Thermodynamics* (Dordrecht: Springer Netherlands, 1993).

32 N. Friedman, *U.S. Submarines Since 1945: An Illustrated Design History* (Annapolis, MD: US Naval Institute, 2018).

33 設備利用率とは、その設備が実際に発電した電力量と発電しうる最大の電力量との比率。たとえば、大型の5メガワットの風力タービンは、終日ノンストップで稼働すれば、120メガワット時の電気エネルギーを生み出せる。もし、実際の発電量が30メガワット時だけなら、設備利用率は25パーセントになる。アメリカの2019年の平均年間設備利用率は(すべて小数点以下を四捨五入すると)、ソーラーパネルが21パーセント、風力タービンが35パーセント、水力発電所が39パーセント、原子力発電所が94パーセントだ。Table 6.07. B, "Capacity Factors for Utility Scale Generators Primarily Using Non-Fossil Fuels," https://www.eia.gov/electricity/monthly/epm_table_grapher.php?t=epmt_6_07_b. ドイツの太陽電池の設備利用率が低いのは意外ではない。ベルリンもミュンヘンも、シアトルより1年当たりの日照時間が短いからだ！

34 献灯用のロウソク（重さ約50グラムで、パラフィンのエネルギー密度は1グラム当たり42キロジュール）は、2.1メガジュール（50×4万2000）の化学エネルギーを持っており、15時間かけて燃える間の平均のパワーは40ワット近い。暗めの電球と同じようなものだ。だが、どちらの場合にも、全エネルギーのうち、光に変換されるのはごくわずかであり、現代の白熱灯で2パーセント未満、パラフィンのロウソクではたった0.02パーセントだ。ロウソクの重さと燃焼時間については、以下を参照のこと。https://www.candlewarehouse.ie/shopcontent.asp?type=burn-times.（現在はリンク切れ）発光効率については、以下を参照のこと。https://web.archive.org/web/20120423123823/http://www.ccri.edu/physics/keefe/light.htm.

35 基礎代謝の計算は、以下より。Joint FAO/WHO/UNU Expert Consultation, *Human Energy Requirements* (Rome: FAO, 2001), p. 37, http://www.fao.org/3/a-y5686e.pdf.

British Coal Industry, 5 vols (Oxford: Oxford University Press, 1984–1993).

13 R. Stuart, *Descriptive History of the Steam Engine* (London: Wittaker, Treacher and Arnot, 1829).

14 R. L. Hills, *Power from Steam: A History of the Stationary Steam Engine* (Cambridge: Cambridge University Press, 1989), p. 70; J. Kanefsky and J. Robey, "Steam engines in 18th-century Britain: A quantitative assessment," *Technology and Culture* 21 (1980), pp. 161–186.

15 こうした計算は非常に大ざっぱだ。たとえ労働者と牽引用の動物の正確な数がわかっていたとしても、彼らの典型的な仕事率と就労時間の総計については、依然として仮説を立てなければならないだろう。

16 実際の合計は1800年には0.5エクサジュール未満だったが、1900年にはほぼ22エクサジュール、2000年には350エクサジュール近く、そして2020年には525エクサジュールまで増えた。全世界の（そして多くの国の）エネルギー転換の詳細な歴史的説明については、以下を参照のこと。V. Smil, *Energy Transitions: Global and National Perspectives* (Santa Barbara, CA: Praeger, 2017).

17 過去のエネルギー効率の総合平均は、以下のために私が行った計算から。Smil, *Energy and Civilization*, pp. 297–301［邦訳　前掲『エネルギーの人類史』］. 近年の全体的な変換効率については、以下を参照のこと。Sankey diagrams of energy flows prepared for the world (https://www.iea.org/sankey). 個々の国やアメリカについては、以下を参照のこと。https://flowcharts.llnl.gov/content/assets/images/energy/us/Energy_US_2019.png.

18 これらの計算のためのデータは、以下で閲覧可能。United Nations, *Energy Statistics Yearbook*, https://unstats.un.org/unsd/energystats/pubs/yearbook/ および British Petroleum, *Statistical Review of World Energy*, https://www.energyinst.org/statistical-review

19 L. Boltzmann, *Der zweite Hauptsatz der mechanischen Wärmetheorie* (Lecture presented at the "Festive Session" of the Imperial Academy of Sciences in Vienna), May 29, 1886. 以下も参照のこと。P. Schuster, "Boltzmann and evolution: Some basic questions of biology seen with atomistic glasses," in G. Gallavotti et al., eds., *Boltzmann's Legacy* (Zurich: European Mathematical Society, 2008), pp. 1–26.

20 E. Schrödinger, *What Is Life?* (Cambridge: Cambridge University Press, 1944), p. 71［邦訳『生命とは何か――物理的にみた生細胞』（岡小天／鎮目恭夫訳、岩波文庫、2008年他）］.

21 A. J. Lotka, "Natural selection as a physical principle," *Proceedings of the National Academy of Sciences* 8/6 (1922), pp. 151–154.

22 H. T. Odum, *Environment, Power, and Society* (New York: Wiley Interscience, 1971), p. 27.

23 R. Ayres, "Gaps in mainstream economics: Energy, growth, and sustainability," in S. Shmelev, ed., *Green Economy Reader: Lectures in Ecological Economics and Sustainability* (Berlin: Springer, 2017), p. 40. 以下も参照のこと。R. Ayres, *Energy, Complexity and Wealth Maximization* (Cham: Springer, 2016).

24 Smil, *Energy and Civilization*, p. 1［邦訳　前掲『エネルギーの人類史』］.

原注

第1章　エネルギーを理解する——燃料と電気

1　私たちには、この出来事が起こった時点を正確に特定することはけっしてできない。早ければ37億年前、遅ければ25億年前とされている。T. Cardona, “Thinking twice about the evolution of photosynthesis,” *Open Biology* 9/3 (2019), 180246.

2　A. Herrero and E. Flores, eds., *The Cyanobacteria: Molecular Biology, Genomics and Evolution* (Wymondham: Caister Academic Press, 2008).

3　M. L. Droser and J. G. Gehling, “The advent of animals: The view from the Ediacaran,” *Proceedings of the National Academy of Sciences* 112/16 (2015), pp. 4865–4870.

4　G. Bell, *The Evolution of Life* (Oxford: Oxford University Press, 2015).

5　C. Stanford, *Upright: The Evolutionary Key to Becoming Human* (Boston: Houghton Mifflin Harcourt, 2003).

6　ヒト族によって火が意図的かつ制御された形で使われた最古の時点は、今後もずっと不確かなままであり続けるだろうが、最善の証拠によると、遅くも約80万年前ということになる。N. Goren-Inbar et al., “Evidence of hominin control of fire at Gesher Benot Ya’aqov, Israel,” *Science* 304/5671 (2004), pp. 725–727.

7　ランガムは、料理は進化史上、有数の重要な進歩だと主張している。R. Wrangham, *Catching Fire: How Cooking Made Us Human* (New York: Basic Books, 2009)［邦訳『火の賜物——ヒトは料理で進化した』（依田卓巳訳、NTT出版、2023年他）］.

8　無数の植物種の栽培化は、旧世界と新世界のいくつかの地域で別個に起こったが、初期の栽培化は近東に集中している。M. Zeder, “The origins of agriculture in the Near East,” *Current Anthropology 52*/Supplement 4 (2011), S221–S235.

9　牽引用の動物には、牛や水牛、ヤク、馬、ラバ、ロバ、ラクダ、ラマ、ゾウが、さらに（それほど頻繁にではないが）トナカイやヒツジ、ヤギ、犬も、使われてきた。ウマ科の動物（馬、ロバ、ラバ）以外では、人がよく乗る動物として利用されてきたのは、ラクダ、ヤク、ゾウだけだ。

10　これらの機械の進化は、以下でたどってある。V. Smil, *Energy and Civilization: A History* (Cambridge, MA: MIT Press, 2017), pp. 146–163［邦訳『エネルギーの人類史』上下（塩原通緒訳、青土社、2019年）］.

11　P. Warde, *Energy Consumption in England and Wales, 1560–2004* (Naples: Consiglio Nazionale delle Ricerche, 2007).

12　イングランドとイギリスの採炭の歴史については、以下を参照のこと。J. U. Nef, *The Rise of the British Coal Industry* (London: G. Routledge, 1932); M. W. Flinn et al., *History of the*

著者略歴――――
バーツラフ・シュミル（Vaclav Smil）
カナダのマニトバ大学特別栄誉教授。カナダ王立協会（科学・芸術アカデミー）フェロー。エネルギー、環境変化、人口変動、食料生産などの分野で学際的研究に従事。2013年、カナダ勲章を受勲。著書に『Numbers Don't Lie』『SIZE』（以上、NHK出版）、『Invention and Innovation』（河出書房新社）、『エネルギーの人類史』（青土社）などがある。

訳者略歴――――
柴田裕之（しばた・やすし）
翻訳家。訳書に、ハラリ『サピエンス全史』『ホモ・デウス』『21 Lessons』（以上、河出書房新社）、リフキン『レジリエンスの時代』（集英社）、リフキン『限界費用ゼロ社会』（NHK出版）、コルカー『統合失調症の一族』（早川書房）、ファーガソン『大惨事（カタストロフィ）の人類史』（東洋経済新報社）、エストライク『あなたが消された未来』（みすず書房）、ケーガン『「死」とは何か』（文響社）、ドゥ・ヴァール『動物の賢さがわかるほど人間は賢いのか』、ベジャン『流れとかたち』（以上、紀伊國屋書店）などがある。

世界の本当の仕組み

エネルギー、食料、材料、グローバル化、リスク、環境、そして未来

2024年 9月 5日　第1刷発行
2024年11月27日　第3刷発行

著　者　バーツラフ・シュミル
訳　者　柴田裕之
装幀者　大倉真一郎
発行者　碇　高明
発行所　株式会社 草思社
〒160-0022　東京都新宿区新宿1-10-1
電話　営業 03(4580)7676　編集 03(4580)7680

本文組版　株式会社 キャップス
印刷所　中央精版印刷 株式会社
製本所　加藤製本 株式会社
編集協力　岩崎義人

ISBN978-4-7942-2734-8 Printed in Japan　検印省略